KB047444

한국장애인재단 기획총서 Ⅷ

Disability Theory

Tobin Siebers 저 | 대표역자 조한진 | 손홍일 · 이지수 · 정지웅 · 강민희 · 최복천 공역

장애 이론

장애 정체성의 이론화

학지사

한국장애인재단 번역출간사업 기획총서8

발간사

단풍잎이 새빨갛게 물들어가는 10월이 시작되었습니다. 오색으로 물들어진 산과 들처럼 서로의 다름을 인정하고 다름이 힘이 되는 따뜻한 세상이 되었으면 합니다. 풍요로운 이 가을, 한국장애인재단에서 번역 · 출간하는 "장애 이론: 장애  정체성의 이론화"를 탐독하며, 장애학과 이론의 실체를 파악하고 심도 있게 다가갈 수 있는 계기가 되길 바랍니다.

한국장애인재단은 2011년부터 장애인 · 비장애인 · 학계 · 장애계 현장에서 유용하게 활용될 수 있지만, 판매수익 우선순위에 밀려 번역되지 못하고 있는 우수도서를 발굴하여 번역 · 출간하고 있습니다. 이를 통해 대중의 장애 관련 정보접근성을 제고하고, 장애

정책·제도·인식의 변화를 꾀하는 학문적 자료로 활용하고 있습니다.

저희 재단에서는 지난 8년간 "WHO세계장애보고서(2012년)", "장애 문화 정체성(2012년)", "장애인 중심 사회서비스 정책과 실천: 서비스 현금지급과 개인예산(2013년)", "장애인과 전문가의 파트너십: 정책과 실천현장에 적용된 사회모델(2014년)", "장애와 사회 그리고 개인(2015년)", "미학적 불안감: 장애와 재현의 위기(2016년)" 총 6권의 도서를 출간하였으며, 2018년에는 일곱 번째 기획총서인 "장애 인문학: 장애에 대한 사회적 태도의 변화"를 발간하게 되었습니다.

이번 기획총서 "장애 이론: 장애 정체성의 이론화"는 장애 정체성이 비판 이론과 문화 이론을 완전히 바꿀 것이라는 주장을 필두로, 장애 정체성을 인식하는 새로운 관점을 제시하고 있습니다. 이 책을 통해 그동안 다소 모호하게 표현되었던 장애학에 대한 이론을 재정립하고, 나아가 명확한 개념정의를 통해 장애학에 대한 깊이 있는 탐구가 이루어지길 바랍니다.

끝으로 여덟 번째 기획총서가 나오기까지 긴 시간 번역에 수고를 아끼지 않으신 여섯 분의 역자 분들께 감사의 인사를 드립니다.

앞으로도 한국장애인재단은 장애인식의 기반이 되는 장애 관련 우수 도서를 번역·출간하여 장애인에 대한 인식개선에 앞장서 나가겠습니다. 많은 관심과 격려 부탁드립니다.

한국장애인재단 이사장

이 성 규

/

역자 서문

/

약 10여 년 전부터 한국에서 장애학 관련 저·역서들이 출판되고 있다. 모두 다 한국에서의 장애학의 발전을 위해서 소중한 책들이다. 그러나 그럼에도 불구하고, 그 책들이 다루는 이슈의 포괄성이 어느 정도이든, 그 내용에 있어서 독자들로 하여금 장애학에 대한 감을 갖게 하는 정도의 수준을 넘어서는, 깊이 있는 책이 그리 많지 않다는 것 또한 사실인 것 같다. 물론 이것은 한국에 장애학이 소개된 것도, 장애학 관련 책이 나온 것도 그리 오래되지 않았으니 어쩌면 당연한 결과일 수도 있다. 그러나 이제는 좀 더 심도 있는 책도 나오기 시작해야 되지 않나 싶다. 이에 한국장애학회는 혹번역할 수 있는 적절한 이론서가 없는지 찾게 되었고, 그 결과, 번역하기로 결정된 책이 고(故) 토빈 시버스(Tobin Siebers)의 바로 이책, "장애 이론"(Disability Theory)이었다.

이 책의 번역에는 본 역자를 포함하여, 한국장애학회 소속 총 여

섯 명의 교수가 참여하였는데, 각자가 한두 챕터씩을 맡아 초역을
한 후 이를 학회 정기 세미나에서 발표를 하고 피드백을 받아 수정
을 하는 형식으로 번역 작업을 진행하였다. 그런데 역자들이 이구
동성으로 하였던 말인즉, 이 책의 영어 문장이 너무 복잡하고 그 내
용 또한 너무 어렵다는 것이었다. 그러나 원본 자체가 어렵다고 해
서 이 책의 내용의 깊이와 가치를 포기할 수는 없었기에, 역자들은
결국 제10장까지 번역을 해내었다. 물론 이 과정에서 동일한 용어
가 너무 다르게 번역되지 않도록 통일하는 과정도 거쳤다. 마지막
과정은 여섯 명의 번역본을 처음부터 끝까지 읽으면서 전체적으로
수정하는 일인데, 이 작업은 본 역자가 맡았다.

　장애를 설명하는 사회적 모델이 1970년대 중반에 제안되었고 이
후 이것이 한국에 소개된 것은 장애인 당사자인 본 역자를 비롯하
여 많은 장애인에게 적지 않은 영향을 주었다. 사회적 모델은 물리
적·사회적 장벽 자체가 장애이거나 적어도 장애 내지 장애의 원
인이 손상을 가진 개인과 장벽 간의 상호작용에 위치해 있다고 설
명한다. 이러한 구조하에서 손상을 가진 개인은 장벽 또는 장벽과
의 상호작용에 의해서 체계적으로 차별받고 억압받은 피해자이다.
차별받고 억압받는 것이 바람직한 것이 아닌 것은 분명한 것이니,
이러한 관계 내에서 손상을 가진 개인이 긍정적인 어떤 특성을 소
유한다는 것은 어려운 일일 것이다.

　그러나 다른 한편에서, 손상을 가진 개인들은 그들이 '장애 자부
심'(disability pride)을 가져야 한다는 주장에 접하게 된다. 여기에서
'장애'라는 것이 사회적 모델에서 말하는 장애라면 '자부심'이라는
단어와 어울리지 않을 것이다. 그렇다면 '장애 자부심'이란 손상을

가진 개인이, 혹은 그 개인들이 모인 집단이, 가질 수 있는, 혹은 가져야 하는 자부심일 것이다.

　그러나 차별받고 억압받는 개인과 집단이 도대체 어떻게 자부심을 가질 수 있는가? 혹은 그 개인과 집단이 오히려 자부심을 가지고 있으니 그들에 대한 차별과 억압은 제거될 필요가 없거나 아니면 천천히 제거되어도 되는 것인가? 이것은 장애인의 정체성에 관련된 질문인데, 이 질문에 내재되어 있는 상호 모순을 어떻게 해결할 수 있는가 하는 것은 본 역자로서 하나의 숙제였다. 그런데 이러한 숙제에 상당한 정도로 답을 준 것이 바로 이 책이었다. 번역서의 부제를 "장애 정체성의 이론화"로 한 것도 바로 이러한 이유에서 일정 정도 연유한다.

　이 책의 결론에서 언급되었듯이, 개인적 고통의 느낌에서 정치적 정체성으로의 이동은 사회 변화를 위한 중대한 자원이며 장애인들은 해야 할 많은 정치적 일들을 여전히 가지고 있다. 그렇다면, 장애인들의 정치적 정체성은 비판받아야 할 것이 아니라 오히려 유지·확대되어야 할 것인 것이다. 이에 부디 이 책의 번역이 장애 정체성을 새롭게 보는 계기가 되기를 바란다. 끝으로 이 책이 번역·출간될 수 있도록 지원해주신 한국장애인재단과 이성규 이사장님, 번역본을 출판해주신 학지사 김진환 대표이사님과 편집부 백소현 차장님께 깊은 감사의 말씀을 드린다.

역자들을 대표하여
조한진

/

차례

/

서문

    이 책은 서로 맞물려 있는 세 가지 의제를 추구한다. 첫째, 비판 이론과 문화 이론에서의 지난 30년간의 몇몇 주요 논쟁에 관하여 장애학의 관점에서 개입한다. 여기에서 나의 목표는 이 만나는 지점에서 두 독자층에게 말을 하는 것이다. 한편으로는 비판 이론가와 문화 이론가에게 어떻게 장애학이 정체성, 이데올로기, 정치, 의미, 사회적 불평등, 신체 등에 대한 그들의 기본 가정을 완전히 바꾸어 놓는지를 입증하는 것이고, 다른 한편으로는 핵심 이슈를 문화 연구, 문학 이론, 퀴어 이론, 젠더 연구, 비판적 인종 이론 등의 인접 분야에서의 뛰어난 사상가들과 연결시킴으로써 장애학이라는 신생 분야를 이론화하는 것이다. 이들 논쟁 중 몇몇은, 이데올로기와 무의식적 생각 사이의 관계에 대한 점점 더 강력한 주장에 뒤이은 이데올로기 비평의 가능성, 비판 이론과 문화 이론에서의 정신분석의 위상, 정체성 정치의 유용성에 대한 다툼, 젠더 · 섹슈얼

리티·인종의 문제에서 사회적 구성주의 이론의 영향, 연구 분야
로서의 몸의 이론의 기초가 되는 가정, 소수자집단 연구의 미래 및
소수자집단 연구가 무엇인지를 소수자집단 연구가 연구할 수 있어
야 하는지, 사회 정의를 이론화하는 데 있어서 개인 경험의 가치,
퀴어 이론에서 패싱(passing)의 인식론, 성/젠더 시스템에 대한 향
후의 지지, 전반적인 세계에 있어서 실행 가능한 인권 모델을 이론
화하기 위한 계속적인 노력 등을 포함한다. 뒤이어 나오는 장들은
엄청난 이들 논쟁에 관련된 내용 및 그 논쟁을 가장 잘 다루어왔던
이론가들에 의존하지만, 우리의 가장 영향력 있는 비평·문화 사
상가들의 이론이 어떻게 장애학을 진보시키고 있는지를 물을 뿐
아니라 장애 이론이 어떻게 이들 사상가들이 그들 자신의 주장을
수정하도록 요구할 수 있는지를 물음에 의하여 각각의 경우에서
논쟁을 북돋우기 위한 지렛대로서 장애를 사용하고자 하는 목표는
여전하다.

    둘째, 나는 장애가 재현(representation)[1] 자체에 관련이 있게 되
는 광범위한 수단에 대한 확장된 논의를 제공한다. 또한 이 두 번째
의제는 가장 일반적 수준에서이기는 하지만 이론 분야에서 하나의
개입으로서 생각될지도 모르겠는데, 왜냐하면 재현의 상황은 1960
년대에 구조주의의 출현 이래 비평 이론과 문화 이론에서 가장 중
요한 이슈 중에 하나였기 때문이다. 구조주의자들과 그들의 후계

---

1) (역자 주) '재현'이란, 기호를 통해 사물, 사건, 인물, 혹은 현실이 표현되며 의미가 부여되
   는 과정을 뜻하는데, 특정한 기호의 배치, 텍스트와 담론을 통하지 않고서는 특정한 '현실'
   이 만들어지지 않는다는 것이 재현 이론의 사고방식이다(윤해동 외(2006). 근대를 다시 읽
   는다. 역사비평사. p. 417).

자들은 재현을 이론화하고 거의 모든 상징행동을 엄격하게 언어학적 용어로 해석하기 위한 주도적 모델로 언어를 받아들인다. 소위이 '언어론적 회전'(linguistic turn)의 두 가지 결과는 장애학에 관련된다. 첫째, 언어 구조주의는 언어를 재현의 주체로서 보고 객체로는 전혀 보지 않는 경향이 있기 때문에, 건강하든 장애가 있든, 신체는 원인이 되는 주체로서보다는 언어의 효과로 생각되고, 체화(embodiment)를 재현 과정에서 거의 전적으로 배제한다. 장 뤽 낭시(Jean-Luc Nancy)가 상징적으로 말한 바와 같이, "신체와 같은 그런 것은 없다. 신체는 없다."(p. 207) 이 책은 체화의 모방력을 심각하게 받아들이는 린다 마틴 알코프(Linda Martín Alcoff, 2006), 도나해러웨이(Donna Haraway), 캐더린 헤일즈(N. Katherine Hayles)에의한 최근의 외침에 공명한다. 장애인들은 모방으로서의 체화의특히 강력한 예를 제공하는데, 왜냐하면 그들은 신체에 관한 일반적인 생각에 저항하며 그들의 현실을 잘못 표현하려 하는 언어에직면할 때 밀어내기 때문이다. 둘째, 언어론적 회전에 의해 영향을받은 이론가들은 재현 이론을 모방으로부터, 정확히 말하자면, 정치적 재현으로 거의 확장하지 않는다. 융통성의 이러한 부족은 모방 이론 내에서 이데올로기를 비평하는 것, 말과 사물이 검증 가능한 상호작용 관계에서 존재하는 영역으로서 현실에 관해 보다 넓게 숙고하는 방향에서 담론 이론을 주장하는 것, 사회 구성주의[2]의

---

2) (역자 주) '사회 구성주의'란 사회의 현실이나 실재가 어떤 방식으로 사회 구성원들에 의해
   이해되고 만들어지며 발전하는지에 대한 연구를 진행하는 개념으로, 사회 구성주의에 따
   르면, 사회 구성원들이 사회와 문화적 세계를 만드는 동시에 이 세계가 사회 구성원들의 인
   식과 행동 등을 만들기도 한다고 인식한다.

편협한 생각을 넘어 사회적·정치적 재현을 설명하는 것을 어렵게 만들어 왔다. 장애가 있는 신체에 대한 초점은 제스처와 감정으로부터 언어와 정치적 재현에까지 이르는, 보다 넉넉한 재현 이론을 고무한다. 그것은 또한 체화된 재현 범주로서 정체성을 분류할 가능성을 열고, 그렇게 함으로써 신체를 정체성 정치에 관한 논쟁 속으로 집어넣는다.

셋째, 이 책은 장애를 소수자집단 정체성, 즉 특정 특성이 전반적으로 소수자집단 연구의 발전에 기여하는 정체성으로 장애를 이론화한다. 의료적 개입을 위한 문제로 역사적으로 보았던 데 반하여, 장애는 보다 최근에 장애학에서 개인적 불행이나 개인의 결함으로서가 아니라 장애를 초래하는 사회·건축 환경의 산물로서 다루어져야 할 소수자집단 정체성으로 서술되어왔다. 차별에 진절머리가 나고 장애를 긍정적 정체성으로 주장하는 장애인들은 인간의 조건에 대한 장애의 관련성, 다양성의 한 형태로서의 장애의 가치, 전반적으로 인간의 정체성에 대하여 생각하기 위한 중요 개념으로서 장애의 힘을 역설한다. 장애는 정체성의 표시로서의 인종, 젠더, 섹슈얼리티, 계층과 어떻게 비슷하거나 다른가? 어떤 이슈가 장애학을 다른 소수자집단 연구에 연합시키는가? 장애의 포함은 다른 소수자집단 정체성의 이론을 어떻게 변화시키는가? 페미니즘, 비판적 인종 연구, 퀴어 이론은 우리에게 서로 다른 정체성의 경험을 설명하도록 요구함으로써 비판 이론과 문화 이론을 변형시켜왔다. 나는 장애 정체성과 그 본질이 밝혀지는 경험에 관해 읽고 쓰는 능력의 증가는 다시 한 번 비판 이론과 문화 이론을 완전히 바꿀 것이라고 믿는다.

장애 정체성

　인간이 죽음, 질병, 부상의 낙인을 벗어나려고 애써 왔던 동안 장애는 의료적 문제였다. 의료적 모델은 사람 내에 존재하는 그 개인의 결함, 그 사람이 인간으로서의 최대한의 능력을 달성하려 한다면 치료되거나 제거되어야 할 결함으로 장애를 정의한다. 상징적 네트워크로서의 장애의 연구는 보다 최근의 것이다. 의료적 접근과는 달리, 장애학이라는 신생 분야는 개인의 결함으로서가 아니라 사회적 불평등의 산물, 즉 결함이 있는 사람의 치료나 제거가 아니라 사회·건축 환경의 의미 있는 변화를 요구하는 것으로서 장애를 정의한다. 장애학은 질병이나 장애를 치료하지 않으며, 그것을 고치거나 피하기를 바라지 않는다. 장애학은 장애 정체성에 덧붙여진 사회적 의미, 상징, 낙인을 연구하고, 그것들이 어떻게 배제와 억압의 강요된 시스템에 관련이 있는지를 물으며, 건강한 신체와 정신을 가지고 있다는 것이 어떤 사람이 우수한 인간인지 아닌지를 결정한다는 광범위한 믿음을 맹비난한다. 좀 더 구체적으로 말하면, 장애학은 장애인들 특유의 사회적 억압의 상황을 밝히며, 동시에 그들이 사회에 제공할 수도 있는 긍정적 가치를 주장한다. 장애학의 기본적인 주장 중의 하나는 어떤 논의에서 장애인의 존재는 논의의 문화뿐 아니라 논의에서 사용되는 논거의 본질을 변화시킨다는 것이다. 예를 들어, 장애학은 낙태, 의사조력자살, 유전 연구에 대한 토론과 같은, 우리 시대 가장 치열한 논쟁을 완전히 새롭고 낯선 용어로 구성한다.

장애는 신체적 또는 정신적 결함이 아니고 문화적 정체성이고 소수자집단 정체성이다. 장애를 정체성이라고 칭하는 것은 그것이 생물학적 또는 자연적 성질이 아니고 사회적 통제를 받고 사회적 변화를 가져올 수 있는, 융통성 있는 사회적 범주라는 것을 인정하는 것이다. 그럼에도 불구하고, 사회적 정체성의 표시로서의 장애는 때때로 상반되는 방식으로 작동하므로, 앞으로 진행하기 전에 이들 모순에 대해 언급하는 것이 필요한데, 왜냐하면 그 모순들이 장애학 분야의 많은 논의에 스며들어 있기 때문이다. 간단히 말하면, 장애는 장애학에서 부정적·긍정적 쓰임새 모두를 가지고 있으며, 어떤 사람이 쓰임새에 대하여 방심하지 않는 상태로 남아 있지 않는 한, 큰 혼동이 발생할 것이다. 의심할 여지없이, 장애학의 가장 중요한 목적은 장애의 부정적 함의를 뒤바꾸는 것이지만, 이러한 추구는 신체적 또는 정신적 특성으로서라기보다는 정체성 형성으로서 장애를 관련시키는 경향이 있다. 많은 장애 이론가들은 ― 그들 중에 나 자신을 포함하여 ― 정체성으로서의 장애는 결코 부정적이지 않다고 주장할 것이다. 사람을 폄하하기 위해 장애를 사용하는 것은, 현재 항상 있는 일이지만, 진보적이고 민주적인 사회에서는 들어설 자리가 없다. 그러나 신체와 정신의 상태로서의 장애는 긍정적·부정적 유의성(誘意性) 모두를 가지고 있다. 예를 들어, 많은 장애인들은 그들의 장애를 흠이나 개인적 결함으로 여기지 않는데, 타당한 이유가 있다. 그들은 그들이 누구인지에 대해 편안하게 생각하며, 그들은 고치거나 치료되기를 원하지 않는다. 그러나 이 동일한 사람들이 다른 또는 추가의 장애를 가지게 되는 것에 대해 반대 감정이 병존할지도 모른다. 그녀의 청각장애에 대해 자랑스럽게 여기는 여성이 암에 걸린다는 생각을 무의식적으로 가지려고 애쓰지는 않을 것이다. 또한 소아마비후증후군을 가지고 있는 남성이 그가 전동 휠체어 대신에 목발을 반납할 수도 있지만 그가 그런 날을 반드시 고대하고 있는 것은 아닐 것이다. 이상반된 태도는 건강함 ― 생각하기 어려운 개념적 한계로 보이지만 ― 에 대한 선호에서뿐 아니라 인간 정체성과 체화 사이의 밀접하고도 유용한 연결에서 발생한다. 벌거벗고 있는 것에 대해 편안하게 느끼는 것은 다행이며, 어떤 사람이 그렇게 느낄 때 다름을 상상하는 것은 쉽지 않다. 좋든 싫든, 장애는 종종 인간 상태의 불안정성을 의미하는 것이 되는데, 왜냐하면 개개 인간은 변화하고 시간이 흐르면서 쇠하며 죽기 쉽다는 사실 때문이다.

학문 분야로서의 장애학은 장애에 대한 이러한 상반되는 쓰임새와 태도를 포함하고 있고, 사회에 대한 긍정적 기여로서의 장애에 대한 그 자신의 이해를 발전시키고 있으며, 장애에 대한 사회의 대체로 유해한 관점을 비평·파악한다. 어떤 면에서는, 어떤 사람이 장애학에서의 교육이 불충분할 경우에 장애가 단지 부정적일 뿐이라고 믿는 것은 쉽지만, 반면에 장애 관점에서의 다른 면에서는 장애를 긍정적이 아닌 어떤 것으로 보는 것은 어렵다. 갈수록 더, 나도 여기에서 그럴 것이지만, 장애 이론가들은 보다 미묘하고도 복잡한 입장을 주장하고 있다. 예를 들어, 수잔 웬델(Susan Wendell)은 건축 환경에서의 변화는 통증을 수반하는 장애를 가진 어떤 사람의 상황을 개선시키지 못할 것이라고 주장한다. 어떤 신체에 있어서 현실은, 가혹하기는 하지만, 인정되어야 할 하나의 사실이다(p. 45). 장애학 분야가 발전하려면, 장애학은 장애의 부정적·긍정

적 유의성 모두를 설명하고, 긍정적인 것들을 옹호함으로써 부정
적인 것들에 저항하며 부정적인 것들을 인정함으로써 긍정적인 것
들에 저항할 필요가 있는데, 동시에 장애학의 존재 이유는 장애인
에 대하여, 장애인을 위하여, 장애인과 함께 말하는 것이라는 것을
결코 잊어서는 안 된다.

　장애의 존재는 정체성의 다른 그림을 − 젠더, 인종, 섹슈얼리티,
국가, 계층 등과 연관된 정체성보다 덜 안정적인 것을 − 만들어 내
고, 그래서 인간의 정체성이 어떻게 작동하는지 다시 생각해볼 수
있는 기회를 제공한다. 백인 남성으로서 나는 아침에 흑인 여성으
로서 일어나지 않을 것을 알지만, 마크 오브라이언(Mark O'Brien)이
여섯 살 때 그랬던 것처럼 나도 사지마비 환자로 깰 수도 있다(O'
Brien and Kendall, 2003). 인간인 것은 모든 다른 정체성이 어떤 형
태의 장애 정체성과 결국 만날 것이라는 것을 보증하는 데 반해, 건
강함은 기껏해야 임시적인 정체성이다. 사실 다수의 장애 이론가
들은 장애가 빈번히 다른 정체성 상태, 특히 소수자집단 정체성에
고정된다는 중대한 관찰을 해왔다. 데이비드 미첼(David Mitchell)
과 샤론 스나이더(Sharon Snyder)는 "젠더, 계층, 국적, 인종 등에 기
초한 낙인화된 사회적 지위는 주변화된 공동체의 신분 저하를 시
각적으로 강조하기 위하여 종종 장애에 의지해왔다"고 주장한다
(1997, p. 21). 더글라스 베인턴(Douglas Baynton)은 미국에서 유색
인종·여성·이민자에 대한 차별은 그들을 장애가 있는 것으로 표
현함으로써 역사적으로 정당화되어 왔다는 것을 드러낸다. 이들
억압된 사람들은 편견에 맞서 다소 입지를 강화해 왔지만, 그들의
정체성이 장애와 관련이 있을 때 그들에 대한 차별이 새롭게 정당

화된다. 장애는 의심할 수 없는 열등함의 최종 경계를 나타내는데, 왜냐하면 건강함에 대한 선호는 장애인들을 포용하고 사회로부터의 그들의 불필요하고 폭력적인 배제를 인정하는 것을 극도로 어렵게 만든다.

우리가 장애에 대하여 더 많이 배우면 배울수록, 이 역사적인 순간에 장애가 소수자집단 차이의 다른 재현과는 상이한 상징적 방식에 따라 기능한다는 것이 점점 더 분명해질 것이다. 그것은 마치 장애가 타자화된 타자로 상징적으로 작동하는 것과 같다. 장애는 열등하거나 주변화되어 있거나 소수자집단인 상태를 보증하는, 차이의 판별 표시를 나타내는 데 반해, 그 과정에서 인정된 표시로서의 그 존재감을 가지지 못한다. 오히려 장애가 강조하는 소수자집단 정체성은 그 본질에 있어서 병리적인 것으로 생각된다. 또는 어떤 사람은 장애와의 상징적 연관이 이들 정체성을 무력화하고 그 부정적이고 열등한 상태를 단단히 고정시킨다고 말할지도 모른다. 생물학적 성, 사회적 젠더, 계층, 국적, 인종 등에 관해서 그와 같이 보지 않는다면, 장애는 무슨 일을 하고 있는 것일까? 장애의 존재는 왜 다른 소수자집단 정체성에 대해 차별하는 것을 더 쉽게 만드는 것일까? 어느 다른 방법으로 장애가 소수자집단 정체성을, 그리고 소수자집단 정체성이 장애를 굴절시키는가? 만약에 장애가 일상생활의 특징으로서보다는 타자의 인정받지 못한 상징의 역할을 한다면, 장애의 존재와 현실에 대한 주장은 정체성에 대한 우리의 이론을 어떻게 변화시킬 수 있는가?

여기에서 나의 독서 습관은 정체성을 가로지르는 장애의 가치에 주의를 기울이는 동시에 의도적으로 장애를 그 자체로 해석함으로써 이 이상한 상징주의의 영향을 바꾸려고 노력한다. 소수자집단 정체성이 장애와의 연관에 의하여 병리화될 때, 내가 주장하기로는, 그 영향은 결코 단순히 은유적이지 — 병리를 향하여 의미를 1, 2도 단순히 왜곡하는 것이지 — 않다. 장애에 의한 다른 정체성의 병리화는 지시적이다. 그것은 장애, 질병, 부상이 열등한 인간 상태를 의미하게 되는 역사적·재현적 구조를 소환한다. 따라서 병리의 출현은 우리가 장애와의 상징적 연관뿐 아니라 인간 상태의 현실로서의 장애에 엄격한 주의를 집중시킬 것을 요구한다.

능력 이데올로기

우리는 인간으로서의 우리의 상태에 대한 두 세트의 모순된 생각 사이에서 유한한 삶을 살고 있는 사람으로 포착되는 것 같다. 첫 번째 모순은 신체 자체에 대한 우리의 이해를 대상으로 한다. 한편으로 신체는 우리가 누구인가와 상관이 있어 보이지 않는다. 신체는 정신, 영혼, 마음, 자기(the self)를 포함하거나 꾸민다. 데카르트가 설명하였듯이, 나는 생각하는 부분이다. 기껏해야 신체는 우리가 누구인지 여기저기로 전달하는 매개체·수단이다. 최악의 경우에 신체는 장신구이다. 우리는 모두 자아가 신체라는 무거운 짐으로부터 자유로워질 수 있다고 확신하는 도리안 그레이(Dorian Gray) 놀이를 하고 있지만, 우리는 웬일인지 그 소설의 끝까지 읽는 것을 잊어왔다. 다른 한편으로 현대 문화는 신체를 완전하게 할 절실한 필요를 느끼고 있다. 의학자들이 감기의 치료를 위해 애쓰든 모든 질병의 제거를 위해 애쓰든, 암의 치료를 위해 애쓰든 죽음의 추방을 위해 애쓰든, HIV/AIDS의 치료를 위해 애쓰든 유전자 코드의 통제를 위해 애쓰든, 그들의 터무니없지만 좀처럼 의심받지 않는 목표는 모든 사람에게 완전한 신체를 주겠다는 것이다. 우리는 신체에 대한 이러한 이해 ─ 신체는 하찮은 것 같기도 하고 완전하게 할 수 있을 것 같기도 하다 ─ 가 얼마나 이상한지 거의 숙고하지 않는다.

또 다른 그러나 관련된 모순은 시간 속의 인간에 대한 이해를 대상으로 한다. 역사를 간단하게 살펴보면 인간은 취약하다는 것이 드러난다. 인간의 삶은 질병, 부상, 외모 손상, 쇠약, 노령, 죽음이라는 압도적인 현실에 마주친다. 자연 재해, 사고, 전쟁·폭력, 기아, 질병, 자연 환경의 오염 등이 모든 영역에서 인간의 삶을 공격하고, 여기에 지지 않을 사람은 없다. 이것은 이 지구상의 삶이 비참하고 행복은 존재하지 않는다고 말하려는 것이 아니다. 요점은 단순히 역사가 인간에 대한 불가피한 하나의 진실 ─ 종으로서 우리의 운명이 어떻든지 개인들로서의 우리는 허약하고 유한하다 ─ 을 드러낸다는 것이다. 그러나 우리가 종종 가지고 있는 미래 비전은 우리의 역사를 거의 닮지 않은 실존의 조짐을 보인다. 그 미래는 전적으로 다른 명령, 즉 죽음에 대한 우리의 승리를 요구하고 역사가 삶에서 우리의 몫에 대하여 우리에게 말해주는 모든 것을 부정하는 명령에 순종한다. 많은 종교는 인간이 언젠가는 영생을 얻을 것이라고 가르친다. 공상과학 소설은 무서운 피복을 두고 간 외계인들에 대하여 환상을 가진다. 그들은 우리보다 우수하지만, 우리는 그들 방향으로 진화하고 있다. 인공두뇌학은 인간 지능을 기계에서 기계로 옮길 수 있는 소프트웨어로서 취급한다. 인공두뇌학은 인간이, 오래된 하드웨어가 낡으면 언제든지 새로운 하드웨어로 다운로드 될지도 모르는 미래를 약속한다. 인간 복제를 탐구하기 위하여 주어진 이유는 질병과 노화를 물리치겠다는 것이다. 보아 하니, 어떤 미래 시대에는 예비부품 창고로의 빠른 이동으로 우리를 아프게 하는 것들을 치료할 것이다. 사람들은 더 좋아 보이고, 더 건강하다고 느끼며, 세 배 더 길게 살 것이다. 마침내 이전의 우생학처럼 휴먼 게놈 프로젝트는, 인간의 특성을 완전하게 하고 인간의 수명을 무한히 연장할 인간 유전학에 대한 향후 이해를 신뢰하게 된다.

이들 모순이 아무리 삭막하고 그 극단에서 틀렸다 하더라도 그것들은 서로에 대해서 믿을 만한 것처럼 보인다. 우리는 신체는 문제가 되지 않는다고도 그리고 신체는 완전해져야 한다고도 믿을 수 있다. 우리는 한편으로는 역사가 인간 수명의 극단적인 유한성을 기록하지만 미래는 극단적인 무한성을 약속한다고 믿는다. 우리가 따져 묻지 않고 이들 모순을 받아들인다는 것은 우리의 생각이 이데올로기에 빠져있다는 것을 드러낸다. 이데올로기는 그것에 이의를 제기하기에 필요한 반대 생각을 허용하지 않는다. 이데올로기는 반대들을 함께 봉합하여 그것들을 각각의 외견상 보완물로 바꿔 놓고 모순을 덮어버리며 그것에 대한 비판을 제공할 어떤 관점을 거의 인식할 수 없게 만든다. 사실, 몇몇 문화 이론가들은 이데올로기가 프로이트의 무의식처럼 불가해하다고 ─ 이데올로기에는 외계가 없고, 이데올로기는 어떤 부정적인 것을 포함할 수도 있으며, 모순을 겪지 않고 모순을 자라나게 한다고 ─ 믿는다고 주장한다(Goodheart; Siebers, 1999 참조). 나는 다른 입장을 주장한다. 이데올로기는 그 배타적 성질 때문에 그 자신의 바깥에 사회적 위치를 만들고 그러므로 그것에 대한 인식론적 주장을 할 수 있다. 여기에서 뒤이어 나오는 논쟁들은 억압된 사회적 위치가, 이데올로기의 바깥에 있으면서 우리를 둘러싸고 있는 것 같은 강력한 이데올로기에 대한 귀중한 지식을 제공하는 정체성·관점, 체화·감정, 역사·경험을 만들어낸다는 주장에 기반을 두고 있다.

이 책은 이들 강력한 이데올로기 중 하나에 ─ 내가 능력 이데올로기라 부르는 것에 ─ 대한 비판을 추구한다. 능력 이데올로기는 가장 간단하게 말해 건강함에 대한 선호이다. 가장 급진적으로 말해서 그것은 인간다움이 결정되는 기준선을 정의하고, 개인들에게 인간의 지위를 주거나 거부하는, 신체·정신의 척도를 정한다. 그것은 인간에 대한 우리의 판단·정의·가치의 거의 모든 것에 영향을 주지만, 그것은 차별적이고 배타적이기 때문에, 그것은 그것의 관점, 특히 이 경우에 장애 관점의 밖에서 그 관점에 비판적인 사회적 위치를 만든다. 장애는 인간 능력에 대한 우리의 모순적인 이데올로기가 오가는 보이지 않는 중심을 명백히 보여준다. 능력 이데올로기는 우리가 장애를 두려워하게 만들기 때문에, 우리가 우리의 신체를 상상하라고 요구하는 것은 동시에 우리가 신체를 완전하게 할 수 있을지도 모른다고 꿈꾸는 동안은 중요하지 않은 것이다. 그것은 우리가 과거에 도망하고 미래에 물리치기를 바라는 것으로 장애를 묘사한다. 장애 정체성은 능력 이데올로기와 불편한 관계에서 있고, 그것을 막고 비판하는 중요한 틀을 제시한다.

능력 이데올로기가 우리의 생각과 습관에 얼마나 중첩되어 있든, 우리가 결과적으로 그것의 패턴·권력·모순·영향에 대해서 얼마가 적게 주목하고 있든, 이 책의 한 가지 기획은 능력 이데올로기를 정의하고 그것의 작용을 분간할 수 있고 익숙하도록 만드는 것이다. 또 다른 그리고 더 중요한 기획은 능력 이데올로기의 그림자로부터 장애를 가져오고 장애에 대한 의식을 높이며 장애의 종류·가치·현실을 분명히 보여주는 것이다. 장애는 능력 이데올로기가 허용하는 것보다 더 복합적인 체화 이론을 만들고, 이들 많은 체화는 각각, 신체적이든 정신적이든 사회적이든 역사적이든, 인간다움과 그 변형에 대한 이해에 중요하다. 이들 두 기획은 양쪽 다 생각에서의 극적인 변화를 수반한다는 단순한 이유로 내 주장의 과정에 천천히 드러날 것이다. 장애에 대하여 읽고 쓰는 능력의 수준은 너무 낮아서 존재하지 않을 정도이고, 능력 이데올로기는 모든 행동·생각·판단·의도의 너무 커다란 부분을 차지하고 있어서 우리에 대한 그 지배력은 근절시키기가 어렵다. 장애와 능력 사이의 뚜렷한 차이는, 능력은 역량과 얻으려고 애쓰는 욕구를 포함하여, 자연의 선물, 재능, 지능, 창조성, 신체적 기량, 상상력, 헌신, 얻으려고 애쓰는 열망과 ― 간단히 말해서, 인간 정신의 본질과 ― 관련되는 데 반해 장애는 본질적으로 '의료적 문제'라는 생각에서 피상적으로 파악될 수도 있다. 장애에 대해서 짧은 목록을 쓰는 것은 쉽지만, 능력에 관한 목록은 거의 끝없이 계속되며 우리가 항상 능력에 대하여 꿈꾸고 있지만 왜 그리고 어떻게 우리가 꿈꾸고 있는지에 관해 좀처럼 비판적으로 생각하지 않는다는 사실을 드러낸다.

　나는 가능한 한 단순히 능력 이데올로기를 소개하기 위해 글머리 기호라는 현대 관행에 처음부터 의지한다. 글머리 기호는 철저하거나 모순을 피할 생각 없이, 그리고 기호의 충분한 해설 없이 이 어진다. 몇몇 기호는 정의처럼 보이게 할 생각이고, 다른 것은 기능 어로서의 능력이나 장애를 서술하며, 또 다른 것은 여전히 고정관 념이나 편견을 수록한다. 요점은 이 책이 이론을 제시하고자 하는 장애에 대한 생각·이야기·신화·고정관념을 축적하기 시작하는 것이고, 이데올로기로서의 능력에 대한 추가의 논의를 형성할 몇 가지 사소한 묘사를 제공하는 것이며, 능력과 장애에 대한 자신의 감정에 의문을 갖는 독자들에게 길을 열어주는 것이다.

- 능력은 인간다움이 결정되는 이념적 기초선이다. 능력이 적을 수록 더 못한 인간이다.
- 능력 이데올로기는 장애를 멀리하는 동시에 그것을 배제 원칙 으로 바꾸어 놓는다.
- 능력은 인간 행동, 상태, 생각, 목표, 의도, 욕구 등을 판단할 때 가치의 최고 지표이다.
- 만약에 어떤 사람이 건강하면 신체에 대하여 잘 자각하지 못 한다. 신체에 어떤 문제가 있을 때에만 신체를 느낀다.
- 건강한 신체는 자기 변화(self-transformation)를 위한 커다란 역량을 가지고 있다. 건강한 신체는 거의 모든 것을 할 수 있 도록 훈련받을 수 있다. 건강한 신체는 새로운 상황에 적응한 다. 장애가 있는 신체는 할 수 있는 것과 하기 위해 훈련받을 수 있는 것에 제한이 있다. 장애가 있는 신체는 새로운 상황을 장애물로 경험한다.
- 능력은 인류에 필수적인 특성을 정의하는 데 반해, 장애는 항

상 개인적이고 한 신체의 성질이며, 모든 인간에 공통된 특성
이 아니다.

- 장애는 의지력이나 상상 행위를 통하여 극복될 수 있다. 장애
는 실재하는 것이 아니라 가상적인 것이다.
- 마크 오브라이언(Mark O'Brien)이 그의 시 '보행 보조기'
(Walkers)에서 쓴 것처럼 "장애는 별 일 아니다"(1997, p. 36).
- 장애를 가지는 것보다 죽는 것이 낫다.
- 비장애인은 언제 건강해져야 할지를 선택할 권리를 가지고 있
다. 장애인은 항상 가능한 한 건강해지려고 노력해야 한다.
- 장애를 극복하는 것은 축하받을 일이다. 장애를 극복할 수 있
는 것은 그 자체로 능력이다.
- 인간 삶의 가치는 사람이 장애를 가지게 될 때에만 문제로서
나타난다. 장애인은 비장애인보다 덜 가치가 있고, 그 차이는
돈으로 계산된다.
- 장애는 특별한 능력으로 가는 관문이다. 장애를 장점으로 바
꾸어라.
- 능력의 상실은 사교성의 상실로 바뀐다. 장애인들은 비통해
하거나 화나 있거나 자기연민에 빠져 있거나 이기적이다. 그
들은 자신의 아픔을 넘어 볼 수 없기 때문에 그들은 다른 사람
의 감정을 고려할 능력을 상실한다. 장애는 우리 모두를 나르
시시스트로 만든다.
- 장애를 가진 것으로 인정받기를 바라는 사람들은 심리적으로
하자가 있는 것이다. 그들이 자신을 건강하다고 생각한다면,
그들은 더 건강해지고 행복해질 것이다.

이 목록에서 분명한, 장애에 대한 부정적인 함의를 바꾸기 위해서는 장애학에 대해서 경험이 거의 없는 독자들에게는 이상하게 보일 수도 있는 방법으로 장애의 가치·다양성을 주장할 필요가 있을 것이다. 그러나 우리가 긍정적 정체성으로 "장애를 주장"할 때 어느 정도까지 능력 이데올로기가 무너지는지 보여주는 것이 필수적이다(Linton). 장애를 주장하는 것은, 의미 있는 정치적 행위이기는 하나, 정치적일 뿐 아니라 장애인의 삶의 질을 개선시키는 실천이라는 것을 이해하는 것은 똑같이 필수적이다. 다른 소수자집단 정체성의 경우에 기록된 것처럼, 장애 상태를 부정적이기보다는 긍정적으로 동일시하는 개인은 더 생산적이고 행복한 삶에 이르게 된다. 게이·장애 자부심뿐 아니라 페미니즘, 흑인과 아메리칸 인디언의 권리 운동은 ─ 긍정적 정체성 형성으로 몇 가지만 말하자면 ─ 그들의 구성원들을 위해 유형의 이득을 쟁취하고, 그들을 향해 유도된 폭력·증오·편견으로부터 그들을 자유롭게 할 뿐만 아니라 삶의 선택으로 안내할 공유된 경험 및 그 안에서 성공할 공동체를 그들에게 제공한다.

역설에 대한 의식이 높은 몇몇 독자들은 긍정적 정체성으로서 장애를 주장하는 것은 단순히 장애를 능력으로 바꾸는 것이고 따라서 그 이념적 범위 안에 남아 있는 것이라고 반대할지도 모른다. 그러나 장애 정체성은 이 역설에 당황하지 않는다. 오히려 역설은 능력에 대한 이념적 범위를 넘어서 생각하는 것이 얼마나 어려운지, 그리고 그 시도를 하는 것이 얼마나 중요한지를 입증한다. 왜냐하면 능력으로서 장애를 생각하는 것은 능력의 의미와 쓰임새를 바꾼다는 것을 우리가 알게 될 테니까.

이론으로서의 소수자집단 정체성

정체성은 비판 이론과 문화 이론에서 범주로서 유행이 지난 것
이다. 정체성은 우파와 좌파에 의하여 자기희생(self-victimization),
집단 사고, 정치적 정당성과 연관되어 오긴 하였지만, 이들 연관성
은 정체성의 위신 추락의 진짜 이유가 아니다. 진짜 이유는 정체성
이 추가의 도움이 필요하고 통증이 있으며 독립적으로 생각할 수
없는 사람을 위한 목발로 보인다는 것이다. 나는 일부러 '목발'이라
는 단어를 사용하는데, 왜냐하면 정체성에 대한 공격은 장애의 맥
락에서 가장 잘 이해되기 때문이다.

"가시적 정체성"(Visible Identities)에서의 린다 마틴 알코프(Linda
Martín Alcoff)의 광범위하고 설득력 있는 분석에 따르면, 정체성
에 대한 현재의 거절은 특별한 철학적 계통, 즉 내가 믿기로는, 능
력 이데올로기에 의해 강제된 계통을 가지고 있다(2006, pp. 47-
83). 그 족보는 합리적 자율성이라는 계몽주의 이론으로 시작되는
데, 그 이론은 추론할 수 없음을 천부적인 열등함의 징후로서 제시
한다. 대개 이성(理性)에 대한 변호인들은 비유럽인들을 지적으로
결함이 있는 것으로 공격하였지만, 이들 인종 차별주의 이론은 생
물학적 열등함의 이론에 의지하고 있었기 때문에 그들은 처음부
터 필연적으로 장애의 배제에 근거를 두었다. 알코프(Alcoff)는 "이
성적 성숙의 규범은 정체성을 떠난 '핵심 자기'(core self)를 요구하
였다. 너무 미성숙하여 이러한 종류의 추상적 사고를 행할 수 없거
나 주어진 문화적 정체성을 초월할 수 없는 집단들은 충분한 자율

성에 부적격한 것으로 여겨졌고 성숙의 부족은 비유럽인들의 선천
적 열등함이라는 인종 차별주의 이론을 통하여 종종 '설명'되었다."
고 밝힌다(2006, p. 22). 당시에 계몽주의 관점은 두 가지 현대 이론
으로 옮겨가는데, 각각은 다른 사람에 대한 의존성을 협력적 행위
보다는 억압적 행위로 이어지는 약함의 한 형태로 본다. 첫 번째
이론은 프로이트(Freud)의 것인데, 그에게 있어서 강한 정체성 집
착은 병리적 심리와 관련이 있고 자아 기능장애의 증상으로 판단
된다. 정신분석에서 사실상 결핍이 정체성의 핵심에 있고(2006, p.
74), 이러한 결핍을 극복할 수 없는 사람들은 의존성과 공격성의 패
턴에 빠진다. 둘째, 사르트르의 실존적 존재론에서 정체성은 '실제
자기'(real self)로부터 소외된다. 사르트르(Sartre)에 있어서 정체성
은, 불신에 연결되어 있고 도덕적 결점과 지적 약점에 의해 유발된,
사회적 역할을 보여주는데, 이것은 진짜가 아닌 존재, 즉 다른 사람
의 영향으로부터 충분히 자유롭지 못한 존재로 자기(the self)를 유
도한다(2006, p. 68).

관련 자료 번호 1

네이션(The Nation)

2006년 11월 6일

그에게 돈을 보여주라

카사 폴리트(Katha Pollitt) 지음

나는 정체성 정치와 경제적 불평등에 대한 월터 벤 마이클스(Walter

Benn Michaels)의 매우 논쟁적인 반론인 "다양성의 문제"(The Trouble with Diversity)를 칭찬하고 싶었다. 그와 마찬가지로 나는 상징 정치가 교내에서 계층 불만을 대신해 온 정도에 의하여 신경 쓰이고, 그것(어떤 사람의 뿌리에 대한 강박적 함양, 차이에 대한 집착, 언어에 대해 트집 잡으며 도덕적으로 한 수 더 뜨기 등)을 역시 그만둔다. 내가 있는 학자 페미니스트 목록에 있는 한 논쟁을 '절름발이'라고 부르라. 그러면 당신은 장애인들에 대한 당신의 무감각에 대하여 전자 미디어를 이용한 잔소리를 여전히 들을 것이다. …

그 차이에도 불구하고, 사고의 이들 두 계통은 정체성에 대한 현대의 불신을 뒷받침한다. 그래서 미셸 푸코(Michel Foucault)와 주디스 버틀러(Judith Butler) ― 오늘날 현장에서 가장 영향력 있는 이론가들 중 두 명을 말하자면 ― 에 있어서, 정체성은 "사회적 병리이기도 한 사회적 필요"를 나타낸다(Alcoff, 2006, p. 66). 다른 사람에 의한 예속과 궁극적으로 연결되지 않은 정체성의 어떤 형태도 아마 존재하지 않는다. 요컨대 현대 이론가들은 그들이 정체성을 결핍, 병리, 의존성, 지적 약점과 연관시킬 때 정체성을 멀리 한다. 그들의 눈에 정체성은 단순히 부담이 아니라 장애이다.

그러나 다수자집단 동일시를 공격하는 이론가들 중에서조차 정체성은 다수자집단 동일시의 비판에서 아무런 역할을 하지 않는 반면에 소수자집단의 경우에만 정체성이 결함이 있는 것으로 생각된다는 것에 주목하라. 예를 들어, 아무도 미국인다움을 특별히 공격하지 않는데, 왜냐하면 그것은 정체성이기 때문이다. 미국인다움이 국수주의의 예로 비판받을 수도 있지만, 정체성은 그 비판에서 거의 언급되지 않는다. 정체성은 소수자집단 정체성의 분석에서 가장 빈번히 공격 받는다 - 유색인종, 유대인들, 이슬람교도, 게이, 레즈비언, 양성애자, 트랜스젠더, 여성, 장애인들만이 건강하지 못한 정체성을 가진 것으로 보인다. 그것은 마치 정체성 자체가 현재의 비판 이론과 문화 이론에서 소수자집단 지위를 점하고 있는 것과 같다 -. 왜냐하면 정체성을 거부하는 사람들은 단지 그것의 소수자집단 지위, 다시 또 장애에 연결된 지위 때문에 그렇게 하는 것처럼 보이니까.

　더욱이 소수자집단 정체성의 거부는 거의 모든 경우에 똑같은 심리적 시나리오를 반복한다. 지배 문화에 의하여 한 종족에게 체계적으로 가해진 훼손의 산물인 소수자집단 정체성은 고통 받는 집단에 의해 자기주장(self-affirming)으로 다시 표현되지만, 정체성이 고통에서 기인하였기 때문에 그것은 그 아픔을 없앨 수 없는 것으로 추정되고 이 아픔은 곧 이기주의·분개·비통·자기연민의 감정을 정당화하기에 이른다 - 이 모든 것들은 다른 사람들의 억압을 정당화하기 위해 결합된다. 그래서 레스터(J. C. Lester)는 장애학 때문에 "장애인들은 진짜 필요성이 있는 경우에서의 괜찮은 자발적 도움의 적절한 대상으로부터 보다 일반적인 사람들의 억압자라는, 특권을 가진, 증가하는 이익 집단으로 변화되는 위험에 직면해 있다"고 불평한다. 낸시 프레이저(Nancy Fraser) 또한 정체성 정치는 "집단 정체성의 구체화를 조장하고 체제 순응주의, 불관용, 가부장제"를 촉진한다고 지적한다(pp. 113, 112). 비록 이러한 지겨운 시나리오가 믿을 만하였더라도 - 그리고 그것은 그것이 장애에 대한 틀린 생각으로부터 비롯되기 때문은 아니다 - 소위 정치에 관심이 있는 사람들이, 부유하고 영향력 있으며 못된 사람들이 모든 가능한 방식으로 세계를 적극적으로 약탈할 때(공업 국가에 의한 비공업 국가의 대량 살상, 무기 밀매, 값싼 노동과 강력한 소비자 운동 사이에서 순환을 유지하기 위한 빈곤의 강제, 지구 온난화, 여성의 성매매, 화학 · 정유 회사에 의한 산업공해, 전염병과 싸우기 위해 필요한 의약품 값의 폭등, 국경 밖에 있는 굶주리는 사람들은 말할 것도 없고 가장 부유한 국가들에 의한 자신의 가난한 사람들을 먹여 살리는 데 있어서의 냉소적 실패 등) 몇몇 소수자집단이 언젠가 어떻게든 불평등에 대하여 보복할 힘을 가질지도 몰라 걱정하는 것은 놀랍다.

여기에서 나의 주장은 정체성 정치는 실행 가능한 정치 행동을 위하여 장애 또는 장애인으로부터 나타난다고 믿는 사람들에게 이의를 제기한다. 나는 정체성 정치의 변호를 제공하며, 정체성 정치는 통증 · 고통과 연결되어 있기 때문에 정당화될 수 없다는, 우파와 좌파에 의해 받아들여지는 생각에 대한 반론을 제공한다. 고통이 약한 정체성을 낳는다는 생각은 능력 이데올로기를 강요하고, 장애에 대한 깊은 오해를 입증한다. 장애는 개인의 병리를 통해서만 분석될 수 있는 병리 상태가 아니라 복합적으로 체화된 사회적 위치이다. 장애에 기반을 둔 정체성 · 이야기 · 경험은 이론의 지위를 가지고 있는데, 왜냐하면 그것들은 사회의 지배 이데올로기가 가시적이고 비판에 대해 열리게 되는, 체화의 위치와 형태를 나타내기 때문이다. 이 책을 통하여 나의 분명한 전술 중의 하나는 장애 정체성, 이야기, 이미지, 경험을 상세히 열거하는 관련 자료 항목과 나의 주장을 나란히 놓음으로써 이 이론적 힘을 이용하는 것이다. 나는 장애가 있는 주인공이 어떻게 장애를 극복하고 '정상적' 삶에 이르게 되었는지를 진술하는 뉴스를 지배하고 있는, 인간적인 관심을 끄는 기분 좋은 읽을거리를 피해 오긴 하였지만, 관련 자료는 매일 전국의 주요 신문에 나타나는 종류의 뉴스 이야기로부터 대부분 수집된다. 오히려 관련 자료는 때때로 장애인 자신의 언어로 표현되거나 때때로 억압자의 언어로 표현된, 장애인의 억압에 대한 증언을 포함하는 경향이 있다. 처음에는 관련 자료 항목들이 장애학 교육을 받지 않은 사람들에게는 특별한 의미가 없을지도 모르겠지만, 나는 그것들이 장애인에 대해 유도된 노골적이고 끈질긴 편견에 공포와 혐오감을 불러일으키기 시작할 때까지 그것들이 독자가 진보하는 동안에 더욱더 이상해지기를 바란다. 관련 자료는 정체성 정치의 의도적인 행동을 보여주며, 나는 그것에 대하여 어떤 사과도 하지 않는데, 왜냐하면 내가 보기에 정체성 정치는, 소수자집단 사람들에 대한 사회적 불평등을 다루고 소수자집단 사람들에 의해 발견된 새로운 생각·이야기·경험을 진보적·민주적 사회의 미래에 적용하기 위한, 가장 실제적인 행동 방침을 보여주기 때문이다.

정체성은 부담도 장애도 아니다. 또한 정체성은 존재론적 속성이나 존재의 상태도 아니다. 정체성은, 올바로 정의하면, 사회 환경을 읽는 것에 대한 광범위한 이론을 포함하는 인식론적 구성이다. 마뉴엘 카스텔(Manuel Castells)은 정체성을 사회 행동의 목적을 위하여 개인에 의하여 필연적으로 내면화된 집합적 의미라고 부르는 데 반해(p. 7), 찰스 테일러(Charles Taylor)는 "나의 정체성은 내가 좋거나 가치 있는 것, 해야 할 것, 또는 지지하거나 반대할 것을 경우에 따라 결정하려고 노력할 수 있는 틀이나 범위를 제공하는 약속·검증에 의해 정의된다"고 주장한다(p. 27). 알코프(Alcoff)

는 "정체성은 단순히 개인이나 집단에 주어진 것이 아니라, 집합적으로 그리고 개인적으로, 객관적인 사회적 위치와 집단 역사를 통하여 존재하고 해석하며 작동하는 하나의 방법이다"라고 설명한다 (2006, p. 42). 우리는 이들 작가를 따라, 정체성을 사회적 삶을 위한 지식이 ― 항상 그리고 반드시 최상의 지식은 아니긴 하지만 ― 신봉하는, 단순한 사회적 구성이라기보다는, 이론 의존적 구성이라고 생각하는 것이 온당하다. 그래서 정체성은 한 사람의 본래의 개성이나 내면의 본질을 만들어내는 구조가 아니라, 그 사람이 동일시하고 또한 일련의 사회적 이야기, 생각, 신화, 가치, 그리고 갖가지 신뢰도, 유용성, 검증 가능성을 지닌 지식의 종류와 동일시하게 되는 구조이다. 정체성은 개인으로서의 사람이 특정한 사회적 단체에 가입하게 되는 수단을 나타낸다. 정체성은 또한 단순히 생물학적 성향이 아니라 상징적 성향에 기초하여 집단에 속하는 역량을 ― 인간을 다른 동물로부터 구별하는 바로 그 역량을 ― 나타낸다.

모든 정체성은 사회적 지식을 포함하는 데 반해, 주류 정체성은 덜 비판적인데 ― 덜 비판적임으로 덜 효과적인 것은 아니긴 하지만 ―, 왜냐하면 주류 정체성은 표준적이기 때문이다. 소수자집단 정체성은, 정확히 그 경계성 때문에, 그 정체성이 경계적 지위를 유지하는 그 사회에 대한 인식론적 주장을 하는 능력을 획득한다. 예를 들어, 압둘 얀모하메드(Abdul JanMohamed)와 데이비드 로이드 (David Lloyd)의 초기 작품은 비평문처럼 소수자들의 힘에 특권을 부여한다. "소수자집단 담론의 연구는 ― 그리고 연구 결과는 ―, 그 존재 방식의 불가피한 결과로서, 보편타당성과 함께 승화된 형태로 문화가 나타나는 바로 그 규율상 경계를 위반할 것을 요구한

다. 이것은 그것을 문화 비평의 사실상 특권을 가진 영역으로 만든
다."(1987b, p. 9) 소수자집단 정체성에 의해 제공된 비평은 필연적
으로 역사적인데, 왜냐하면 그것은 주변적 지위의 일시적 우연성
에 의존하고 있기 때문이다. 상이한 집단들은 상이한 시대에 소수
자집단 지위를 점하지만, 이것은 그들의 사회적 위치가 그들의 시
대와 관련하여 조금이라도 덜 객관적이라는 것을 의미하지는 않
는다. 또한 그것은 억압의 구조가 모든 소수자집단 정체성의 경우
에 다르다는 것을 시사하는 것도 아니다. 역사가 우리에게 어떤 것
을 가르쳐왔다면, 그것은 권력자가 다른 집단의 배제를 위하여 동
일한 편파적 재현에 의존하는 동일한 억압적 구조를 조종할 능력
을 가지고 있다는 것이다. 한 번 백일하에 드러난 현대 소수자집단
사람들의 경험은 과거 소수자집단 사람들의 경험에 대하여 평하기
위하여, 반대의 메아리 효과처럼, 역사에서 거슬러 올라가서 울려
퍼지는 데 반해, 동시에 이들 과거 경험은, 바라기는, 억압이 어떻
게 작동하는지에 대한 지식의 축적에 기여한다.

　소수자집단 정체성은 소수자집단 사람들이 경험한 억압·투쟁
의 경험을 별도로 재현함으로써 그 이론적 힘을 발견하지만, 또한
정확히 소수자집단으로서 상이한 소수자집단 정체성 사이의 유사
성에 대한 주목을 위하여, 정치적 연대의 기회를 증가시킬 뿐 아니
라 억압에 대한 관계를 드러낸다. 게리 드워킨(Gary Dworkin)과 로
잘린드 드워킨(Rosalind Dworkin)의 정의에 따르면, 소수자집단 정
체성은 억압받은 사람들의 범위에 걸쳐 반복되는, 인식 가능한 특
징을 가지고 있다. 게리 드워킨(Gary Dworkin)과 로잘린드 드워킨
(Rosalind Dworkin)은 "우리는 소수자집단이 식별성, 권력 차이, 차

등적·경멸적 대우, 집단의식이라는 네 가지 특성에 의하여 특징
지어진 집단이라는 것을 제안한다"라고 쓰고 있다(p. 17). 하나의
주목할 만한 추가 ― 소수자집단 지위는 또한 사회와 관련하여 그
리고 일반적으로 판단되는 윤리적 시험에 응한다 ― 와 함께 이들
네 가지 특징들 또한 소수자집단 정체성에 대한 나의 주장의 기초
를 형성한다. 특징들의 집합적 단순성과 힘을 파악하고, 장애 정체
성의 상술의 근거가 될, 소수자집단 정체성의 정확하고 일반적인
정의에 도달하며, 전반적으로 소수자집단 정체성에 대한 관련성을
서술하고, 소수자집단 사람들의 미래와 그들의 사회 정의·포함의
추구에 중대한 것으로 정체성 정치를 변호하기 위하여, 이들 특징
은 차례로 하나씩 간단한 논의를 필요로 한다.

  1. 특성으로서의 식별성은 정체성 자체의 핵심에 존재하는데, 왜
냐하면 우리는 정체성을 상상하기 시작하기 전에 집단을 구별할
수 있어야 한다. 종종 우리는 피부 색깔, 젠더 특성, 제스처, 정서,
목소리, 몸매 등과 같은, 신체와 연결된 가시적 차이를 수반하는 것
으로 식별성을 생각한다. 그러나 이들 육체적 특성은 상이한 문화
와 관련해 일반적이지 않으며, 식별성의 기초로 또한 중요할, 행동
이나 문화적 차이가 있을 수도 있다. 또한 식별성은 시간 안에서 존
재하고 시간은 식별성의 의미를 바꾼다는 것을 주목하라. 한 집단
이 확인되면서 집단은 어떤 표현을 획득하고, 그러면 그 집단에 연
결된 표현의 증가는 어떻게 식별성이 작동하는지를 변화시킬 수도
있다. 예를 들어, 장애인이라 불리는 집단의 존재는 그 집단 사람들
에 대한 일반적인 생각을 만들어 내고 ― 그 집단의 존재가 그것에
꼭 들어맞는 모든 장애인에 의존하지 않긴 하지만 ―, 그러면 첫째,

사람을 그것과 동일시하는 것, 둘째, 집단 정의의 의미를 바꾸는 것
이 더 쉬워진다. 비만인 사람들은 현재로서는 일반적으로 장애가
있는 것으로 생각되지 않지만, 멀지 않은 미래에 그들이 장애가 있
는 것으로 생각될 수 있는 징후가 있다(Kirkland). 농인들과 중성(中
性)의 사람들은 장애가 있는 것으로 서술되는 것에 저항해왔다. 장
애인의 정체성과 그들의 향후 관계는 분명하지 않다.

　식별성의 다른 두 분명한 특징이 강조될 필요가 있다. 첫째, 식
별성은 차이의 재현과 강하게 관련이 있다. 존재하는 소수자집단
이 쉽게 확인되지 않은데도 권력자가 그 집단을 격리시키기를 원
하는 경우에, 식별성을 만들어내기 위하여 기술이 사용될 것이다.
예를 들어, 나치당원들은 유대인들이 노란 완장을 찰 것을 요구하
였는데, 왜냐하면 나치 인종 차별주의자들의 근거 없는 믿음에도
불구하고 유대인들이 확인할 수 있을 정도로 독일인과 다르지 않
았기 때문이다. 둘째, 정체성은 사회적인 것이고, 식별성이라는 특
성도 그러하다. 단순히 식별성으로 인정되지 않는, 인간 사이의 육
체적 차이가 많다. 그렇다면 중요한 것은 육체적 차이라는 사실이
아니라, 차이에 부여된 재현 ― 차이를 확인할 수 있게 만드는 것
― 이다. 재현은 차이를 만들어내는 차이이다. 비트겐슈타인이 사
적 언어는 존재하지 않는다고 주장하였던 것과 같은 방식으로 사
적 정체성과 같은 것은 없다고 우리가 주장할지도 모른다. 정체성
은 확인할 수 있는 것으로 간주될 만큼 표현될 수 있고 전달될 수
있어야 한다. 정체성은 사회적 목적에 기여하며, 사회에서 표현될
수 없는 정체성 형태는 이 목적을 위하여 이해될 수 없고 효과적이
지 못할 것이다.

물론 사람들은 스스로를 확인할 수도 있다. 특히, 집단이 차등적·경멸적 대우를 위하여 확인되는 사회에서 이들 집단에 속한 개인은 자신에 대한 편견을 내면화할 수도 있고, 자신을 확인할 수 있게 만드는 일을 스스로 할 수도 있다. 미국 남부의 '짐크로 법'(Jim Crow laws)은 사람들이 자신을 감시할 것이라고 — 예를 들어, 흑인이라면 백인 식수대에서 물을 마시지 않을 것이라고 — 확신하였다. 그러나 개인이 식별성을 주장하는 방법 또한 집단의 역사가 변하면서 달라진다. 집단은 지목되어 박해를 받을 수도 있지만, 집단이 더욱 저항적이 될수록 집단은 그것에 부여된 정치적 가치를 바꾸는 동시에 그 정체성을 지키기 위하여 노력할 수도 있다. 게이 군인의 경우에 "묻지도 말고, 말하지도 말라"는 미군의 정책은 정치적 이유로 긍정적 소수자집단 정체성을 주장하는 개인의 성향을 좌절시키려 한다.

2. 권력 차이는 다수자집단 정체성과 소수자집단 정체성 사이에서 차이의 강력한 지표이다. 사실, 권력 차이는 가장 중요한 지표일 수도 있는데, 왜냐하면 소수자집단 지위는 숫자보다는 권력 차이에 의지하고 있기 때문이다. 수적 다수집단이 꼭 가장 강력한 집단인 것은 아니다. 남성보다 여성이 더 많이 있는데도, 남성이 더 많은 정치적 힘을 갖고 있고 동일 직업에 더 많은 급여를 받는다. 수적인 장점은 의미가 있지만, 더 좋은 지표는 다른 집단에 대한 한 집단의 사회적 힘의 존재이다. 게리 드워킨(Gary Dworkin)과 로잘린드 드워킨(Rosalind Dworkin)은 비수치상 다수자집단에 위치한 권력 차이의 좋은 예로서 1950년대의 미국 남부와 아파르트헤이트 하에서의 남아프리카 공화국을 언급하고 있다(p. 12). 소수자집단

은 다수자집단보다 권력을 덜 갖고 있다.

3. 중심 되는 질문은 차등적 대우의 존재가 이미 경멸적 대우를 암시하는가이다. 차등적 대우가 합법적 이유로 존재할 수도 있다 하더라도 — 그리고 우리가 이러한 허용을 해야 하는 것인지 전혀 확실하지 않다 — 소수자집단 정체성의 특성으로서 경멸적 대우의 추가는 억압과 소수자집단 지위 사이의 정의적(定義的) 관련성을 강조한다. 차등적 · 경멸적 대우는 소수자집단 구성원들이 그들의 소수자집단 지위의 결과로서 경험하는 것이다. 그 대우는 다른 것들 중에서 그들의 경제적 지위, 문화적 특권, 교육 기회, 시민권에 영향을 준다. 경멸적 대우로서의 차별은 종종 정체성 정치, 즉 정치적 행동 집단을 형성함으로써 열등하고 부당한 상태에 항의하기 위하여 소수자집단이 합심하여 시도하는 것의 초점이 된다.

그렇다면 정체성 정치의 출현은 새로운 인식론적 주장에 의지한다. 열등한 지위를 받아들이고 심지어 그것을 유지하기 위하여 싸우는 집단의 역사가 있기 때문에 한 집단이 차별에 대하여 항의할 것이라는 것이 꼭 사실인 것은 아닌 반면에, 항의 입장으로의 변화는 차별적 행위를 지지하는 사람들과 다른 주장을 수반해야 한다. 불평등의 느낌은 소수자집단 정체성의 의식에 스며들어 있게 되고, 개인들은 그들의 차등적 대우에 대한 어떤 합리적인 정당성을 찾을 수 없다. 부당한 대우에 항의하는 개인들은 그들 자신에 대해서뿐만 아니라 경멸적 대우를 지지하는 사회의 본질에 대한 다수자집단 의견에 반대하는 이론을 발전시키기 시작한다. 개인들은 그들에 대한 불공평을 영구화하는 데 사용되는 행동을 재현하는 방법을 발전시키며, 고정관념, 폭력과 육체적 공격의 사용, 차별을

비난한다. 개인들은 소수자집단 정체성으로서 자신을 구성하기 시
작하고, 내적 식민화라고 불리는 의식의 형태로부터 새로운 집단
의식에 의하여 특징지어진 것으로 움직인다.

4. 집단의식은 집단 식별성을 가리키는 것이 아니라, 협력을 통
해 추구되는 공동 목표에 대한 자각, 차등적·경멸적 대우가 소수
자집단의 실제 특성에 의하여 정당화되지 않다는 깨달음, 다수자
집단 사회는 사회 정의에 대한 의지(依支)에 의하여 바뀌어야 하는
'장애를 초래하는' 사회라는 신념을 가리킨다. 다시 말해, 의식은
단순히 자기의식이 아니라 집단 정체성 상태에 충실한 인식론이
다. 의식은 처음에 개인의 책임 하에 불공평을 낮추는 정체성이다.
이러한 정체성은 그것이 어떤 틀린 주장과 고정관념에 의해서만
지지될 수 있는 것과 같은 방법으로 구성된다. 이들 틀린 주장에 대
한 저항은 기존의 지식 상태에 대한 반론과 비평을 통하여 소수자
집단 정체성의 구성원들에 의하여 추구되고 공유된다. 그렇다면,
집단의식에 연결된 소수자집단 정체성은 그 자체로 이론적 주장,
즉 주류와 충돌하는 주장, 그리고 의미 있는 다양성의 귀중한 원천
의 지위를 달성한다. 정체성 정치의 반대자들은 정체성 정치가 억
압에 의하여 만들어진 정체성을 지키는 것이라고 종종 주장한다.
이들 정체성은 고통에서 기인하고 그것들을 받아들이는 것은 자기
희생의 한 형태를 보여주는 것으로 추정된다는 것이다. 이러한 주
장은 새로운 인식론적 주장들이 정체성 정치에 중심이 된다는 것
을 이해하지 못한다. 예를 들어, 여성을 억압하는 사회는 여성들이
비이성적이고 도덕적으로 저열하며 육체적으로 약하다고 종종 주
장한다. 페미니스트 정체성 정치에 의하여 받아들여진, '여성'이라

는 소수자집단 정체성은 이들 주장에 반박하며 여성에 대한 대안적이고 긍정적인 이론을 제시한다. 정체성 정치는 억압자에 의해 만들어진 박해받는 정체성을 지키지 않는데, 왜냐하면 새로운 정체성에서 고수하는 지식 주장들[3]은 박해하는 집단에 의해 받아들여지는 것들과 완전히 다르기 때문이다.

　그러나 정체성 정치의 반대자들이 그들이 소수자집단 정체성을 고통과 연관 지을 때 틀린 것은 아니다. 반대자들은 통증과 고통이 때때로 소수자집단 정체성의 인식론적 통찰의 원천일 수도 있다는 것을 받아들이지 못하기 때문에 그들은 틀린 것이다. 이 이슈는 우리가 장애 정체성을 생각할 때는 언제든지 나타날 것인데, 왜냐하면 그것은 통증과 가장 많이 연관된 정체성이고 장애인에 대한 많은 차별이 통증에 대한 비이성적인 공포에서 나왔기 때문이다. 장애를 가지면 자살할 것이라고, 전혀 모르는 사람이 말하는 것은 장애인에게는 드물지 않다. 의사들은 종종 장애인들에게 경증 질병의 치료를 하지 않는데, 왜냐하면 장애인들은 죽는 것이 더 낫다고 의사들이 믿기 때문이다 — 의사들은 그들의 환자의 고통을 끝내기를 원하지만, 이들 장애인들은 차별적 태도를 겪어야 하기는 할지라도 그들은 자신을 아픈 것으로 꼭 생각하는 것은 아니다(Gill; Longmore, pp. 149-203). 그럼에도 불구하고 장애인들은 편견에 시달리는 유일한 사람들은 아니다. 전반적으로 소수자집단 정체성의 인식론적 주장은 고통스러운 불공평의 느낌에 종종 기반을 두고

---

3) (역자 주) '지식 주장'이란 특정 지식 분야가, 또는 개인이 세상에 대해 주장하는 것을 가리킨다.

있다. 육체적 공격에서 입은 상처는 어떤 사람이 공격받고 있다는 생각에서 경험된 고통에 비해 엷을지도 모르는데, 왜냐하면 그 사람은 열등하다고 부당하게 여겨지기 때문이다 — 그렇다 하더라도 고통은 아픈 사람에게 있어서 이론적 가치를 가지고 있을 수도 있다. 이기주의와 나르시시즘으로 이끄는 것으로 통증과 고통을 서술하는 긴 역사가 있는 반면에 — 나는 제2장에서 능력 이데올로기의 진화에서 보조적 역할을 하는 메타심리학을 주장한다 —, 우리는 고통에 있는 자아에 주어진 강한 초점이 인식론적 가치를 가진다고 생각할 수도 있다.[4] 고통은 위험에 처한 자기(the self)에 대한 신호이고, 이 신호는 육체적 상황과 사회적 상황에 똑같이 적용된다. 한 사람이 그 사람에게 육체적으로 해가 될지도 모르는 활동에 관여할 때 신체는 통증으로 신호한다. 유사하게, 개인이 사회적 위험에 빠져있을 때 의식은 고통을 느낀다. 고통은 이론적 요소를 가지고 있는데, 왜냐하면 고통은 개인의 미래를 위태롭게 할 상황에 주의를 돌리게 하기 때문이며, 억압에 시달리는 개인들이 그들의 경험을 공유하기 위하여 함께 모일 때 이 이론적 요소는 정치적 목표로 향할 수도 있다.

고통은 이론에 준거해 있다고 — 즉, 현실 상황을 평가하는 감각이라고 — 제시함으로써 나는 소수자집단 정체성이 어떻게 그리고 왜 사회에 대한 인식론적 주장을 하는지를 추적하기 위해 노력하

---

4) 통증의 본질과 그것의 연구 방법론은 다양한데, 왜냐하면 그것들은 감정과 의식의 정의와 관련되기 때문이다. 아이데데(Aydede)는 통증에 대한 현대의 관점 — 그 중의 하나는 자각 이론 — 의 아주 많은 샘플을 수집하며, 통증은 현실 상황에서의 변화를 암시하는 능력을 가지고 있다는 생각에 공감한다(pp. 59-98).

고 있다. 모든 정체성은 사회 이론이다. 정체성은 우리가 '사회 세계'[5]에 적응하고 사회 세계를 여행하기 위해 사용하는 이론이다. 우리의 정체성들은 그것들이 나타난 사회에 대한 지식 주장을 하는 내용을 가지고 있으며, 우리는 우리가 할 수 있을 때, 성공 기회를 향상시키는 다른 상황에 우리의 정체성을 맞춘다. 그러나 주류 정체성이 기존의 사회적 규범을 너무 확고하게 모방하기 때문에 사회에 대한 주류 정체성의 주장을 추출하기는 어렵다. 그러나 사회와 충돌하고 있는 정체성은 그것의 규범을 드러내는 능력을 가지고 있다. 소수자집단 정체성은, 집단이 살고 있는 사회에 의한 부당한 대우에 항의하기 위하여 연합하는 집단에 의해 그 내용이 충분히 발전될 때에 사회적 비평의 지위에 이른다.

5. 게리 드워킨과 로잘린드 드워킨에 의해 제시된 네 가지 특성에 더하여, 소수자집단 정체성을 주장하는 집단은 윤리적 시험에 응할 필요가 있다. 소수자집단 정체성들은 그것들이 경계적 지위를 유지하는 사회에 대한 인식론적 주장을 하지만, 모든 이론이 윤리적 내용에서 — 특히 소수자집단 정체성과 관련하여 — 똑같은 것은 아닌데, 왜냐하면 그것은 억압의 산물로서 시작하여 사회적 비평의 지위를 얻기 때문이다. 윤리적인 문제들은 처리하기가 어렵기로 악명이 높은 반면에, 그럼에도 불구하고 윤리가 어떻게 소수

---

5) (역자 주) '사회 세계'는 알프레드 슈츠(Alfred Schütz)가 처음으로 특별한 수준의 현실을 가리키기 위해 사용한 용어이다. 슈츠의 설명에 의하면, 사회 세계 내에는 직접적으로 경험할 수 있는 '사회 현실'(social reality)과 즉각적으로 경험할 수는 없지만 의도적으로 경험하기 위해 노력하면 경험할 수도 있는 사회 현실이 존재한다고 한다. 여기에서 사회 현실이란 생물학적 현실이나 개인적 인지적 현실과는 구분되는 것으로, 사회적 상호작용을 통해 형성된 현상으로서 개인적인 동기나 행동을 초월하는 것이다.

자집단 정체성에 관련이 되는지에 대하여 잠시 생각해보는 것은 가
치가 있는데, 왜냐하면 윤리적 내용은 소수자집단 지위라는 사기성
주장을 점검하는 데 도움이 될 수도 있기 때문이다. 예를 들어, 근
래 남아프리카 공화국에서 아파르트헤이트의 이데올로기는 다수
자집단의 지위를 보여주었는데, 왜냐하면 그것은 권력을 갖고 있었
고 소수자집단 정체성의 본질을 식별하였으며 소수자집단에 있는
사람들의 차등적·경멸적 대우를 지시하였기 때문이다. 그러나 오
늘날 남아프리카 공화국에서 아파르트헤이트의 지지자들은 더 이
상 다수자집단에 있지 않다. 게리 드워킨과 로잘린드 드워킨의 이
론을 적용한다면, 그들은 소수자집단 정체성을 가진 것으로 해석될
지도 모른다. 그들은 식별될 수 있고, 권력 차이를 가지고 있으며,
경멸적으로 대우받고, 집단의식을 가지고 있다 ─ 즉, 그들은 다수
자집단 사회를 적극적으로 그리고 의식적으로 비판하는 일련의 주
장을 제시한다. 그들은 또한 자신이 박해받고 있다고 생각하며, 그
들은 아마 그들의 주변화된 상태에 대하여 고통을 느낄 것이다.

왜 아파르트헤이트의 지지자들은 소수자집단 지위를 받을 만하
지 않은가? 대답은 아파르트헤이트의 지지자들의 정체성에 포함된
이론들이 윤리적 시험을 통과하지 못한다는 것이다. 그들의 윤리
적 주장과 다수자집단의 주장 사이의 차이는 인식할 정도로 충분
히 두드러진다. 아파르트헤이트의 지지자들은 모든 남아프리카 공
화국 시민들이 신봉해야 할 규범으로서 인종 차별주의 사회를 제
시한다. 남아프리카 공화국의 사회적 신념 및 다른 많은 나라들의
신념과 관련하여 아파르트헤이트 이데올로기는 윤리적 이유로 용
납되지 않는데, 왜냐하면 그것은 편향되고 폭력적이며 억압적이기

때문이다. 따라서 아파르트헤이트의 지지자들은 그들의 주장으로 우리를 설득하지 못하며, 우리는 그들을 억압을 당하는 소수자집 단이 아니라 다른 사람들에 대해 불법적 이익을 얻으려고 하는 비 주류파로 판단한다.

요약하자면, 여기에서 받아들여진 — 그리고 장애 정체성을 이 론화하기 위해 사용된 — 정의는 소수자집단 정체성을 통계상의 것이거나 시간에 고정되어 있거나 단지 생물학적인 것으로 이해 하는 것이 아니라 사회적 비평을 제공할 능력을 지니고 있는 정치 화된 정체성으로 이해한다. 마치 소수자집단만이 정체성에 기반 을 둔 정치적 주장을 하고 그 자체로 정치화된 정체성이 결함이 있 는 애착의 일종인 것처럼, 소수자집단 정체성이 정치화되어 있다 는 이유로 그 정체성을 엄격하게 공격하는 사람들이 있다. 그러나 정치화된 정체성의 다른 많은 예 — 민주당원, 공화당원, 사회당원, 기독교 연합, 미국 나치당 등 — 가 현재 상황에서 존재한다. 사실, 그 자신의 이익을 위해 그리고 공개 토론회에서 다른 사람을 위해 주장을 하기 위하여 연합체를 형성하는 어떤 집단은 정치화된 정 체성을 띤다. 소수자 정치 행동 집단들이 정치화된 정체성을 고무 하기 때문에 단순히 그들을 불법화하는 주장은 다른 정치 집단도 역시 없애야 할 것이다.

장애 및 복합적 체화 이론

페미니스트 철학자들은 모든 지식은 위치해 있고 사회적 위치에 밀착되어 있으며 체화되어 있다고 오랫동안 주장해 왔는데, 그 결과로 그들은 주변화된 사회적 지위를 가진 사람들이 지배적인 사회적 위치에 있는 사람들과는 다르게 사회를 이론화하도록 허용하는 인식론적 특권을 향유한다는 주장을 할 수 있게 되었다 (Haraway, pp. 183-201; Harding). 우선, 지식은 위치해 있는데, 왜냐하면 그것은 관점에 기초해 있기 때문이다. 달에서 지구를 바라보는 것과 개미의 관점에서 지구를 바라보는 것에서 떠오른 지식 사이에는 차이가 있다. 우리는 상황에 대한 다른 관점을 찾는 것에 대해 담백하게 말하지만, 사실 다른 관점은 대상, 특히 사회적 대상에 대한 가지각색의 이해를 제공한다. 그럼에도 불구하고, 상황을 고려한 지식은 단지 변화하는 관점에만 의존하지 않는다. 상황적 지식은 체화에 충실하다. 신체의 성향이 관점을 결정하지만, 그것은 또한 관점의 해석에 영향을 주는 현상학적 지식으로 — 생활세계의 경험으로 — 이들 관점에 묘미를 더한다. 아이리스 영(Iris Young)으로부터의 유명한 예를 들어보면, 많은 여성들이 '소녀처럼 던진다'는 사실은 육체적 차이에 기초를 두고 있지 않다. 여성의 팔은 남성의 팔처럼 야구공을 던질 수 있다. 그것은 여성들을 무력하게 하고 그들이 신체를 어떤 유사한 방식으로 움직이도록 압력을 가하는 특정 사회에서 여성스러움의 재현이고, 그들이 이런 어떤 유사한 방식으로 움직이는 것에 익숙해지면 신체를 재훈련시키는 것은 어렵다. 영(Young)은 "성 차별주의 사회에서 여성은 육체적으로 불리한 입장에 있다. 우리가 가부장적 문화가 우리에게 부여한 정의에 부합되게 우리의 생활을 하도록 배우는 한에 있어서, 우리는 육체적으로 억제되고 국한되며 배치(配置)되고 대상화된다."고 설명한다(p. 171). 마치 그것이 피부 표면에서의, 근육량에서의, 육체적 민첩성에서의 장애인 것처럼, 여성의 차등적·경멸적 대우를 이해하는 것은 가능하다. 그러나 이러한 형태의 체화는 또한 특정 사회에서 여성에 대하여, 여성에 의하여 만들어지고 있는 주장에 대한 상황적 지식의 형태이다. 몇몇 긍정적인 예를 생각해 보자면, 여성의 특정한 체화는 출산을 경험한 후에 그녀가 육체적 통증에 대한 새롭고 유용한 자각을 할지도 모른다는 것을 의미한다. 여성은 또한 월경 때문에 피에 대한 다른 지식을 가질 수도 있다. 여성의 젠더 정체성은 재생산 분만에서의 여성의 역할 때문에 다르게 체화된다. 신체의 존재는 관점으로만 귀결되는 것이 아니라 세상에 대한 깊은 생각과 의미 있는 이론으로 귀결된다.

체화는 물론 장애학 분야에서 중심이 된다. 사실, 장애에 대한 초점은 체화와 사회적 위치가 동일하다는 것을 이해하는 것을 더 쉽게 만들어준다. 장애 정체성의 특수성에 대한 주장은 체화의 중요한 본질을 강조하는 경향이 있으며, 특정 장애와 연관된 암묵적 또는 체화된 지식은 보다 큰 사회에 대한 그 가치를 종종 정당화시킨다. 예를 들어, 우리가 제6장에서 볼 조지 래인(George Lane)의 신체는, 래인이 포크 카운티 법원청사에 들어갈 수 없음은 미국 법원 체계 도처에서 발견되는 장애인 차별의 패턴을 드러낸다고 대법원이 테네시 주에 대한 판결에서 해석한, 건축에 대한 일련의 이론적 주장을 구체화한다. 제5장은 사회적 책임의 회피나 이기적 욕심을 위한 조작으로서가 아니라 사회 환경과 인간 능력 간의 관계에 대한 체화된 지식 — 장애에 대한 편견에 의해 사용하도록 강요된 — 의 한 형태로서 장애 패싱을 탐구한다. 듣는 것으로 통하기 위해 노력하는 젊은 청각장애 여성은 그녀가 사회에서 듣는 것을 정의하는 정보 제공 잠재력, 예의, 육체적 제스처, 대화 의례, 문화적 행동 등에 대한 의미 있는 지식을 지니고 있어야만 성공할 것이다. 건강한 것으로 통하는 장애인은 겁쟁이·협잡꾼이나 사기꾼이 아니라 우리 모두가 배울지도 모르는 세계의 숙련된 통역사이다.

관련 자료 번호 2

뉴욕 타임스 온라인(New York Times Online)

2006년 11월 15일

공무원들이 플로리다 주 교도소의 정신질환자에 관하여 충돌하다

애비 굳너프(Abby Goodnough) 지음

11월 14일 마이애미 — 수년 동안 순회재판 판사는 여기에서 주 공무원에게 플로리다 주 법에 따라 중증 정신질환 재소자를 교도소에서 주 병원으로 지체 없이 이송하도록 명령해왔다. 그러나 이용 가능한 병상이 거의 없어지면서 젭 부시(Jeb Bush) 주지사의 행정부는 8월에 그 법원 명령들을 어기기 시작하였다. …

10월 11일의 판결에서 피넬러스-파스코 순회재판소의 크로켓 파넬(Crockett Farnell) 판사는 "이러한 종류의 오만한 행동은 질서 있는 사회에서는 용인될 수 없다"고 썼다.

주 법은 재판을 받기에 부적격하다고 여겨지는 재소자는 주가 인도 명령을 받은 지 15일 안에 카운티 교도소에서 정신병원으로 이송되도록 요구하고 있다. 플로리다 주는 수년 동안 그 법을 어겨 왔고, 신속한 준수를 강제하는

법원 명령을 몇몇 국선 변호인들이 청구하도록 자극하였다. …

　뉴스 보도에 따르면, 지난 1년 반 동안 펜사콜라의 에스캄비아 카운티 교도소에서 두 명의 정신질환 재소자가 교도관에 의해 제압된 후 사망하였다. 그리고 클리어워터의 피넬러스 카운티 교도소에서는 조현병 재소자가 병상을 위하여 수 주를 기다린 후에 그의 눈을 후벼내었다고 그의 변호사가 말하였다. …

　옹호 단체인 전국정신질환자연합(National Alliance for the Mentally Ill)에 따르면, 정신질환자 주민의 비율이 전국에서 가장 높은 곳 중의 하나인 마이애미-데이드 카운티에서 문제가 특히 심각하기는 하지만, 플로리다 주에서만 그 문제를 볼 수 있는 것은 아니다. …

　마이애미에서는, 국제인권감시단(Human Rights Watch)의 변호사인 제니퍼 다스칼(Jennifer Daskal)이 지난 달 방문한 후에 지저분하다고 묘사하였던 가장 큰 카운티 교도소의 한 유닛에 평균 25~40명의 급성 정신병자가 살고 있다. … 다스칼 씨는 유닛의 14개 '자살 독방' — 어둑하고 가구가 없으며 한 명의 재소자를 위해 디자인된 — 중 몇몇은 한 번에 2, 3명을 감금하고 있었고 재소자들은 샤워하는 것 외에는 하루 24시간 그들의 독방에서 감금되었다고 말하였다. …

　그러나 체화 또한 장애학에서 논쟁점인 것 같은데, 왜냐하면 체화가 대립되는 장애 모델들 사이에서 끼여 있는 것처럼 보이기 때문이다. 간단히 말해서, 의료적 모델은 의료적 개입을 필요로 하는 개인 신체의 성질로서 장애를 정의한다. 의료적 모델은 생물학적 지향을 가지고 있으며, 체화로서의 장애에 거의 전적으로 초점을 맞춘다. 사회적 모델은 사회·건축 환경과 관련하여 장애를 정의

함으로써 의료적 모델에 반대하며, 장애를 초래하는 환경이 신체
에 장애를 생기게 하므로 사회 정의 수준에서의 개입을 필요로 한
다고 주장한다. 몇몇 학자들은 의료적 모델이 체화에 너무 많은 주
의를 기울이는 반면에 사회적 모델은 체화를 중요하지 않은 것으
로 남겨 둔다고 불평한다. 개인을 결함이 있는 것으로 라벨을 붙이
는 의료적 모델로 돌아가지 않는다면, 장애학을 위한 다음 단계는
인간 변화의 한 형태로서 장애를 가치 있게 생각하는 복합적 체화
이론을 발전시키는 것이다.

　복합적 체화 이론은 신체에 대한 사람의 산 경험에 대한 '장애
를 초래하는' 환경의 영향에 대하여 의식을 고취시키지만, 그 이론
은 만성 통증, 2차 건강 효과, 노화와 같은, 장애에 영향을 주는 어
떤 요인이 신체로부터 비롯된다는 것을 또한 강조한다. 이들 장애
는 환경에 의해 야기된 장애보다 덜 중요하다거나 또는 단순히 그
것들이 변화에 저항하기 때문에 결함이나 일탈로 생각되어서도
안 된다. 오히려 그것들은 개인들 사이의 변동성으로 그리고 개인
의 삶의 생활주기 내에서의 변동성으로 생각되는, 인간 변이의 범
위에 속하고, 그것들은 장애에 영향을 주는 사회적 힘과 나란히 있
는 것으로 생각될 필요가 있다. [6] 복합적 체화 이론은 사회적 재현
과 신체 사이의 질서를, 사회적 모델에서처럼 단일 방향으로나 의

---

6) 스나이더(Snyder)와 미첼(Mitchell)은 "장애의 문화적 위치"(Cultural Locations of
   Disability)를 통하여 이 관점을 강력하게 표현한다. 예를 들어, "다윈이 『종의 기원에 관하
   여』(On the Origin of Species)에서 주장하였듯이, 변이는 종의 이익에 기여한다. 종이 변
   하기 쉬울수록, 종은 바뀌는 환경적 힘과 관련하여 더욱더 적응성이 있다. 장애학의 중심
   이 되는 것인 이 공식 안에서, 변이는 예측에서 벗어난 '자연' 과정의 부조화의 표현이라기
   보다는 생물학적 탄력성의 특징이다."(2006, p. 70).

료적 모델에서처럼 존재하지 않는 것으로서가 아니라 상호적인 것으로 본다. 복합적인 체화는 신체와 그것의 재현을 상호 간에 변화시키는 것으로 이론화한다. 영이 그녀의 중요한 에세이에서 명료하게 한 것처럼, 사회적 재현은 신체의 경험에 분명히 영향을 주지만, 신체는 또한 그것의 사회적 재현을 결정할 능력을 가지고 있으며, 재현이 신체의 생존에 통제를 행사하지 못하는 어떤 상황도 존재한다.

살아있는 실체로서의 신체는 활기 있고 혼돈되어 있으며, 언어 체계에 대하여 비판 이론가들과 문화 이론가들이 오늘날 주장한 것과 같은 비율로 복합성을 지니고 있다. 그러나 신체를 인간의 죽음 · 연약함과 연관시키는 것은 그 안에 포함된 지식에 대해 일반적인 불신을 하게 만든다. 인간성, 우리가 지니고 있을지 모르는 지식, 개인 · 집단의 미래를 정의하는 복합적 체계로서보다는 외피, 매개체, 또는 부담으로서 신체를 상상하는 것은 더 쉽다. 장애는 신체와 연관된 공포 · 제한에 훨씬 더 큰 긴급성을 주며, 신체는 옷을 바꾸는 것만큼 쉽게 변화될 수 있다고 우리가 믿도록 부추긴다. 능력 이데올로기는 현 상태에서 장애를 가진 신체를 알고 받아들이고자 하는 어떤 바람을 공격할 준비가 되어 있다. 장애에 대한 반응이 변화의 어떤 징후를 지우기 위해 노력하고, 신체를 과거의 소위 완벽의 시기로 마술적으로 돌려보내기를 바라며, 신체가 완전하지 않다면 신체는 인간 변이로서 가치가 없다고 주장할 가능성은 점점 더 많다.

물론 이데올로기와 편견은 모든 범위의 인간 경험에 아주 많고 어떤 집단과 개인들을 — 유색 인종, 여성, 가난한 사람들, 다른 성적 지향을 가진 사람들을 — 인간보다 열등하거나 못하다고 라벨을 붙이며, 장애인들은 매일 사회의 편협성과 마주친다. 그러나 존재의 다른 영역에서는 사람들이 그 전날 싫어하였던 그 사람이 되어 어느 날 아침 일어날 위험을 무릅쓰는 일은 거의 없다. 백인 인종차별주의자가 흑인으로, 반유대주의자가 유대인으로, 여성을 싫어하는 남성이 여성으로 갑자기 바뀌는 것을 상상해보면, 장애가 시작되면서 요구되는 정신적 지형에서의 변화에 접근하기 시작할지도 모른다. 우리는 공상과학 소설 작품에, 아주 자주 코믹 효과 또는 쥐꼬리만한 교훈을 위하여, 이러한 시나리오를 서술하도록 요구한다. 그러나 소설에 대한 어떤 의뢰도 건강한 사람이 장애인이 되는 것을 상상하도록 요구받지는 않는다. 그런 일은 매일 매분 일어나고 있다.

이라크 전장에서 팔을 잃은 젊은 병사가, 그가 항상 두려워하고 사회가 경멸할 만하다고 말하는 종류의 사람이 되어 침대에서 일어난다(Corbett). 이러한 상황을 가정한다면, 우리는 어떻게 그가 새로운 정체성을 받아들이고 가치 있게 생각할 것을 기대할 수 있겠는가? 그는 최악의 악몽과 같은 생활을 하고 있다. 그는 잠을 잘 수가 없다. 그는 그가 되어버린 바로 그 사람을 증오한다. 그는 그의 아내와 가족으로부터 거리를 둔다. 그는 과음하기 시작한다. 그는 기능 위주의 보철 장치를 사용하려 노력하지만, 갈고리가 달린 것으로 보이기를 꺼려한다. 군의관이 그에게 제공한 가공하지 않은 보철 장치는 사실 작동하지 않으며, 그는 그의 건강한 한 팔로 과업에 숙달하기를 선호한다. 그는 사람들이 있는 데서 단순한 과업을 수행하려고 노력하는 동안 그 주위 사람들의 응시, 동정과 경멸의 표정을 견딜 수 없으며, 그는 자신을 경멸스럽게 보기 시작한다.

보철 과학의 전망에도 불구하고 그 병사는 그의 이전 상태로 돌아갈 가능성이 거의 없다. 그가 겪고 있는 것은 전적으로 이해할 만하지만, 그는 자신에 대한 다른 이해, 즉 과거가 아니라 현재와 미래에 기초한 이해에 이를 필요가 있다. 그의 신체는 나이를 먹어감에 따라 계속 변화할 것이고, 그는 미래에 더 큰 장애 상태를 가질 수도 있다. 그는 이 점과 관련하여 다른 인간과 다르지 않다. 몇몇 장애는 장애인이 어떻게 인식되느냐에 있어서의 변화를 요구함으로써, 다른 장애는 건축 환경에서의 변화에 의하여 접근될 수 있다. 어떤 것은 의료를 통하여 치료될 수 있다. 다른 장애는 환경이나 신체에서의 변화에 의해 접근될 수 없다. 그러나 거의 모든 경우에 장애인들은 그들이 긍정적인 정체성으로 장애를 받아들이고 그 안에 포함된 지식으로부터 이익을 얻는다면 미래의 행복과 건강의 가능성은 더 커진다. 장애인들의 그 자신에 대한 가치는 의료적 개입을 통하여 이전의 육체적 완전함으로 돌아가는 방법을 찾는 데에 있지 않으며 ─ 왜냐하면 그 완전함이란 신화이기 때문에 ─, 또한 그들이 장애가 있다는 것을 다른 사람과 자신으로부터 감추려 노력하는 데에 있지 않다. 오히려 복합적으로 보이는 체화는, 옛날의 그것과는 다른 어떤 것으로 신체를 생각하려는 유혹을 거부하고, 환경적이든 재현적이든 또는 육체적이든, 신체에 대한 요구와 관련하여 지금과 미래의 신체를 받아들이는 인식론으로 장애를 이해한다.

복합적으로 체화된 교차 정체성

이론으로서의 복합적 체화의 궁극적인 목적은 지식·통제의 증가가 가능한 상황에서 신체에 대한 더 큰 지식과 통제를 장애인들에게 주는 것이다. 그러나 그 이론은 또한 현 상황에서 계속 맹위를 떨치고 있는 적어도 두 가지 중요한 논쟁에 있어서 부수적인 이로움을 가지고 있다. 첫째, 복합적인 체화는 교차성에 ─ 사회적 억압의 분석이 인종, 젠더, 섹슈얼리티, 계층, 장애에 기초한 중복된 정체성을 고려한다는 생각에 ─ 대한 영향력 있는 논쟁에 기여를 한다.[7] 교차성의 이론가들은 억압된 정체성이 겹겹이 쌓인다는 단순 부가 모델에 대하여 결코 찬성한 적이 없는 반면에, 장애 체화라는 개념은 어떤 정체성을 다른 것보다 더 병리적인 것으로 보려는 유혹에 저항하는 것을 도우며 그 개념은 다른 사람들에 대한 편견을 이해하기 위해 다른 사람들의 입장을 어떻게 이해해야 하는지에 대한 가치 있는 조언을 제공한다. 이것은 여러 가지 정체성의 교차가 모든 억압 받는 집단에 대해서 동일한 결과를 낳는다는 것을 제안하는 것은 아닌데, 왜냐하면 인종, 젠더, 섹슈얼리티, 계층, 장애 등의 위계 구조에서의 차이가 존재하기 때문이다(Collins, 2003, p. 212). 오히려 그것은 첫째, 이론으로서의 교차성이 상호적으로 서로를 구성하는, 정체성의 성향을 참조한다는 것(Collins, 2003, p.

---

7) 교차성에 대한 문헌은 현재 방대하다. 장애와 관련된 몇 가지 주요 문서는 Barbee and Little; Beale; Butler and Parr; Fawcett; Hayman and Levit; Ikemoto; Jackson-Braboy and Williams; Martin; O'Toole(2004); Tyjewski를 포함한다.

208), 둘째, 정체성은 단순히 어떤 사람이 가질지도 모르는 또는 가지려고 노력하는 입장이 아니라 복합적인 체화라는 것, 셋째, 능력이데올로기는 어떤 정체성을 다른 것보다 열등한 것으로 라벨을 붙이는 것을 정당화하기 위하여 병리의 표현을 사용한다는 것을 강조하는 것이다.[8]

예를 들어, 교차 정체성의 이론가들은 장애 모의체험에 대한 장애학의 주장이 유용하다고 생각할지도 모르는데, 왜냐하면 그들은 입장 이론을 확장하는, 복합적 체화의 관점을 제공하기 때문이다. 작업치료와 재활과학이라는 응용 분야는 때때로 장애인을 대하는 치료사들의 의식을 높이기 위해서 장애 모의체험의 사용을 권장한다. 강사들은 학생들에게 그들의 환자가 직면하는 도전에 대해 더 잘 짐작하기 위하여 휠체어를 타고 하루를 보내거나 눈을 가린 채 교실 건물을 돌아다녀 볼 것을 요청한다. 의도는 장애인들이 사용하는 장소에 학생들이 잠시 서 있으면서 장애인들의 관점을 파악하게 될 수도 있다는 것이다. 장애 이론가들은 여러 가지 이유로 모의체험의 사용을 비난해 왔는데, 가장 중요한 것은 모의체험이 학생 체험자들에게 장애학에 포함된 체화된 지식의 감각을 줄 수 없다는 것이다. 이러한 종류의 장애 모의체험은, 장애에 대한 지식이 습득되기 전에 모의체험이 학생들을 장애의 한 시점, 한 위치에 두어, 장애를 가진다는 것이 얼마나 끔찍한지에 대해 상실·충격·

---

8) 장애학 자체를 알지 못하긴 하지만, 조니 윌리엄스(Johnny Williams)는 인종과 계층의 정형화된 융합에 대한 탁월한 교차 분석을 제공하는데, 미국 사회가 "사회적 배열은 근본적으로 공정하다"는 믿음을 유지하는 반면에 개인적 '무능'의 면에서 소수자집단의 사회적·경제적 실패를 설명한다고 주장한다(p. 221).

동정의 감정을 대개 야기하기 때문에, 실패한다. 학생들은 평상시의 체화와 관련하여 그들의 신체를 경험하므로, 그들은 신체의 부족함이라는 느낌에 사로잡히게 되어 그들의 '장애'가 육체적인 원인보다는 사회적인 원인으로부터 발생하는 정도를 인지할 수 없다. 그러한 게임이 개인 신체의 현상학에 거의 전적으로 초점을 맞춘다는 것에 주목하라. 체험자는 장애에 의하여 그의 또는 그녀의 신체가 어떻게 변화될 것이지, 인간성이 어떻게 변화될 것인지를 묻는다. 그렇다면 그것은 문화적 상상 행동이 아니라 개인적 상상 행동이다. 더욱이 모의체험은, 학생들이 상이한 모의체험으로 실험을 하면서 학생들로 하여금 "무엇이 더 나쁜가?"의 게임을 하도록 부추긴다. 시각장애가 되는 것이 더 나쁜가 아니면 청각장애가 되는 것이 더 나쁜가, 다리를 잃는 것이 더 나쁜가 아니면 팔을 잃는 것이 더 나쁜가, 마비되는 것이 더 나쁜가 아니면 청각장애·언어장애·시각장애가 되는 것이 더 나쁜가? 그 결과는 장애에 대한 대단히 부정적이고 비현실적인 인상이다.

　장애 모의체험에 대한 비판은 교차 이론의 몇 가지 영역에서 적용성을 가지고 있다. 첫째, 억압의 위계에서의 위치를 결정하기 위하여 사람들로부터 소수자집단 정체성을 벗기는 실천은 정체성의 일차원적 관점을 줌으로써 모든 소수자집단 정체성들을 비하하는 것임이 드러났다. 그것은 또한 상이한 정체성들이 서로를 구성하는 방법을 이해하지 못한다. 정체성들은 억압의 위계에서 서로를 능가할 수도 있지만, 복합적으로 체화되었기 때문에 교차 정체성은 소수자집단 정체성 사이에 경쟁이 아니라 억압의 산 경험에 대한 '외부자'(outsider) 이론을 낳는다(Collins, 1998 참조). 게다가 교차

하는 소수자집단 정체성에 대한 이해에 이르는 것은 어떤 사람이
관점으로서뿐만 아니라 복합적인 체화로서 사회적 위치를 상상할
것을 요구하고, 복합적인 체화는 사회적 요인과 육체적 요인을 결
합한다. 그렇다면 한 시간 동안 학생들의 눈을 가리기보다는 선글
라스를 끼고 흰 지팡이를 들고 친구 회사에, 식당과 백화점에 그들
을 보내는 것이 더 나은데, 거기에서는 행인이 그들을 피하고 멍하
니 바라보고, 점원이 그들의 시중을 들기를 거부하거나 몸을 굽히
고 친구에게 그 학생이 찾고 있는 것을 물으며, 웨이터가 그 학생이
먹고 싶은 것을 대개 큰 소리로 매우 천천히(시각장애인은 또한 청각
장애와 인지장애가 있을 것이기 때문에) 주문하고 있을 때, 학생들이
시각장애인에 대한 차별의 모습을 직접 관찰할 수도 있다.[9]

  상이한 장애를 상상할 때 그런 것처럼, 교차 정체성을 생각할 때
"무엇이 더 나쁜가?"의 게임에 반대하는 것은 중요하다. 여성인 것
이 더 나쁜지 아니면 라틴계 여성인 것이 더 나쁜지, 흑인인 것이
더 나쁜지 아니면 시각장애인 것이 더 나쁜지, 게이인 것이 더 나쁜
지 아니면 가난한 것이 더 나쁜지를 묻는 것은 사회적 불관용과 편
견을 극복하기 위하여 많든 적든 힘을 갖는 능력의 한 형태로서 각
정체성을 등록한다. 어떤 사람이 사회에 대한 초점을 유지하고 사
회가 한 정체성을 다른 정체성보다 더 많이 억압하는지의 질문을
유지하기 위해 노력할 수도 있지만, 그 논쟁은 너무 빨리 그리고 종
종, 사회를 변화시키는 것과 편의를 만드는 것의 상대 비용에 대한

---

9) 캐서린 쿠들릭(Katherine Kudlick)은 교사에 의해 종종 사용되는 전통적이고 편향된 장애
  모의체험을 대신하기 위하여 이것과 비슷한 활동을 DS-HUM 리스트서브에 제안하였다.
  나는 그녀의 논의에 감사한다.

논의, 삶의 질에 대한 비교, 사회적 불리가 그 집단에 대해 내재적인지 외재적인지에 대한 추측으로 넘어간다. 소수자집단 정체성에 있어서 강력한 이슈는 한 집단이 더 고된 생활을 하는지 아닌지의 질문이 아니고 모든 소수자집단이 최대한도의 삶을 사는 능력에 유독하고 불공평한 영향력을 행사하는 사회적 차별, 폭력, 불관용에 직면한다는 사실에 달려 있다(Asch, pp. 406-407 참조).

복합적으로 체화된 사회적 구성

둘째, 복합적 체화 이론은 사회적 구성, 정체성, 신체에 대하여 현재 고조에 달하고 있는 논쟁을 진전시키는 것을 가능하게 한다. 장애인들의 경험에 더 잘 어울리는 이론을 제안하는 것 외에도, 목표는 사회적 구성주의 모델에 무반응인, 정체성·신체 이론에서의 질문들을 제시하는 것이다. 제3장, 제4장, 제6장은 정체성과 신체의 현실주의(realism)에 초점을 맞춤으로써 사회적 구성 이론에서 분명한 수정을 한다. '현실주의'에 관해서 말하자면, 나는 사회적 재현에 의하여 영향을 받지 않은 현실에 대한 실증적 주장도 재현의 대상에 의하여 영향을 받지 않은 현실에 대한 언어적 주장도 아니라 재현과 그것의 사회적 대상 사이의 매개로서의 현실 ― 그렇게 됨으로써 덜 현실적이지 않은 ― 을 서술하는 이론이라고 생각한다.[10] 세계의 옅은 그림자로 재현을 보거나 재현의 그림자 세계

---

10) 철학적 현실주의는 많은 종류를 가지고 있다. 나에게 흥미 있는 특정 계보는 철학에서 힐

로서 세계를 보기보다, 나의 주장은 현실의 구성에서 양측이 밀어
붙이고 있다는 것이다. 바라는 것은 급진적인 방법, 즉 사회적 · 육
체적 형태를 지니고 있는 것으로 구성을 드러내 보이는 방법으로
구성을 정의함으로써 담론 이론을 다음 단계로 진전시키는 것이
다. 정체성들은 사회적으로 구성되긴 하지만, 그럼에도 불구하고
정확히 그것들은 복합적으로 체화되기 때문에 의미 있고 현실적이
다. 장애에서 명백한 복합적 체화는 고려하기에 특히 강력한 예인
데, 왜냐하면 장애가 있는 신체는 사회적 구성 이론에 구체적인 형
태를 주고 그것의 은유를 문자 그대로 받아들이도록 만들기 때문
이다.

  복합적으로 체화된 장애가 현실주의의 방향으로 사회적 구성
논쟁을 확장하는 방법의 도입적인 예를 고려해보자. 2000년 8월
에 애팔래치아 산맥의 게일헤드 오두막의 접근에 대한 논란이 절
정에 달하였다(Goldberg). 뉴햄프셔 주의 '애팔래치아 산맥 클럽'
(Appalachian Mountain Club)은 3,800피트 고도에 38개 침대의 시골
특유의 오두막을 가까스로 건설하였었다. '미국 산림청'(The United
States Forest Service)은 그 오두막이 미국장애인법(Americans with
Disabilities Act)에 따라 장애인에게 접근 가능해야 하고 휠체어 경
사로 및 더 큰 화장실에 가로대가 있어야 한다고 요구하였다. 애팔

러리 퍼트넘(Hilary Putnam)과 과학 철학에서 리차드 보이드(Richard Boyd)에 초점을 맞
춘다. 사티야 모한티(Satya P. Mohanty)는 일반적으로 인문학, 특히 비판 이론에 보이드
의 생각을 들여오고, 새롭고 설득력 있는 방법으로 현실주의 개념을 소수자집단 연구의
관할 하에 둔다. 인문학을 공부하고 있는, 철학적 현실주의에서의 중요한 다른 인물은 린
다 마틴 알코프, 마이클 헤임즈 가르시아(Michael Hames-Garcia), 폴라 모야(Paula M. L.
Moya), 선 튜턴(Sean Teuton)을 포함한다.

래치아 산맥 클럽은 이미 40만 달러가 든 건물에 추가로 3~5만 달러를 지불해야 했는데, 왜냐하면 접근성은 뒤늦은 디자인 변경이었기 때문이다. 클럽 회원들은 대단히 바위투성이인 4.6마일의 오솔길에 의해서만 도달될 수 있었던 건물이 휠체어 사용자에 의해 언제든 방문될 것이라는 생각을 비웃었고, 대중 매체는 그들의 편을 들어주는 경향이 있었다.

　이 시점에서, 장애인과 함께 일하고 있는 뉴햄프셔 대학 프로그램인 '북동 항로'(Northeast Passage)라는 조직으로부터의 한 무리가 게일헤드 오두막을 방문하기로 결정하였다. 북동 항로의 책임자인 질 그레이빙크(Jill Gravink)는 오두막까지 12시간의 등반에서 휠체어를 타는 세 명의 하이커와 목발을 집는 두 명의 한 무리를 이끌었는데, 등반 끝에 그들은 오두막 현관까지의 경사로를 행복하게 올라갔다. 현장에 있던 지역 텔레비전 리포터가 휠체어를 타는 사람들이 오솔길 위에서 자신을 끌고 갈 수 있었다면 왜 그들이 오두막 안으로의 계단 위에서 자신을 끌고 갈 수 없었는지를 물으며, 경사로는 돈 낭비라는 것을 넌지시 나타내었다. 그레이빙크는 "도대체 왜 애써 오두막에 계단을 놓습니까? 왜 창문을 통하여 자신을 끌어들이지 않습니까?"라고 대답하였다.

　그레이빙크는 디자인 환경은 게일헤드 오두막에서 누가 건강한지를 결정한다고 신랄하게 말하였다. 장애인과 비장애인 사이의 차이는 사회적으로 구성되며, 그것도 꽤 미세한 차이이다. 계단을 오르기를 꺼리지 않고 오를 수 있는 사람은 건강하다고 생각되는 반면에, 계단을 오르기를 꺼리고 오를 수 없는 사람은 장애가 있는 것이다. 그러나 계단을 오르지만 창문을 통하여 건물에 들어가기

를 꺼려 들어갈 수 없는 사람은 장애가 있는 것으로 생각되지 않는
다. 비장애인들이 언제 건강해야 하는지를 결정할 수 있는 것은 당
연한 일로 여겨진다. 사실, 건축 환경은 기술 없이도 과업을 수행할
수 있는 육체적 힘을 지닌 사람들을 위하여 생활을 더 쉽게 만드는
기술들로 가득하다. 계단, 엘리베이터, 에스컬레이터, 세탁기, 낙
엽 청소기와 분사식 제설기, 달걀 교반기, 동력 사슬톱 및 기타 도
구들은 어떤 과업을 수행하기 위한 육체적 기준을 완화하는 것을
돕는다. 그럼에도 불구하고 이 도구들은 신체의 자연적 연장으로
여겨지며, 아무도 그것들을 사용하는 것에 대하여 신중히 생각하
지 않는다. 그러나 개인들이 장애가 있거나 질병에 걸린 것으로 특
징지어지는 순간, 기대되는 것은 그들이 매 순간 육체적 실행의 최
대 수준을 유지하는 것이며, 그들의 생활을 더 쉽게 만들기 위하여
디자인된 기술은 비싼 추가물, 불필요한 편의, 사회의 부담으로 여
겨진다.

　게일헤드 오두막의 예는 능력 이데올로기를 — 인간 상태를 결
정하기 위하여 능력을 사용하고 장애인은 항상 가능한 한 건강한
것으로 나타내야 한다고 요구하며 장애인의 가치를 돈으로 측정하
는 이데올로기를 — 드러낸다. 그것은 우리의 태도가 정체성과 신
체에 대하여 어떻게 구성되는지를 드러낸다. 이것은 익숙한 사항
이며, 사회 분석은 대개 여기에서 결론에 이르는데, 왜냐하면 아마
구성이라는 생각이 현실적이기보다는 오히려 은유적이기 때문일
것이다. 그 함의는 사회적으로 구성된 것으로서의 대상에 대한 지
식이 그 부정적인 효과 중의 어떤 것을 원상태로 돌리기에 충분하
다는 것인 것 같다. 마치 결론 자체가 억압에 대한 승리인 것처럼,

x, y 또는 z가 사회적으로 구성되어 있다는 결론으로 저자들이 만
족하는, 얼마나 많은 책과 에세이가 지난 10년간 쓰여 왔는가?

　이러한 결론으로 만족하는 것이 아니라, 여기에서 나의 분석은
체화된 원인과 결과에 대한 설명으로 직접 이동해야 할 한 출발점
으로서 항상 그 결론을 받아들일 것이다. 억압은 개인의 무의식적
인 증후군에 의해서가 아니라 체화된 사회적 이데올로기에 의해서
작동되며, 정확히 이데올로기는 체화되어 있기 때문에, 이데올로
기의 결과는 사회의 구성과 역사 속에서 판독될 수 있고 또 판독되
어야 한다. 다운증후군 시민이 투표소로 들어가려 시도하지만 거
부될 때, 사회적 구성이 드러나고 판독되어야 한다. 휠체어 사용자
들이 공중 화장실에 접근하기 어려움에 대하여 불평하기만 하면
그들이 이기적이라고 불릴 때, 사회적 구성이 드러나고 판독되어
야 한다(Shapiro, 1994, pp. 126-127). 건물에 대한 장애인용 입구가
뒤에, 쓰레기통 옆에 위치해 있을 때, 사회적 구성이 드러나고 판독
되어야 한다. 작은 소년이 왼쪽 손에 엄지손가락이 없이 태어났기
때문에 성형외과 의사가 그 소년의 오른손의 엄지손가락을 제거할
때, 사회적 구성이 드러나고 판독되어야 한다(Marks, p. 67). 우리가
사회적 구성에 의하여 암시된 은유를 받아들이려 한다면, 우리가
사회적 구성에서의 '구성'이 건물로서, 예를 들어 게일헤드 오두막
으로서 이해되어 그 청사진이 이용 가능하게 되도록 요구한다면,
어떻게 될까? 이러한 요구는 우리가 구체적인 용어로 사회적 구성
에 대한 주장을 상술하도록 규정할 뿐만 아니라, 그것은 우리가 복
합적 체화의 형태로서 시간과 장소에 그 구성의 위치를 정해야 한
다고 주장할 것이다.

어떤 사람이 사회적 구성이라는 생각을 언급할 때면 언제든지, 우리는 구성에 대한 가능한 한 많은 세부 항목을 보여주고 인간 세계에서 구성의 정치적·인식론적·현실적 결과를 추적하기 위해서 원칙상 그 청사진을 보여 달라고 ― 그 생각의 가치에 도전하기 위해서가 아니라 그것을 실용화하기 위해서 ― 요청해야 한다. 이러한 새로운 요구를 촉진하기 위해서, 나는 세 가지 방법론적 원칙들이 나오는 ― 또는 최소한 나와야 하는 ―, 현재 이론화된 것으로의, 사회적 구성에 대한 세 가지 친숙한 생각을 인용한다. 이 세 가지 원칙들은 뒤이어 나올 주장들의 기저를 이루고 있으며, 청사진을 어떻게 찾아야 하는지, 청사진을 어떻게 읽기 시작해야 하는지를 제시한다.

- 지식은 사회적으로 위치해 있다 ― 이것은 지식이 그것의 사회적 위치와 객관적이고 입증 가능한 관계를 가진다는 것을 의미한다.
- 정체성은 사회적으로 구성된다 ― 이것은 정체성이 사회 현실에 대한 복합적인 이론을 포함한다는 것을 의미한다.
- 어떤 신체들은 지배적인 사회 이데올로기에 의해 배제된다 ― 이것은 이들 신체가 이데올로기의 작동을 드러내고 이데올로기를 비평 및 정치적 변화를 위한 요구에 노출시킨다는 것을 의미한다.

유약한 기관,
나르시시즘,
그리고 정체성 정치학

유약한 기관을 가진 우리는 나르시시스트이다. 유약한 눈은 어
둡고 작은 세상에 갇혀 있으며, 유약한 귀는 소리 없는 성 안에 갇혀
있고, 유약한 팔은 손을 뻗어 닿을 수 있는 곳이 짧고 한정되기만 할
뿐 아니라, 유약한 뇌는 나만의 상상의 우물로 빠져들 뿐이다.

장애를 이론화하기 위해서는 나르시시즘에 대한 비난이 장애인
들에 대하여 돌려졌던 역사뿐 아니라 나르시시즘의 개념 자체에
대한 장애의 중심성을 우리가 이해하는 것이 필요하다. 그 이유는
나르시시즘이 오늘날 장애에 대한 능력 우월주의를 유지하는 데
이용되었던 주류 심리 모델을 대변하기 때문일 뿐 아니라, 고통을
경험하고 있음에도 불구하고 바로 그 고통을 이유로 희생자들을
비난하는 논리를 더 없이 잘 보여주는 예이기 때문이다.[1] 나르시

---

1) "메두사의 거울"(The Mirror of Medusa)이라는 책에서 나는 심리분석학과 인류학 영역에
   서 전통적 방법론을 활용하는 방식과 관련하여 메두사의 외모로부터 비롯되는 나르시시즘

시즘은 사회적 위축과 고통을 설명하는 개념일 뿐 아니라 희생자
와 관련한 정신병리학의 직접적 결과로서 주목해야 한다는 요구를
설명하는 심리학적 개념이다. 나르시시즘의 구조는 장애를 비난하
는 자들이 그 비난의 과정에서 이해관계자가 될 수도 있다는 생각
을 좀처럼 하기 힘들게 만든다. 나르시시스트는, 나르시시즘의 이
론이 그러하듯이, 자신들만 빼고 다른 모든 사람들을 사랑하기를
멈춘다. 그들은 자기만족을 위해 사회를 외면하고 나서는 그 결과
에 고통스러워하며, 그들 스스로를 위해 만들어낸 비애에 대한 탓
을 다른 이들이 대신 받게 한다. 무관심은 나르시시즘적 상처의 감
정을 만들어내는 반면, 긍정적인 관심이나 부정적인 관심은 둘 다
모두 과대자기(grandiose self) 의식을 키울 뿐이다. 사실상 상처는
나르시시스트에 의해서 느껴지는 자만감을 더 키울 뿐이다. 이러
한 현상은 마조히스트보다 나르시시스트에게 더욱 강력하게 나타
나는데, 그 이유는 심리학적 개념으로서의 마조히즘이 한층 더 공
고한 나르시시즘 이론에 의존하기 때문이다(사실, 이론상 아직 나르
시시스트가 되지 못하는 마조히스트는 없다). 나르시시즘에 대한 비난
은 장애학에 있어 매우 중요한데, 그 이유는 고립과 고통, 그리고
장애인에 대한 요구들 모두를 장애인들로부터 등 돌리게 할 뿐 아
니라, 자신의 장애에 대한 장애인 스스로의 반응을 육체적 결함보
다 더한 결함의 증거가 되어버리게 만드는 메타심리학을 나르시시
즘이 자꾸만 불러일으키기 때문이다.

적 비난의 독특한 논리를 추적해 보았다. 개정판(2000) 서문에서는 장애와 관련된 나르시
시즘에 관한 몇 가지 질문들도 제기하였다.

이 글을 쓰는 나의 가장 중요한 목적은 나르시시즘에 대한 비난을 지지하는 메타심리학을 면밀히 알아보는 것이고, 동시에 어떻게 메타심리학이 장애 그 자체의 개념에 의존하고 있는지를 보여주는 것이다. 그러나 현재의 정치학은 나로 하여금 어떻게 나르시시즘에 대한 비난이 장애학이라는 떠오르는 학문을 공격하는 데 이용되어왔는지 간략하게나마 언급할 수밖에 없게 만든다. 한 문화 안에서 점점 더 나르시시즘적이 된다는 것은 이기심의 주머니가 점점 무성해져 간다는 것이며, 장애학은 분명히 이의 가장 최신의 예일 것이다 — 적어도 이것이 장애학 반대론자들의 입장이다. 가장 지독한 공격은 정체성 정치학의 망령 — 더 과대한 자기인식과 자기존중에 무릎을 꿇은 과대 개인성의 근원들이며, 이 과대 개인성이 흑인학과 여성학, 그리고 이제 장애학을 만들어낸 것이다 — 을 불러오는 것이다. 노라 빈센트(Norah Vincent)는 "장애학"은 "자기 독선적인 웅변"이며 "사회 이론과 그것의 수치스러운 패거리인 정체성 정치학의 가장 최신의 파생물"이라고 하기도 했다(p. 40). 카미유 팔리아(Camille Paglia)는 장애학을 "희생자 망령이 쓰인 출세지향주의 학자들의 자기신성화"라고 말했다(Vincent, p. 40에서 인용). 미국장애인법(ADA, Americans with Disabilities Act)을 미국의 일터를 마비시킨 원인이라고 탓하기까지 한 보수주의자 월터 올슨(Walter Olson)은 "장애에 주목하면 너는 장애인을 억압하는 것이 되고, 장애를 무시하면 너는 장애인을 없는 사람 취급하는 것이 된다. 그래서 너는 어떻게도 할 수 없다."고 불평했다(Vincent, p. 40에서 인용).

장애인들은 고통 받는 법과 참는 법을 잊어버렸다. 그들은 다른 사람들이 자신의 역경에 대해 알 수 있도록 의식을 일깨우고자 하고, 그들에게 가해지는 억압이 알려지고 또 끝내어지기를 원하며, 비록 다른 사람들이 장애에 대해 좋지 않은 감정을 느낀다 하더라도 장애인 자신은 스스로에 대해 좋은 감정을 느끼기를 원한다.

장애학에 대한 비판과 관련해서, 이러한 목적들은 아무런 가치가 없다. 사람들은 공동의 목적을 위해 무엇인가 기여하는 것보다 자기만족을 추구하는 데 더 관심이 있기 때문에, 이 목적들은 단지 미국 사회가 무너지고 있다는 것을 보여줄 뿐이다. 정체성의 정치학이 번성한다는 것은 미국 사회가 나르시시즘의 문화라는 것을 증명해주는 것일 뿐이라는 것이다.

관련 자료 번호 3

인사이드 하이어 에드(Inside Higher Ed)

2005년 6월 24일

특별한 학생들

스콧 재식(Scott Jaschik) 지음

신시아 존슨(Cynthia Johnson)에 따르면 "고등교육에 남아있는 편견의 최후의 보루"는 발달장애 학생들은 대학에 설 자리가 없다는 믿음이다.

이전에 정신지체라고 불리었던 이 학생들의 다수는 다양한 기술을 가지고 있었다. 점점 더 많은 대학들이 그러한 학생들을 위해 몇 개의 프로그램이나 학위과정을 만드는 반면, 존슨은 또 다른 레벨로 옮겨가는 프로그램을 운영한다.

존슨은 벨뷰 전문대학(Bellevue Community College)에서 벤처 프로그램(Venture Program)을 총괄했는데, 이는 발달장애 학생들을 위한 다양한 교과과정을 제공하는 것이었다. 이번 가을에 벤처 프로그램은, 존슨과 기타 전문가들이 발달장애인을 위한 최초의 대학학위 과정 프로그램이라고 믿는 준학사 교육과정을 제공한다.

"이는 지금까지 무시만 받아온 사람들이다. 지금까지 그 누구도 그들이 대학의 학위를 받을 것이라고 생각하지 않았다. 학생들은 그것을 열망해 왔었지만, 어느 한 사람도 그 한계를 넘는 이가 없었다."고 존슨은 말했다. …

당신이 무엇인가에 대해 연구하는 것은 틀린 것이다. 이런 주장은 흑인학과 여성학이 공격을 받기 시작한 지 30년이 지나서야 익숙한 말이 되었다.[2] 이런 관점에서 보면, 장애학은 자기비판(moi

---

2) 흑인학과 여성학에 대한 공격 중 가장 유명한 부분은 가장 과장된 것이기도 하지만, 과하고 격하게 써진 논평들이 모두 다 그러하듯이, 그 과장은 내용에 관한 과장이 아니라 단지 수사적인 과장이다. 나르시시즘에 대한 비난은 흔히 그런 공격의 수면 아래 숨겨져 있다. 린 체니(Lynne Chenny)가 미국은 인종과 젠더에 관한 거슬리는 논의로 오염되지 않은 과거로 되돌아가야 한다고 외치는 반면, 윌리엄 베넷(William Benet)은 민족학과 여성학 같은 '특수한 이익 단체'에게 그 주도권을 내어 준 것에 대해 교육 공동체들을 맹비난했다. 알란 블룸(Allan Bloom)은 흑인학에 대해 "다른 사람들 모두가 '사람'이 되는 바로 그 순간에 흑인은 흑인이 되었고 … 그들은 함께 했다"고 말했다(p. 92). 차별철폐조치(affirmative action)에 대해 비판적인 사람 중 하나인 나탄 글레이저(Nathan Glazer)는 다문화주의는 미국 사회 내에서 인종관계의 문제라고 이해하지만, 동시에 그것에 반해 다문화주의는 다른 모든 것들을 희생시키고 자아의 특정한 부분들을 부풀리는 것이라고도 주장했다. 그는 "많은 다양한 자아가 존재하지만" 다문화주의에서는 단 하나의 자아만이 우세할 뿐이며 "결과적으로, 음악적 · 활동적 · 지역적 · 계급적 · 종교적 자아는 필요하지 않은데, 그 이유는 인종적 혹은 민족적 자아가 핵심이며 결정적이기 때문이다."라고 결론을 내리고 있다(p. 49). 카미유 팔리아(Camille Paglia)에게 흑인학과 여성학, 그리고 동성애학은 사리사욕에 관한 것이다. "이 학문들은 각각 그것 자체의 질서를 만들고, 폐쇄된 구조 안에서 탄생한 이기적인 지지자들을 키워냈다."는 것이다(1994, pp. 99-100). 팔리아(Paglia)는 특히 여성학을 나르시시즘적이라고 꼭 집어 말했다. "여성학은 의심할 여지없이 수용되는 집단적 사고의 안락하고 편안한 늪 같은 것이며 … 거만하고 의기양양한 보호막 안에서 침몰했

criticism)의 가장 최근 버전의 하나 정도로 보인다. 왜냐하면 장애학은 소집단의 특별한 욕구에 특권을 부여하기 때문이다.[3] 가장 집요한 반대는 아마도 옹호의 정치학이 아닐까 싶다. 이러한 비판은, 특히 고등교육의 영역에 있어, 정체성의 정치학이 지적 실체를 정치적 옹호로 대체해 버린다는 점을 반대한다. 흑인학, 여성학, 그리고 장애학 및 다른 형태의 의식화 학문의 도입은 고등교육의 내용을 희석시키고 미국 대학교육 시스템의 쇠락이라는 현재의 상황을 초래했다는 것이다.[4]

어쨌든 정치학은 중요한 문제가 아니다. 거슬리는 것은 정체성 정치학이라는 문구에서 '정치학'이라는 단어가 아니라 바로 '정체성'이라는 단어이다. 모든 소수자집단 정치학의 궁극적인 목적은 자기정체화(self-identification)이다. 강력한 정체감 없이는 그 어떤 정체성 정치학도 가능하지 않다. 왜냐하면 개개인이 그들 자신의 정체성을 스스로 통제하기를 원치 않는다면, 그리고 그들이 그들보다 더 큰 권력을 가진 집단으로부터 무시당해 왔다고 느끼지 않는다면, 그 개인들은 정치적 행동에서 동기를 부여받지 못할 것이

고"(1992, p. 242), 여성학은 "그것 자체의 헛되고 끝없는 자기 창조적 담론의 포로"라는 것이다(p. 243).

3) 확실히 장애학은 좋든 나쁘든 간에 정체성 정치학의 최근 동향의 영향을 크게 받았다. 장애학은 특히 흑인학과 여성학으로부터 임파워먼트에 대한 열망과 당사자 이야기를 통한 주변화의 표현 전략, 잔인함과 부당함의 자행에 대한 비판의 필요성 등에 대해 많은 교훈을 얻었다. 그러나 장애학은 장애학 자체에 대한 자기기술(self-description)이 아직 완성되지 못한 데 반해 반대자들의 수사학은 완전하게 형성되었다는 것을 알게 되었으며, 또한 장애학에 대한 비판 역시 흑인학과 여성학에 대한 비판에서 시작된 부정적 수사법에서 시작된 것도 사실이다.

4) 크리스토퍼 라쉬(Christopher Lasche)는 이 점을 "나르시시즘의 문화"(The Culture of Narcissism)라는 책에서 강조하였다(p. 253).

기 때문이다. 이런 점에서 보면, 정치라는 것은 그 구성원이 이념적으로, 역사적으로, 지리적으로, 혹은 일시적 국경으로 규정되는 연합이 항상 존재한다는 것을 암시하는 것이므로, 정체성 정치학은 사실상 정치적 표현과 다를 것이 없다.[5] 정체성 정치학은 정체성을 단 하나의 주관성에서만 끌어내오거나 정체성 정치학 그 자체를 오로지 고통과 관련해서만 만들어내기 때문에, 그것이 다른 형태의 정치학과 다르다는 주장에 반대하는 것은 부정적 의미를 낳을 뿐이다. 그 이유는 고통이 나르시시즘과 너무나 밀접히 연결되어 있기 때문이다. 하지만 만약 정체성과 관련한 몇몇의 생각들이 모든 정치적 표현의 특성이라면 — 그리고 만약 고통과 장애가 부적절하게 나르시시즘의 심리학에 얽혀왔던 것이라면 —, 우리는 정체성 정치학에 대한 반대에 거리를 두어야 할 것이다. 정체성 정치학과 관련하여 요즈음의 논쟁에서 적용되는 정치심리학은 심각한 결점을 가지고 있으며, 우리는 정체성과 억압, 그리고 고통에 대한 질문들이 어떤 방식으로 정치적인 것들에 기여하는가에 대해 좀 더 현명하게 논의해야 할 필요가 있을 것이다.

정체성 정치학의 비판이 경험으로부터 일반화할 수 있는 역량을 가치 있는 것으로 평가한다면, 독특한 인간의 개인적 경험을 드러내야 할 필요성 그 자체는 분명히 흑인학과 여성학, 그리고 장애학

---

5) "한 주체와 기타 주체들"이라는 책에서 나는 정치적 주체성에 대해 긴 분량을 할애하여 논의한 바 있다. 한 가지 요점은 여기서 다시 언급해도 좋을 것 같다. 정치학은 그것이 '경계'를 필요로 할 때면 언제나 예외적인 원칙들에 따라 작동한다. "정치학은, 내부 집단들을 그 경계 내로 잘 들어오게 했든 그렇지 않든 또한 외부 경계에 대해 엄격하든 그렇지 않든, 공동체 포용의 경계를 정당하게 포기하기도 한다. 경계에 대한 진중한 개념 없이는 정치적 공동체라는 것은 있을 수 없다."(1998c, p. 132)

의 목적이다. 정치적인 것에 대한 현명한 개념은 경험의 일반화와 독특한 개인 경험의 표현이라는 두 대안들 중 하나라도 없는 곳에서는 존재할 수가 없다. 즉, 그 두 대안들 사이에서의 선택이 왜 명확하지 않을 수밖에 없는지, 또한 그 대안들에 대한 찬성과 반대가 무엇 때문에 잘못된 정보와 설득력 없는 비난에 의존하는지를 알 수 있기도 하다는 의미이다. 아마도 개인적 경험보다 일반적 경험에 — 혹은 자의식보다 무관심성에 — 대한 선호가 어떻게 그 중요성을 확보하고 또 그 설득력을 잃어갔는가를 추적해보는 것도 의미 있는 일일 것이다. 그러나 이러한 역사를 여기서 풀어내기란 너무 복잡한 일이다. 나의 목적은 소수자집단 담론을 나르시시즘과 연관 짓게 했던 메타심리학을 알아보는 것이며, 장애가 이러한 메타심리학의 주요 구성요소라는 것을 보여주는 것이다. 왜냐하면, 정의(定意)에 따라 자의식의 행위를 부정적으로 표출하게 하는 것이 바로 메타심리학이기 때문이다. 내가 강조하고자 하는 것은, 나르시시즘에 대한 공격은 장애인을 (그리고 의식화가 그들의 억압을 끝낼 수 있게 한다고 믿는 다른 소수자집단들을) 공격하는 가장 강력한 무기라는 것이다. 사실상, 장애인과 나르시시스트의 것으로 여겨지는 심리학적 특성은 대개 다르지 않고 동일하다.

장애의 나르시시즘

극단적 이기주의와 고통 간의 연계성은 일찍 소개되어 프로이트 메타심리학의 중요한 부분으로서 그 역할을 한 것도 사실이지

만, 어찌되었든 나르시시즘을 정신분석학 문헌에 소개하는 것은
개념상 장애와 핵심적 연관성을 만드는 것이기도 하다. 프로이트
(Freud)는 "나르시시즘에 관하여: 나르시시즘 입문"(On Narcissism:
An Introduction)이라는 책에서 "기질성 질환의 연구"가 "나르시시
즘에 관해 더 훌륭한 지식"을 생산하는 데 도움이 될 것이라고 하였
다(Vol. 14, p. 82). 장애 및 잠든 상태는 나르시시즘에 관한 생각을
설명하기 위해 프로이트가 사용한 개념인데, 프로이트에 의하면
이 두 가지 중 장애가 더 근본적이고 영구적인 것이라고 하였다. 프
로이트(Freud)는 "우리 모두 잘 알고 있듯이, 육체적 고통과 불편함
에 괴로워하는 사람은 그의 고통과 관련이 없는 한 외부세계의 일
들에 관심을 두지 않는다. 좀 더 깊이 살펴보면, 육체적 고통에 시
달리는 사람은 사랑의 대상으로부터의 성적(libidinal) 호기심도 없
애버린다. 그가 고통 받는 동안은 사랑하는 것도 멈춰버린다."고
설명한다(Vol. 14, p. 82). 간단히 말하면, 유약한 기관과 다름없는
우리는 나르시시스트이다. 프로이트(Freud)가 언급한 "극도로 유
약한" 기관의 원형이라면, 말할 필요도 없이, "여러 감정들로 뒤섞
여 축축하게 부풀어 올라 피로 꽉 차 있는" 남근이라고 할 수 있다
(Vol. 14, p. 84). 프로이트는 이러한 유약함을 색정성의 정도를 일
컫는 성감성(erotogenicity)이라는 용어로 바꾸어 쓰기도 하지만, 이
것은 남성에게만 국한된 것이 아니라 모든 신체 기관의 일반적인
특성이라는 것을 인지하게 된다. 왜냐하면 성감성의 성향은 어떤
유약한 기관 내에서도 성욕 조절 기능을 하는 것이기 때문이며, 더
욱 중요한 것은 성감성이 자아 안에서 리비도적 투자의 병렬적 변
화를 유도한다는 것이다. 유약한 기관에 관심이 많이 주어지면 질

수록 더 많은 에너지가 자아로 흘러들어간다. 이러한 병렬 효과는 "환자들의 누구나 잘 알고 있는 자기중심주의"를 잘 설명해 준다 (Vol. 14, p. 82). 유약한 기관은 민감한 자아에 맞닿아 있다 — 즉, 신체적 장애를 가진 사람을 나르시시즘적이고 이기적이며 자기중심적인 성격을 가진 견본으로 표현하는 방정식 같은 것이다.

"쾌락 원칙을 넘어"(Beyond the Pleasure Principle)는 유약한 기관을 설명하는 프로이트 이론을 더욱 광범위하게 만든다. 여기에서 일차적 관심사는 신경증과 인간사회의 삶에서 초래되는 일반적인 불안 간의 관계이다. 전쟁 피로증으로 고통 받는 군인들의 경험을 일반화시키면서 프로이트는, 자신의 이론과 같이 전체적인 정신은 쾌락을 중심으로 구성됨에도 불구하고 왜 환자들은 그 고통스러운 트라우마를 반복하는가 하는 질문을 던진다. 프로이트(Freud)는 전쟁에서 부상당한 군인들이 단순히 겁을 먹는 경험을 한 사람들보다 심리적 트라우마에 더욱 잘 적응한다는 점을 알아내었다. "부상이나 상처는 강한 공포가 생겨나는 것을 막는 통제물로서의 역할을 한다"고 그는 설명한다(Vol. 18, p. 12). 이는 상처가 신체와 자아 모두에게 영향을 주기 때문임을 보여주는 것이라 할 수 있다. 몸과 마음의 방어기제는 서로 통하는 것이며, 그 기제가 침해되어 보수되기까지는 많은 양의 에너지를 필요로 한다. 오직 정신만 상처받았을 때 트라우마는 억눌려지고, 정신이 의식과 싸워야 할 때마다 환자는 그것을 다시 체험해야 한다. 그러나 몸이 상처를 입었을 때에는 그 상처는 의식 속에 남게 된다. 트라우마는 억눌려지지 않고 오히려 결함을 가진 몸으로 상징화된다. 결론적으로, 부상당한 사람들은 트라우마의 결과로 신경증적 징후를 가지지 않게 될 뿐 아니라, 오히려 그들이 입은 상처가 강한 공포를 가지지 않도록 신경을 보호해준다. 이것은 프로이트의 개념상 신경증이라는 것이 사회적 실존의 모호함과 관련된 하나의 결과로 발생되기 때문이다. 삶이 불확실성으로 가득 차 있기 때문에 우리는 불안감을 키우며, 적응하지 못하고 저지른 우리 자신의 실패에 대해 탓하기도 하지만, 무수한 다른 이유로도 우리는 스스로를 탓하는 것이 사실이다. 많은 일들을 해결할 수 있는 능력이 없다는 것은 실로 강한 공포이다. 이 이론에 의하면, 장애인은 그들의 모든 실패들에 대해 변명할 수 있는 한 가지 좋은 이유를 — 유약한 기관을 — 가지고 있다. 그리고 인간 존재에 대한 근본적인 불확실성은 사라지거나 혹은 적어도 감당할 수 있는 어떤 것이 된다.[6] 도라(Dora)에 관한 사례 연구에서 프로이트는 이 과정에 대해 설명할 수 있는 하나의 암시를 제시한다. 물론 이 암시는 그가 신경증과 장애에 관한 연구를 수행하기 10년 전쯤에 나온 것이기는 하지만 말이다.

건물이 무너져서 다리를 절게 되어 지금은 길거리에서 구걸하며 삶을 이어가는 벽돌공을 한번 상상해보자. 그리고 또 놀라운 재활사가 와서 그의 구부러진 다리를 곧게 펴주고 다시 걷게 만들어준다고 가정해보자. 내 생각에 그 남자의 특성에 대해 행복과 관련된 표현을 찾는 것은 현명해 보이지는 않은 일이다. 건물이 무너지는 사고가 났을 당시, 더 이상 일을 하지 못할 뿐 아니라 굶주리며 남들의 자선에나 기대어 살아가야 한다는

---

6) 프로이트의 시각과 상반되게, 터너(Turner)와 맥린(McLean)은 장애인들이 심각한 불안감을 경험하고 있음을 보여주었다.

것을 깨달았을 때, 그는 자신이 극단적으로 불행하다고 느꼈을 것임에 틀림이 없다. 그러나 그 이후 노동시장에서 추방된 바로 그 계기가 그의 소득의 원천이 되었다. 그는 그의 장애로 인해 먹고살게 된 것이다. 만약 그 장애가 없었더라면, 그는 완전히 속수무책이었을 것이다.(Vol. 7, p. 44)

장애인의 운 좋은 추락은 건강한 정신 상태를 보장하지는 않는다. 삶에는 신경증보다 더 좋지 않은 것들도 많은데, 프로이트에 의하면, 그것이 바로 나르시시즘적 질병이다. 몸에 생긴 상처 자국은 신경증으로부터 보호해주는 역할을 하지만, 몸에 대한 극단적 투자는 자아에 관해 유사 행복을 느끼게 한다. 자기(the self)는 무장한 요새처럼 장애를 가진 몸 안에 서식한다. 자아는 보호받지만 혼자이며, 사랑스러운 자아는 가장 소중한 선물이 될 것이다.

프로이트는 자아를 육체적 자아라고 생각했다. 그것은 피부의 표면에 있는 것이다. 좀 더 정확히 말하자면, 프로이트는 자기(the self)를 이미 치유된 상처, 즉 흉터라고 생각했다. 흉터 조직이 쌓여갈수록, 자기(the self)는 유연함을 점점 잃게 된다. 찢어지고 피나는 상처에 대한 초기 치유력은 처음에 난 상처보다 오히려 더 위험한 흉터 조직의 단단함에 힘을 잃는다. 유약한 기관인 우리는 분명히 사회적 존재의 비애라는 상처로부터 보호할 수 있는 방어막을 가지고 있기는 하지만, 아무런 치료제가 없어서 더욱 심각한 질병일 수 있는 나르시시즘적 경향을 가지는 것으로 그 방어막에 대한 보상을 하고 있다.[7] 나르시시스트들은 치유의 가능성 밖에 있다.

---

7) 프로이트(Freud)는 나르시시스트가 "정신분석의 영향력 밖에 있을 뿐 아니라 우리의 노력으로 치유될 수 없다"고 주장했다(Vol. 14, p. 74). 그는 나르시시스트를, 특히 그들의 전능

왜냐하면 그들은 다른 사람에게 에너지를 쏟으려 하지 않기 때문이다. 그들이 고통 받는 동안은 — 사실 그들은 항상 고통의 상황에 있다 — 그들은 사랑하는 것을 멈출 것이다.

나르시시즘이 장애인들을 이해하는 데 있어 매우 극단적인 모델이라 하더라도, 그 모델은 사실상 심리학 연구에 절대적인 영향력을 행사한다.[8] 나르시시스트들처럼 장애인들은 치유의 가능성 밖에 있다고 여겨진다. 적어도 현재는 그러한 편견이 존재하거나 널리 퍼져있지는 않겠지만 말이다. 아쉬(Asch)와 루소(Rousso)가 보여주듯이, "장애에 관한 다수의 정신분석학 연구들은 장애인들은 본질적으로 분석되지 않는 존재이다"라는 논쟁을 뒷받침한다(p. 4). 다수의 사례 연구들은 이러한 결론을 증명하려고 하기도 한다. 본슈타인(Bornstein)은 선천적 시각장애 음악가의 음악에 대한 강한 집착은 "음악과 트럼펫과 같이 자기중심적이고 반복적인 대상 안에서 과대자기(grandiose self)"를 동원하게 하고 결국 스스로를 치유할 수 없게 만든다고 주장했다(p. 33). 니더랜드(Niederland)는 "보상적 성격이 강한 나르시시즘적 자기 팽창"이라는 개념을 심지어 "사소한 육체적 변태 혹은 불완전성"과 연결시켰다(pp. 519, 522). 그는 나르시시즘적 상처와 동반하는 몇 가지 특징들은 자기 과장, 강화된 공격성, 양성애성, 가학피학적 성애, 그리고 "환생과 부활에 대한 공상" 등이라고 하였다(p. 523). 그에 의하면, 장애인

한 사고를 고려할 능력과 관련해서, 장애인뿐 아니라 "원시시대 사람"과 비교했다(Vol. 14, p. 75).

8) 장애와 나르시시즘 간의 관계에 대해 읽을거리로 추천된 책으로는 Coleman and Croake; Cubbage and Thomas; Fichten and Amsel; Greenacre; Jacobson; Lussier; Niederland; Ogden; Thomas; Yorke 등이 있다.

들은 "결함을 그들의 특징으로 그리고 힘의 원천으로" 바꾼다(p. 526). 장애인들은 현실에 대한 의식 있는 저항을 보여주기도 하고, 장애가 특권으로 인정되는 상상의 삶으로 빠져들기도 한다.[9] 한 분석가가 잘 요약하듯이, "장애인 환자의 정신분석적 치료과정에서 나타난 임상적 문제는 매우 많다"(Yorke, p. 187). 정신분석은 장애를 거의 유일한 나르시시즘적 상처의 상징으로 취급한다. 장애는 이러한 징후학 이상의 어떤 의미도 거의 가지지 않는다.[10]

관련 자료 번호 4

뉴욕 타임스 온라인(New York Times Online)

2003년 3월 30일

미국의 편견 소송으로 이끈 생애의 고통

스티븐 그린하우스(Steven Greenhouse) 지음

앨라배마 주 노스포트 ─ 사만사 로비쇼(Samantha Robichaud)는 그녀의 얼굴을 덮는 어두운 자주색 모반을 가지고 태어났으며, 차별이라는 가시가

---

9) 나는 여기에서 쓰는 내 언어를 다른 사례 연구에서 가져왔는데, 그것은 에디스 제이콥슨(Edith Jacobson)이 장애인과 아름다운 몸을 가진 여성, 이 두 사람의 나르시시즘적 행동을 분석한 것이었다. 그 두 사람은 프로이트의 1916년 저작에서 소개된 '예외'라는 성격의 유형을 잘 나타내고 있으며, "어떤 성격 유형들은 정신분석 연구와 접목되기도 한다". 프로이트가 보기에 나르시시스트의 전형적인 인물은 리차드 3세(Richard III)인데, 그의 장애는 그 자신의 목적을 달성하기 위해 다른 사람들에게 폭력을 행사하는 것이 허용되는 예외적인 사람이라고 스스로를 생각하는 것을 정당화한다.

10) 해리스(Harris)와 와이드만(Wideman)은 이 점을 주장했다(p. 117). 그들은 또한 장애인에 대한 정신분석학적 접근의 영향은 대체로 가혹했다는 점도 언급했다(p. 121).

내내 그녀를 괴롭혔다.

"어린 아이인데도 나는 언제나 추방당한 사람이었어요"라고 로비쇼는 말했다. "아무도 나와 놀아주지 않았죠. 아이들은 나와 닿으면 그 점이 옮을까 늘 무서워했어요."

로비쇼는 학교에서 그 점 때문에 항상 따돌림을 당했고, 검붉은 점으로 통했다. …

로비쇼는 현재 32살이며, 결혼하여 두 아이의 엄마가 되었다. 그 옛날 학교운동장의 잔인함에 대한 걱정은 무사히 넘겼다. 현재 그녀가 애쓰고 있는 것은 이전 그녀의 고용인인 맥도날드 레스토랑을 고소하여 정의를 실현할 방안을 찾는 것인데, 이는 맥도날드가 그녀를 초등학생을 대하는 것처럼 함부로 대했기 때문이다.

3월 초, 평등고용기회위원회(Equal Employment Opportunity Commission)는 맥도날드 프랜차이즈가 로비쇼의 외모를 이유로 매니저 승진을 거부함으로써 미국장애인법을 어겼다는 고소 내용으로 버밍엄에 연방정부 소송을 접수시켰다. 프랜차이즈인 R.P.H. 매니지먼트(R.P.H. Management)는 그녀의 기소에 대해 사실이 아니라고 했다. …

2000년 8월에 로비쇼는 그녀의 고등학교에서 43번 고속도로 아래에 있는 이곳 맥도날드 레스토랑에서 직업을 가지게 되었다. "나는 내가 고용될 때 내가 매니저 자리를 찾고 있다는 점을 알게 해주고 싶었어요. 그리고 내가 계급제의 맨 밑바닥에 머물고 싶어 하지 않는다는 것도요."라고 그녀는 말하였다. …

맥도날드에 취업한 지 다섯 달이 되던 때, 그녀보다 늦게 고용된 사람들이 매니저로 승진하게 되었고 그러한 사실은 그녀를 매우 불편하게 했다. …

2011년 1월 어느 날, 레스토랑이 영업을 시작하자 그 시간을 담당하는 매니저가 건강 문제를 호소하면서 본인이 아파서 나가기라도 하면 아무도 대체할 사람이 없다고 투덜댔다.

"내가 그녀에게 물었어요. '왜 당신은 나를 그 대신할 사람이라고 생각하지 않죠?'"라고요. "그랬더니 그녀가 '이제는 당신한테 무수한 이유를 대는 것도, 이것저것 거짓말하는 것도 피곤하군요. 당신은 여기서 절대 매니저가 될 수 없어요. 왜냐하면 당신이 하는 일은 아이들을 울리거나 손님들을 겁먹게 해서 내보내는 것, 둘 중 하나라고 들었어요. …'라고 말했어요."

인생의 평범한 규칙은 분명히 장애인들에게는 적용되지 않는다. 그 규칙은 정신분석에도 적용되지 않는다. 장애를 가진 환자들의 나르시시즘은 아마도 감정 전이를 억제하고 치료의 효과성도 저하시킨다.[11] 그들은 장애에 대해 복수할 방법을 찾거나 보상을 요구하며, 치료법에 대해 신뢰하기를 거부한다.

좀 더 가까이 살펴보면, 역전이가 바로 치료 실패의 진짜 원인임을 알 수 있다. 캐네스 토마스(Kenneth R. Thomas)는 최근에 쓴 글에서 "육체와 자아 간의 아주 밀접한 발달 관계 때문에, 신체장애는 치료사들로부터 특정한 형태의 역전이 반응을 불러일으킨다"라고 언급했다(p. 151). 다른 말로, 분석가들은 장애를 가진 환자들과 일을 잘 해내기가 어렵다는 것이다. 장애의 모습은 분명히 거세의 — 나르시시즘적 상처의 전형적인 실례의 — 염려를 떠올리게 하고, 분석가들의 훈련은 문제를 푼다. 토마스(Thomas)는 "음부에서 생기는 가상의 진통, 두통, 어지러움 혹은 다른 신체적 증상들을

---

11) 요크(Yorke)의 주장에 의하면, 어떤 환자들에게는 "육체적 장애가 너무 과하게 인식되어, 정신병리적 옷들을 모두 걸어놓은 육체적 옷걸이가 되어버렸다"(p. 188).

포함해서, 치료사들은 장애인 환자들을 대상으로 일어나는 다양한 반응을 경험하게 될 것이다"라고 했다(p. 152). 그럼에도 불구하고, 그는 치료사들에게 이러한 증상들을 무시하거나 회피하지 말라고 조언한다. 오히려, 환자들이 육체적 완전함을 상실한 데 대해 어떻게 느낄지에 대한 추측을 위해 그러한 증상들의 경험을 적극적으로 활용하라고 한다. 토마스(Thomas)는 이렇게 결론을 낸다. "치료사는 자신을 환자와 동일시한다. 이러한 반응은 환자가 느끼는 것들을 정확히 반영하는 것이다."(p. 153). 요약하자면, 치료사의 자아통합에 대한 위협은 환자의 장애를 생각해보는 데 활용할 분석의 도구가 되고 있다. 이러한 위협들은 치료사의 심리에 관련된 것이 아니다. 그러한 현상들은 환자로부터 생성되는 것이다. 왜냐하면 환자의 나르시시즘은 치료사를 오염시키기 때문이다. 비난자의 역할을 숨기는 더 분명한 사례는 상상할 수 없다. 아주 단순하게 짐작할 수 있는 것은, 치료사는 치료사의 반응에 대한 부담을 지는 환자의 정신병리학적 상태를 거부하지는 못한다는 것이다 — 그리고 이것은 전문 의료진의 심리적 상태와 나르시시즘적 환자 간에 존재하는 깊은 골에도 불구하고 그러하다.

한쪽 측면으로, 장애인들은 자기 자신을 감정적으로 다른 사람들에게까지 연장할 능력이 없는 것으로 보인다. 또 다른 한편으로, 유약한 기관을 가진 사람의 시각은 능력자들을 불구로 만들기도 한다. 이 논리에 따르면, 어떤 장애인들은 치료사로 받아들여질 수 없다. 다수의 전문가들은 나르시시즘적 사람은 치료사로서 일해서는 안 된다고 수년 동안 주장해왔다. 정신분석 훈련에서 탈락한 후보들을 연구한 1964년의 한 연구는, 편협한 방어성향이 강하고 나르시시즘적이며 통제적 성향일 뿐 아니라 고립되고 내성적인 사람들은 분석가로 적합하지 않다고 발표했다(Fox et al.). 아쉬(Asch)와 루소(Rousso)는, 정신분석학 연구들에서 종종 주장된 것처럼, 장애 자체가 그러한 바람직하지 못한 특징들을 초래한다고 하였다(pp. 4-11). 비장애인과 장애인 간 면대면 접촉에 관한 연구들 역시 이러한 주장들을 뒷받침하는 경향을 보인다. 이 연구들은 비장애인들이 면대면 상호작용을 할 때 장애인의 감정보다 자기 자신의 걱정거리에 더욱 집중한다는 것과 나르시시즘적 회귀가 증가할수록 그들의 장애 수용성은 감소된다는 것을 보여준다.[12] 이 연구들은 장애인 치료사들이 직면해야 할지도 모르는 문제들을 가리키는 것이다.[13]

이 자료는 심리학이 얼마나 장애인에게 적대적인지를 잘 보여주는 동시에, 미국 문화를 대체적으로 더욱 잘 보여준다. 정신분석 이론과 실천은 나르시시즘과 장애 간 연계를 만들어왔을 것이지만, 그 연관 관계는 그 분야 이상에까지 강력하고 끔찍한 영향을 주고 있다. 장애인들이 나쁜 환자와 분석가를 만든다는 것을 보여주는 이 같은 주장들은 장애인이 나쁜 시민을 만든다고도 주장한다. 작

---

12) 예를 들자면, Kleck et al.; Stiller; Fichten and Amsel을 보라. 그리어(Grier)는, 다르지만 동시에 관련성 있는 관점에서 치료사의 다름에 근접하고 있다.

13) 아쉬(Asch)와 루소(Rousso)는 환자는 장애를 가지지 않은 치료사보다 장애를 가진 치료사에게 더 호의적이라고 결론 내린다(pp. 10-11). 치료사와 장애를 가진 환자들 간의 관계 형성은 엄마와 장애 아동, 그리고 장애가 없는 아동과 장애를 가진 부모와의 관계형성과 같다. 심리학 연구들은 대체로 나르시시즘적 상처는 장애 그 자체보다 장애를 가진 아동이나 부모에게서 비롯된다고 본다. 예를 들어, 루시어(Lussier)는 "심리적으로 약한 아버지는 그것이 얼마나 불만스럽고 불안하든지 간에 정신적 충격을 불러일으킬 만한 조건이 아니지만, 신체장애를 가진 아버지는 어느 단계의 것이든 정신적 충격을 불러일으킨다"고 생각한다(p. 184). 그린에이커(Greenacre)의 책도 참조하라.

은 차이들에 관련된 나르시시즘은 장애인들을 고통만 외쳐대는 분리주의적 정치행동 집단으로 몰아감으로써 그들에게 집착하게 만드는 것 같다. 시민권에 대한 이 최근의 주장은 사실 ADA와 장애학에 대한 공격으로 만들어진 것이다. 나르시시즘에 대한 비난은 고등교육과 미국 문화와 관련하여 장애에 대해 이루어진 논의에서 내부적으로 격렬한 분노를 일으켰다. 가장 중요한 점은 건강과 기타 영역에서 장애인의 삶에 중요하게 작용하는 관심사들을 개선하는 데 있어 이러한 비난이 가장 큰 걸림돌이 된다는 것이다. 이는 장애인들 스스로의 선택으로서의 장애인의 주변화를 잘 보여주는데, 이는 장애 차별과 접근불가 환경, 그리고 오랜 세월 동안 장애인을 의료기관 안에 가두어둔 것에 대해 져야 할 사회 전체의 책임을 덜어주려는 삐딱하고 이기적인 의도로 만들어진 것이다.

작은 차이들의 나르시시즘

정체성 정치학은, 프로이트가 작은 차이들의 나르시시즘이라고 명명했던 것, 즉 사람들 간 미세한 차이점이 어마어마한 나르시시즘적 분노를 만든다는 생각을 설명하기 위해 만든 용어 때문에 피해를 많이 받은 것으로 보인다. 다른 사람들과의 차이가 적으면 적을수록 우리의 다름을 정의하려는 시도는 더 강해지고 공격성은 더욱 크게 생성된다. 다르기를 바라는 사람과 비슷해지면 비슷해질수록 더욱 화나고 분노하게 되며, 명백히 더욱 폭력적이 되어간다. 평론가들이 비판하듯이, 정체성 정치학은 사회질서를 위협하

는 나르시시즘적 분노를 부추기는데, 이는 정체성의 특권화가 집
단의 다름, 특히 억압으로부터 비롯된 다름에 너무 큰 강조점을 두
기 때문이다. 어쨌든 현실적으로 명백한 근거는 없지만 이러한 다
름들은 단순히 정신병리학적 이유들로부터 기인하는 것이며, 이런
이유로 정체성 정치학을 수용하는 것은 더한 폭력과 잘못됨을 부
추길 뿐이다 ― 혹은 이러한 논쟁이 계속된다.

  나르시시즘이 정체성 정치학을 공격하는 데 이용되기는 하지만,
나르시시즘은 사실상 집단 심리학과는 공존할 수 없다. 프로이트
가 "집단 심리학과 자아 분석"(Group Psychology and the Analysis of
the Ego)에서 그 이론을 확립하였듯이, 단독적 성향의 지도자는 집
단보다 나르시시즘적 특성을 더욱 많이 가지는 경향을 보인다. 프
로이트의 주장에 의하면, 집단 심리는 개인의 나르시시즘적 긴박
성을 억누를 것을 요구하지만, 바로 이러한 이유 때문에 집단에 속
해 있는 사람들은 나르시시즘 성향이 돋보이는 개인에게 마음을
빼앗기는 경향이 있다. 프로이트는 이러한 매력이 폭력으로 변할
수도 있다는 사실 역시 잘 알고 있다. 원시 부족들의 조상 살해는
단독의 나름시시즘적 성향에 대한 집단적 공격의 전형적 예이다.

  어쨌든 프로이트와 나르시시즘을 둘러싼 전통 전체가 놓친 것은
집단 심리학에 대한 프로이트의 설명과 집단 폭력의 역사 간에 존
재하는 유사성이다. 나르시시즘은 공동체의 한 구성원을 나머지
구성원들과 완전히 다른 한 사람으로 고립시키는 집단적 비난이
다. 이러한 다름이 과도한 능력인지 아니면 장애인지는 최종적 분
석에서 거의 고려되지 않는다. 왜냐하면 다름에 대한 부정적 그리
고 긍정적 유의성은 집단 심리가 관여할 때마다 급작스럽게 바뀌

기 때문이다. 변함없는 사실은 공동체가 한 개인에게 등을 돌린다는 것, 그리고 공동체의 행위를 유발한 그 개인의 특성들을 유지한다는 것이다. 간략히 말해서, 우리는 그를 죽였지만 그가 우리를 그렇게 하도록 만들었다는 일종의 논리이다. 나르시시즘은 집단 폭력이 그 모습을 감춘, 그리고 희생자들이 스스로를 분리한 것처럼 묘사되는 비난의 구조를 조장한다. 나르시시스트들은 자기를 파멸시키고, 우리는 그런 것에 대해 아무것도 알지 못하며 알 수도 없다는 것이다. 더 사악한 형태의 폭력은 상상할 수도 없다.

나르시시즘은 정치조직과 기타 집단들에 의해서 희생자에게 지워진 폭력적 과대개인화의 한 형태이다. 장애인들이 무의식적으로 나르시시즘적이라고 가정하는 것은 그들이 희생양이 되고 있음을 보여주는 것일 뿐 아니라, 그들의 특성에 대한 인식 그 자체가 폭력의 한 형태라는 것을 보여주는 것이다. 이 나라에서 이루어지는 주요 해석들은 철저하게 장애를 개인화시키는 것이다. 이는 의료 개혁과 재활, 특수교육, 시민권 투쟁에 적용될 뿐 아니라, 장애학과 ADA를 공격하는 데에도 적용된다(Linton, p. 134). 개인의 장애는 언제나 그들의 개인적 불행으로 표현된다. 치료는 장애에 대해 개인적인 것을 분리시키고, 다른 모든 시민들에게는 보장되는 합헌적 권리를 부인하는 것과 같이, 정치적 문제를 확인하는 방식으로 다른 사람들의 상황과는 장애를 거의 관련조차 짓지 않는다(Hahn, p. 192). 오히려 장애는 고통 받는 집단이 아니라, 공원에 있는 신체장애 노인, 버스를 탄 청각장애 소년, 복도에 있는 시각장애 학생 등과 같이, 전체로서의 한 개인을 상징한다. 이는 당연히, 버스를 타고 있는 청각장애 소년은 개별화된 교육 계획과 의료 서비스의 자격이 있을 수 있지만, 이 특별한 조치는, 그것 자체가 '시민의 권리'가 아닌 '특별한 권리'에 기반하고 있기 때문에, 결과적으로는 심각한 고립과 고통으로 그를 내몰게 되는데 이는 그것이 그의 특성을 그렇게 상징화하는 것으로 끝을 맺기 때문이라는 것을 뜻한다.

장애인의 나르시시즘은 장애인으로 하여금 스스로의 능력으로 정치적인 행위를 하지 못하게 하는 정치적 구성물이다. 이것은 장애인들을 장애라는 그들의 특성 안에 가둘 뿐 아니라 장애인들의 공동 목적을 사회가 인식하지 못하게 하고 또한 정치적 이슈로 발전하지 못하게 만든다. 장애 운동가들은 장애인에 대한 편견과 인종·성에 기반을 둔 차별이 유사한 것이라고 주장해왔다. 그러나 이 비유는 거의 항상 실패로 돌아갔는데, 그 이유는 인종차별주의와 성차별주의는 특정한 옹호집단의 사회적 인식을 바탕으로 정치적 행동으로 쉽게 귀결될 수 있었던 반면, 장애인차별은 의료와 재활에서 행해지는 해결법과 같은 것을 찾아왔기 때문이다. 의료와 재활의 해결법은 장애를 한 사람의 특정한 문제 혹은 큰 문제의 작은 하부 문제 정도로 인식하게 해서 결국 개인적 해결방안을 찾도록 만든다(Funk, p. 26). 만약 휠체어 이용자가 식당 안으로 들어갈 수 없다면, 그 식당은 접근성을 확보할 필요가 없을 것이다. 두 사람의 웨이터가 휠체어를 들어 올려 문을 통과할 수 있고, 그것은 개인적인 관심사와 해결책을 모두 제공할 수 있는 방법이기 때문이다. 지역의 도로 게시판은 근처에 청각장애 아동이 있음을 표시하는 것일 수 있다. 이는 분명 아동을 보호하는 방법이기는 하지만, 보편적 접근성 개발의 필요성을 없애는 방법이 되기도 한다. 간단히 말해서, 차별에 반대하는 정치적 행위는 대개 장애의 개인화에 기반을 둔다. 확실히, 나르시시즘과 장애 간 연관성은 장애인을 다른 사람과 온전히 다른 존재로는 인식하지 못하게 만든다. 신체적 그리고 정신적 장애에 대한 편견은 현재 인종과 성에 대한 편견보다 확실히 더 극복하기 어려운데, 그것은 예를 들어 사람들이 자신을 시각장애인과 동일시하기가 거의 불가능하기 때문일 뿐 아니라, 장애를 가진 개인의 인식이 보통 말하는 정치적 정체성의 형성과 전혀 다르기 때문이다 — 말하자면, 장애인의 경우 '개인성' 그 자체는 정치적 활용성이라는 측면에서 이미 그 능력을 상실한다.

미국의 정체성 정치학은 지난 몇 십 년 동안 권리 쟁취운동의 형태로 이어져왔다. 특정한 수사적 쟁점들은 '특별한 권리'라는 구절을 새롭게 만들어내면서 역사로 기록되기도 했다. 이 수사어구는 그 어구를 쓰는 집단들을 주목하게 했고, 그들의 개인적 안건들을 더 눈에 띄게 만들었으며, 그 안건들에 부가적으로 정치적 통용성을 부여하기도 했다. 그러나 이런 허용은 개인적 의제들을 권리라는 좀 더 넓은 의미와는 분리시켰고, 바로 이런 이유로 장애인들은 자기만족과 자존심, 그리고 분리주의적 의제들에 과도하게 사로잡힌 특별 이익집단이라고 공격받게 되었다. '특별한'이라는 단어가 정신적 · 신체적 장애를 표현하는 데 특정하게 사용된다는 것은 매우 아이러니한 것이다. 왜냐하면 장애인들은 그들은 개별화시킬 필요가 전혀 없는 집단이기 때문이다. 만약 장애인들이 정치적 연합을 구축하려 한다면, 그들은 너무 특이하거나 특별해서 시민으로의 대접이나 시민권에 부합하는 권리를 기대할 수 없다는 사람들의 일반적 인식을 바꾸어야 할 것이다.

개별화가 장애인들을 희생시킨다는 주장은 장애를 이론화하는

데 매우 중요한데, 이는 그러한 생각이 나르시시즘에 대한 비난을 설명할 수 있을 뿐 아니라 그 비난이 능력주의 이데올로기를 구성하는 한 부분이라는 점을 보여줄 수 있기 때문이다. 이 이데올로기는 언제나 장애의 영향력을 감소시키고 장애를 모든 사람이 가지고 있는 특성이라기보다 오직 몇몇 개인들에게만 영향을 주는 질환 상태로 분리시킨다. 그러나 만약 장애가 인간 상태의 본질적인 것이라면, 개별적으로 다루어질 이유가 없다. 같은 이유로, 장애가 일부 사람들에게 나르시시즘과 같은 기이한 심리적인 증후군을 만들어내는 사악한 어떤 것으로 묘사될 이유도 없다. 장애는 다만 전체 정치 사회의 관심과 행동을 요구할 뿐이다. 작은 차이에 관련된 나르시시즘은 장애에 적용되지 않는다. 왜냐하면 '작은 차이'는 장애인들의 권리를 위한 일반적인 요구를 무산시키는 데 이용되는 변명일 뿐이기 때문이다. 각각의 장애인은 모두 다르기 때문에 장애인의 권리라는 것이 가능하지 않다는 인식을 우리는 바꾸어야 한다. 지금까지 내가 말하고자 했던 요점은 나르시시즘과 장애 간의 연관성 때문에 이러한 생각에 대부분 사로잡혀 결과적으로 미국 정치에서의 근본적 개념인 개인성 그 자체가 정치적 행동을 가능하게 한 근간으로서가 아니라 이제는 걸림돌로 작용하게 되어버렸다는 것이다.

아무리 나르시시즘적이라 해도, 개인적인 결론

장애학보다 먼저 탄생한 흑인학과 여성학처럼, 장애학은 역사적

증거의 한 학문으로서 그 첫 단계에 다시 놓여졌다. 자서전적 설명
은 대중에게 장애를 표현하기 위한 방법으로 선호되어 왔었다. 그
러나 만약 장애인들이 다른 소수자집단 정체성과는 비교도 안될
만큼 나르시시즘과 관련된 비난의 주 타깃이 된다면, 그것은 이 전
략이 역효과를 일으키는 것이라고 생각해도 될 것 같다. 고통과 상
처에 대한 개인의 이야기들은, 프로이트(Freud)의 단어로 표현하
자면, "기질적 통증과 불편함에 괴로워하는 사람은 자신이 겪는 고
통과 아무런 관련이 없다면 자기 밖 외부세계의 일들에 관심을 끊
어버린다"고 말하는 장애 권리 반대자들을 확신시킬 뿐일 것이다
(Vol. 14, p. 82). 장애 활동가들은 만약 장애에 대해 문화적으로 잘
못 이해하고 있는 것들을 수정할 수 있으려면 1인칭 서사의 나르시
시즘을 넘어 다른 패러다임으로 옮겨가야 한다고 주장해왔다. 예
를 들어, 미첼(Mitchell)과 스나이더(Snyder)는 개인적 서사는 장애
에 대한 사회적·정치적 의미에 관해 가르침을 주기보다는 그 글
을 읽는 사람들의 연민과 동정의 반응만을 불러일으킬 뿐이라고
주장했다(1997, p. 11). 이는 특히 장애학의 미래와 관련된 매우 중
요한 주장인데, 만약 우리가 현재의 정치적 지형을 바꾸지 않으면
장애인들의 삶은 절대 좋아지지 않을 것이기 때문이다. 또한 장애
인들이 그들의 개인적 이야기가 비장애인들의 개인적 이야기보다
더 나르시시즘적이라고 하는 의견에 적극적으로 대응해야 할 필요
가 있다고 나는 생각한다. 그들이 우리의 특성들을 나쁘게만 비추
어서 혹은 다른 사람들을 심기불편하게 만든다는 이유로 우리가
우리의 이야기를 하지 않는다면, 최종 결과는 더 심각한 고립 상태
에 빠지는 것이 될 것이다. 왜냐하면 인간은 서로의 이야기를 공유

하면서 삶을 살아가기 때문이다. 우리 인간에게는 함께 할 수 있는 다른 방법이란 없다.

좀 더 실용적으로는, 유약한 기관을 가진 우리의 이야기를 할 수 있는 방법에 대해 고민해야 할 필요가 있다. 이야기를 하면서 우리는 사회 전반적으로 자행되는 편견과 기타 장벽들(흔히 물리적 장벽들)에 직면하는 한 집단으로서 우리의 존재에 대한 진실을 서로 나눌 수 있을 것이다. 장애는 전 역사를 통해 인간 사회에 존재하는 다른 문제들을 상징화하는 데 큰 역할을 했다. 오이디푸스(Oedipus)의 굽은 다리는 그의 자만심과 과도한 정치성을 가리키는 것이다. 티레시아스(Tiresias)의 시각 상실은 그에게 주어진 예언력이라는 재능을 상징하는 것이다. 아무도 소포클레스(Sophocles)의 연극을 테베스(Thebes)의 미래를 위해 싸우는 신체장애인 혹은 시각장애인에 관한 드라마라고 생각하지 않는다. '일리아드'(the Iliad)는 올림포스(Olympus)로부터 쫓겨난 신체장애인 헤파이스투스(Hephaestus)를 보여주지만, 아무도 아킬레스(Achilles)가 그리스 형제들로부터 고립된 것이 그의 약한 뒤꿈치와 관련 있는지를 물어보지는 않는다. 뒤꿈치는 단순히 그의 생명의 유한성을 상징할 뿐이다. 그러나 일리아드에 나오는 모든 전사들이 유한한 생명을 가지고 있었던가? 왜 아킬레스만 그렇게 다른 것인가? 셰익스피어(Shakespear)의 리차드 3세는 곱추등이었지만, 그의 장애는 그가 처한 물리적이고 복합적인 상태나 상황이 아닌, 거짓과 사기, 그리고 권력에 대한 욕망을 묘사하기 위한 것이었다.

장애는 다름이라는 것이 무엇인지 상상할 수 있도록 해주는 또 다른 다름이다. 역사를 통틀어 사람들은 다름을 다르게 표현하는 것에 대해 부가적인 의미를 부여하고 더 분명한 초점을 두었으며 더욱 무게를 두어왔다.[14] 이런 과정에서 장애는 그것의 상징이 갖는 힘을 잃어버렸다. 이제 장애 활동가들이 그것을 다시 되찾을 때가 왔다. '상징'을 통해, 나는 사적인 감정과 생각이 일반대중의 상상력을 자아내도록 형성되는 정치적 과정을 이해한다.[15] 정치적인 것은 그러한 상징 없이는 절대 존재할 수 없다. 왜냐하면 상징은 개인이 타인들로부터 인식되고 또한 그들의 공동체로 함께 하도록 해주는 역동성을 잘 보여주기 때문이다. 장애는 대중의 상상력에 개인성을 이해할 수 있게 해주는 가장 강력한 상징들을 제공해 왔지만, 항상 장애 자체가 아닌 다른 것들만 상징화한다. 이제 장애인들은 장애 정체성을 대중의 상상에 소개해야 할 때가 되었다. 그리고 이것을 할 수 있는 유일한 방법은 장애를 가지지 않은 사람들이 우리의 현실과 그들의 현실을 공통적인 것이라고 인식할 수 있도록 하는 것이다. 오직 이 방법을 통해서만이 우리는 정치적으로 인정될 수 있다.

여기서 나는 내 이야기를 하나 해야겠다(Siebers, 1998b를 또한 참조하라). 성인으로서 나의 다리가 휘어져 꺾인 첫날 나는 인식의 충격을 경험했다. 나는 심리분석가들이 내가 두 살 때 입은 소아마비의 트라우마를 다시 경험하는 것이라고 말할 줄 알았다. 하지만 나는 내 생각이 다른 방향으로 떠가고 있었음을 분명히 기억한다. 내

---

14) 미첼(Mitchell)과 스나이더(Snyder)가 언급했듯이, "인문학에서 장애 문제에 접근하는 가장 보편적인 방법론은 다른 사회적 상황을 상징하는 인식적·신체적 차이를 분석하는 것이다"(1997, p. 21). 미첼과 스나이더가 2000년에 쓴 책도 참조하라.
15) 나는 상징주의를 "칸트와 미의 정치학"(Kant and the Politics of Beauty)에서 참조하였다.

기억력은 유사한 경험으로 이미 흠뻑 젖어 있었기 때문에, 나는 그때가 내 다리가 제대로 움직이지 않은 첫 순간이라고 믿지 않았다. 그것은 몸을 떠받치기 위해 내가 가로등 기둥을 끌어안고 있는 내 모습을 발견한 것만큼이나 당황스러운 일이었다. 갑자기 나는 내 인생 내내 되풀이되며 나를 괴롭혀왔던 악몽을 기억했다. 나는 한밤 중 집을 향해 걷고 있었고, 이기지 못할 피로감이 내 다리를 공습했다. 나는 바닥에 주저앉을 수밖에 없었고, 집에 도착할 때까지 밤새 손과 무릎으로 — 무릎으로도 기지 못하게 되자 배꼽이 닿을 만큼 엎드려 — 기어야 했다. 그리고 나서 몸을 끌어 계단 — 나는 내 삶의 거의 대부분을 1층집에서 살았는데도 거기에는 항상 계단이 있었다 — 을 올랐고, 침대 위로 몸을 던졌다. 다음날 아침 깨어났을 때에는 놀랍게도 나는 다시 걸을 수 있을 만큼 회복되어 있었다.

지금 생각하면 참으로 이상한 것이, 이 꿈 중에 오직 그 가로등 기둥을 끌어안고 있을 때만 현실과 상관이 없다는 것을 내가 알았다는 것이다. 그것은 내 경험의 일부로 존재했지만, 현실이라기보다 악몽에서 비롯된 경험이라는 것을 이해하지 못했다. 그 꿈은 아주 생생하게 자주 꾸어져서, 꿈속에서 짧게 걷는 시간이 지나고 걷는 능력을 잃어버리는 그 순간이 올 때까지 나는 내가 아주 오래전부터 걷는 능력을 잃어버린 것이 아닐까 하고 상상했었다.

그 꿈을 계속해서 꾸고 있었다는 사실을 깨닫는 그 순간부터 나는 그 꿈을 이해하려고 노력해왔다. 그 꿈에 대한 요즈음 나의 해석은 그 꿈이 장애인으로서 내가 처한 물리적·사회적 환경과 관련하여 대처한 기억들의 많은 파편들로 만들어진 은폐 기억이라는 것이다. 나는 더 이상 먼 거리를 걷지는 못한다. 그래서 구역을 세거나 거리를 측정하는 것에, 쉬운 길을 찾는 작업에, 계단을 피하며 에너지를 아끼려고 하루 혹은 주간 일정을 적절히 배치하는 일에 많은 시간을 쓴다. 나는 이런 일들을 매우 의식적으로 수행하는데, 내가 두 살 때부터 장애를 가지고 있었기 때문에 그 이후로 쭉 이렇게 해왔었다는 것을 깨닫게 되었다. 나는 언제나 그 꿈을 꾸는 것처럼, 항상 내 장애를 보충하는 작업을 하고 있었다. 다만 내가 그것을 몰랐을 뿐이었다.

그러나 나는 그 악몽을 꾸고 있을 때 그것을 알았다. 그것은 바로 내 악몽이 무엇인가 하는 것이다. 내가 한 발짝 한 발짝 딛는 것이 어렵다는 사실이다. 그리고 나의 딜레마 속에서 나는 온전히 혼자이며 그것에 대해 무엇을 해야 할지가 막막하기만 하다는 사실이다. 그 악몽은 이러한 모든 것들에도 불구하고 매일 아침 나는 침대 밖으로 나가고 또다시 그 악몽을 반복해서 꾸게 된다는 사실 그 자체이다. 하지만 나는 그것에 대해 너무 많이 생각하지는 않을 것이다. 적어도 의식적으로는 말이다. 그 악몽은 내가 처해진 환경에 대해 내가 느끼는 모든 두려움을 한꺼번에 내게 보여주는 것이고, 그 경험들이 무엇을 뜻하는 것인지에 대해 더욱 의식적일 수 있기 때문에 나 자신과 독자들에게 이렇게 설명할 수 있는 것이다.

여기에 꿈들의 구성물일 수 있는 일상의 파편들도 함께 소개한다. 고등학교 1학년 때 나는 달리기 중심으로 구성된 필수적인 신체적성 운동 과목에서 학급 친구들과 체육활동을 하고 있었다. 우리는 각각 220점과 440점이 걸려있는 60야드와 100야드 경주에서 트랙 코치가 시간을 재는 트랙에서 한 주를 보냈다. 나의 가장 생생한 기억은 440점인데, 그 이유는 그것이 가장 오래 지속된 것이었기 때문이다. 가장 느린 학생이 나보다 220야드를 앞서서 결승점을 가로질렀다. 코치는 트랙 팀을 위해 가장 빠른 학생을 등록시켰고, 나에게는 팀 매니저가 되라고 권유했다.

관련 자료 번호 5

로스앤젤레스 타임즈(Los Angeles Times)

2004년 9월 4일

국선 변호인들이 지원금 수령자들의 체포를 매도하다

미국 당국이 대부분의 장애인을 검거할 때 활용하는 명목은 권한 남용이다

일부 비평가들은 이에 대해 인종차별의 문제를 제기하기도 한다

데이비드 로젠즈바이그(Divid Rosenzweig) 지음

심장질환과 당뇨, 그리고 궤양을 앓고 있는 55세의 복지 수혜자인 데시 로빈슨(Dessie Robinson)은 7월 어느 이른 아침에 다운타운에 있는 노숙자 보호소의 자신의 방에서 막 샤워를 마칠 때쯤 거칠게 방문을 두드리는 소리를 들었다.

옷가지들을 걸치고 그녀가 문을 열자 시각장애인, 기타 장애인, 또는 빈곤 노인들을 위한 연방 프로그램으로 매달 수령한 급여 746달러 10센트에 대해 정부를 속인 경범죄 혐의로 그녀를 체포하러 온 6명의 무장한 연방요원들을 마주했다.

검사에 의하면, 로빈슨은 매달 지급되는 '보충적 보장소득'(Supplement Security Income) 수표의 원본과 사본을 현금으로 바꾼 다음 지급액을 받지 않았다고 허위 신고한 자들을 일괄 단속하는 기간에 총으로 위협받으며 체포

된 21명 중 하나였다. 연방 국선변호인 측에 의하면, 구금된 이들의 대부분은 신체적 혹은 정신적 장애를 가진 이들이었으며, 요원들은 그들을 겁주어 농담조차도 하지 못하게 했을 뿐 아니라 수갑을 채워 법원으로 끌고 갔다. 그들 중 몇 명은 조현병 환자였다. 한 사람은 시각장애인이며 휠체어를 타고 있었다. 다른 한 여성은 그 전 주에 출산을 했다. 한 남성은 속옷만 걸치고 법원으로 이송되었다. 단 한 사람만 제외하고 체포된 전원은 치안판사의 기소인정 여부 절차를 거쳐 몇 시간 후 풀려났다. …

그 체포는 미국연방 지방경찰청의 표준 절차의 일부였다. 보통의 경우에 검사는 비폭력 경범죄로 기소된 피고에게는 소환장을 보내지만, 이번 경우에는 이러한 관행이 완전히 무시되었다.

더 당혹스러운 것은, 법원 보고서에 의하면, 체포된 이들 중 다수가 전에 사회보장국(Social Security Administration) 직원과 함께 숙소에 와서 앞으로 받을 보충적 보장소득에서 그 금액을 감액하기로 하는 반환조치 중에 있었다는 것이다.

그들 모두는 아프리카계 미국인이었으며, 이는 국선 변호인들이 인종차별의 가능성을 언급했던 사실이다. …

나는 처음으로 한 빌딩에 다가갔다. 차 안에서 장애인 출입구의 위치를 찾으려고 여기저기를 살폈다. 그리고는 그 위에 휠체어가 그려진 작은 파란 표식 하나를 발견했다. 그 파란 표식 가까이에 주차할 만한 공간을 찾으며 주차 공간을 몇 개씩 지나 약 20분간을 돌고 또 돌았다. 나는 주차를 하고 출입문으로 걸어갔다. 그러나 그 휠체어 아래에는 작은 화살표 하나가 왼쪽을 가리키고 있었다. 다른 지시어는 한마디도 없었다. 그 화살표는 나에게 이것은 장애인

출입구가 아니라고 말하는 것 같았다. 장애인이 출입할 수 있는 출입구는 왼쪽 어딘가에 있었다.

나는 친구들과 점심을 먹을 생각이었고, 한창 신나게 이야기를 하고 있었다. 우리는 계단에 다다랐는데, 모두가 운동광이었던 내 친구들은 본능적으로 그 계단으로 돌진했다. 엘리베이터도 눈에 들어왔지만, 나는 그냥 계단으로 뛰어올라갔다. 왜냐하면 그 친구들에게 나와 함께 엘리베이터를 타자고 말하기에는 너무 창피했고, 또한 그들과 나누었던 대화가 너무 즐거워서 혼자 가기가 싫었기 때문이다.

물리적 장애물은 그 하나하나가 모두 심리적 장애물이기도 하다는 점을 알았으면 좋겠다. 장애인들은, 항상 그래야 하는 것은 아니지만, 어디를 가든 집단으로 움직이는데, 그 집단은 거의 대부분 비장애인들로 구성되어 있다. 장애물을 마주치면, 비장애인들은 잘 알지 못하겠지만, 우리 장애인들은 그 장애물을 비장애인들과 똑같은 방식으로 인지하지 않는다. 인지하는 것에서의 이 다름은 어떤 물리적 장벽과 비슷하거나 또는 더 큰 사회적 장벽이다 ― 이 점이 바로 나르시시즘 비판에 대한 나의 마지막 주장을 대신하는 것이다. 나르시시즘은 진정으로 장애와 함께 할 수 없는 것이다. 왜냐하면 장애인은 매우 자주 다른 사람들에게 의존해야 하기 때문이다. 몇몇의 연구들이 보여주듯이, 예를 들어, 시각장애인들은 그들 자신의 공격적 충동에 스스로 겁을 먹게 되는데, 그 이유는 비장애인들 역시 그들에게 화를 낼 것이고 결국 그들을 버릴 것이라는 점이 두렵기 때문이다(Burlingham, pp. 131-132). 돌봄인에게 의지해야 하는 이들은 외교관이 되어야 한다. 또한 그들에게는 다른 이들과 다른 정체성의 정치학이 필요하다.[16] 프로이트를 재해석하자면, "기질적 통증으로 고통 받는 이들은 외부 세계의 모든 것들이 그들의 고통과 연관되어 있다는 것을 잘 안다. 사람들이 고통 받는 한 그들은 다른 사람들을 사랑할 수밖에 없다." 바로 이것이 자신의 휠체어가 도로 경계석을 뛰어넘도록 하기 위하여 반복적으로 분투하는, 휠체어를 탄 혼자뿐인 여성을 우리가 마을 한가운데에서 볼 때 매우 걱정스러워 하는 이유이다. 바로 이것이 복잡한 주말에 쇼핑몰에 혼자 가는 시각장애인의 상식에 우리가 놀라는 이유이다. 이들의 시야는 주차장 건물에서 기린을 바라보는 것과 같다. 장애인들은 그들 스스로를 그런 상황에 처하도록 잘 허락하지 않는다. 왜냐하면 그들은 혼자 있을 때 위험에 처하기 때문이다. 유약한 기관인 우리는 집단 속에 있어야 한다. 우리는 우리를 지원해줄 공동체가 필요하다.

　당신들 중 일부는 장애를 가지고 있을 것이다. 당신들 중 일부는 그렇지 않을 것이다. 그렇지 않은 당신들의 대부분은 앞으로 장애를 가질 것이다. 그것이 우리 인간의 마음과 몸의 현실이다. 당신이 장애인에 대해서 이미 잘 알고 있는 것들을 기억하고 그 지식들을 우리와 함께 할 때 잘 활용하기를 바란다. 시각장애인이 다른 시

16) 결과적으로, 좌파와 우파는 장애와 정체성 정치학의 관계에 대해 잘못 이해하고 있다. 좌파가 강조하는 주장은 어느 집단이든 집단은 원래 통합된 자아에 대한 헛된 이상을 만들어낸다는 것이다. 간략히 말해, 정체성 정치학에 대한 좌파의 공격은 개인성을 옹호하기 위한 것이다. 우파는 물론 정체성 정치학이 너무 개인적인 것이라고 공격한다. 장애학은 두 개의 모델 모두에 저항할 수 있는 정체성의 형태를 요구한다. 왜냐하면, 자기(the self)에 대한 고립주의자의 이념이라고 하는 좌파의 주장은 장애에 대한 의료적 관점을 재생산하는 것이며, 다름의 인정을 거부하는 우파는 장애인에게서 시민권에 대해 주장할 수 있는 정치적 입장을 상실하게 하는 것이기 때문이다. 이 문제에 대해서는 페미니즘과 관련한 비크포드(Bickford)의 주장을 참조하라.

각장애인의 안내를 하지는 않는다. 다리가 불편한 사람은 혼자 걷기를 원하지 않는다. 우리 장애인은 장애인만 사랑하지 않는다. 당신들은 우리의 돌봄인이다 — 그리고 당신들이 허락한다면 우리는 당신들의 돌봄인이 될 수 있다. 유약한 기관인 우리는 나르시시스트가 아니다.

몸 이론:
사회적 구성으로부터
몸의 새로운 현실주의로

프롤로그

세계 신화가 늘어선 복도에 들어섰을 때, 그 무시무시함으로 인해 보는 사람들을 돌로 만들어 버리는 메두사의 자매인 세 명의 그라이아이(Graiae)보다 더 무섭고 눈에 거슬리는 존재는 없다. 하나의 눈알과 여섯 개의 빈 안와(眼窩)를 소유한 이 자매들은 주위의 세상을 보기 위해 이쪽 손에서 저쪽 손으로 탐욕스럽게 눈알을 넘긴다. 안구가 이쪽 안와에서 저쪽 안와로 이동하는 동안, 안구 자체는 세상을 볼 수 없는가? 아니면 이쪽 손에서 저쪽 손으로 이동하는 동안 안구는 세계를 볼 수 있는가? 만약 볼 수 있다면, 눈은 장애가 있는 몸의 경험에 대한 은유를 넘어선다. 눈은 눈으로서의 실재이며, 따라서 현실의 구성(construction)에 대해 우리에게 말하고 있는 듯하다. 손은 다른 모든 시각장애인에게 그런 것처럼, 그라이아이가 볼 수 있게 해주는 안와이다. 하지만 시각장애인만 이렇게 사는 것은 아니다. 신체의 모든 장애는 이와 같이 혀의 — 그리고 눈과 손과 기타 몸의 부분들의 — 혼돈을 창조한다. 농인에게 손은 말을 하는 입이 되고, 눈은 귀가 된다. 농인의 손은 말한다. 농인의 눈은 듣는다.

장애는 전통적인 몸의 묘사에 대해 도전장을 내민다고 종종 이야기된다. 일반적으로 장애를 지닌 몸은 모든 몸이 사회적으로 구성된다는 — 생물학적 실상보다 사회적 태도와 기구들이 훨씬 크게 신체의 실재의 재현을 결정한다는 — 사실에 대한 통찰을 제공한다. 몸에 대한 묘사가 몸을 변화시킨다는 생각은 신체적 폭압으로부터 몸을 자유롭게 하기 때문에, 특히 젠더 연구에서 문화 이론과 비판 이론에 커다란 영향을 미쳤다.[1] 여성 운동은 여성에 대한 억압적 구성은 보편적으로 인식된다고 하는 해석 이론을 급진화시켰다. 또한 게이와 레즈비언 활동가들은 이성애 모델이 비정형화된 섹슈얼리티를 배제하는 방식을 활용하여 성적인 신체를 만들어 냈다는 것을 확인했다. 이 이론들은 장애학에 즉각적인 영향을 미쳤다. 왜냐하면 장애의 의료적 모델에 대항하는 강력한 대안을 제공하기 때문이다. 의료적 모델은 개인의 신체에만 장애를 위치 지우고, 특별한 치료를 통해 장애를 치료하고 환자를 질병 혹은 결함을 이유로 격리시키려고 한다. 반면에 사회 구성주의는 장애를 일부 사람의 신체에 적대적인 환경의 영향으로 볼 수 있게 하며, 의학

---

1) 장애학은 최근의 몸 이론, 특히 젠더화되고 성별화된 몸 이론에 의미 있는 조정을 가할 수 있다. 이러한 작업은 이미 시작되었다. 가령, 셰익스피어 외(Shakespeare et al.) 및 제6장, 제7장, 제8장을 참조하라.

보다는 사회적 정의의 진보를 요구한다. 몸이 사회적으로 구성된다는 통찰로 인해, 이제는 육체적·정신적 능력에 기반을 둔 편견을 정당화하는 것이 어렵게 되었고, 인간 일반에 대한 보다 유연한 정의(定意)가 가능하게 되었다.

그러나 내 생각에 있는 것 — 아마도 '손에 있는 것'이라고 말해야 할 것이다 — 은 또 다른 종류의 통찰이다. 즉, 장애를 지닌 몸은 묘사 자체의 과정을 변화시킨다. 시각장애인의 손은 오래된 지인의 얼굴을 상상한다. 청각장애인의 눈은 텔레비전을 듣는다. 혀는 집에 계신 부모님께 보낼 편지를 쓴다. 발은 아침식사 그릇을 설거지한다. 입은 서명을 한다.[2] 다양한 몸은 새로운 묘사 방식을 요구하고 창조한다. 장애학에서 이러한 통찰을 진지하게 받아들인다는 것은 무엇을 의미하는 것인가? 만약 이러한 통찰을 받아들인다면, 그것은 언제나 그러했듯이 몸 이론을 변화시킬 수 있을 것인가?

---

2) 이러한 것들은 '기형인간 쇼'(freak show), 일상적인 것, 은유적인 것에 이르기까지 장애인의 몸의 재현과 관련된 신화와 현실의 영역을 묘사하고 있으며, 서로 다른 몸들이 언어를 어떻게 변화시키는지를 생각하는 데 예비적 역할을 할 수도 있다. 몸의 속성이 재현의 과정에 어떻게 영향을 미치는지에 대한 구체적이고 도발적인 예는 트랜스젠더와 간성(間性) 운동가들('간성'은 '자웅동체'에 대한 이론가들 사이에서 받아들여지는 용어임)의 최근 작품에서 발견될 수 있다. 발렌타인(Valentine)과 윌친스(Wilchins)는 간성 운동단체가 기존 범주의 근거에 저항하면서, 혼란스러워 보이지만 그들의 생물학을 더 정확하게 나타내는 새로운 언어를 요구한다고 주장한다. 예를 들어, 그(he) 혹은 그녀(she)는 'hir'로 대체된다. 새로운 언어 사용의 다른 예로는 두 트랜스젠더 활동가들의 이메일 서명에 "나와 같은 레즈비언 영계를 정말로 좋아하는, 여자 성기를 가지고 있는 평범하고 이성애자인 백인 남자", "그녀의 음경을 돌려받기를 원하는, 음핵퇴축술과 질성형술을 한 평범하고 남자 같은 레즈비언 간성 백인 남자"와 같이 나타난다(p. 218).

사회적 구성

우리 손이 가시에 찔렸을 때 우리가 뒷걸음질을 치듯이, 일반적인 사고의 책상 위에 놓인 담론의 대상들을 재정렬해 보자. '사회구성주의'(social constructionism)라고 불리는 몸에 관한 이론이 있다. 그것은 약한 의미와 강한 의미로 존재하고 있지만, 그 이론의 정확성과 영향력은 최근의 학문적 논쟁의 현장에서 거의 도전받지 않고 있다. 이 이론의 약한 의미에서 그것은 사회의 지배적인 사상, 태도, 관습이 몸에 대한 지각에 영향을 미친다고 가정한다. 가령, 인종차별적인 사회에서는 흑인들이 거울을 보면서 불편함을 느낄 수도 있고, 능력중심주의적 사회에서는 장애인들이 '정상적' 사회를 이해하지도, '정상적' 사회에 들어가기를 원하지도 않는다는 뿌리 깊은 신화로 인해 장애인에게 더 큰 접근성을 확보하는 민권 법안을 통과시키지 않는다. 약한 의미의 사회구성주의는 사람들이 어떻게 다른 사람들을 희생자로 만드는가에 대한 상식적인 접근을 시도한다. 이러한 상식적인 접근이 일반적이라는 것은 아니다. 장애인들은 이것을 매우 상세하고 오랫동안 설명할 수 있을 것이다. 즉, 사람들은 자신과 다른 사람들을 쉽게 인식하지만, 자신과 다른 사람들에게 가하는 폭력에 대해서는 거의 인식하지 못한다.

약한 구성주의와 달리 강한 구성주의는 성·젠더·인종·능력의 편견을 설명하기 위해, 인간의 무지 또는 오해에 의존하지 않고, 재현(representation) 자체를 주요 이데올로기적 영향력으로 묘사하는 언어 모델에 의존한다. 강한 구성주의는 재현이 '의미 작용'

(signification)³⁾의 계층 구조에서 몸에 선행하기 때문에, 몸이 자신의 재현을 어떤 식으로든 결정하지 못한다고 가정한다. 사실, 사회 구성주의자들은 몸과 같은 자연물에 자신의 권위를 고정시킬 때, 정치 이데올로기와 문화 관습이 가장 큰 영향력을 발휘한다. 미셸 푸코(Michel Foucault)는 '생체권력'(biopower)⁴⁾을 어떤 인간 주체의 물질성을 구성하는 힘으로 정의했다. 그것은 예속(subjection)의 과정을 거쳐 인간 주체를 형성·고정·정상화시킨다(1980, pp. 140-141, 143-144). 생체권력은 — 통계, 인구통계, 우생학, 의료화, 불임수술은 — 장애학자들에게 매우 잘 알려진 주제들이다. 이러한 기술들은 근대 국가에서 지식과 권력 사이의 정치적 동맹을 탄생시키지만, 생체권력은 단지 몇몇 기관에 의해 통제되는 정치적 힘이 아니다. 푸코에 의하면, 생체권력은 인간 주체가 몸의 물질성을 경험하는 방식을 결정한다. 인간 주체는 재현으로 예속되기 전까지는 몸도 없고 주체도 존재하지 않는다. 몸은 다음과 같은 두 가지에 의해 만들어지는 언어적 효과다. 첫째는 재현 그 자체의 순서에 의한다. 둘째는 이 순서에 의존하는 사회 이데올로기의 전체 배열에 의한다.

---

3) (역자 주) 자기 생각을 표현하거나 다른 사람의 생각을 읽어 내는 행위를 '의미 작용'이라 하고, 의미 작용과 기호를 통해 서로 메시지를 주고받는 행위를 커뮤니케이션이라 하며, 이 둘을 합하여 '기호 작용'(semiosis)이라 한다. 기호학은 이 기호 작용에 관한 학문이다. 소쉬르(Ferdinand de Saussure)에 따르면, 기호는 기표(signifiant)와 기의(signifie) 그리고 기호 자체로 구성된다.

4) (역자 주) '생체권력'은 "종(種)으로서의 신체, 즉 증식, 출생률과 사망률, 건강 수준, 수명, 장수와 더불어 그것들을 변화시킬 수 있는 조건으로서, 이들에 개입하고 이를 조절하는 '통제' 전체"를 의미한다(Foucault, M. (2004). 성의 역사 1: 지식의 의지(이규현 역). 나남신서. (원출판년도 1976). pp. 155-156).

만약 몸이 장애인에게 중요한 것이 사실이라면, 사회구성론의 한계에 대해 더 깊이 생각할 가치가 있다. 주디스 버틀러(Judith Butler)는 구성주의가 물리적 몸, 특히 고통 받는 몸을 이해하는 데에 부적합하다고 주장한다(1993, p. xi). 실제로, 그녀는 신체의 고통과 비참한 몸을 물리성의 재현을 재고하기 위한 도구로서 분리시킨다. 그녀는 "주체를 형성하는 배타적 행렬은 비극적 존재, 즉 주체의 영역에 대한 구성적 외부를 형성하며 아직 '주체'는 아닌 존재의 영역을 생산하는 것을 동시에 요구한다"고 설명한다(1993, p. 3). 비극적 존재는 사회적 규범에 통합될 수 없는 몸과 욕망을 가지고 있기 때문에, 주류 사회의 이익을 위해 받아들이거나 받아들일 수 없는 경계선에 위치하면서 그 경계를 표시하고 있다고 버틀러는 주장한다. 간단히 말해, 장애인은 푸코의 훈육 개념에서 아직 '주체'가 아니다. 그들의 신체는 사회의 이데올로기적 힘에 의해 통제되지 않는 것처럼 보인다. 그것은 마치 버틀러가 '정상' 사회의 속치마 속에 심하게 뒤틀린 발목을 보는 것처럼, 장애에 대한 시각은 정상화를 거부한다. 장애 입은 신체는 로즈마리 갈랜드 톰슨(Rosemarie Garland-Thomson)이 '기형인간 쇼'(freak show)라고 부르는 것을 나타낸다. "장애는 비정통화된 육체로, 정상화·중립화·동일화를 거부한다"고 그녀는 쓰고 있다(1997, p. 23).

관련 자료 번호 6

뉴욕 타임스 온라인(New York Times Online)

2001년 3월 27일

투표권을 얻는 데 장애를 갖게 되다

캐서린 실리(Katherine Q. Seelye) 지음

최근 미국시각장애인재단의 폴 슈뢰더(Paul Schroeder)는 소리로 의사소통하는 투표기를 사용하는 방법을 보여주었다. 짐 딕슨(Jim Dickson)은 일곱 살 때부터 시각장애인이었다. 55세인 그는 지금까지 혼자서 투표할 수 없었다. 평소에는 아내를 데리고 투표소로 들어가는데, 이는 뜻밖에 두 사람의 관계를 친밀하게 하였다.

그가 최근의 시장 선거에서 그녀에게 투표용지를 표시해 달라고 부탁했을 때, 아내가 말했다. "짐, 나는 당신이 항상 나를 사랑한다는 것을 알아요. 그리고 당신이 날 믿는다는 것도 알아요. 내가 저 멍청이에게 표를 줄 것이라고 당신이 생각할 것을요."

이러한 모습은 다른 장애인들이 미국 민주주의에 참여하려고 할 때 똑같이 나타난다. 종종 그들은 적어도 대부분의 시민들이 기대하는 비밀보장을 보장받을 수 없다. 장애인들은 투표소에 접근할 수 없다. 그들이 들어갈 수 있다하더라도, 투표 기계들을 사용하기가 쉽지 않다. 투표소에는 점자 또는 큰 글자로 인쇄된 투표용지가 없거나, 신체장애인을 위한 특별한 도구가 있는 투표 기계가 구비되어 있지 못한 경향이 있다. 그리고 최근까지 이러한 것에 대해 아무도 크게 신경 쓰지 않았다.

그러나 지난 가을의 플로리다 선거의 혼란으로 모든 것이 바뀌고 있다.

미국시각장애인재단의 대변인 폴 슈뢰더는 이렇게 말했다. "마침내 이 나라의 사람들은 시각장애인들이 지금껏 경험해 온 것을 경험했다. 당신은 당신의 투표가 실제로 집계되었는지 알 수 없다. …"

장애는 사회적 규범에 의해 신체에 부과되는 제약을 크게 강화한다. 휠체어 사용자만 존재하는 사회에서는 계단이 존재하지 않을 것이다. 하지만 우리 사회에서 계단이 모든 곳에 존재한다는 사실은 건축가의 대부분이 접근성에 대해 심각하게 생각하지 않는 비장애인이라는 것을 나타낸다. 분명히, 이런 의미에서 장애는 사회적으로 구성된 것처럼 보인다. 실제로 사회적 환경과 일부 신체 간에 잘 맞지 않는 것의 결과로 장애를 바라보는 것은 매력적이다. 그러나 장애는 또한 사회 구성주의의 이러한 설명에 문제를 야기할 수도 있다. 장애학자들은 강한 구성주의가 장애인들이 직면하고 있는 어려운 물리적 현실을 설명하는 데 실패하거나 전통적이고 순응적이며 인식할 수 없는 방식으로 장애인의 몸을 표현한다고 주장한다. 가령, 장애인의 육체적 능력을 뛰어넘는 탁월한 수행, 고통을 즐거움으로 승화시키는 습관, 지적 성취, 신체적 적응, 정치 참여 측면에서 사회적 성공을 이야기하는 습관 등이 포함된다. 장애인의 몸은 사회 구성주의 이론에 부합되기 어려워 보인다. 장애라는 것은 사회 구성주의의 가장 좋은 예이자, 동시에 가장 반대되는 예이다.

푸코(Foucault)에 따르면, '광기', '범죄성', '섹슈얼리티'는 근대적인 구성 개념이며, 그의 주요 저작은 사회적 억압과 배제를 규명하는 데 전념하고 있다.[5] 당연히 이러한 주제들은 장애에 대한 재현

---

5) 장애학자들은 현재 장애인이 근대성이 시작되기 전에 더 잘 살았는가를 논쟁하고 있으며, 이는 대개 사회 구성 논의에 의존하고 있다. 많은 사람들 중 한 예로 레너드 데이비스 (Lennard J. Davis)의 농인 관련 개척적인 연구인 "정상 강요"(Enforcing Normalcy)가 있다. "이 연구는 우리가 알고 있는 것처럼, 장애라는 것이 실제적으로 신체에 대한, 사회적으로 주도된 관계임을 보여주기 위한 것이다. 이 관계는 경제적·사회적 요인에 의해 추

과 그를 관련시키지만, 그가 그것을 다루는 것은, 그의 작업의 다른
데에서 항상 보이는 것은 아닌, 사회적 구성 논쟁에 얽혀 있음을 드
러낸다. "훈육과 처벌"(Discipline and Punish)에 나오는 '유순한 육
체'(docile bodies) 장은 근대 시대가 통제하기 이전의, 군인의 이상
적인 모습을 묘사하는 것으로 시작된다. "병사는 먼 곳에서도 알
아볼 수 있는 사람이었다. 그는 힘과 용기, 자존심의 타고난 표식
을 가지고 있었다. 그의 몸은 그의 힘과 용맹의 과시였다."(1995, p.
135). 푸코(Foucault)는 또한 건강이 잘 나타나는 군인의 신체에 대
해 "곧게 세운 머리, 단단한 복근, 넓은 어깨, 긴 팔, 강한 손가락, 날
씬한 배, 두꺼운 허벅지, 잘 빠진 다리"와 같이 긴 설명을 하며 강조
를 한다(p. 135). 그의 요점은 이 병사를 근대의 병사와 대조하는 것
이다. "18세기 후반에 군인은 만들어질 수 있는 어떤 것이었다. 아
직 형태가 없는 진흙이었고, 미숙한 신체였으며, 조립될 수 있는
기계였다. 자세는 점진적으로 교정된다. 계산된 통제 조건을 몸의
각 부분을 통해 천천히 실행하여 유연하게 만든다."(p. 135). 위의
두 군인의 몸에 대한 대조는 매우 분명하다. 푸코(Foucault)는 전근
대 병사의 건강과 활력을 묘사하기 위해 자연스러운 은유를 사용
하며, 현대인은 고의적으로 연약하고 가볍고 기계적이라고 표현한
다. 유순성은 장애와 닮기 시작하며, 긍정적의 의미로 사용되지 않
는다. 유순한 몸은 나쁜 발명품이다 — "복종되고 사용되며 변형되

진되며, 우리가 범죄, 성, 질병, 종속 등으로 부른, 신체를 통제하고 규제하는 보다 일반적
인 프로젝트의 일부로 볼 수 있다. 산업화 이전의 사회에서는 장애인에 대해 호의적이지
는 않았지만 사회적 구성의 일부분으로 취급하는 경향이 있었던 데 반해, 산업화 이후의 사
회는 '친절함'을 도입하고, 결국 장애 담론을 통해 그러한 개인들을 분리하고 배척하였다."
(1995, p. 3). 또한 Linton et al., p. 6; Edwards; Oliver(1990); Trent를 참조하라.

고 개선될 수 있는" 신체이다(p. 136).

유순한 몸 — 근대에 의해 발명되고 지금 유일한 몸으로 인정된 몸 — 밑에 숨어있는 것은 건강한 몸이다. 푸코의 설명은 근대 사회로 진입하기 위해 건강함과 능력을 희생시킨 타락에 대한 미묘한 이야기가 아니다. 새로운 유순한 몸이 건강한 몸을 대체한다. 건강과 자연스러움이 사라진다. 인간은 좀 더 기계처럼 보인다. 유순한 몸은 지원과 통제를 필요로 하며, 모든 움직임은 계산에 기초한다. 우연히도 이 이야기는 푸코의 유순하고 장애가 있는 몸에 대한 설명에 국한되지 않는다. 그것은 광기, 섹슈얼리티, 범죄성에 대한 그의 관찰을 지배한다. 각각의 밑에는 더 자유롭고 덜 타협적인 것들이 — 불합리적인 것보다 더욱 광적인 광기가, 현대의 섹슈얼리티보다 더욱 다양하게 되바라진 섹스가, 형사법전이 상상하는 것보다 더욱 악랄하고 반사회적인 범죄성이 — 있다. 푸코는 근대사의 중심에서 배제의 구조를 강력하게 폭로한다. 그가 몸과 정신에 대한 보다 더 순수하고 적합한 개념으로서 배제된 것을 묘사했다는 것은 결코 알려진 적이 없다.

물론, 이 그림은 잘못된 것이라고 많은 장애학자들이 알고 있다. 그들은 최근의 몸 이론이 장애인들에 직면한 적이 없다는 것을 이해하고 있다. 명백하게, 그것은 유순한 몸을 없어져야 할 악으로 표현한다. 그러나 만약 유순한 몸이 장애를 가진 것이라면, 최근의 몸 이론은 능력중심주의적 사회의 가장 혐오스러운 편견을 재현했음을 의미한다. 레너드 데이비스(Lennard Davis)는 장애가 능력중심주의적 사회와 마찬가지로 이론의 담론에 악몽이라고 주장한다. 그리고 그는 현재의 몸 이론이 신체의 가혹한 현실을 회피하는 방식에 대해 간결하게 설명한다.

> 몸은 주이상스(jouissance)[6]의 장소, 쾌락의 원초적 토대, 지배적인
> 문화 및 과업을 위한 몸에 대한 경직되고 강압적인 시각을 받아들이는 근
> 거에 저항하는 월권의 현장으로 보인다. … 하지만 그 몸의 악몽은 변형
> 되고 불구가 되고 절단되고 부서지고 병 걸린 몸이다. … 비평가들은 이
> 러한 누더기 이미지에 직면하기보다는 섹슈얼리티의 유동성, '마찰 감소
> 의 겉치레'(gloss of lubrication), 텍스트로서의 몸에 대한 용어집, 인터텍
> 스트(intertext)의 이종어(heteroglossia),[7] 조현병 환자의 종교적 방언으
> 로 바꾼다. 그러나 다른 능력을 가진 몸과는 거의 무관하다.(1995, p. 5)

많은 사회 구성주의자들은 어떤 특정 몸에 대한 현대 사회의 억
압적인 기구를 간파하는 것이 극도로 어렵다고 가정하지만, 만약
그들이 용케 그것을 발견한다면, 그것은 거의 장애는 아니다. 그것
은 일반적으로 좋게 느껴지고 좋아 보이는 몸이다 — 새로운 종류
의 즐거움, 그 자체를 위한 새로운 용도, 점점 더 많은 권력을 발견
하기 직전의 몸이다.

---

6) (역자 주) 정신분석학 용어로, 일차원적 쾌락 원칙을 넘어선 상태인 '고통스러운 쾌락'을 의
미한다.

7) (역자 주) 미하일 바흐친(Mikhail Bakhtin)의 대화적 담론 이론에 의하면, '이종어'는 한 언
어 내부에서 사회적으로 분화된 다양한 말의 양식을 지칭한다. 예컨대, 동일한 언어 내부
에도 직업, 계급, 성별, 연령, 인종과 시공간의 상황에 따라 다양한 이종어가 존재한다. 법
률가, 관료, 교육자, 상인의 말이 다르고, 지배 계급과 하층 계급의 말이 다르며, 남녀의 말
이 다르고, 노소의 말이 다르며, 유색 인종과 백인의 말이 다르고, 아침과 저녁의 말이 다르
며, 오페라 극장과 시장터의 말이 다르고, 각 지역에 따라 다른 방언이 있다(한국문학평론
가협회(2006). 문학비평용어사전. 국학자료원.).

재현의 정치에서 핵심 쟁점은 몸이 무한히 해석될 수 있는지 여부가 아니라, 특정 신체가 결함으로 표시되어야 하는지, 그리고 이러한 신체를 가진 사람들이 공적 영역에서 자신의 이익을 적절하게 표현할 수 있는지 여부이다. 점점 더 많은 사람들은 장애인의 신체가 결함이 있는 것으로 분류되어서는 안 된다고 믿고 있다. 비록 우리의 갈 길이 멀지만, 우리는 장애인들이 자신의 이해관계를 공적 영역에서 어떻게 재현하는가에 대한 생각조차 시작하지 못했다. 왜냐하면 우리의 이론들은 그것들을 고려하지 않았기 때문이다. 장애인들이 재현의 과정을 변화시키는 방법을 인식하기 시작할 때에야 비로소 우리는 투표권에 대한 접근이 얼마나 어려운지, 정치 주체와 관련된 현재의 이론이 정신적 장애인의 시민권을 어떻게 제한하는지, 왜 경제 이론은 장애인을 부담으로 설정하는지 등에 대해 따질 수 있게 될 것이다.

고통 그리고 더 많은 고통

장애인 중 15%만이 손상을 가지고 태어난다. 대부분의 사람들은 일생의 과정 속에서 동안 장애인이 된다. 이러한 사실은 주류 사회가 갖고 있는 하나의 고민이었다. 주류 사회는 장애인을 작은 집단, 그럼에도 불구하고 다른 사람들의 자원에 엄청나고 이기적인 주장을 하는 확고한 집단이라고 생각하는 것을 선호한다. 대부분의 사람들은 인생의 경로가 비장애에서 장애로 옮겨지는 것이라고 생각하고 싶어 하지 않는다. 그것은 끔찍한 것이며, 장애를 입은

몸은 너무 충격적인 것이다. 사실, 이러한 모습조차 지나치게 낙관
적이다. 인생의 사이클은 장애에서 일시적인 건강함, 그리고 다시
장애로 돌아가며, 이 역시 심각한 사고를 당하지 않은 사람들 중에
서 가장 운 좋은 사람들 가운데서만 일어난다. 인간의 자아는 장애
입은 몸을 쉽게 받아들이지 않는다. 자아는 쾌락을 선호한다. 아
마 이것은, 프로이트가 설명했듯이, 자아가 피부처럼 신체의 표면
에 존재하기 때문일 수 있다. 그것은 외적인 현상과 피상적인 즐거
움을 즐긴다. 의심할 것 없이, 이것은 사회 구성주의에 의해 제기된
신체가 즐거움을 위해 지어진 몸, 무한히 가르칠 수 있고 적응할 수
있는 몸인 이유를 설명한다. 장애 입은 신체는 종종 타자의 이미지
를 대표한다고 주장되어 왔다. 사실, 건강한 몸이 타자의 진정한 이
미지이다. 그것은 우리가 쾌락을 위해 받아들이는 신화인 자아를
위한 소품이다. 왜냐하면 라캉(Lacan)이 설명하듯이, 우리는 모두
거울 속의 몸이 건강한 모습 ― 적어도 잠깐 동안 ― 으로는 어색하
고 부적당하다는 것을 일찍부터 알기 때문이다.

　고통은 주관적인 현상이다. 아마도 가장 주관적인 현상일 것이
다. 그러므로 그것을 개성을 묘사하기 위한 것으로 보기 쉽다. 이
러한 유혹은 두 가지 이유로 골치가 아프다. 첫째로, 개성은 그 의
미가 무엇이든 사회적 대상이고, 그것이 개념으로 전달될 수 있어
야 함을 의미한다. 고통의 비호환성에서 파생된 개인성은 '극대화
된 개인성'(hyperindividuality)의 신화를 쉽게 강요한다. 이것은 각
개인이 고통이 나르시시즘적인 사색의 대상인 독방에 감금되어 있
다는 의미이다. 장애인은 이 신화가 매력적이기 때문에 이미 너무
정치적으로 고립되어 있다. 둘째로, 의학과 재활 모두 장애를 가

진 몸의 고통을 개인적인 것으로 재현하는데, 이는 장애인의 정치적 투쟁에도 끔찍한 결과를 초래한다. 장애에 대한 첫 번째 대응은 그것을 치료하는 것이고, 거의 항상 장애에 대한 중요한 것을 목록화하는 것을 포함한다. 치료 프로그램은 각 장애를 완전한 개인적인 것으로 간주하며, 장애인들은 그들의 고통을 해결해 주는 사람들에 의해 정치 공동체 의식을 잃어버리게 된다. 어떤 시각장애인들도 동일한 의료 문제 혹은 정치적 관심사를 가지지 않는다. 하반신마비 환자와 노인 사이에는 현재의 분위기 속에서 동일한 정치적 목적을 위해 함께 모일 이유가 훨씬 적다. 시민권 투쟁은 장애인을 위한 일반적인 과정과는 다르다. 왜냐하면 인종과 성별에 기초한 정치적 행동 집단과는 달리, 장애인들은 개별성에 대항하기 때문이다. 그러나 여기에서 강조해야 할 점은 유색인, 여성, 동성애자, 장애인의 차별에 대한 투쟁을 각각 분리하는 것이 아니라, 고통이 차별을 정당화한다면 교차 정체성이 훼손될 수 있다는 것을 인식하는 것이다.

따라서 현재 장애학에서 가장 중요한 사항은 고통을 재현하는 방법과 이러한 재현의 정치적 효과를 무디게 하는 신체 모델에 저항하는 방법을 찾는 것이다. 나는 고통의 중요성을 강조하는데, 이는 고통과 장애가 동의어이기 때문이 아니라, 최근의 몸 이론에 도전하고 사회 구성주의에 대한 의존성이 정치권에서 장애 입은 몸에 대한 그릇된 재현과 얼마나 공존하는지를 폭로하기 위해서이다.[8] 현재의 몸 이론에서 받아들일 수 있는 고통의 이미지는 단지

---

8) 고통은 장애학에서 악명 높은 복잡한 문제이다. 첫째, 고통에 중점을 두는 것은, 장애를 신체에만 관련이 있는 것으로 간주하고 사회적 장벽이 아닌 것처럼 설명할 위험을 무릅쓰면

몇 개뿐이며, 매일 고통을 겪는 사람들의 관점에서 볼 때 현실적인
것이 아니다. 지배적인 모델은 고통을 조절하는 것 또는 견디어내
는 것으로 정의하고, 둘 다 집단 정체성을 동원하는 힘을 무디게 하
는 방식으로 고통을 개별화한다. 첫 번째 사례를 들자면, 고통은 규
범을 강제하기 위해 사회가 사용하는 도구이다. 두 번째 사례는 주
로 첫 번째 사례에서 파생되는데, 사회적 규제에 대해 저항하는 장
소로 개인을 주장하는, 고통의 처리 불가능한 보충물을 양산해내
는 억압적인 효과로 고통을 묘사한다. 개성이 단지 이데올로기적
구성이라는 지배적 원리에도 불구하고, 많은 몸 이론가들은 사회
적 지배의 영향력을 벗어나는 개별성의 한 형태를 재현하기 위해
고통에 의존한다. 실제로 고통은 개별성이 그 이론의 일부인지 아
닌지에 따라 그와 같이 개별성을 종종 재현하게 된다.

"의미를 체현하는 육체"(Bodies That Matter)에서 주디스 버틀러
(Judith Butler)의 주장은 지배적인 고통 모델의 명확한 예를 제공한
다. 그녀는 사회가 이성애 신체의 '형태학'(morphology)이라고 부르
는 것과 일치하도록 죄의 고통을 사용한다고 주장한다. 이 형태학
은 사회적인 금기에 의해 엄격히 강요된 적합한 몸에 대한 이념에
의존한다.

서, 장애는 단지 그리고 항상 신체적 제약에 관한 것이라고 제안한다. 둘째, 장애인들은 사
회적 구성 논쟁이 손상의 고통을 부정하고 고통이 단순히 문화적 태도를 변화시킴으로써
극복될 수 있다고 제안하는 경우가 종종 있다고 불평한다. 셋째, 일부 장애인들은 신체적
고통 속에 있지 않으며, 고통과 장애 사이의 연관성에 대해 이의를 제기한다. 정치적으로
효과적인 고통 이론은 이 세 가지 대안 사이를 중재할 필요가 있다. 장애학에서 고통의 역
할에 대한 자세한 내용은 올리버(Oliver, 1996, 제3장)를 참조하라.

이러한 뒷받침하는 '이념'이 금지·고통 등에 의해 규제되는 한, 이념은 규제력의 강제적이고 구체화된 효과로 이해될 수 있다. 그러나 정확히 말해서, 금지가 항상 '작동'하는 것은 아니기 때문에, 즉 사회적 이념과 완전히 일치하는 유순한 육체를 항상 만들어 내는 것은 아니기 때문에, 이념은 전통적인 이성애적 양극성을 나타내지 않는 신체 표면을 묘사할 수 있다.(1993, p. 64)

버틀러(Butler)에게 있어, 고통은 우리 몸에 대한 우리의 인식에 영향을 미친다. 그것은 "우리가 우리의 몸에 대한 생각을 갖게 하는 한 방법일 것"이라고 그녀는 설명한다(p. 65). 그러나 동성애에 대한 고통스러운 금지는 인간의 욕망과 신체를 인위적 방식으로 주조하고, 엄청난 비용 — 사랑과 질병을 결합시키는, 환상과 페티시즘의 융합 — 으로 이성애를 구성한다. 실제로 고통은 몸을 순응하게 만들지만, 이러한 순응성을 구성하는 것은 지지하기에 너무 부담스러운 것이며, 그것은 덜 억눌린 개성을 양산시킬 수 있는 또 다른 종류의 고통을 부산물로 만들어낸다. 버틀러의 사례에서는 레즈비언 몸의 개별성이 그 예이다.

현재의 몸 이론에서 고통은 거의 육체적이지 않음을 주목하라. 그것은 죄책감이나 사회적 억압의 고통에 근거할 가능성이 더 크다. 사회는 고통을 창조한다. 그러나 이 창조는 역효과를 낳는다. 이것은 사회에 맞서 싸우는 개인을 양산한다. 이것은 고통의 지배적인 이론적 개념이다. 나는 사회에 의해 생성된 정신적 고통의 양을 과소평가하고 싶지 않다. 정신적 고통이 육체적 고통으로 이어지는 것을 부정하고 싶지 않다. 장애인들은 매일 편협함과 외로움을 겪고 있기 때문에 분명 장애의 고통은 견디기 더 어려울 수 있다. 장애인들은 비장애인들이 종종 장애인들을 인간 공동체의 구성원으로 받아들이기를 거부하기 때문에 상처를 입는다. 그리고 아직 많은 장애인들은 신체적 고통이 적임을 알고 있다. 고통은 장애인 자신 내부에서 고통이 되든지, 아니면 장애인의 환경을 다루기 어렵게 하든지 관계없이 수많은 일상 활동에서 맴돌고 있다. 매일의 커다란 도전은 신체의 통증을 감당하는 것, 아침에 침대에서 나오는 것, 저녁에 올라오는 통증의 우물을 극복하는 것, 단순히 불편한 것이 아니라 신체적 고통의 원인이 되는 수많은 일상의 장애물을 만나는 것이다.

몸 이론가들이 고통을 신체적으로 재현할 때 — 드물기는 하지만 —, 전통적인 모델이 여전히 그들의 묘사를 지배한다. 그들은 신체의 물리적 자원을 재구성하거나 즐거움의 새로운 가능성을 여는 방법으로 고통과 장애를 제시한다.[9] 고통은 몸을 일반적인 것과

---

9) 이러한 주장의 주요한 예외로서 스카리(Scarry)를 들 수 있다. 스카리는 고통이 육체적이라는 것을 분명히 하지만, 그녀는 신체적인 고통이라는 것이 개인의 신체보다는 사회적 영역을 어떻게 방해하는지 설명하는 데 더 관심이 있기 때문에, 그녀의 주장은 그녀의 작업을 장애학에 덜 유용하게 만든다. 그녀가 제시하는 고통의 주요한 예로는 고문과 전쟁이며, 이것들은 그녀의 이론에 강력한 영향을 미친다. 스카리(Scarry)에 따르면, 통증은 "부정의 순수한 육체적 경험, '반대', 반대되고 있는 어떤 것, 반대해야 하는 어떤 것 등의 즉각적인 감각적 표현이다. 그것이 자신 내에서 발생한다 하더라도, 그것은 즉시 '자신이 아닌 것으로', '내가 아닌 것으로', 당장 제거되어야 할 이질적인 어떤 것으로 취급된다."(p. 52). 고통의 주관적인 영향은 타자에서 객관화되고, 결과적으로 자기와 타자 사이의 격차는 사회 구조에서 엄청난 구멍을 일으키는 지점까지 넓어진다. 고통은 대개 사회적 영역에 고통의 근원을 두기 때문에 명확히 세상을 망친다. 이러한 고통에 대한 생각은 고문자나 적의 존재가 쉽게 다름을 구체화하는 고문과 전쟁에서는 아주 잘 작용하지만, 고통이 특별히 사회적 영역의 파괴가 아니라 신체의 손상과 관련이 있는 장애에서는 덜 그렇다. 자신의 몸을 타자와 같이 객관화하기보다 장애인들은 종종 그것과 동일시하기 위해 노력하는데, 왜냐하면 자신의 신체에 대한 지식만이 고통을 감소시키고 그들이 사회에서 기능할 수 있도록 해

는 다르게 생각하는 기쁨에 의해 자주 완화된다. 자주, 장애인이 가지고 살아가는 물건은 ─ 보철물, 휠체어, 보조기, 기타 장치는 ─ 잠재적 고통의 근원이 아니라 인간 형태의 유연성의 놀라운 예 또는 임파워먼트의 장치로 간주된다. 예를 들어, 레오 베르사니(Leo Bersani)와 같은 이론가들은 고통이 신체의 성적인 부위를 재구성하고 성감대의 영역을 재분배하며 생식기의 독점을 부수고 자아의 억압적이고 공격적인 체계를 파괴했다고 주장하기까지 했다. 신체적 고통이 매우 오랫동안 해롭게 남아있는 것에 대한 설명은 매우 드물다.[10] 능력 이데올로기는 장애의 어떤 표식은 능력에 대한 새롭고도 마법 같은 기회를 자각시키는 것으로만 여겨져야 할 것을 요구한다.

"기계와 유기체의 혼합체"라는 사이보그에 관한 도나 해러웨이(Donna Haraway)의 당연히 유명한 이론을 숙고해보라(p. 149).[11] 해러웨이는 사회적 순응을 무너뜨리고 여성의 임파워먼트를 위한 새로운 가능성을 각성시키기 위해 하이브리드화(hybridization)를 수용한다. 그녀는 사이보그를 여성을 위한 세계 변화 의제 그리고 진보와 유기적 역사의 신화에서 탈출하기 위한 자원으로 표현한

줄 것이기 때문이다. 불행하게도, 자기(self)로서의 신체의 이러한 관념은 장애인들에게 불리하게 작용해왔다. 그것은 병적인 나르시시즘의 한 형태로 심리학 문헌에서 표현되는데, 그 결과 신체적으로 부적합한 것 외에 정신적으로도 부적합한 것으로 재현된다. 이 마지막 사항에 대해서는 제2장을 참조하라.

10) 장애학에서 중요하고 주목할 만한 예외는 강간에 대한 페미니스트적 담론이다. 이 담론은 고통이 즐거움으로 변환된다는 생각을 거부하며, 신체적 고통과 지배당하는 느낌은 견딜 수 없다고 주장한다.

11) 해러웨이에 대한 다른 비평들에 대해서는 웬델(Wendell, pp. 44-45) 및 미첼과 스나이더(Mitchell and Snyder, 1997, pp. 28-29, n. 33)를 참조하라.

다. 해러웨이의 사이보그는 당돌하고 불경하며 섹시하다. 그것은 기계와 동물, 남성과 여성, 그리고 마음과 몸 사이의 오래된 경계를 범하는 능력을 신나게 받아들인다. 그것은 아마도 미래의 운 좋은 종족을 구성할 것이다. 그러나 사실 그것은 오늘날 도처에 존재한다. 우리의 사이보그는 장애인이며, 해러웨이(Haraway)는 사이보그와 장애인을 비교하는 데 부끄러워하지 않는다. 중증장애는 사이보그 하이브리드화에 대한 그녀의 가장 강력한 사례이다. "아마도 하반신 마비 환자와 기타 중증장애인들은 다른 통신 장치와의 복잡한 하이브리드화의 가장 강렬한 경험을 가질 수 있다(그리고 때때로 가진다)"(p. 178). 게다가 그녀는 정보 시대의 요구를 충족시키기 위해 자기(the self)와 신체를 준비하기 위한 기본 범주로 보철 장치를 간주한다. 그녀는 "보철물은 기호 작용, 즉 초월이 아닌, 동력으로 충전된 의사소통을 위한 의미와 몸의 제작"이라고 설명한다(p. 244, n. 7). 해러웨이는 권력과 능력에 너무 몰두하여 장애가 무엇인지 잊어버린다. 보철물은 항상 사이보그의 능력을 증가시킨다. 이것은 새로운 힘의 원천이지, 결코 문제의 원천이 아니다.[12]

---

12) 프로이트(Freud)는 보철물이 육체적인 고통을 항상 제거하지는 못한다는 느낌을 가지고 있긴 하였지만, 그는 보철물에 대해 과장된 생각을 가지고 있었다. 그는 "인간은 예전처럼 일종의 보철신이 되었다. 그가 모든 보조기관을 착용했을 때 그는 정말 훌륭하다. 그러나 그 기관은 점점 더 그의 마음에 들지 않았고, 여전히 때때로 그에게 많은 문제를 안겨준다."라고 썼다(Vol. 21, pp. 91-92). 보철물을 착용한 많은 장애인들은 그것이 한 종류의 고통만 진정시키는 대신 다른 종류의 고통을 지불한다는 것을 알고 있다. 보철물이 잘 맞을 때, 그것은 여전히 잘 안 맞는다. 그것은 신체의 표면을 조정할 것 — 이것은 결코 쉽지 않다 — 을 요구하고, 그것의 특별한 상처를 전해준다. 나의 어머니는 의안을 착용하셨다. 처음에는 잘 맞았지만, 주변 조직이 수축하기 시작함에 따라 곧 뒤틀리고 안에서 돌았으며, 그녀의 안와에 염증을 일으키고 쉽게 감염이 되었다. 나는 플라스틱 보조기를 착용한다. 이것은 허리 통증을 완화시키지만, 아픈 티눈이 생겼고, 특히 여름 더위에 보조기는 내 종아리를 까지게 한다.

사이보그는 항상 인간 이상의 존재이다 ― 인간 이하의 존재로 보일 위험을 결코 무릅쓰지 않는다. 간단히 말하면, 사이보그는 장애를 가지고 있지 않다.

장애를 유익한 것으로 신화화하는 것은 쉬운 일이다. 장애인의 몸은 매우 특이하고, 특별한 어떤 것을 의미해야 하는 그런 극단까지 재현의 법칙을 왜곡한다. 그것은 그들 앞에서 다루기 힘든 광경을 보는 것을 견딜 수 없을 뿐 아니라 보지 않는 것을 견딜 수 없는 비장애인들에게 공포와 매력의 원천이 된다. 많은 장애인들이 그 이야기를 할 수 있다. 나의 이야기는 이렇다. 나는 어린 시절부터 철로 된 의지를 차고 있었다. 어느 여름 이른 저녁에 화가 난 한 동네 소년이 싸움을 하자고 했다. 단, 조건이 있었다. 그는 철 의지가 나에게 부당한 이점으로 작용할 것이라고 생각했기 때문에 내가 그것을 제거하기를 원했다. 그는 내가 그를 걷어찰까 봐 두려워했다. 나는 의지를 제거하는 것을 거부했다. 하지만 그것은 추가적인 무기를 원했기 때문이 아니다. 나는 그 아이를 해칠 수 있는 능력은 말할 것도 없고, 그의 다리를 걷어찰 만한 힘도 없었다. 나는 싸우는 어느 시점에 이 화난 소년이나 다른 누군가가 내 의지를 훔쳐서 그것을 가지고 도망가 버릴 것이고 나는 무력하게 아이들의 무리 속에서 웃음거리가 된 채 남겨질 것을 알았기 때문에 보조기를 제거하기를 거부했다. 나는 사이보그 신화에 대해서, 어떻게 비장애인이 장애를 놀라운 장점으로 재현하려고 하는지에 대해서 진실을 알고 있다. 왜냐하면 나는 내 자신이 사이보그이기 때문이다.

신체적 고통은 아주 예측할 수 없으며 현실처럼 원초적이다. 그것은 가장 최근의 몸 이론에서 생각과 이데올로기의 대립을 사소한 것으로 보이게 만드는 방식으로 마음을 몸에 대항하게 한다. 그것은 남성성과 여성성의 이데올로기적 구성, 생식기의 성적 독점, 자아의 폭력, 또는 자본의 힘 등에 저항할 수 있는 약간의 자원을 제공한다. 고통은 인류의 친구가 아니다. 그것은 정치적 변화를 위한 비밀 방책이 아니다. 그것은 개인에게 즐거움이 아니다. 이러한 해석을 권장하는 이론은 고통에 대하여 비현실적일 뿐만 아니라, 능력 이데올로기에 기여하고 장애인을 주변화시키며 그들의 고통과 희생의 이야기를 정치적으로 무력하고 믿기 어렵게 만든다.

이 노골적이고 거친 현실

나는 장애인의 몸을 묘사하기 위해 '현실'(reality), '현실주의'(realism), '현실적인'(real)이라는 단어를 의도적으로 사용해왔다. 그러나 우리 모두는 현실적인 것들이 어려운 시기에 닥쳐왔음을 알고 있다. 독일의 이상주의자들은 18세기에 이 개념을 완전히 망가뜨렸다. 더 최근에 사회 구성주의 이론은 우리 모두가 그렇게 자주 사용하는 주의 환기용 인용부호 없이 '현실'을 언급하는 것을 불가능하게 만들었다. 현실을 옹호하는 사람들은 철학적으로 순진하고 정치적으로 반동적으로 보일 수 있다는 것을 각오해야 한다. 이것은 문화 이론과 비판 이론의 다른 영역과 마찬가지로 장애학에서도 사실이다.

그럼에도 불구하고, 이 단어는 장애학에서, 심지어 가장 신중한 사상가들 사이에서조차 사용되는 것으로 되돌아가고 있다. 장애 운동가들은 장애인들이 직면한 어려운 실제 현실을 언급하는 경향이 있다. 장애에 관한 예술 작품이나 장애 예술가가 만든 작품은 장애인 신체에 대한 거친 모습과 직설적인 시각을 표현하는 데 망설임이 없다(예를 들어, Ferris; Hevey 참조). 그들의 방법은, 사람들의 눈앞에 옳지만 대부분의 사람들에게 보이지 않는 어떤 것을 사람들이 보게 하려고 노력하는 것처럼, 의도적이고 상세하다. 장애인들의 증언에는 고통과 일상적인 굴욕에 — 현실주의 수사학의 확실한 표식에 — 대한 껄끄러운 내용이 담겨 있다. 셰럴 마리 웨이드(Cheryl Marie Wade)는 몸의 새로운 현실주의에 대한 강력하지만 비전형적이지 않은 예를 제공한다.

> 직설적으로 말해서 —이러한 욕구는 정말 직설적이기 때문에 —, 우리는 똥과 오줌을 눈 후에 우리의 항문을 깨끗하게 해야 한다. 또는 우리는 다른 사람의 손가락을 우리의 직장에 삽입하여 배변을 돕는다. 또는 우리는 소변을 보는 것을 돕기 위해 우리 안에 삽입된 플라스틱 관을 가지고 있거나, 우리는 항문과 요도의 길을 변경해서 우리 몸에 부착된 봉지에 그 모든 것을 한다. 이 노골적이고 거친 현실. 우리의 일상생활. … 우리는 이러한 것들에 대해 거의 이야기하지 않으며, 이야기한다 할지라도 일반적인 언어나 유머로 위장한다. 왜냐하면, 솔직히 말해서, 우리는 이 욕구에 대해 커다란 수치를 가지고 있기 때문이다. 아기와 '고장난' 사람만이 가지는 이 욕구. … 우리가 진정으로 세상과 우리 자신 안에서 언제든 편안하다면, 우리는 이러한 것들을 큰 소리로 터놓고 말해야 한다. 그리고 우리는 현실적인 언어로 그것들을 말해야 한다.(pp. 88−89)

웨이드는 건강한 사람이 거의 상상하지 못한 물질성(corporeality)을 경험한다. 복잡한 재현에 대한 그녀의 설명은 오늘날 몸 이론에서의 고통에 대한 지배적인 모델을 붕괴시키고 아주 개인적인 차원의 감각을 보여주는데도, 정치적 1인칭 복수형으로 말한다. 그녀는, 돌봄을 필요로 하지만 돌보는 사람과 일부분 평등한 관계를 유지하기 위해 고군분투하면서 독립심과 개인적인 자부심과 함께 손해를 입을 위험을 무릅쓰는 그들 장애인의 신체적·정치적 현실을 설명한다. 이러한 종류의 장애를 가진 사람들을 매 순간 위협하는 불평등은 몸 정치에서 ─ 특정 연령을 넘어서는 모든 사람들은 자신의 신체 위생을 수행할 것이라는 현실적인 실제 기대에서 ─ 파생된다. 신체에 대한 사회적 태도의 변화가 이러한 기대를 끝낼 수 있을까? 거칠게 말해서, 모든 성인이 다른 누군가에 의해 항문을 닦게 하지 않는 한, 돌보는 사람이 자신의 항문을 닦을 수 없지 않는 한, 이러한 서비스를 혼자서 필요로 하는 사람들은 약하거나 열등한 것으로 재현될 것이다.

신체적 현실에 대한 새로운 수용은 장애학에 대한 구체적인 이점을 가지고 있으며, 내가 아는 한, 현실주의와 관련된 위험은 거의 없다. 장애인 운동가들이 사회와 그 제도에 대해 급진적인 요구를 하고 있기 때문에 철학적으로 순진하고 정치적으로 보수적이라고 생각하는 것은 바람직하지 않다. 첫째, 장애인은 다른 집단보다 투명한 정치적 과정을 통해 공동체를 형성한다. 그들은 가족력, 인종, 나이, 성별 또는 지리적 출처와 같이 좀 더 '자연스러운' 관계에 의지할 수 없기 때문에 의료적 욕구, 정보 공유, 정치적 옹호에 따라 스스로를 구성하는 경향이 있다. 둘째, 정치적 투쟁에 대한 장애인들의 신념은 매우 분명하고 절박하며, 특히 우리의 시대가 정치적 해석의 시대이기 때문에 철학적 근거에서 그들의 생각을 무시하기가 어렵다. 셋째, 장애학과 관련된 견해들은 우리 시대의 도덕적 · 정치적 문제들을 많이 다루고 있다. 자살, 낙태, 유전 연구에 대한 장애 관점을 고려해보자. 조력 자살은 장애인들에게 완전히 다른 의미를 지니고 있으며, 종종 모순되는 방식으로 이루어진다. 한편으로, 자살을 개인적인 권리로 간주하든 아니든 간에 대부분의 사람들은 자신의 삶을 끝낼 수 있을지 모르지만, 장애인들은 신체적으로 자유롭지 못하기 때문에 그들 스스로의 선택 수단을 박탈당한다. 다른 한편으로, 많은 장애 운동가들은 사회의 '유익'을 위해 스스로의 삶을 끝내는 방향으로 장애인에게 죄책감을 갖게 하는 도구로서 조력 자살을 인식하였다. 신체적 또는 정신적 장애가 있는 태아의 낙태는, 건강을 본질적인 인간의 특성으로 간주하는 비장애인들에게 그런 것처럼, 장애인들에게 동일한 의미로 다가오지는 않는다. 어떤 장애 운동가는 건강한 아기를 갖고 싶다는 생각이 밝은 색 피부를 가진 아기를 갖고 싶은 소망만큼이나 해로운 건 아닌지 질문해왔다. 오늘날 유전자 연구에 쓰이는 막대한 액수의 돈은 장애인에게 필요한 즉각적인 욕구를 채워줄 수 있는 자원을 고갈시킴으로 인해 많은 장애인들에게 충격을 준다. 마치 정부가 장애인들을 돕는 것보다는 차라리 장애인들을 근절하는 것 같다. 이러한 주장들 중 어느 것도 보수적이거나 정치적 반동으로 쉽게 생각되지 않는다. 마지막으로, 장애 운동가들은 장애인을 마땅히 받아야 할 것보다 더 많은 자원을 요구하는 작지만 궁핍한 집단으로 재현하는 전통적인 경제 정책에 대해 존경을 표하지 않는

다. 그리고 독립성에 대한 그들의 생각은 장애인들로 하여금 그들
의 시민권을 행사하도록 장려하는 많은 지원을 고려하기 때문에,
그들은 정치적 자율성과 자유에 대한 급진적 시각을 갖고 있다. 장
애인 몸의 신체적 현실을 받아들이면, 우리는 더 이상 이전과 같은
시각으로 우리 사회를 바라볼 수 없게 된다.

　하지만 장애인의 몸에 대한 현실주의를 회복하는 데는 몇 가지
위험이 따른다. 한 가지 강조할 가치가 있는 것은 장애와 고통을 그
반대의 것보다 더 현실적인 것으로 보는 유혹이다. 고장 난 신체와
사물이 다른 것보다 더 현실적이라는 인식이 이미 존재한다. 문학
적 현실주의의 담론은 19세기에 휴지통, 파편들, 불완전한 신체의
재현에 특권을 부여하기 시작했으며, 현대 미술은 인간의 차이와
결함을 재현하고 미적 감각을 원초적 개념으로 바꾸었다. 이 담론
은 곧 사회 전반에 침투했다. 여하튼, 오늘날, 정원에 있는 데이지
꽃의 사진은 더러운 뒷골목에 날리고 있는 쓰레기 사진보다 덜 현
실적이다. 부수적으로, 문학 이론가와 문화 이론가는 종종 동일한
규칙을 따른다. 현재의 몸 이론의 주요 개념의 많은 것을 ─ 하이브
리드성, 이질성, 차이, 수행성을 ─ 면밀히 살펴보는 작업은 '현실
적인 것보다 더 현실적'이라고 부를 수 있는 것에 대한 욕망을 각자
가 은폐하고 있음을 드러낼 것이고, '현실'이 실제로 아프거나 거칠
고 복잡하다는 주장과 함께 '현실'이 건전하고 부드럽고 단순하다
는 착각에 대응한다.

　장애 입은 몸은 건강한 몸보다 더 이상 현실적이지 않다 ─ 그리
고 덜 현실적이지도 않다. 사실, 장애인의 몸에 대해 심사숙고해 보
면, 현재 우리의 현실 이론들이 우리가 생각하고 것만큼 정교하지

않다는 것을 알 수 있다. 그 이론들은 단순성보다는 복잡성을 선호
하지만, 그 과정에서 많은 현실, 특히 신체의 매우 단순한 현실주의
를 제거해 버린다. 종종 이러한 이론들은 세상에서 신체에 일어나
는 것을 나타내고자 하는 열망보다는 도덕적인 우려에 의해 주도
된다. 또한 그것들은 몸이 어떻게 작용하는지를 설명하기 위해서
보다는 우리 모두가 명백히 바라는 사회에서 몸이 어떻게 작동을
'해야만' 하는가에 대한 주장을 제기하기 위해 존재하는 미사여구
의 일부분이다.

　나는 몸이 사회적 힘과 별개로 존재한다거나 문화와 관련된 것
보다 더 '현실적이거나' '자연스럽거나' '진짜인' 것을 재현한다고 주
장하고 있지 않음을 주목하라. 나는 몸이 자신의 힘을 가지고 있다
고 주장하고 있다. 우리가 신체와 그들의 재현이 좋은 면이든 나쁜
면이든 어떻게 서로에게 영향을 미치는지에 대한 단편적인 그림을
얻고 싶지 않다면, 그 힘을 인식할 필요가 있다고 주장하는 것이다.
몸은 무엇보다도 중요하고 종종 다루기 힘든 힘으로 가득 찬 생물
학적 동인(動因)이다. 그것은 사회적 표현으로 쉽게 조작할 수 있는
비활성 물질이 아니다. 신체는 살아 있고, 이것은 사회 언어가 신체
에 영향을 미치고 변화시킬 수 있는 것처럼 신체도 사회 언어에 영
향을 미치고 변화시킬 수 있다는 것을 의미한다.[13]

---

13) 도나 해러웨이(Donna Haraway)는, 현실주의의 언어를 피하긴 하지만, 몸의 능동적인 생
　물학적 기관에 대한 의견을 진술하면서 몸을 "물질-기호 생성 노드"(material-semiotic
　generative nodes)라고 부른다(p. 200). 그녀는 이 마지막 구절로, 구성된 것으로 그리고
　구성을 생성하는 것으로 몸을 묘사하고 몸은 언어의 힘에 의해 만들어진 유령적인 환상일
　뿐이라는 생각에 이의를 제기하고자 한다.

관련 자료 번호 7

뉴욕 타임스 온라인(New York Times Online)

2000년 8월 10일

두 아기, 한 심장, 그리고 한 번의 생존 기회

데니스 그래디(Denise Grady) 지음

푸에르토리코에서 온 20대 커플인 산드라(Sandra)와 라몬 소토(Ramon Soto)는 지난해 보스턴의 어린이 병원(Children's Hospital)에 전화를 걸었다. 이는 절망적인 사건에 대한 도움을 찾는 것이었다. 특수교육 교사인 소토는 쌍둥이를 임신했다. 그러나 두 어린 소녀는 가슴과 복부가 붙어있는 샴 쌍둥이였다. 단, 심장은 한 아이에게만 있었다.

장애학을 위한 가장 시급한 문제는 장애인들의 정치적 투쟁이며, 이 투쟁은 장애를 가진 신체에 대한 현실적인 개념을 필요로 한다. 사실상, 이것은 장애인의 몸을, 단지 현대의 이데올로기에 의해 세워진 거짓된 현실의 갑옷을 뚫는 한 무기로 묘사하는 유혹에 저항하는 것을 의미한다. 그것은 서로 간에 또는 비장애인과 아무런 공통된 점이 없는, 질병이나 불행의 고립된 희생자로서의 장애인에 대한 지배적인 이미지를 뒤집는 것을 의미한다. 마지막으로, 그것은 장애인들이 궁핍하고 나르시시즘적이며 불만투성이라는 — 따라서 사회 전체의 자원의 정당한 몫 이상으로 가져갈 것이라는 — 믿음에 대해 반대하는 것을 의미한다.

장애인들은 인간으로서의 삶을 살아가기 위해서는 자신의 장애와 함께 사는 것을 배워야 한다는 것을 대개 깨닫는다. 과제는 장애를 특별한 힘이나 능력의 대안적 이미지로 각색하지 않는 것이다. 과제는 기능을 발휘하는 것이다. 나는 이 단어를 신중하게 사용한다. 그리고 이 단어가 어떤 이에게 불편하게 여겨진다면 다른 용어를 찾을 준비가 되어 있다. 장애인들은 기능할 수 있기를(장애를 가지고 살기를, 자신의 몸을 알게 되기를, 몸이 할 수 있는 것을 받아들이기를, 가능한 한 오랫동안 그들이 할 수 있는 것을 계속 하기를) 원한다. 그들은 도움을 위해 의존하는 사람들에 의해 지배당한다고 느끼고 싶지 않고, 부끄러움을 느끼지 않고 세상에서 자신들을 상상할 수 있기를 원한다.

우리가 운이 좋다면, 머지않아, 우리가 생각하는 대상이 무엇이든 간에, 우리는 우리가 그것이 무엇이라고 생각하기 때문이 아니라 그것이 실제로 무엇이기 때문에 그것을 존중하게 될 것이다. 잘못된 개념이 도처에 존재하고 있고 이 몸들은 재현이 무엇인지를 변화시키기 때문에, 우리는 장애를 가진 몸이 무엇인지를 재현하기 위한 수단이 여전히 부족하다. 그러나 장애인들은 계속 도전하고 있으며, 운이 좋기를 바란다. 장애인의 몸이 실제로 그러하기 때문에 그것을 존중한다는 것은 무엇을 의미하는 것일까?

에필로그

1999년 4월, 대법원은 1990년 ADA의 의도적인 모호한 표현으로 인해 고심이 깊어졌다. 법정에 제기된 질문은 안경을 착용하거나 고혈압 약을 복용해서 정상적인 기능을 회복할 수 있는 사람을 장애인으로 간주해야 하는가라는 것이었다. 법원에 있어 세간의 이목을 끄는 예는 조종사로서의 일에 받아들여지지 않았던 두 명의 근시 여성이 유나이티드 항공(United Airlines)을 상대로 제기한 소송에 관한 것이었다. 심리(審理)에서 어느 순간 안토닌 스칼리아(Antonin Scalia) 판사는 안경을 벗고 공중에서 흔들며 "나는 안경 없이는 나의 현재의 일을 할 수 없을 것이다"라고 선언했다.[14] 그 직후 법원은 스카일라 판사의 제스처 스타일로 많이 결정을 내렸고, ADA를 파괴하여 장애 정의를 좁은 의미로 제한하는 판결을 내렸다.

정의의 여신은 두 눈을 가렸지만, 스카일라 판사는 그의 극적인 몸짓을 한 후에 안경을 다시 꼈다. 그러나 나는 다른 시나리오, 즉 치료 방법이 쉽게 이용 가능하지 않고 자원도 매우 부족한 그들 장애인의 현실을 다룬 것을 생각해 본다. 스카일라 판사가 공중에서 안경을 흔들 때에, 사우터(Souter) 판사의 탐욕스러운 손이 안경을 훔쳐서 자신의 눈에 가져가며 "이제 나는 내 일을 할 수 있다!"라고 외쳤다. 그 후 오코너(O'Connor) 판사의 탐욕스러운 손이 그에게서 그 안경을 슬쩍 훔치면서 "이제 나는 내 일을 할 수 있다!"라고 외쳤고, 이런 일은 계속 되었다.

---

14) 1990년에 ADA가 통과되었을 때, 미국의 장애인 수는 4천 3백만 명으로 추산되었다. 안경을 쓴 미국인 3명 중 1명 또는 고혈압 약을 복용하는 5천만 명을 포함하면 이 수치는 한참 미치지 못한다. "만약 법원이 저시력이나 고혈압이 똑같이 제한적이라고 결정한다면, 올 봄에 수백만 명의 미국인들이 정신 차리고 장애인 명부에 자신이 있는지를 살펴볼 것이다"라고, 대법원에 제기된 법률문제에 대한 보고서를 끝맺음한 그린하우스(Greenhouse, 1999a)와 카우프만(Kaufman, 1999)을 참조하라. 예상대로 대법원은 4천 3백만 명의 미국 장애인이면 충분하다고 여겼고, ADA에 의해 규정된 장애 정의를 제한하는 것으로 판결을 내렸다(Greenhouse, 1999b).

장애학과 정체성 정치의 미래

소수자집단에 속하기를 원하는 사람은 없다. 사람들은 논쟁에서 외톨이가 되지 않기 위해 노력하며, 그렇게 외톨이가 되는 위험을 무릅쓰는 사람들은 그들과 비슷한 사람들의 보호를 받아 그들의 사회적 세력을 강화하려고 애를 쓰게 된다. 우리 모두는 인간이란 무엇을 의미하는지 그리고 우리가 배제함으로써 형성된 타자로 이루어진 집단을 대하는 것에 무엇이 내포되어 있는지에 대해 기본적인 직관을 공유하고 있는 듯하다. 그러나 소수자집단에 속하게 되는 것에 대한 두려움이 사회적 동조의 영향력을 능가하는 압력을 가하게 된다. 이 점은 정치 이론이나 사회 이론에서도 중요한 의미를 갖는다. 많은 정치 이론가들이 중요하지 않은 것으로 다루고 있음에도 불구하고, 정치나 사회 이론에서 소수자집단 정체성은 사라지지 않는 범주로 등장한다. 예를 들자면, 진보적 정치 이론은 소수자집단들이 하나의 정치 체제로 완전히 통합되면서 궁극적

으로 사라질 것이라는 기대를 토대로 하고 있는 것이다. 진보주의
자들에게 있어서 소수자집단 사람들이 존재하는 유토피아는 상상
도 할 수 없는 것이다. 하지만 소수자집단 정체성이 사라지지 않을
운명이라면 그 정체성을 모든 정치 영역에서 하나의 요소로 생각
해 볼 만한 가치가 있을지도 모른다. 정체성 정치를 비판하는 사람
들은 종종 정체성 정치를 소수자집단과 연결시키지만, 정체성 정
치는 민주주의 사회를 그 복잡한 전체 모습 속에서 보려는 시각에
대단히 중요한 것이다. 왜냐하면 정체성 정치가 민주주의 사회를
(민주주의 사회가 계속되기 위해서는 그 소리를 들어야만 하고 포함시켜
야만 하는) 소수자 단체 그리고 다른 관점을 대변하는 주요 이익 집
단들로 구성된 것으로 생각할 수 있게 하기 때문이다.

　미국에서 51%에 이르는 여성을 구조적 소수자집단으로 간주하
지 않는 경우 거의 20%에 이르는 장애인이 가장 큰 소수자집단을
형성하고 있다. 게다가 장애인의 15%만이 손상을 갖고 태어난다.
대부분의 사람들은 살아오는 과정에서 장애인이 된다. 이 같은 통
계 수치는 장애인이 즉각적으로 정체성이나 소수자집단으로서 제
시되지 않는 이유를 시사하고 있다 ― 이것은 장애인 집단을 정체
성 정치의 미래에 대한 모든 논의에 포함시키는 것을 이론적으로
중요한 것으로 만든다는 것이 나의 주장이다. 한편으로는 장애인
들은 서로 너무 달라 종종 하나의 집단으로서, 특히 하나의 정치적
집단으로 간주되지 않는다. 시각장애를 가진 사람, 나이가 많은 사
람, 마비가 된 사람이 어떤 정치적 이해관계를 공유하고 있는가?
어떤 근거로 우리는 그들이 공동의 정체성을 가지고 있는 것으로
생각할 수 있는가? 태어날 때부터 인지적 장애를 갖게 된 여성과

농장사고 때문에 머리에 외상을 입게 된 남성이 같은가? 다른 한편으로는 장애의 본질이라는 것이 그래서, 모든 인간이 일시적으로만 비장애인이라고 생각할 수 있을 정도이다. 어느 사회에서든 사람들이 나이를 먹고 사고를 당하고 병이 들면서 항상 장애인의 수가 증가하게 되는데, 이런 사실은 일부 장애 유형들을 통계에 포함시키길 거부하는 통제된 계산 방식에 의해서만 감춰질 수 있을 뿐이다. 예를 들어 미국에는 거의 5천만 명의 장애인이 있지만, 이 수에는 안경을 쓴 사람, 고혈압 약을 복용하는 사람, 학습 장애인, 또는 에이즈 감염자나 에이즈 바이러스 보균자가 포함되어 있지 않다. 이 수에는 또한 계단을 오르거나 문을 여는 데 어려움을 겪는 고령자 그리고 육체적·정신적 능력이 성인 세계에 잘 맞지 않는 아이들도 포함되어 있지 않다. 장애인이란 언제든 누구든 잠재적으로 포함될 수 있는 소수자집단을 나타낸다. 이 소수자집단의 수는 자연 재해, 전쟁, 전염병이나 산업 재해에 의해 증가할 수 있을 뿐만 아니라 (장애의) 재정의라는 아주 간단한 행위에 의해서도 증가할 수 있다. 그렇다면 우리는 어떤 논리로 장애인들을 소수자집단으로 생각할 수 있는 것인가?

정치적 범주로서의 정체성이 지니는 극단적인 불안정성을 보여주는 하나의 예를 장애가 제공하고 있는 것 같다. 하지만 내 생각에 장애가 끊임없이 변하는 상태에 있는 범주이기에 일상생활에서 덜 중요하다는 것을 증명하는 것은 쉽지 않다. 사실, 장애가 그렇게나 많은 모습으로 나타난다는 것이 그것이 개인에게 주는 영향력과 사회에서의 중요성을 증가시킨다. 여기에서 나는 다양한 유형의 장애라는 시각에서 ― 그리고 두 가지 서로 관련된 역점을 마음

에 두고 ― 정체성 정치의 미래를 살펴보려고 한다. 첫째, 나는 장
애학이 우리로 하여금 커다란 유연성을 가지고 무엇이 정체성과
소수자집단을 구성하는가에 대해 생각해보도록 요구한다고 주장
한다. 장애인은 자연적인 신원 확인을 기반으로 정치적 연합체를
형성하는 것이 아니라 의료적인 필요성, 정보 공유, 도움을 주는 단
체를 기반으로 정치적 연합체를 형성한다. 분명히 장애는 인종, 국
가, 사회 계층, 젠더와 성을 토대로 하는 이해 공동체를 넘어서는,
정체성 정치에 대한 폭넓은 생각을 필요로 하며, 바로 이런 이유로
소수자집단 연구 분야에 장애가 들어 설 자리를 마련하는 것이 윤
리적으로나 이론적으로 대단히 중요한 것이다. 둘째, 나는 장애학
을 정체성 정치에 중요한 두 이론, 즉 사회 구성주의 및 철학적 현
실주의와 연계해보려 한다. 사실 이 두 이론 모두 사회적 이론이다
― 각 이론은 정체성에 의존하는 정치적 대변에 대한 다른 사고 방
법을 제시한다 ―. 그러나 두 이론 중 하나가 장애의 다양한 유형들
을 포함하는 방법을 찾아냈는지는 아직 확실하지 않다. 여기에서
나의 구체적인 목표는 이 두 이론이 장애인의 관심사를 더 잘 나타
내고 장애인에 대한 편견과 더 잘 싸울 수 있게 할 것이라는 희망을
가지고 장애를 이용하여 두 이론에 압력을 가하는 것이다. 사회 구
성에 대한 분석이 장애학의 출발에, 특히 인문학적 장애학의 출발
에 결정적인 역할을 했기 때문에, 나는 사회 구성에 대한 나의 분석
을 심화시키는 것으로부터 시작하려 한다. 그런 다음 나는 철학적
현실주의에 대한, 독자들에게 잘 알려지지 않은 논의를 하려고 한
다. 사회 구성주의가 장애학의 지난 과거에 영향을 주었다면 아마
도 현실주의가 장애학의 미래를 결정할 위치에 있을 것이라는 것

이 나의 결론이 될 것이다.

사회적 구성의 심리학

사회적 구성에 대한 이론은 장애를 가진 몸과 정신에 대한 현재의 생각에서 핵심적인 위치를 차지하고 있는데, 이는 매우 타당한 것이다. 그 이유는 장애의 의료화에 대한 주요 대안을 제공하기 때문이다. 의료적 모델은 결함을 개인의 몸에 위치시키면서 개별화된 치료를 요구한다. 의료화는 그 결과로서 적어도 두 가지 불편한 효과를 지닌다. 우선 의료화는 사회 세계에서 장애와 연결된 차별·수치의 역사를 되풀이하면서 장애를 지닌 개인을 결함이 있는 사람으로 소외시켜버리면서 장애인들의 정치적 조직화 능력에 영향을 준다. 똑같은 문제를 지니고 있는 두 명의 장애인은 없기 때문에 이 장애인들은 공동의 민원을 제기하거나 정치적 활동을 할 기반을 갖지 못한다. 잘 알려진 말 중에 '장님이 장님을 이끈다'는 조롱의 말이 있다. 그런데 장애의 의료화는 실제로 시각장애인이 (볼 수 있는 사람들로 구성된 공동체에서는 말할 것도 없고) 시각장애인 공동체에서 지도자적 위치를 차지할 수 있도록 허용되는 일이 거의 있을 법하지 않은 상황을 만들어낸다. 수잔 손택(Susan Sontag)이 "은유로서의 병"(Illness as Metaphor)에서 말한 것처럼, 세상은 건강한 자와 병든 자의 나라로 나뉘어져 있고, 우리 모두가 이 두 나라 모두의 시민권을 가지고 있지만, 장애인은 보통 건강한 자의 나라에서 (특히 병원을 들어서게 되면) 시민권을 상실하게 된다(p. 1).

사회적 모델은 장애를 몸이 아니라 환경에 위치시킴으로써 결함
이 있는 시민권이란 생각에 이의를 제기한다. 이 같은 시각에서 본
장애는 의학적 치료를 필요로 하는 것이 아니라 사회의 변화를 필
요로 한다. 사회적 구성주의는 장애인을 결함 있는 시민으로 제시
하지 않으며, 나아가 구축된 환경에 초점을 맞춤으로써 장애인들
이 정치적으로 조직될 수 있는 공동의 대의명분을 제공하기 때문
에, 장애에 대한 사고의 풍경을 바꾸었다. 좀 더 일반적으로 사회적
구성주의는 자연스러운 것을 토대로 하는 정치적 정체성에 대한
모든 주장의 잘못을 드러내 보여주기 때문에 장애인을 위한 정치
적 대변에 유리하다. 사회적 구성주의는, 젠더·인종·성·민족·
능력은 다양하고 불확정적이며 인위적인 범주인데 자신들의 정치
적·사회적 유리함을 유지하고 싶어 하는 사람들에 의해 안정적인
또는 자연스러운 것으로 제시된다는 사실을 보여준다. 따라서 다
수의 주요 장애 이론가들이 최근 사회적 모델을 고수해왔다는 사
실은 놀라운 것이 아니다.

정체성이 사회적으로 생산된다는 것은 이론상으로 장애인과 같
은 소수자집단이 자신의 정체성에 이의를 제기하여 사회 세계에서
더 큰 자유와 이동성을 가능하게 할 수 있음을 의미한다. 그러나 실
제에 있어서는 사회적 구성주의자들이 궁극적으로 모든 형태의 정
체성에 대해 대단히 회의적이기 때문에, 우리가 생각하는 만큼 사
회적 모델이 정체성 정치에 있어서 실행 가능한 선택이 아닐 수도
있다. 예를 들자면, 정체성 정치에 대해 비판적인 사람들은 두 여
성이 똑같을 수는 없으며 '여성'이란 범주가 일관성 있는 정치적 범
주가 아니라는 점을 지적한다. 그들은 또한 우리 대부분이 특정 소

수자집단에 속할 수 있는 자격이 요구하는 더 엄격한 정체성과 항상 연결되는 것은 아닌, 다중의 정체성을 지니고 있다는 점도 지적한다. 나아가 장애 이론가들은 장애인을 정체성으로서 또는 소수자집단으로서 파악하기를 망설였다. 예를 들자면, 레너드 데이비스(Lennard Davis)는 "장애인들 중에서 오직 소수만이 휠체어를 사용하기 때문에 장애를 나타내는 데 사용되는 보편적인 기호인 휠체어가 장애를 범주화하는 데 있어서의 어려움을 가장 잘 보여주는 예이다"라고 강조하면서 장애가 '정체성의 총체성(totality)'에 맞지 않는다고 주장한다(2001, pp. 536, 544). 로즈마리 갈랜드 톰슨(Rosemarie Garland-Thomson)은 "정체성은 약간 국가주의 — 정치적 분열과 분파로 이어지는 대단히 강압적인 범주 — 와 비슷하다"고 생각한다(Potok, pp. 183-184에서 인용). 정체성을 비판하는 사람들은 사람들을 억압하기 위해 이용된 옛 정체성들이 미래에 자신들을 규정짓게 될 것이라고 또는 하나의 우세한 정체성에 대한 주장이 그 정체성 집단에 속하지 않은 사람들에게 가해지는 불의에 대한 변명이 될 것이라고 두려워한다. 정체성과 억압을 연결한 역사를 돌이켜 볼 때 이 두 가지 중 그 어느 것도 사소한 걱정이 아니다.

사회적 구성주의자들의 정체성에 대한 비판은 부당한 고정관념과 사회적 편견에 의해 속박된 사람들을 자유롭게 하려는 의도로 이루어진다. 특히 장애의 경우가 문화적 규범과 언어 그리고 그것들에 의해 행해지는 폭력에 의해 정체성에 부과된 부당한 고정관념들을 아주 생생하게 보여준다. 장애는 또한 사회적 모델의 정확성에 대한 설득력 있는 증거를 제공하기도 한다. 예를 들자면, 18세기 대부분 동안 마서스 빈야드(Martha's Vineyard)의 주민 25명당

1명이 듣지 못하는 사람이었지만, 이 공동체의 주민 모두가 수화하는 방법을 알았기 때문에 이곳에서 듣지 못하는 것은 장애가 아니었다. 청각장애가 있는 주민들도 건청인들과 같은 직업을 갖고 같은 소득을 벌었다(Shapiro, 1993, p. 86). 이 사례가 어느 정도까지 장애가 사회적으로 구성되는 것인지를 보여준다. 그러나 동시에 장애를 지닌 몸과 정신이 문화적 규범과 행동 양식에 쉽게 맞춰지지 않기 때문에 장애가 사회적 구성주의자들을 좌절시키기도 한다.

　데이비드 미첼(David Mitchell)과 샤론 스나이더(Sharon Snyder)는 신체적 다름을 문화적 또는 사회적 구성물, 특히 이념적 구성물과 연계하려는 노력이 실제로는 장애가 사회적 모델로부터 사라지게 만들었다는 사실을 깨달았다. 이 두 학자는 사회적인 다름을 상징적으로 나타내기 위하여 '신체적 일탈'을 이용한 최근의 몸에 대한 다양한 연구들을 제시하면서 일반적인 비평적 방법론들 내에서 '신체적 다름'이 "심지어 '신체성 자체'(physicality itself)의 구성적인 성격이 보이지 않게 되는 경우에도 사회적 일탈에 대한 증거의 전형적인 예가 되고 있다"고 불만을 털어 놓았다(1997, p. 5). 장애의 몸을 직접적으로 언급한 것은 아니지만, 수잔 보르도(Susan Bordo)도 다수의 사회적 모델 이론가들이 받아들인 "문화적 플라스틱" 패러다임에 대해 비슷한 결론에 도달하였다(p. 246). 그녀는 몸이 '쉽게 변형시킬 수 있는 플라스틱' ― '마음대로 몸의 형태와 위치를 자유롭게 바꾸는' ― 이라는 널리 퍼져 있는 생각이 자기 결정과 자기 변화라는, 몸과 분리된 이상을 지지하면서 몸의 신체성을 흐려 버린다고 주장하였다. 이 같은 일은 '이질성'과 '비결정성'을 해석의 원칙으로 내세우는 이론가들의 경우에서 가장 분명하게 볼 수 있

다. 보르도(Bordo)는 어떤 종류의 몸이 누구나가 될 수 있고 어디든
지 여행할 수 있는 것인가라고 묻는다. 그녀의 대답은, 그런 "몸은
전혀 몸이 아니기" 때문에, "아무도 아님"이었다(pp. 38-39, 229). 이
와 동일한 질문을 장애인 공동체에게 던지는 경우 더 간단하면서
도 더 예리한 답을 받게 될 것이다 ― 그런 몸이 무엇이든 간에 장
애를 지니는 경우는 거의 없다.

　최근, '수행성'(performativity), '이질성', '비결정성'에 대한 이론적
강조가 자유라는 몸과 분리된 이상에 높은 가치를 부여하였고, 몸
을 하나의 (체제) 전복적 텍스트로 생각함으로써 사회적 관례와 규
범으로부터의 해방을 성취할 수 있는 것처럼 말한다. 이런 강조는
장애인들의 경험과 맞지 않을 뿐만 아니라, 의료적 모델에서 종종
볼 수 있는, 상상이 자유로운 한, 질병과 장애는 실체가 없다는 환
상을 따르고 있는 것이다. 의사와 의료 전문가들은 병든 사람들로
하여금 긍정적인 생각을 해 자신을 치료하도록 구슬리는 습관이
있는데, 건강이 개선되지 않는 경우 그 실패는 정신적 유약함 탓으
로 돌려진다. 손택(Sontag)은 병을 상상 또는 의지력의 결함으로 설
명하는 것의 부정적인 효과를 이해한 최초의 학자라고 할 수 있다.
그녀는 질병이 정신적인 유약함에서 나온다는 생각의 출처를 쇼펜
하우어의 "질병으로부터의 회복은 몸의 '반항하는 세력들을 다스
리기 위하여 독재적 권력'을 취하는 의지에 달려 있다"는 주장에서
찾았다(pp. 43-44). 손택(Sontag)은 또한 장애인이나 병든 사람이
자신의 질병에 책임이 있다는 생각을 아주 경멸하면서 "질병은 정
신 상태에 기인하며 의지력으로 치료할 수 있다는 이론들은 항상
질병의 육체적 영역에 대해 얼마만큼 무지한지를 보여주는 지표이

다"라는 결론을 내렸다(p. 55). 몸의 반항적인 세력들 그리고 질병의 신체적 본질은 은유에 의해 훼손되지 않은 현실을 나타내며 "바로 그 현실이 설명되어야만 하는 것이다"라고 손택(Sontag)은 주장하였다(p. 55).

사회적 모델의 심리학의 하나의 예로서 주디스 버틀러(Judith Butler)의 권력에 대한 글을 살펴보기로 하자. 나는 의도적으로 이 예를 택하였는데, 그 이유는 이 글이 그녀의 사회적 구성의 대단한 미묘함을 보여주는 한 버전으로서 장애라는 주제에 관련하여 사회적 구성이 지니고 있는 장점과 단점 모두를 잘 알게 해주기 때문이다. 버틀러의 글에서 특이한 것은 그녀의 글에 장애 여부에 관계없이 몸이 거의 등장하지 않는다는 사실이다. 이는 "의미를 체현하는 육체"(Bodies That Matter)에도 해당되는데, 이 책은 언뜻 보기에는 어떻게 억압받는 사람들이 자신들의 몸을 일탈적인 것으로 생각할 수밖에 없도록 구속되는지에 대해 논의하는 것 같은데, 실제로는 죄의식과 주체 형성 사이의 심리적 관계를 주제로 다루고 있는 책이다. 버틀러에게는 정신적 고통과 죄의식이 주체성의 전제조건이다. 권력은 자기(the self)의 물질성을 구성하는 종속이란 과정을 통하여 주체를 꺾어 버리는 것이다. 그런데 종속은 신체적 또는 물질적 과정이라기보다는 심리적 과정인 것이다. 이는 버틀러(Butler)가 "물질성"의 정의적 사용을 "기표의 물질성"에 한정시켰다는 사실에 의해 분명해지는 결론이다(1993, p. 30). 죄의식이 몸을 통제할 뿐만 아니라 몸에 대한 구체적인 형태학을 제시한다는 것이 버틀러의 주장이다. 그 결과, 정치적 해방은 종속된 사람의 정신적 상태의 혁명적인 변화를 — 일상적으로 죄의식이라 불리는 모든 감정을 떨쳐 버리는 것을 ― 필요로 하지만, 죄의식이라는 것이 개인이 이해하기 힘든 사회적 권력 장치에 의해서 고정된 것이라서 변화를 일으킨다는 것은 매우 어렵다는 것이다. 사실, 주체라는 것이 오직 죄의식을 몸에 스스로 새기는 것으로서 생성되기 때문에, 죄의식이 주체성 형성에 앞선다. 죄의식은 몸의 표면을 흠뻑 적셔 신체적인 병으로 나타나는 규제적 생각인 것이다(1993, p. 64).

정신에 대한 철학에서 몸을 오로지 정신을 담고 있는 용기로서만 제시하려는 경향이라고 할 수 있는 것을 버틀러가 명쾌하게 읽어낼 수 있었다는 것은 칭찬받을 만한 것이다. 사실 또 다른 저서 "권력의 정신적 삶"(The Psychic Life of Power)은 정신의 철학에의 몸의 종속에 대한 그녀의 생각을 적용한 것 같아 보인다. 이 저서에서 그녀는 신체성에 대한 오래 지속되어 온 철학적 오해의 전통을 대단히 솜씨 있게 보여주었다. 그러나 권력의 정신적(psychic) 삶이 그녀의 주된 관심사로 줄곧 남아 있기 때문에 그녀가 이 같은 오랜 전통에 대해 대안을 제시하고 있는 것인지는 분명하지 않다. 버틀러의 글은 가장 빈번하게 권력에 의해 생산된, 거의 대부분 죄의식으로 언급된, 정신적인 고통 그리고 권력이 그 목적에 맞도록 몸을 종속시키는 방법에 대해 이야기한다. 권력이 그 비뚤어진 의제에 도움이 되도록 몸을 변화시킨다면, 권력에 저항하는 방법을 찾는 자들에게 몸을 변화시키는 것이 하나의 옵션이 될 수 있다고 버틀러는 주장하고 있는 것 같다. 그렇다면 그것은 몸을 다르게 상상하는 방법을 찾는 문제가 된다. 이 마지막 주장은, 권력에 저항하기 위하여 사람들은 자신의 몸을 변화시키는 것을 상상한다는 것을 강조하여 반복하고 있다. 그러나 사람들은 다른 몸, 예를 들자면 장애의 몸을 상상하지는 않는다.

이 마지막 생각에 대한 설명을 푸코에 대한 버틀러(Butler)의 "정신분석학적 비판"에서 찾을 수 있다(1997, p. 87). 버틀러의 설명에 의하면, 푸코에게 있어서는 정신이 몸을 억압하는데, 반면에 라캉은 정신을 몸의 억압에 대한 저항의 장소로서 읽는 정신분석학적 읽기를 수용하였다. 버틀러(Butler)는 이 장소를 라캉의 상상계(the imaginary)라고 부르면서 그것이 일관성 있는 정체성을 확립하려는, 상징계(the symbolic)의 모든 노력을 좌절시킨다고 주장하였다(p. 97). 상상계와 상징계의 관계가 단순하게 이분법적인 것이 아니기 때문에 버틀러의 라캉에 대한 분석이 아주 강력한 것이라고는 할 수 없지만, 고통과 싸우기 위해 그녀가 상상을 이용한 것에 대한 나의 핵심 주장의 예는 보여주고 있다.

버틀러의 이론을 뒷받침해주는 몸은 그 상태가 심리적 권력에 의존하고 있는 '비장애의 몸'이고, 따라서 고통 또는 장애에 대한 해결도 심리적인 것이 된다. 첫째, 비장애의 또는 건강한 몸은 주체가 느끼지 못하는 몸이다. 버틀러(Butler)가 주장하듯이 고통은 "어쩌면 우리가 우리의 몸에 대하여 조금이나마 알게 되는 한 가지 방법일 수도 있다"(1993, p. 65). 건강한 주체는 자신의 몸에 관심이 없거나 느낌이나 감각을 관리하고 있거나 둘 중의 하나이다. 둘째, 몸의 건강은 고통, 병, 장애를 극복하는 능력에 의해서뿐만 아니라 정신력으로 그런 것들이 주는 영향을 득이 되는 것으로 바꾸는 능력에 의해서도 판단된다. 버틀러의 자극적인 분석은 몸을 구제하는 유일한 방법이 뇌를 깨우는 것이라고 시사하고 있기 때문에, 버틀러가 좋아하는 푸코의 어휘를 사용하자면, 정신이 '유순할' 때에만 몸이 유순한 것 같다. 마치 몸은 주체의 정치적 삶과 거의 무관한 것 같다. 몸의 신체적 상태는 정치적 억압에 있어서의 한 요소가 아니다. 오로지 종속에 저항하지 못하는 정신의 무능력이 궁극적으로 문제가 되는 것이다.

헤겔에 대한 버틀러(Butler)의 분석이 이와 동일한 논리를 반복하면서 관련 문제에 대한 마지막 사례를 제공한다. 헤겔에게 있어서 몸은 "불행한 의식" 속으로 떨어졌기 때문에 노예화되는 것이고, 이 불행한 정신적 상태는 신체적 삶을 부정하거나 희생한다. "헤겔에서 몸은 항상 그리고 오로지 간접적으로 의식의 용기, 장소, 또는 특이성으로 지칭된다"(1997, pp. 3, 34). 권력은 개인의 몸을 종속된 타자의 위치로 투사하는 반면에, 이 개인이 몸이라는 사실을 망각하는 것을 포함한다. 친숙한 용어를 사용해 말하자면, 주인은 생각이고 노예가 몸인 것이다. 뿐만 아니라 버틀러의 설명에 따르면, 통째로 몸을 버리고 생각에 특권을 주도록 만드는 것이 죽음에 대한 두려움이다. 몸의 유한성은 대단한 공포를 유발하는데, 이 공포가 자기(self)와 타자가 서로를 인식하게 되는 상황이 된다. 그 결과는 변증법적 과정인데, 이 과정에서 "몸의 억압이 몸의 그리고 몸에 의한 도구적 움직임을 필요로 한다면 뜻하지 않게 몸은 몸을 억압하는 도구 속에 그리고 도구에 의해서 보존된다는 것을 헤겔이 보여 주었다"고 버틀러(Butler)는 주장하였다(1997, p. 33). 이 같은 변증법에 대한 버틀러의 인지는 아마도 그녀로 하여금 억압이 얼마나 복잡하게 체현되는지에 대해 집중하면서 몸에 대표권(representation)을 주도록 하였을 수도 있다. 그러나 그러하지 않았다. 그녀는 계속해서 헤겔처럼 몸을 주체가 묻힌 무덤으로 묘사하였다. 몸은 귀가 들리지 않고, 말을 못하며, 눈이 보이지 않고, 불구이며, 죽어 있다. 버틀러에게 장애는 궁극적으로 신체적이 아니라 정신적인 상태를 지칭하는 것이기 때문에, 이런 것들이 암묵적으로는 손상으로 묘사되었지만 절대로 명백하게 손상으로 인정되지는 않는다.

신체성은 장애의 몸이 갖는 현실의 일부이다. 만약에 체현이 장애인들의 경험의 한 원인이 된다면, 그것을 정신적 상태로 잘못 제시하는 것은 장애인들이 자신들을 정치적으로 조직화하는 데 해로운 영향을 줄 것이다.[1] 따라서 사회적 모델의 신체적 상태를 정신적 상태, 특히 상상의 행위를 중시하는 정신적 상태로 돌리는 경향은, 손상을 정신적 유약함의 산물로 제시하기 때문에 정치적인 행위인 것이며, 중립적인 행위라 하기 어렵다. 더 이상의 비판적인 정치적 표현이 없을 수도 있다. 정치 과정에 시민으로서 완전히 참여하기를 원하는 장애인들 앞에는 많은 장애물이 놓여 있지만, 다수의 비장애인들은 장애인이 시민으로서의 권리를 가져야 한다는 데에 이의를 제기하지는 않는다. 그러나 이 같은 믿음이 정신적 장애를 지닌 사람들에게까지 이어지지는 않는다. 이 소위 '정신박약자들'은 어디에서도 시민권을 갖지 못하는데, 주류에 속하는 사람들

---

1) 이와 관련된 현상은 장애인들이 몸이 아니라 정신으로 살라는 요구이다. 이에 대해 앤 핑거(Anne Finger)는 "기일이 지난"(Past Due)에서 훌륭하게 묘사하고 있다. "세상이 나보고 나의 살로부터 나를 분리시키고 머리로 살라고 한다. 한번은 어떤 사람이 흥분해서 나에게 니카라과에서 온 우표를 보여주었다. 그 우표에는 홀로 일하는 휠체어를 탄 남자가 현미경을 들여다보고 있었다. 이와 거의 동일한 미국 우표도 있다. 그것은 항상 홀로 일하고 대체로 남성이며 뛰어나고 '살이 없고'(fleshless) 정신 그 자체인 어떤 사람이다."(1990, p. 18). 또 다른 부분에서는 이렇게 썼다. "나는 나의 장애를 사회적 상태로 느끼는 것이 아니라 신체적 현실로 느낀다"(1990, p. 86).

중 이 사실이 변해야 한다고 믿는 사람들은 거의 없다. 정신적 행위
또는 의지력으로 신체적 장애를 치료할 수 있다는 생각 뒤에 자리
잡고 있는 것은 정신적 장애를 지닌 사람들을 억압하는 정치적 합
리성 모델이다. 나는 이 장의 후반부에서 합리성과 정치적 대표의
문제를 다룰 것인데, 두 가지 생각은 지금 당장 강조할 만한 가치
가 있다. 첫째, 사회적 모델이 설득력을 얻기 위해 신체적 장애로부
터 정신적 장애로의 이동에 의지한다면, 장애를 장애인 안에가 아
니라 사회적 환경에 위치시킨다는 이 모델의 주장은, 개인적 결함
이라는 개념이 되돌아와 그 결론에 나타나기 때문에, 이 모델이 내
세우는 것만큼 완벽하지 못하다. 둘째, 정신적 결함 때문에 신체적
장애를 벗어버리지 못한다는 주장은 신체적 장애를 지닌 사람들을
정신적 장애를 지닌 사람들보다 우월한 것으로 취급하는 카스트
제도를 은연중에 가리킨다. 물론 이 계급 제도는 대부분의 사회에
서 정신적 장애를 지닌 사람들에 대한 잔인한 취급을 부추긴다. 그
영향은 정치적 시민권 모델, 시민권과 인권의 역사, 법률 행위 구
조, 시설화의 정치, 고용의 역사, 그리고 장애인 공동체의 조직 그
자체에서 명백하게 확인된다.

관련 자료 번호 8

뉴욕 타임스 온라인(New York Times Online)

2000년 8월 7일

법이 바뀌고 있는데도 불구하고 정신지체 장애인을 처형함

레이몬드 보너(Raymond Bonner)와 사라 라이머(Sara Rimer) 지음

텍사스 주 리빙스턴, 8월 2일 — 올리버 크루즈는 겨우 읽고 쓸 줄 안다. 그의 IQ는 측정 시험에 따라 64이거나 76이다. 그는 중학교 1학년을 세 번이나 유급하였다. 군 입대는 시험에 세 번 떨어져 거부당했고, 일자리 지원서를 이해하지 못해 그에게 주어지는 잔디 깎기, 집 청소, 축제 표 받기와 같은 단순 노동을 해야 했다.

이제 33세인 그는 그의 고향인 샌안토니오에 있는 공군 기지에서 근무하던 24세 여성 켈리 도노반을 성폭행하고 살해한 죄로 리빙스턴에 있는 감옥에서 12년간 사형 집행을 기다리는 사형수로 지내왔다. 이번 주에 가진 인터뷰에서 자신이 저지른 죄에 대해 전적으로 책임을 인정하면서 고통스럽게 후회한다고 말한 크루즈 씨는 수요일 오후 6시에 독극물 주사로 사형에 처해질 예정이다.

피고 측 심리학자는 재판에서 시험 성적뿐만 아니라 학교생활 기록을 검토한 결과도 크루즈 씨가 정신지체 장애인임을 보여준다고 증언하였다. 이에 대해 주정부가 반박한 것은 아니다. 오히려 검사는 크루즈 씨가 "그리 똑똑하지 못하다는" 사실이 그를 "더욱 위험한 존재"로 만들며 따라서 그를 사형에 처할 이유가 된다고 주장하였다. …

사회적 구성의 심리학과 그것이 장애인들의 정체성 정치에 응답하지 못함에 대한 마지막 논점은, 사회적 구성주의가, 정치적 이념에 집착하고 있음에도 불구하고, 정치적 공동체를 다루도록 이루어진 심리적 모델을 개발하지 않고 개인의 자율성을 토대로 하는 심리적 모델에 매달리고 있다는 것이다. 사회적 구성주의는 억압으로부터의 해방이 개인의 지적 그리고 감정적 자원에 달려 있다는 진보적 개인주의에 동의하고 있는 것 같으면서도 동시에 고

통과 괴로움을 경험한 개인은 정치적 행동을 할 수 없을 만큼 손상
된다고 주장한다. 이것을 가장 확실하게 보여주는 것은 정체성의
정치가 고통과 연결될 때 무력해진다는 비판이다. 예를 들자면, 웬
디 브라운(Wendy Brown)은 정체성 정치가 "자신의 종속에 투자하
고" "정치적 무기력"을 포식하며 "나르시시즘적 상처"를 토대로 하
는 우울증에 빠지고 있다고 주장하였다(pp. 70-72). 브라운은, 정체
성 정치가 본질적으로 분개의 정치이지만, 분개를 정의함에 있어
서 마치 다수의 사람들의 심리와 한 사람의 심리가 서로 바꾸어 쓸
수 있는 것처럼, 니체가 개인의 특성에 대하여 한 말, 즉 '분개의 인
간'을 정치 형성에 적용하였다고 주장하였다.[2] 이와 비슷하게 버틀
러(Butler)도 내가 "손상을 주는 이름으로 불리는" 순간 그리고 "존
재를 부여하는 용어를 일종의 나르시시즘이 조종하게 되는" 순간
"나는 나를 손상시키는 용어들을 껴안게 되므로 — 그것들이 나를
사회적으로 구성하기 때문에 —" 상처와 연결되는 정체성 — 정체
성 정치에 대한 버틀러의 공식 — 은 그것이 억압으로부터 자유롭
게 될 기회를 거의 갖지 못한다는 결론에 이르렀다(1997, p. 104).
이어서 버틀러(Butler)는 사실, 억압에 저항할 수 있는 유일한 기회

2) 사실 브라운은 제3장 결론에서 정체성 정치의 분개에서 멀어진 새로운 정치를 주창함으로
써 니체와 의견을 달리하였다. 이 새로운 정치는 미래의 치료를 희망하면서 고통을 '풀어
준다'. 이 새로운 정치는 개인의 '결여'가 아니라 브라운 자신이 '됨'(being)으로 부른 것을
지향한다. 브라운이 변화를 요구한 것은 옳지만, 그녀의 말은, 심지어 니체를 비판할 때조
차도, 개인 심리, 특히 정신분석학을 하는 사람들에게 익숙한 개인적 카타르시스에 계속 기
대고 있다. 장애인의 정체성 정치의 경우와 관련하여 더욱 문제가 되는 것은 '상처받은 애
착'이 본질적으로 바람직하지 않은 소속 상태라는 브라운의 주장이다. (역자 주) 여기에서
'상처받은 애착'이란 심리학 용어로, 자신이 받은 상처나 트라우마를 상기시키거나 강화하
는 사람이나 사물에게 끌리는 무의식적 경향을 말한다. 예를 들어, 성폭행을 당한 경험이
있는 사람은 가끔 성적으로 난폭한 행동을 하는 사람에게 끌린다는 것이다.

는 "손상을 주는 호명(interpellation)에의 애착"이 "필연적으로 소외된 나르시시즘을 통하여 그 호명에 다시 의미를 부여하는 것이 가능해지는 상황"을 지지할 때에 생긴다고 주장하였다(p. 104). 버틀러가 일인칭 단수 형태로 이야기하지 않고는 정체성 정치를 비판할 수 없었다는 것은 흥미로운 사실을 보여준다. 더욱이 그녀는 모든 형태의 정치적 저항과 애착을 '나르시시즘'에 — 장애인에게 악용된 긴 역사를 지닌 비난의 범주에 — 갖다 붙였다.[3] 이 두 표현 모두 그녀가 개인 심리에 의존하고 있음을 보여준다. 그리고 이 같은 의존은 그녀와 브라운 그리고 많은 다른 사회적 구성주의자들이 함께 하고 있는 것이다.

개인적 심리학에 기대지 않는 정치적 정체성 모델, 즉 정치적 심리학을 그 부분들의 합보다 더 큰 것으로 보는 그런 모델을 상상한다는 것이 무슨 뜻인가? 사적인 관심 또는 무관심이 아니라 공동의 관심에 토대를 둔 정치적 정체성을 정의한다는 것은 무슨 뜻인가? 끝으로 신체성을 정치적으로 정의한다는 것은, 달리 표현해 정치적 의지나 상상을 지원하는 개인적 몸이 아니라 개인을 초월한 몸으로서 정의한다는 것은 무슨 의미인가? 이런 몸은 그 형태가 사회적 환경 또는 건축 환경에 각인되어 어떤 사람들은 배제되고 어떤 사람들은 포함되는 것을 결정할 것이기 때문에 정치적으로 억압적일 것이다. 하지만 동시에 이 몸의 이념적 형태는 한 개인이 아니라

---

3) 내가 제2장에서 논의한 것과 같이, 나르시시즘에 대한 논의는 장애인의 정체성 정치에의 참여를 비하하기 위해 이용되어 왔다. 레너드 데이비스는 "안간힘을 쓰다"(Bending over Backwards)에서 나르시시즘에 대한 나의 분석을 최근 대법원 판결에 대한 해석에 확대 적용하면서, 장애인의 이기주의에 대한 믿음이 대법원이 ADA에 대해 편견 없이 판결할 수 있는 능력을 제한하였음을 보여주었다(제7장을 참조하라).

전체 사회에 속하는 것이기 때문에 정치적 가능성을 의미할 수도 있다. 이런 몸은 사회적 몸이고, 따라서 직접적인 정치적 분석과 행동에 의해 변화할 것이다.

현실주의와 사회적 몸

전형적인 예를 들자면, '흑인성'과 '여성성'은 개인의 몸을 규정하는 것이 아니다. 일부 몸들이 검거나 여성이거나 또는 둘 다인 것은 사실이지만, 이 용어들의 사회적 의미는 이런 몸들의 모든 것에 대해 설명하지 않는다. 그보다 이런 용어들은 한 인간의 몸의 특수성들을 넘어서는, 해석과 역사와 정치를 지니고 있는 큰 사회적 범주들을 나타낸다. 물론 이 사실은 대체적으로 인식되고 있다. 이런 인식 때문에 한 특정 몸을 이 용어들 중의 하나로 만들려는 시도에 '인종차별' 또는 '성차별'과 같은 경멸적인 딱지가 붙여지는 것이다. 우리는 인종차별과 성차별에 대해 50년 전에 비교해 더 많이 알고 있다. 그 이유는 간단하다. 이런 차별들은 전체 사회가 다루어야 할 지식의 대상이 되었고, 그 결과 이런 차별들에 대한 해석·역사·정치에 대해 더욱 친숙하게 되었기 때문이다. 사람들은 이런 차별들의 실행을 결정하는 특성, 경험, 감정, 또는 이유를 안다. 만약 인종차별이 감소하고 있다면 ― 실제 그런지는 확실하지 않지만 ―, 그와 같은 결과는 대체적으로 '흑인성'과 '여성성'과 같은 범주들이 많은 사람들에게 있어서 지식, 이념적 비판, 그리고 정치적 해석의 대상이 되었다는 사실에 기인한다.

대체로 능력 이데올로기가 별 의심 없이 수용되고 있기 때문에 아직도 장애는 정치적 해석의 이점을 갖지 못하고 있다. 예를 들어, 시각장애가 있는 몸은 한 개인의 몸으로 간주된다. 시각장애가 그 몸의 전부를 규정하여야 하는 것으로 생각하는 것이다.[4] 몸을 그것이 지니고 있는 장애로 축소시키는 편견을 가리키는 말은 없다. 이 편견을 지칭하기 위하여 장애 운동가들이 능력중심주의(ableism)라는 용어를 제시하였지만, 널리 사용되고 있지 않다. 진보적인 사회에서조차 이 용어를 사용하면 힐끗 쳐다보거나 씩 웃는다. '맹인', '불구', '멍청이', '뚱보', '귀머거리', 또는 '멍청이' 같은 말들이 한 인간의 몸의 특징을 넘어서는 해석과 역사와 정치를 지닌 사회적 의미를 담고 있다는 의식은 일반 대중이나 학자들 사이에 거의 없다. 따라서 장애학의 첫 번째 목표는 장애를 일반 상식의 대상으로 만들어서 '능력중심주의'라 불리는 혐오스러운 편견에 대해 정치적 의식을 일깨우는 것이다.

그러나 이 목표를 달성하는 데 필요한 이론적 자원들은 아직도 부족하다. 우리가 보았듯이, 사회적 구성주의는, 개인의 몸이 아니라 환경을 장애의 원인으로 지목하는 단계까지 장애에 대한 연구

---

4) 예를 들어, 포톡(Potok)의 "존엄성의 문제"(A Matter of Dignity)를 보라. "내가 비장애인들에게 말을 건넬 때, 그들은 대부분 그들의 학습된, 그러나 생각해 본 적이 없는 태도와 정의에 따라 나를 판단한다. 나의 신체적 장애, 즉 시각장애가, 인식을 처리하고 반응을 형성하는, 비장애인의 과정을 지배하고 왜곡한다. (사회적 협약이 갖는 통제 하에서 쉽게 나타낼 수 없는) 공포, 동정, 매력, 혐오감, 또는 단순한 놀라움으로 인해 종종 우리의 관계가 경직된다. 비장애인이 도움을 주어야 하는 걸까? … 내 입장에서는 오로지 또는 대부분 나의 장애가 나인 것인가?"(p. 90) 또한 이 분야의 대표적 이론가인 로버트 스코트(Robert A. Scott)의 "시각장애인 만들기"(The Making of Blind Men)를 보라. 이 책에서 그는 "시각장애는 … 보는 데 어려움이 있거나 전혀 보지 못하는 사람들이 배워야만 하는 사회적 역할이다"라고 주장하였다(p. 3).

를 진전시켰다. 하지만 개인 심리에의 의존뿐만 아니라 이념과 신체적 몸 사이의 인과관계가 상대적이고 불안정하며 추적할 수 없다는 주장은 사회적 모델이 능력중심주의에 대한 정치적 이상에 토대를 둔 강력하고도 합리적인 비판을 제시할 수 있는 가능성을 막아버렸다. 장애인들이 사회에의 완전한 접근을 누리기 위해서는 장애에 대한 이해력을 다음 단계로 진전시키고 정치적 행동을 위한 토대를 마련해줄 수 있는 이론을 찾을 필요가 있다. 수잔 웬델(Susan Wendell)은 사회적 모델의 한계를 인정하면서 장애를 지닌 몸의 '엄연한 신체적 현실'을 인정하는 접근법을 요구하였다.

> 몸에 대한 대부분의 포스트모던적 문화 이론화에는 장애인들이 직면하고 있는 엄연한 신체적 현실에 대한 인정이 없다 — 내가 아는 한 인정할 여지가 없다 —. … 사회적 정의와 문화적 변화가, 바로잡을 수 없는 고통과 한계가 많이 있다는 것을 인정하면서 동시에, 상당히 많은 장애를 제거할 수 있다는 것을 우리는 인정할 필요가 있다.(p. 45)

웬델의 적절한 조치의 요구는 소수자집단 연구 분야에서 추구된 다수의 접근법, 특히 철학적 현실주의로부터 영감을 받은 학자들이 추구한 접근법과 비슷해 호환 가능하다. 예를 들자면, 폴라 모야(Paula Moya)도 존재의 '신체적 현실들'을 묵살해버리는 최근의 정체성 정치 비판자들의 견해에 동의하지 않는다. 모야(Moya)의 접근법은 사티야 모한티(Satya Mohanty)의 글에 기대어 소수자집단 정체성을 자연적 환경과 사회적 환경에 연결시키는 철학적 현실주의를 적용하였다. "이론과 지식과 이해는 '우리의 피부색, 우리가

자라난 땅이나 콘크리트, 우리의 성적 갈망'과, 이런 것들에 의해
균일하게 결정되지 않으면서, 연결될 수 있다. 더 정확하게 말하자
면, 그와 같은 '우리의 삶의 신체적 현실들'이 우리의 이론·지식의
윤곽·문맥에 크게 '영향을 끼치게' 될 것이다."라고 그녀는 주장하
였다(2002, p. 37). 모야의 주장의 핵심은 성과 인종은, 한 개인의 정
체성에 결정적인 것은 아니면서도, 정치적 지식과 의식에 기여하
는 피부, 색깔, 땅 그리고 그 외 다른 신체적 현실들로부터 발생한
다는 것이다. 이보다 더 중요한 것은 신체적 상태와 사회적 이념과
정체성 사이의 연계가 검증 가능하고 합리적인 성격을 지니고 있
기 때문에, 자세히 들여다보고 비판해 볼 여지가 있다는 사실이다.
물론 이것은 사회적 경험이 지식으로서 완벽한 지위를 갖는다는
것을 의미하는 것은 아니다. 우리가 옳을 수도, 옳지 않을 수도 또
는 핵심에서 벗어나 있을 수도 있지만, 경험은 정치적 그리고 사회
적 실존과 밀접하게 연결되어 있고, 그 때문에 개인과 사회가 그들
의 경험으로부터 배울 수 있는 것이다.

　사회 구성주의자들처럼 현실주의자들도 현실이 사회적으로 생
산된 것이라고 믿는다. 그러나 사회 구성주의자와는 달리 현실주
의자들은, 사회 현실은 일단 형성되고 나면 인간 행동의 영역에 속
하는 형태와 정치와 역사를 지니게 되고, 인간 행동의 일부로서의
사회 현실이 합리적인 분석과 정치적 변화를 가능하게 한다고 믿
는다. 현실주의는 집단과 개인의 정체성이 형성되는 사회 세계의
중요한 인과 관계적 요소들에 대한 인식을 필요로 한다.[5] 그렇다

---

5) 현실주의 및 정체성 정치와 관련하여 다른 중요한 논의로는 Alcoff(1996, 2006); Alcoff et al.; Moya and Hames-Garcia를 들 수 있다.

면 정체성은 그 형성의 규칙들을 따르고 다른 문화적 재현들과 강하게 연결되어 있기 때문에, 정체성에 대해 무한한 해석이 가능한 것은 아니다. 정체성의 입증과 분석은 실제 세계와의 조정 그리고 사회에 대한 상호 연결된 가설과 사회와의 경험 간의 조정을 필요로 하는데, 이것은 정체성이 현실적인 동시에 인식적임을 말해주는 것이다. 요약하자면, 자연적 그리고 문화적 요소들에 반응을 보이기 때문에, 문화적 정체성은 특정 행동을 할 수 있게 해주는 것이고 사회와 그 의미를 이해하는 데 필요한 자원을 제공하는 것이다. 정체성은 사회 세계와 도덕 세계에 대한 복잡한 이론인 것이다.[6]

관련 자료 번호 9

BBC News.com

2004년 1월 10일

오닐이 '눈이 먼' 부시라고 혹평하다

미국의 전 재무장관이, 조지 W 부시 대통령 밑에서 보낸 시간에 대해 호의적이지 않은 평을 하였다.

폴 오닐은 부시를 맥이 풀린 사람으로 묘사하면서, 각료회의에서 그는 마치 귀가 안 들리는 사람들로 가득 찬 방에 있는 눈이 먼 사람 같았다고 말했다.

이 발언은 이달 말 민주당 대통령 후보 도전자들이 대단히 중요한 아이오와와 뉴햄프셔 코커스를 준비하는 과정에서 이루어졌다. …

---

6) 정체성의 사회적 가치와 도덕적 가치에 관해서는 나의 책 "도덕률과 이야기"(Morals and Stories), 특히 제2장과 제4장을 참조하라.

따라서 정체성 정치는 사적인 주장, 분개 또는 나르시시즘적 감정에 관한 것이 아니다. 오히려 정체성 정치는 공동체가 어떻게 조직되는가에 대한 통찰을 바탕으로 한다. 또한 정체성 정치는 협력을 도덕적 선으로 높이 평가한다. 사실, 현실주의자들은 정체성 정치와 도덕적 보편주의 둘 다 인간은 문화나 사회에 상관없이 합리적인 행위 주체성이 가능하고 따라서 문화적이나 정치적 자기결정이 가능하다 — 이는 중요한 주장이라 나는 뒤에 수정하려고 한다 — 는 믿음을 토대로 하고 있기 때문에 정체성 정치와 도덕적 보편주의 사이에 모순되는 것이 없다고 주장한다. "문화적 타자들이 아무리 다르다 해도, 그들이 속한 문화의 전형적인 구성원으로서 그들은 의도적으로 행동할 수 없을 정도로, 그들의 생각과 이전의 경험에 비추어 그들의 행동을 평가하지 못할 정도로, 그리고 아주 조금이라도 '합리적이지' 못할 정도로 다르지는 않다"고 사티아 모한티(Satya Mohanty)는 주장한다(p. 198). 현실주의자들은 다양성이 특정 문화의 도덕적 이념에 대한 독단적인 가정들을 드러내 보여주기 때문에 다양성을 높이 평가하는 것이다(p. 242). 도덕적 보편주의가 윤리적 탐구 분야를 한 특정 문화의 경계 너머로 확장하여 모든 인간을 합리적 주체로 인식하기 때문에, 현실주의자들은 도덕적 보편주의를 받아들이는 것이다. 특정 문화 형태 그리고 좀 더 추상적이고 합리적인 원칙으로서의 정체성이 인간의 생존, 안녕, 정의, 행복을 위한 자원을 제공한다.

따라서 현실주의자들은 정치적 재현과 관련하여 정체성이 긍정적 가치를 갖는다고 단언한다. 현실주의자들에게 있어서 정체성 정치는 개인들 사이의 접촉점들 또는 신분 증명들을 형성하는

데, 이 중에서 일부가 성격 특성, 신체적 특징, 신념, 전통, 도덕적
가치, 미적 기호, 성적 지향, 지리적 고향, 친족 관계 등으로 받아
들여지는 것이다. 이 접촉점들은 다양한 경험들에 의해서 구성되
는 한에 있어서 사회적 구성인 것이지만, 때로는 그에 관련된 정치
적·문화적 충성이 매우 강해 정체성이 하나의 사회적 사실로서의
기능을 하도록 한다. 따라서 자신을 한 공동체의 구성원으로 밝히
는 사람들은 사회적으로 타당한 이유로 협력 관계에 참여한 것이
고, 그들의 정체성은 뚜렷이 구별되는 그리고 종종 검증 가능한 사
회적 상황(긍정적이든 부정적이든, 그리고 공유된 관습, 쾌락, 식습관이
든, 또는 인종적 편견의 존재, 성차별주의, 자원의 불평등한 분배, 접근이
가능치 않은 건축 환경이든)에 대한 직접적인 반응을 나타내는 것이
다. 그래서 정체성은 이념이 개인에게 주는 영향을 적극적으로 드
러내 보이고 정치적 해방 행동을 위한 합리적 토대를 제공한다. 모
야(Moya)가 말했듯이, "일부 정체성들은 다른 정체성들보다 더 진
보적일 수 있는데, 그것은 그 일부 정체성들이 '위반적'이거나 '불확
정적'이기 때문이 아니라 그것들이 우리에게 이념과 억압의 복잡한
작동을 밝혀낼 수 있는 비판적 시각을 제공해주기 때문인 것이다"
(2002, p. 27).

　물론 장애학은 이미 사회적 환경과 건축 환경에서의 이념과 억
압의 작동을 파헤치는 비판적 시각을 발전시켰다. 능력 이데올로
기는 하나의 특정한 사회적 몸을 선호해서 모든 공간이 이 몸을 위
해 디자인되며 이 몸이 장애를 지닌 몸으로 생각되는 경우는 거
의 없다고 장애학은 주장한다. 따라서 사회적 공간이 시사하는 몸
은 보통이 아닌 몸 또는 완전하지 않은 몸이라는 개념이 들어설 여

지를 허락하지 않게 되고, 그 결과 다른 사람들과의 교류를 목적
으로 디자인된 바로 그 공간에서 장애인들이 다른 사람들과 어울
릴 수 없게 된다. 사회적 몸의 특징들이 현대 건축 시대 초창기부
터 거의 변함이 없는데도 불구하고, 일반적인 사람들은 그 특징들
에 대해 의식하지 않는다. 그러나 이것은 능력 이데올로기가 분석
이나 수정이 가능하지 않은 무의식적인 것이라는 의미는 아니다.
왜냐하면 프로이트 식의 개인적 무의식의 증상이 능력 이데올로
기를 결정하는 것이 아니기 때문이다. 오히려 우리는 프레드릭 제
임슨(Fredric Jameson)이 설명한 '정치적 무의식' — 개인주의보다
는 숫자와 평균화의 상징주의에 따라 문화적 재현과 소산을 구성
하려는 사회적 성향 — 같은 것에 직면하게 된다.[7] 사실 이 성향은,
현대 건축사에 대해 아주 간략하게 살펴보아도 알 수 있듯이, 철저
한 검토와 이론화를 필요로 한다. 예를 들자면, 르 코르뷔지에(Le
Corbusier)와 헨리 드레이퍼스(Henry Dreyfuss)는 둘 다 이상적인 사
회적 몸의 비율을 바탕으로 하여 건축과 산업 디자인을 위한 형태
언어를 발전시켰다. 르 코르뷔지에는 비례의 모듈러 스케일을 발
전시킨 반면에, 드레이퍼스는 인간 요소 공학을 개척하였다. 전자
는 위로 치켜든 손, 머리, 허리, 발 사이에 적절한 비율 수치를 보이
는, 키가 6피트인 사람을 선호하였다([그림 1] 참조). 후자는 전형적
인 미국 남성, 여성, 아동인, '조'(Joe), '조세핀'(Josephine), '조 주니

---

7) 프레드릭 제임슨(Fredric Jameson)은 정치적 무의식을 인간 집단의 경험을 "모든 읽기와
   모든 해석의 절대적 지평선"으로 삼으려는 집단적 충동으로 정의한다(p. 17). 내가 '장애
   학은 문화 전쟁으로부터 무엇을 배울 수 있는가?'(What Can Disability Studies Learn from
   the Culture Wars?)(2003)에서 제임슨을 활용한 것도 참조하라.

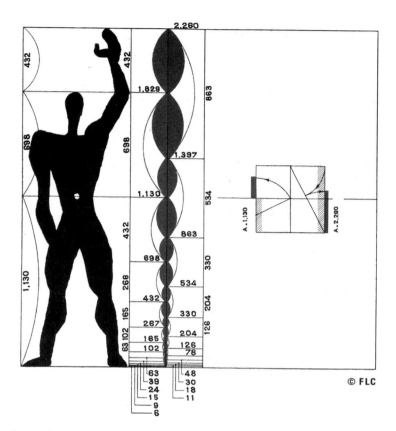

[그림 1] 르 코르뷔지에(Le Corbusier), 모듈러. (© 2007 예술가권리협회
(Artist Rights Society, ARS), 뉴욕 / ADAGP, 파리 / FLC.)

어'(Joe Jr.)를 나타내는 일련의 차트를 만들었는데, 이들이 보이는
비율이 벨 전화기, 폴라로이드 카메라, 허니웰 온도계뿐만 아니라
비행기 실내, 트랙터, 진공청소기, 기차, 헬리콥터를 디자인하는 데
필요한 인간 요소들을 규정하였다([그림 2] 참조). 이 두 사람의 노력
과 원칙들은 공공을 위한 것이었고, 최선의 의도 — 인간의 스케일
에 더 적절한 사물과 공간을 만들겠다는 — 를 가지고 추구된 것이

[그림 2] 헨리 드레이퍼스(Henry Dreyfuss), 조세핀과 조 주니어,
사람을 위한 디자인, 1955

었지만, 이들은 로브 임리(Rob Imrie)가 '디자인 아파르트헤이트'라
고 부른 것, 즉 장애를 가진 몸을 철저하게 배제하는 제도를 시행한
것이다(p. 19).[8]

    장애를 가진 몸이 어느 공간이든 들어서게 되면 그것은 그 공간
이 암시하고 있는 사회적 몸을 드러내 보이게 된다. 건축 환경의 치
수와 그 환경이 선호하는 사회적 몸 ─ 초대를 받지 못한 몸에 대조
되는, 내부로 들어오도록 초대를 받은 몸 ─ 사이에는 일대일의 대

---

8) 인간 요소 공학은 시간이 흐르면서, 즉 역사적 시기 사이의 다른 성장 패턴이 강조되던 때
로부터 장애를 가진 몸이 중요성을 얻게 된 때에 이르기까지 상당히 진화하였다. '드레이퍼
스 디자인 회사'(Dreyfuss Associates)의 디자이너인 앨빈 틸레이(Alvin R. Tilley)에 의한,
ADA 준수에 대한 최신 정보인 "남성과 여성의 측정"(The Measure of Man and Woman)을
참조하라.

응 관계가 존재한다. 이 사회적 몸은 공적 건물이든 사적 건물이든 간에 그 형태를 결정해서, 사적인 몸은 없고 오로지 건축 공간에 기록되어 있는 공적인 몸만 있다는 사실을 보여준다. 이 사회적 몸은 비표준적인 몸이 등장할 때까지 기준 — 상정되어 있지만 보이지는 않는 — 이 되는 것이다. 비표준적인 몸이 등장하는 순간에 가구, 방, 거리의 유연하지 못한 구조가 건축 환경이 의도하고 있는 사람들과 다른 사람에게 편협함을 드러내면서 표준이 분명해지는 것이다.

미시간 주 앤 아버에 있는 내 집의 청사진을 예로 들어 보겠다. 사적 거주지에 대한 분석이 특별히 중요하다. 왜냐하면 우리는 접근성 문제를 보통 공적 건물과 기능 면에서 생각하는데, 비접근성 문제 중 가장 잔혹한 것은 장애인들이 식사 파티, 아이들의 생일잔치 및 함께 자면서 놀기, 휴일 식사, 조문, 온라인 게임 시바(Shiva)하기, 출산 축하, 기념일 행사, 결혼과 같은 가장 친밀한 모임이 일어나는 사적인 공간으로부터 배제된다는 사실이다.

내 집은 목조 가옥으로 옆으로 드나드는 식민지 시대풍의 1939년에 지어진 집이다. 1990년에 큰 증축 공사를 하였다. 마을의 대부분의 집들이 비슷한 시기에 지어졌기 때문에 내 집도 다른 많은 집들과 비슷하게 보인다. 길고 좁은, 차 하나 들어가는 차고가 집 뒤편에 있다. 현관문으로 올라가는, 콘크리트를 부어 만든 3층 계단이 있는데, 그 통로 폭이 35인치이다. 도로에서 집까지 차가 들어가는, 도로 쪽으로 난 옆문이 지하로 내려가는 계단으로 이어지는데, 3층 계단을 내려가야 바닥에 닿는다. 옆문 출입구가 매우 좁은데, 코트 걸이가 있어 더욱 좁다. 뒤쪽 베란다에서 떨어진, 부엌으로 들어가는 문이 이 집으로 들어가기에 가장 용이한 곳인데, 계단 한층 올라가 베란다로 올라선 다음 다시 계단 한 층 오르면 문으로 들어가게 되지만, 통로 폭이 30인치이다. 마지막으로 또 하나의 뒷문이 있는데, 베란다에서 떨어져 있고, 계단 한 층을 올라가야 응접실로 들어갈 수 있는데, 이 문은 가구로 가려져 있고 사용하지 않는다. 만약 내가 휠체어용 경사로를 설치하려고 할 때, 권장된 경사도에 의하면 나는 두 개의 계단을 올라 뒷 부엌문으로 들어가기 위해서는 14피트 길이의 경사로가 필요하다. 현관문은 이보다 훨씬 더 긴 경사로가 필요할 것이다. 장애인도 드나들 수 있는 입구로는 36인치가 권장되고 있고, 문으로 접근하는 곳이 각이 지고 좁은 경우에는 42인치가 요구되기도 한다. 내 집의 모든 출구는 너무 좁을 뿐만 아니라 휠체어가 '뛰어넘어야' 하는, 쇠로 된, 비스듬하게 만들지 않은 문턱이 있다. 휠체어 사용자가 운이 좋아 내 집에 들어온다 하더라도 화장실을 사용할 수가 없다. 가장 넓은 입구인, 주 침실 욕실로 들어가는 문의 폭이 29인치인데, 2층에 있다. 1층에 있는 화장실 통로는 가장 좁아 22.5인치라서 어떤 상황에서도 휠체어가 들어갈 수가 없다. 모든 변기는 휠체어 사용자에게 너무 낮고, 어느 화장실에도 잡을 수 있는 안전 손잡이가 설치되어 있지 않다. 뿐만 아니라 내 집의 작은 식당용 방에는 큰 식탁이 놓여 있어서 휠체어가 돌아다닐 공간이 거의 없어 휠체어 사용자가 식탁에 앉기가 쉽지 않다.

집 안의 다른 표준적인 것들도 다양한 유형의 몸을 가진 사람들에게 어려움을 안겨준다. 모든 문의 손잡이는 표준 높이 3피트에 달려 있는데, 관절염을 앓거나 손이나 손가락이 없는 사람들에게는 잡기 어렵게 되어 있다. 전기 스위치는 4피트 이상의 높이에 설치되어 있다. 문손잡이의 이상적인 높이는 3피트인데, 왜 스위치는 더 높이 설치해야만 하는 것인지 궁금하다. 욕조 중의 하나는 다른 욕조보다 훨씬 더 깊어서 들어가고 나오는 것이 어렵다. 거울은 보통 평균 신장 이하의 사람들은 볼 수가 없다. 내 아이들은 수년간 머리를 빗기 위해 위험하게 변기에 올라가야만 했다. 2층으로 올라가는 계단은 우리가 좀 더 기능적인 난간을 설치하기 이전에는 장식용 난간만 있었다. 옆문에 달린, 지하실로 내려가는 계단에는 난간이 없다. 집을 수리하기 전까지는 방에서 나가거나 마루에서 나갈 때 불을 끄도록 스위치가 설치되어 있었다. 초인종 작동을 할 수가 없어서 누가 문 앞에 와 있어도 알아듣기 어려웠다. 끝으로, 내 아내는 부엌의 맨 위 찬장에 닿을 수가 없고, 아래에 있는 찬장은 내가 쪼그리고 앉을 수 있는 정도보다 더 낮으며, 아이들은 널찍한 3피트 높이의 주방 상판에 있는 물건들에 닿지 않는다.

우리가 어떤 공간에 있는 장애를 가진 몸을 생각하게 될 때, 공간의 사회적 구성의 존재와 보존이 완전히 공적인 정치적 합리성을 적용한 덕분이라는 사실에 의해 그 공간의 사회적 구성이 우리에게 모습을 드러내게 된다. 요약하자면, 휠체어 사용자, 시력이나 청력이 좋지 않은 사람, 계단 오르는 것이 어려운 사람, 높은 곳에 닿는 것 또는 몸을 구부리는 것이 불편한 사람, 물건을 쥐는 것이 불가능한 사람은 나의 집에 맞지가 않는 것이다. 민첩하고 키가 6피트인 사람으로서 어두운 곳에서의 직감과 정확한 청력을 가지고 있고 계단을 사랑하는 사람이 맞는 것이다. 이런 것들이 나의 집의 설계도에서 읽어 낼 수 있는 사회적인 사실들이다. 그리고 이런 것들이 다른 많은 건물에서 나타날 때 — 사실 나타나고 있다 — 우리는 정당하게 이런 사실들이 이념에 — 공적인 영역에 속하기 때문에 정밀한 분석과 수정이 요구되는 능력 이데올로기에 — 의해 지지되고 있다는 결론을 내릴 수 있는 것이다. 물론, 사회적 사실들이 입수 가능하다고 하여 정치적 행동으로 옮겨지는 것은 아니다. 어떤 사람들은 눈앞에 있는 사실들을 보고 있는데도 불구하고 그 사실들을 인정하지 않을 것이고, 경쟁 관계에 있는 경제적 동기나 기존의 권위 체계와 같은 다른 요소들이 사회적 불의를 바로잡는 일을 단념시킬 수도 있다. 그러나 중요한 것은 보통 사적이고 심리적인 복잡성이 개인들로 하여금 행동을 취하지 못하도록 하기 때문이 아니라 정치적인 이유 때문에 억압이나 불의가 지속된다는 것이다. 따라서 다른 정치적 이유들을 분석하고 비판할 수 있는 일반 이론을 개발하는 것이 모두에게 득이 되지만, 일반 이론이 없는 상태에서는 자신에게 가해지는 잘못들을 확인한 개인들이 불의에 더 잘 투쟁할 목적으로 단체로 뭉칠 것을 기대할 수 있다. 이것이 정체성 정치의 성장과 함께 현재 우리가 목격하고 있는 것이다.

인간적인 얼굴을 한 현실주의

철학적 현실주의자들은 오늘날 활동하는 많은 문학 비평가나 문화 비평가들보다 더 합리주의를 높이 평가하기 때문에 정치적 합리주의의 가치와 위험에 대해 미묘한 차이를 보이는 입장을 취한다. 철학적 현실주의자들의 입장은 다양한 정치적 분석에 적응할

수 있고 인간의 다양성에 민감하며 객관성·보편주의·합리주의
라는 명목하에 저질러진 범죄를 의식하는 유연한 이론적 체계이
다. 그럼에도 불구하고 그들의 입장은 장애가 철학적 현실주의의
일부 기본 교리에 장애물을 내놓는 경우라는 것이다.

　여기에서 강조할 만한 가치가 있는 까다로운 장애물로는 현실주
의 내에서의 합리주의와 인간의 개념 사이의 연계를 들 수 있다. 합
리주의에 대한 이론들이 세상의 사물들의 객관적인 자질을 인지하
는 능력에 의존하고 있는 것만은 아니다. 그 이론들은 객관적인 자
질들 그리고 칸트가 합리적인 존재로 칭한 주체들을 확인할 수 있
는 특징들 면에서 합리성 자체를 구성하는데, 이 합리적인 주체임
을 확인해주는 특징들이 항상 장애인, 특히 정신장애인을 포함하
는 것은 아니다. 두 가지 주의할 점을 이야기해야만 하겠다. 첫째,
윤리나 정치 그 어느 것도 합리성이란 개념 없이 있을 수 없다. 이
것이 사회 구성이 합리주의와 통합되어야 한다고 현실주의자들이
주장해 오는 이유이다. 둘째, 인간 주체성에 대한 정의는 철학의
역사에 있어서 문제인데, 현재 글을 쓰고 활동하는 현실주의자들
에게도 문제이다. 이것이 우리가 도덕적 인간성의 개념이 18세기
의 이성에의 집착을 넘어서 진화한 길에 대한 적절한 설명을 개발
하여 인간에 대한 좀 더 유연한 정의(定意)와 오늘날 인간이 마땅히
받아야 할 존경을 획득하여야 할 필요성을 제기한다. 따라서 합리
성 이론은 버리지 말아야 한다 ― 그 이론은 계몽주의의 해방적인
이상에 의해 인간 자율성에 불가분하게 묶여 있다. 그러나 그 합리
성 이론은 필요 이상으로 배제적이기 때문에 장애학이 압력을 가
할 필요가 있다.

후안 플로레스(Juan Flores)는 계몽주의가 무지한 타자를 만들어 냄으로써 합리성을 정의한다고 주장한다. 그는 이성에 대한 칸트의 생각은 미숙한 또는 충분히 발전하지 못한 생각이며 "다른 사람의 지시 없이 이성을 사용하지 못하는 무능력"을 외면한다고 강조한다(Flores, p. 200이 인용). 루소와 칸트가 설명한 것과 같이 자유로울 수 있는 도덕적·정치적 능력은, 이론상으로는 커다란 유연성을 허용하지만, 대략 성숙한 합리성에 관련되어 있다. 18세기의 합리성에 관한 이상은 인간의 자율에 대한 강조와 타율에 대한 증오를 담고 있다. 앞에서 이미 언급한 것처럼 모한티(Mohanty)는 철학적 현실주의자들이 이러한 강조를 받아들이고 있다는 것을 분명히 하였다. 그는 "문화적 타자들이 아무리 다르다 해도 그들이 속한 문화의 전형적인 구성원으로서, 그들이 의도적으로 행동할 수 없을 정도로, 그들의 생각과 이전의 경험에 비추어 그들의 행동을 평가하지 못할 정도로, 그리고 아주 조금이라도 '합리적이지' 못할 정도로 다르지는 않다"고 주장하였다(p. 198). 모한티의 주장에 대한 반응에서 모야(Moya)는 "누구나 '타자'와의 관계 속에서만 '자기'(self)가 되는 것이다"라고 올바르게 주장하였다(n. d.., p. 8). 그러나 모야가 자기(self)와 타자에 귀속시킨 상호 의존도는 그들의 행동에 대하여 성찰을 할 수 있는 능력이 없는 사람들을 수용하는 것까지 하지는 않는다. 그녀는 우리가 동의하지 않는 사람들이 "혼란스럽거나 미치거나 우둔한" 것이 아니라 그들의 "지각 세계"에서는 이해 가능하다는 가정을 토대로 존중을 정의하면서 우리는 다른 사람들의 말을 경청할 필요가 있는데 그 이유는 그들이 "급진적으로 타자"이기 때문에 또는 "아주 똑똑하기" 때문에가 아니라 "그들이 권력의 상호 연결된 구조를 통해 우리에게 연결되어 있기" 때문이라고 말하였다(pp. 8-9). 만약 존중이 합리성의 소유 여부에 의해 결정된다면 인간에게 존중이 주어지지 말아야만 하는 최소의 합리성이라는 것이 있는 것인가? 어떻게 우리는 합리적 주체성이라는 이상을 보존하는 동시에 칸트의 목적의 왕국에 장애인들도 접근 가능하게 만들 수 있을까? 이것은 수사학적 질문이 아니라 인간이 되기 위한 지속적인 열망에 연결되어야만 하는 묻고 싶은 질문이다. 나는 이 질문이 진지한 연구를 해볼 만한 가치가 있는 아주 까다로운 질문이라고 생각한다. [9]

관련 자료 번호 10

뉴욕 타임스 온라인(New York Times Online)

2000년 9월 5일

몸이 붙어 태어난 쌍둥이의 윤리적 딜레마

연합통신사(The Associated Press) 지음

런던 (AP) — 조디는 메리가 죽어야만 살 수 있을지도 모른다. 의사들은 수

---

9) 에바 페더 키테이(Eva Feder Kittay)는 일부 장애인들이 합리적 숙고를 할 수 없기 때문에 '정신 지체'가 진보주의의 한계 사례일 수도 있다는 생각을 지지한다. 돌봄의 정의(正義)라는 새로운 생각에 대한 그녀의 결론이 완전히 만족스러운 것은 아니지만 — 인지 장애에 대해서 그녀가 철저하게 연구하지 않아서가 아니라 그것 자체가 어려운 문제이기 때문에 —, 그녀의 논문들은 정신적 장애를 가진 사람들에 의해 제기된 정치적 이슈들에 관하여 좋은 배경을 제공해준다. 미국 역사상 인지적 장애의 역할에 대한 다른 정보로는 스나이더와 미첼(Snyder and Mitchell, 2002) 그리고 트렌트(Trent)를 들 수 있다.

술을 원하지만, 부모는 하나님의 뜻에 따르기를 원한다.

따라서 동유럽 출신의, 몸이 붙어 태어난 쌍둥이의 운명은 윤리적 이슈로 고민하고 있는 의사와 항소법원 판사들의 손에 달려 있다.

항소법원 판사인 헨리 브룩은 둘 중 덜 발달된 몸을 가지고 태어나 산소를 포함한 피를 받기 위해 조디에 의존하고 있는 메리에 관해 말하면서 "법의 눈으로 볼 때 이 생명체는 무엇인가?"라는 질문을 던졌다.

조디의 변호사는 "불행하게도 가망이 없는 생명인 것을 보존하는 것이 결코 최선의 이익이 아니다"라고 주장하였다.

조디와 메리 ― 관련 여아들의 사생활 보호를 위하여 법원이 사용하는 가명 ― 는 9월 8일 맨체스터 세인트 메리 병원에서 태어났는데, 복부 아래 부분이 붙어 있다. 메리의 뇌와 몸이 조디보다 덜 발달되어 있으며, 맨체스터의 병원 의료진은 분리하지 않으면 둘 다 6개월 내에 조디의 심장이 멈추면서 사망할 것이라고 말하고 있다.

신원이 밝혀지지 않은 이들의 부모는 9월 25일에 고등법원 판사가 내린, 쌍둥이를 분리하라는 판결에 불복하여 항소하였다. …

칸트의 유명한 합리적 숙고의 공식에서 사용된 표현을 빌려 말하자면, 사람의 개인적 준칙을 마치 정언 명령처럼 취급하는 것은 우리가 자율의 입장, 편파와 사익이 없는 입장을 ― 인간이 하기에는 아주 어려운 것이라서 매우 가치가 있는 것을 ― 생각할 수 있도록 돕기 위해 의도된 서술적 술책이다.[10] 그러나 합리적 숙고의 목

---

10) (역자 주) 칸트의 준칙은 개인이 자신의 행위 지침으로서 스스로에게 설정하는 규칙을 가리키는 반면에, 정언 명령은 행위 자체가 선이기 때문에 무조건 그 행위의 실천이 요구되는 도덕적 명령을 가리킨다.

적은 도덕 원칙들에 도달하는 것이 아니라 그것들을 시험하는 것
이다. 도덕적 보편들은 그것들이 일반적으로 그리고 특정하지 않
게 진실인 한도 내에서만 보편적인 것이다 ─ 여기에서 내가 의미
하는 것은 그것들이, '인간', '자유', '미덕', '악', '문화적 다양성'과 같
이, 특정한 적용을 위해 추가적 서술이 요구되는 '플레이스 홀딩'
(place-holding)[11] 개념들을 대개 포함한다는 것이다. 이 개념들을
사용하는 것이 합리적 숙고의 과정을 끝내는 것이 아니라 시작이
다. 그리고 그러한 숙고는, 목적의 왕국이 존재하는 한, 끝이 없어
야만 한다.

따라서 인간적인 것이라는 개념은, 인간이 항상 진행 중인 일이
어야만 하는 것처럼, 고정된 정의를 수반하는 것이 아니고 진행형
의 일이어야만 하는 것이다. 정말 이상하게도 오늘날 인간의 정의
에 대한 가장 유연한 접근이 동물의 권리에 대한 논의에서 발견된
다. 이 생각은 인간과 동등한 존재로서 동물이 인간에게 존중을 보
이지 않음에도 불구하고 인간과 동등한 존재로서의 그들에게 마땅
히 주어져야 할 존중으로 동물을 대하여야 한다는 것이다. 이것이
윤리적 생각을 위해서는 중요한 제스처이지만, 정치적인 이유로 나
는 우리가 다른 종에게 접근을 제공하기 시작하기 전에 인종의 모
든 구성원들에게 인간적인 것이라는 범주에로의 접근을 가능하게
하는 것을 선호한다. 간단명료한 사실은 지금 이 순간에는 장애인
권리를 주장하는 것보다 동물의 권리를 주장하는 것이 더 쉽다는

---

11) (역자 주) 플레이스 홀딩은 '플레이스 홀더'(place-holder)와 연관되는 것으로, 문법에서
　　진주어를 가리키기 위해 사용되는 가주어처럼, 빠져 있는 것을 대신하는 기호나 텍스트를
　　가리킨다.

것이고, 적어도 한 명의 철학자가 우리가 장애인보다 동물에게 더 친절해야만 한다고 주장하기에 이르렀다는 것이다. 싱어(Singer)는 동물 학대를 불법화하고 고기 먹는 것을 중단하여야 한다는 결론을 내리면서 동시에 정신장애인이나 척추뼈 갈림증 같은 증증 신체장애를 가진 사람을 안락사 시켜야 한다는 결론을 내렸다.

> 어떤 존재가 인간이라는 것은 … 그것을 죽이는 일의 잘못과 관련이 없다. 오히려 합리성, 자율성, 자의식 같은 특징들이 중요한 것이다. 결함이 있는 아이는 이런 특징들이 없다. 따라서 그들을 죽이는 것을 정상적인 인간 또는 다른 자의식을 가진 존재를 죽이는 것과 동일시할 수는 없다. 이 결론은 돌이킬 수 없는 정신 지체 때문에 합리적이고 자의적 존재가 될 수 없는 유아에게만 한정된 것이 아니다. … 증증 척추뼈 갈림증으로 고통을 받는 아이들과 밀접한 관계를 맺고 있는 일부 의사들은 이 아이들 중 일부 아이들의 삶이 너무나 비참해 그들을 살려두기 위해 수술하는 것은 잘못된 것이라고 믿고 있다. … 이것이 맞다면, 공리주의적 원칙은 그런 아이들을 죽이는 것이 옳다고 말한다.(pp. 131-133)

이같이 끔찍한 결론은 18세기 합리주의의 한계를 보여주고 있다. 장애인이 그에게 마땅히 주어져야 할 존중을 얻기 위해서는 그리고 우리가 민주주의적 사회로서 진보를 이루기 위해서는, 인간적인 것에 대한 또 다른 보편적·메타비평적 개념이 ─ 인간 사회에 참여하는 자격을 결정하는 요소로서 18세기의 합리성을 사용하는 것을 넘어서는 그런 개념이 ─ 시급하게 필요하다는 것이 내가 말하려는 요점이고, 따라서 나는 여기서 그런 개념을 제시하려고 한다. 인간성은 인간이 되려고 하는 염원에 의해서, 그러나 그런 열망의 일부로서 자신이 인간 자체로 인지되기 위하여 다른 존재들의 인간 지위를 인정해야만 한다는 조건을 포함하는 역설적인 방법으로 규정된다. 누군가에게 인간 지위를 인정하는 것은 그들에게 허락을 준다기보다는 그들이 인간이도록 그냥 두는 것이라고 나는 주장한다.

21세기 초에 인간성에 대한 우리의 철학적 생각을 재고해보는 것은 매우 중요하다. 왜냐하면 인간적인 것에 대한 너그럽고도 메타비평적인 개념, 장애인들에게 공적인 토론에서의 자리를 제공하는 개념이 없이는 민주주의는 스스로 주장하는 열린 사회를 위한 적법한 토대가 될 수 없을 것이기 때문이다. 장애인들은 정치적 짐이 아니라 포함과 참여와 같은 중요한 민주적 원칙들에 대해 생각해 볼 수 있는 자원이다.

다리 저는 것은 죄가 아니다

정체성 정치는 좌파와 우파 모두에 의해 배제·상처·약점과 연계되어 왔다. 정체성 정치의 지지자들은 그들의 배제로부터 받은 상처에 치여 사회의 주변·외부에 존재한다. 그 때문에 우파는 정체성 정치를 나르시시즘적 감정이라고 비난하면서 지나치게 자기연민에 빠진 또는 자신들의 고통에 대해 천박하고 과장된 생각을 가진 사람들을 외면하는 반면에, 좌파는 희생자처럼 행동하는 사람들을, 실제 희생자이든 아니든 상관없이, 이들이 모두에게 나쁜

예가 되는 스스로 식민자가 된 자들이기 때문에, 참고 넘어갈 수가 없다. 이 두 설명 모두 장애인의 정치와 중요한 관계를 갖는다. 왜 냐하면 그들은 또한 사회 외부에서 살고 있고 그 때문에 고통을 받고 있다고들 하기 때문이다. 그러나 장애인들은 이 같은 오해를 받아들이기를 거부하면서 포함과 고통에 관한 다른 언어와 이론을 요구한다. 따라서 어쩌면 장애학의 시각이 현재의 소수자집단들과 그들의 정체성 정치에 대한 오해를 밝혀줄 수도 있을 것이다.

예를 들어, 장애학이 배제라는 개념을 어떻게 수정할 수 있겠는가? 이 개념은 우리가 잘 알고 있듯이 계몽주의 철학의 인지적 풍경이 대부분의 외부적 요인들에 대한 설명들에 반대하였기 때문에 18세기 이후 공격을 받아왔다. 잘 알려져 있듯이 계몽주의는 세계 관객이라는 입장에 의존하는데, 이 입장이, 몇 가지만 예를 들자면 제국, UN, 독자반응 비평 등과 같은 개념을 고취해 온 이 입장이 포함과 배제를 결정하는 도덕적 문제에 답하는 것이다. 세계 관객 이론의 가치는 외부가 없는 세상의 구상에, 정부 비밀에 관한 논의든 국경에 관한 논의든 상관없이, 외부에 대한 모든 개념은 사실 거짓이고 파괴적이라는 주장에 있다.[12] 계몽주의 철학은 배제적인 행위의 잘못을 바로잡는 데 열심이었는데, 세대를 거쳐 전달되어 온 그 목표는 누구에 의해 누가 배제되었는가를 규정하면서 포함

---

12) 외부가 없는 세계에 대한 고전적인 정치적 묘사는 '영구 평화론'(Perpetual Peace)이라는 논문이다. 이 논문에서 칸트는 정치적 비밀과 상비군에 반대하면서 세계 평화를 보장하는 '국제 연맹'을 주창하였다. 심층 분석을 보려면 나의 "주체와 타 주체"(The Subject and Other Subjects, 1998c, pp. 115-130)를 참조하라. 그러나 세계 관중의 위치는, 외부 세계는 없다는 생각에도 불구하고, 종종 그 자신의 비전의 범위 외부에 위치하고 있다는 점을 알아야 한다.

을 주장하는 것이었다. 그러나 우리는 보통 외부에 대한 언급이 포함을 결정한다는 사실을 망각한다. 바로 이곳이, 포함-배제의 이분법이 접근성-비접근성 면에서 다시 생각되어야 한다고 주장하고, 그렇게 함으로써 내부에 있는 사람들로부터 권력과 세력을 빼앗고, 사회는 모두에게 속하는 것이어야 한다고 강조함으로써, 장애학이 큰 변화를 가져올 수 있는 곳이다. 요약하자면, 모든 세상은 모두가 접근할 수 있어야만 하고, 개인이 그런 세상에 들어갈 것인지를 결정하여야 한다는 것이다. 우리는 접근이 불가능한 건축 환경 속에서 살고 있어서 완벽하게 접근 가능한 도덕적·정치적 세상에 대해 생각하는 것이 어려운 일이다. 하지만 이것이 장애학이 제시한 도전이다. 보편적 접근에 대한 논의가 앞으로 어떻게 정치를 변화시킬 것인가?

마지막으로 장애학이 어떻게 소수자집단 정체성에 붙여진 상처의 정치에 대한 해석을 시작할 수 있을 것인가? 우리가 보아 온 것처럼, 오늘날 가장 두드러진 합리주의 모델은 정치적 주체들을 그들의 개인적 존재를 바탕으로 사적·공적 생활에서 선택을 할 수 있는 공평무사하고 독특한 자아로 정의한다. 이 모델의 여러 가지 여파 중의 하나는, 그 어떤 종류의 정체성도 자기(the self)를 억압하며, 일반적으로 정체성이 실패할 때 그것이 좋은 일인 것으로 간주된다는 두려움이다. 결과적으로 모든 정체성 정치가 개인의 자율성을 방해하기 때문에 차라리 없어지는 것이 낫다는 것이다. 이 같은 결론은 개인적 존재를 억제하거나 잘못된 방향으로 이끌어 방해하는 문화적 구성으로 정체성을 생각한 직접적인 결과이다. 따라서 정체성 정치의 거부는 오로지 자기(the self)의 해방을 목적을 하는 것처럼 보인다. 그러나 정체성 정치의 거부 또한 능력 이데올로기에 추가되는, 상처의 어떤 심리학으로부터 비롯된다는 것을 우리는 고려해야 할지도 모른다. 이러한 심리학은 상처를 개인의 약함과 연결시키고, 우리로 하여금 상처 받았다고 주장하는 사람들이나 또는 상처를 입거나 장애를 가지게 된 표시를 보이는 사람들과 어울리기를 두려워하게 만든다. 우리는 개인이 걸치지 말아야 할, 성격의 사회적 구성으로서 상처받은 정체성을 해석하고, 모두가 그러는 것은 아니기 때문에 상처를 지닌 사람들은 왠지 열등하다. 장애인들은 그들에 대한 이 같은 심리적 반응에 익숙하며, 장애학과 소수자집단 관련 학문들 사이의 더욱 적극적인 대화는 정체성 정치에 대한 우파와 좌파의 공격의 주된 동기가 정치적 합리성보다는 혐오감이라는 사실을 분명하게 보여 줄 수 있다.

정체성 정치는 소수자집단 개인들에게 저주가 아니라 정치적으로 아주 필요한 것이다. 소수자집단 개인들은 상처받은 애착이나 나르시시즘 때문에 함께 모이는 것이 아니다. 그들은 상처를 공평하지 못한 이점으로 만들려고 하는 것이 아니다. 그들은 정치적 과정에 관여하고 있는 것이다. 사실 정체성 정치는 다른 그 어떤 형태의 정치적 재현과 다를 것이 없다. 왜냐하면 정치란 항상 이념적, 역사적, 지리적, 또는 시대적 경계선에 의해 그 구성원의 자격이 규정되는 연합체를 암시하기 때문이다. 따라서 정체성에 대한 제한된 생각들은 모든 형태의 정치적 재현의 속성인 것이고, 이것을 근거로 하여 또는 정체성 정치가 부적절하게 배제나 상처에 연결되어 있다는 이유로 정체성 정치를 거부할 이유는 없다.

장애학은 미래의 소수자집단 정체성 그리고 그 정치에 대한 논의를 위하여 제공할 것이 많다. 다른 논의 주제로는 (1) 왜 빈민들은 스스로를 소수자 또는 정체성 집단으로 만들 수 없었던 것인가 그리고 이 같은 실패가 일반적인 장애인 빈곤과 어떻게 연결되는가에 대해 생각해 보기, (2) 시민권, 인권, 정신장애 사이의 관계에 대해 그리고 이들의 관계가 어떻게 흑인과 성소수자 집단의 재현에 영향을 주었는가에 대해 더욱 상세한 설명을 제공하기, (3) 장애에 대한 생각이 어떻게 시장에 대한 다른 시각, 예를 들면 유전공학과 제약회사가 권장하는 건강의 이미지들 대(對) 중공업 분야에서의 노동자 안전과 건강에 대한 생각들을 결정하는가에 대해 질문하기 등이 있겠다. 우리는 이제 조사를 시작한 단계에 있다. 그리고 이 조사는 어려운 것이다. 하지만 우리의 지식이 느리게 나아가는 데에 대해 우리는 프로이트의 말을 아이러니컬하게 부연 설명한, 다음과 같은 시인의 말을 위안으로 삼을 수 있겠다.

> 날아서 접근할 수 없는 것, 다리를 절면서라도 접근해야 한다. …
> 성경이 가라사대 다리를 저는 것은 죄가 아니다.[13]

---

13) "쾌락 원칙을 넘어서"(Beyond the Pleasure Principle)의 결론을 참조하라. 여기서 프로이트(Freud)는 뤼케르트의 시를 인용하고 있다. "사람이 날아서 접근할 수 없는 것은 다리를 절면서라도 접근해야 한다. … 성경이 가라사대 다리를 저는 것은 죄가 아니다." (Vol. 23, p. 64)

가장으로서의 장애

패스하느냐 안 하느냐

예기치 않은 우여곡절을 겪을 계획이지만, 내가 말하려는 주제는 패싱(passing)으로 인식될 것이다. 나는 비밀을 지키고 거짓말을 해야 하기 때문이다. 1999년 12월에 나는 샌프란시스코 공항에서 노스웨스트 항공사의 게이트 직원과 논쟁을 벌였다. 그는 조기 탑승을 원할 경우 휠체어를 사용하라고 요구했다. 그는 휠체어와 같이 눈에 잘 띄는 소품에 의해 내가 장애인이라는 것이 확인되지 않는 한, 나의 장애를 받아들이고 싶어 하지 않았다. 내가 소아마비후증후군을 경험한 이후로 나는 1등석 승객의 뒤를 따라 곧바로 비행기에 탑승했기 때문에, 사람들이 붐비는 통로를 뒤뚱거리며 걸어갈 필요가 없었다. 나는 게이트 직원에게, 나는 휠체어를 충분히 탈 수 있겠지만 그것은 당신이 결정할 일이 아니라 바로 내가 결정할 일이라고 대답했다. 그는 결국 비행기에 탑승하도록 허락하였고, 사과를 할 생각을 나중에 했는지 객실까지 나를 따라 들어왔다. 이 사건은 여러 면에서 사소한 일이었지만, 이후 나는 비행기에 탑승할 때마다 나의 절뚝거림을 과장하는 습관을 갖게 되었다. 물론 이러한 과장은 내가 가진 장애를 항상 시각적으로 드러나게 하기에는 충분하지 않다 ― 게이트 직원들은 여전히 나에게 가끔 질문을 한다 ―. 그럼에도 불구하고, 나는 그러한 과장을 쓰는 전략을 계속한다. 비록 그것이 예전에 의사들과 간호사들이 나에게 꾀병을 부리지 말라고 비난하였던 경험을 떠오르게 하여 기분을 불쾌하게 만들지만 말이다.

2001년 1월, 나는 작은 얼음 조각에 미끄러져 무릎이 부러졌다. 내가 두 살 때 소아마비에 걸려 불편한 오른쪽 무릎이었다. 그 후 몇 달 동안 나무 목발을 ― 팔꿈치 목발과는 달리, 보통 장기적인 장애보다는 일시적인 부상을 당했을 때 사용하는 보조기기를 ― 사용했다. 내 생애 동안 나는 목발을 오랜 기간 사용했고, 그것은 일련의 강력한 감정을 일으켰다. 가령, 내가 장애인으로 커밍아웃한 이후 처음으로, 목발에 의지하고 있는 나 자신을 발견한 것이다.[1] 목발은 내 내면의 삶의 심오한 상징이자 장애인으로서의 현재 상태를 공적 세계에 투사한 것이었다. 목발은 장애인으로서의 나의 미래에 큰 희망을 또한 주었다. 왜냐하면 나는 나이가 들면서 돌아다닐 수 없다고 걱정하기 시작했었는데, 목발을 활용한다면

---

1) 장애인으로 커밍아웃하는 것의 수사학에 대해서는 Brueggemann(pp. 50-81, 81-99); Brueggemann and Kleege; Kleege; Michalko; Tepper(1999)를 참조하라. 앞으로 나올 담론의 한계에 대해서는 새뮤얼스(Samuels)를 참조하라.

어디든 다닐 수 있을 것이라는 것을 깨달았기 때문이다. 목발은 내가 어릴 때부터 사용법을 배웠기에 내 팔에 안기자마자 내 몸의 일부가 회복된 것처럼 느껴졌다. 그럼에도 불구하고, 나는 거리에 있는 사람들이 내게 제기한 질문에 대해 완전히 새로운 대답을 하고 있는 내 자신을 발견했다. "너 왜 그래?" 그들은 항상 물었다. 나의 새로운 대답은 "얼음 위에서 미끄러져서 무릎이 부러졌어"이었다.

패스하느냐 안 하느냐, 그것이 종종 문제로다. 하지만 장애에 관한 위 두 가지 이야기는 정체성을 숨기는 전통적 이해를 보여 주는 것일까? 어빙 고프먼(Erving Goffman)은 '상한 정체성'의 ― 법령, 의견 또는 사회적 협약에 의해 인정받지 못하는 정체성의 ― 낙인을 관리하기 위한 전략으로 패싱을 정의한다. 소수자집단과 약자들 사이에서, 유대인들은 기독교인으로, 흑인들은 백인으로, 게이 · 레즈비언 · 트랜스젠더는 이성애자로 패스한다. 비슷하게, 장애인은 그들의 장애를 감추고 비장애인으로 지낼 수 있는 독창적인 방법을 찾는다. 그러나 "벽장의 인식론"(Epistemology of the Closet)에서 세지윅(Sedgwick)은 고프먼의 정의가 허용하는 것보다 정체성에 관한 비밀이 더 복잡하다는 것을 제시하며, 벽장의 역사적 특이성이 20세기 서구 문화에서의 "비밀"의 의미를 지워지지 않게 표시했다고 설득력 있게 논박했다(1990, p. 72). 벽장은 숨기는 것뿐만 아니라 공개하기 어려운 것들을 포함하고 있다 ― 공개할 수 없다는 사실은 실제로 억압의 구성 표식 중 하나이다. 벽장의 인식론은 패싱에 대한 일반적인 이해를 복잡하게 만든다. 왜냐하면 그것은 알고 있거나 모르고 있는 어떤 대상 사이에서 일어나는 행위로서 패싱을 재현하려는 구조적 이항(binary)을 방해하기 때문이다. 벽장은 그 벽장 안에 있는 사람에 관한 진실에 대해 알기를 원하지 않는 사람들이 말할 수 없거나 비밀로 유지하는 그 비밀을 종종 담고 있다. 어떤 사람들은 비밀을 지킨다. 어떤 사람들은 그 사람들 자체가 비밀이 된다. 어떤 사람들은 벽장에 숨어 있지만, 다른 사람들은 벽장에 갇혀 있다. 물론 장애인인 가족의 존재를 비밀로 하기 위해 설립된 많은 시설은 말할 것도 없고, 다락방 · 지하실 · 욕실에 장애인을 감금한 긴 역사가 있다. 장애에 대한 비밀은 동성애 경험과 관련된 비밀들에 비해 평범하게 보일 수 있다. 왜냐하면 벽장은 사적이거나 공적인 실존 사이의 단순한 이항 대립으로 보일 수 없기 때문이다. 그러나 만약 장애학이 퀴어 이론에서 배울 것이 있다면, 그것은 비밀이 단순한 이항 대립에 거의 의존하지 않는다는 점일 것이다.

세지윅(Sedgwick)은 공개적인 비밀이 강제적으로 벽장의 인식론의 특징이 된다고 주장하면서, 8학년의 교사인 아칸포라(Acanfora)의 황당한 사례를 보여준다. 그는 동성애자임을 커밍아웃하고 교직에서 쫓겨났다. 그가 지방교육위원회를 고소하자, 연방법원은 그가 동성애자라는 이유로 고용을 거부할 수 없다는 것을 알았다. 하지만 그가 입사지원서에 자신의 동성애를 적시하지 않았다는 이유로 지방교육위원회의 결정을 지지했다(1990, pp. 69-70). 법원의 고문과 같은 논리로 인해, 그가 제출했던 많은 정보들은 갑자기 너무 적은 것이 되었고, 아칸포라는 처벌을 받았다. 유사한 논리가 또한 장애 관련 법률에도 문제를 야기할 것이라는 것은 점점 더 분명해지고 있다. 이것이 퀴어 이론이 장애학에 중요한 교훈을 주는 이유이다. 최근 세간의 이목을 끄는 사건에서 미국 대법원은 두 명의 여성 조종사가 근시이기는 하지만 장애인이 아니기 때문에 ADA 아래에서 보호를 받을 수 없게 되어 결국 취업이 되지 않았다는 것을 발견했다. 신체적·정신적 차이가 아닌, 부정적이거나 열등한 손상이라는 사회적 재현은 장애인 차별을 규정한다. 비록 유나이티드 항공사가 그들의 몸을 열등하다고 보고 고용을 거부했고, 법원은 이것이 잘못된 표현이라고 판결했음에도 불구하고, 두 조종사는 법의 보호를 받을 수 없었다. 법의 목적상 이들은 하나는 법정에서, 다른 하나는 유나이티드 항공사로부터 두 개의 몸을 받았다. 그리고 그렇게 하는 것이 그들에게 적용된 이상한 이중 잣대를 지속할 수 있는 유일한 방법이었다(Greenhouse, 1999a; Tyjewski).

관련 자료 번호 11

뉴욕 타임스 온라인(New York Times Online)

2001년 1월 7일

기형을 직업으로 바꾼 프리다 푸쉬닉(Frieda Pushnik), 77세에 타계

더글러스 마틴(Douglas Martin) 지음

리플리와 바넘의 사이드쇼(Ripley's and Barnum's sideshows)에서 '팔과 다리가 없는 기적'으로 등장해, 기이한 스타로서는 말할 것도 없고 큰 부를 얻었던 프리다 푸쉬닉이 12월 24일 캘리포니아 주 코스타 메사의 자택에서 방광암으로 사망했다. 그녀는 향년 77세이었다.

"적어도 사람들이 나를 두뇌가 없는 사람이라고는 부르지 않았다"고 그녀는 재치 있게 말하였다. 글쓰기, 타이핑, 재봉 등을 포함한 기술의 실연과 결

합되었을 때, 특이함을 뛰어넘어 그녀의 사이드쇼 공연은 적응과 투지라는 측면에서의 교훈까지 확대되었다.

1998년 CBS TV 인터뷰에서, 다른 사람들이 그녀를 빤히 쳐다봐도 괜찮냐는 질문에 그녀는 이렇게 받아쳤다. "그럼요, 돈을 받을 수 있다면요. …"

아칸포라와 여성 조종사의 일관성 없는 법적 소송들은 직장에 존재하는 벽장을 드러내고, 세지윅(Sedgwick)이 "강제적이고 금지된 폭로의 매개체"라고 부르는 것을 드러낸다(1990, p. 70). 벽장은 억압적인 구조이다. 왜냐하면 그것은 공개나 비밀 유지에 대한 개인의 욕구를 넘어서서 정보의 흐름을 통제하고, 비밀을 유지하거나 폭로하는 것을 마음대로 전환할 수 있기 때문이다. 벽장 안에 무엇인가를 두는 것은 벽장문을 닫는 것만큼 쉽지 않다. 벽장에서 나오는 것은 그것을 여는 것만큼 간단하지 않다. 부모와 친척들은 퀴어 정체성에 대해 듣고 싶어 하지 않는다. "묻지 마, 말하지 마", 이런 말들은 물론 군대의 좌우명이다(Halley). 휠체어 사용자는 행인들 사이에서 못 본 체함을 당한다는 것을 알고 있고, 반점이 있거나 얼굴 기형을 가진 사람들은 종종 전략적으로 무시된다. 작은 얼굴 기형은 은밀한 시선을 유발한다. 그 시선은 당신이 보고 있지 않을 때 도난당한 것이기도 하고, 당신이 뒤돌아 볼 때 눈길을 돌려버리는 것이다. 당신을 응시하는 시선을 두려워하지 말고 받아들여라, 그러면 당신은 당신 자신이 보이지 않는 존재임을 알 수 있을 것이다. 패트리샤 윌리엄스(Patricia Williams)가 "인종과 권리의 연금술"(The Alchemy of Race and Rights)에서 설명하듯이, 차이점은 거의 항상 보이는 것과 보이지 않는 것 사이의 역설적인 전환을 포함

한다. 윌리엄스(Williams)는 흑인 여성이 눈에 잘 띄는 동시에 사회적으로 보이지 않는 존재라고 지적한다. 사실, 그녀의 사회적 비가시성을 만들어 내는 것은 그녀의 가시성 높은 검은 피부색이다(pp. 213-236). 패싱은 사람들이 자신의 정체성을 가장하기에 충분한 천재성을 가지고 있을 뿐만 아니라 사회가 차이의 복잡한 재현을 억압하는 일반적인 경향을 가지고 있기 때문에 가능해진다. 이것이 퀴어 이론이 장애인에게 벽장의 인식론을 통해 가르치는 것이다.

그럼에도 불구하고, 벽장은 장애인들의 경험을 묘사하기에 완전히 적절하지 않을 수도 있다. 세지윅(Sedgwick)은 벽장의 이미지는 현대의 다른 많은 억압처럼 공명할 수 있기 때문에 "신체적 장애"를 포함하여 "다른 억압에는 있을 수 없는 방식으로 동성애 혐오증을 나타낸다"고 주장한다(1990, p. 75). 세지윅에 따르면, 인종·젠더·연령·크기·장애에 근거한 억압은 눈에 보이는 낙인에 초점이 맞추어져 있는 반면, 동성애 혐오는 그렇지 않다.[2] 눈에 보이는 낙인의 개념은 장애를 벽장의 인식론에서 분리하는 데 합당하지 않다. 왜냐하면 청각장애, 만성피로, 자폐증, 당뇨병, 난독증과 같은 보이지 않는 장애는 고려되지 않았기 때문이다. 더 중요한 것은 억압의 원인이 주로 신체가 아닌 사회 환경이나 건축 환경에 존재하기 때문에, 신체의 물리적·정신적 특성을 눈에 보이느냐의 여부와 연결시키는 것은 의미가 없다. 접근성이 보장되지 않은 모든 건물은 비장애인 중심 사회에 의해 장애인에 대한 억압을 나타내

---

2) 뉴턴(Newton)의 "어머니 캠프"(Mother Camp)는 반증을 제시하며, 여장남자는 눈에 띄게 낙인을 형상화하기 때문에 게이 세계의 수치심을 재현한다고 설명한다(p. 3).

는 벽장이다. 그러나 나는 세지윅이 장애와 동성애에 관한 패싱을
도매금으로 처리하는 데 주저했던 것은 옳은 것이라고 생각한다 —
왜냐하면 장애인이 벽장 안에 갇혀 있지 않기 때문이 아니라, 장애
에 대한 패싱은 벽장의 논리를 바꾸는 가독성과 판독 불가성의 형
태를 나타내기 때문이다.

　장애인은 자신의 장애를 숨김으로써 장애 용어의 고전적인 의미
에서 벗어나려고 할 수도 있다. 하지만 그들은 또한 구조적으로 패
싱과 비슷하지만 똑같지는 않은, 아직까지 덜 논의된 습관에 관여
되어 있다. 그것은 한 종류의 장애를 다른 장애로 위장하거나 자신
의 장애를 과장하여 나타내는 것이다. 이 습관은 패싱에 대한 가독
성을 흐리게 하고, 또 더 자세히 살펴볼 가치가 있고 그 자신의 용
어를 요구하는, 전통적 패싱과는 충분히 다르다. 이제 나의 전략은
장애인 공동체에서 패싱과 정체성의 정치화에 대해 생각할 수 있
는 모델을 만들기 위해 퀴어 이론과 그 전말에 접근하는 것이다. 그
럼에도 불구하고, 나의 주장은 전통적인 관점의 패싱에 관심을 덜
기울이고 패싱의 재이론화를 요구하는 장애 정체성에 관한 비전
통적 활용에 관심을 더 기울이는 '제2의 물결'을 의미할 것이다. 나
의 방법은 이론이 결핍된 곳을 보충하기 위해 가능하면 대안적인
장애 패싱에 관한 많은 이야기를 수집하는 것이다. 바바라 크리스
천(Barbara Christian)이 논의했듯이, 이야기는 이론이 발생하는 장
소이기 때문이다.[3] 나는 이러한 변형된 형태의 장애 패싱을 '가장'

---

3) 대안담론을 창조하고 확립하는 방법으로서의 패싱에 대한 논의는 산체스(Sánchez)와 슐로
스버그(Schlossberg)의 에세이를 참조하라.

(masquerade)[4]이라고 부를 것이다.

장애를 가장하기

　페미니스트와 퀴어 이론의 오래된 주요 개념인 가장은, 단순히 장애를 은폐하지 않고 장애를 가장의 한 버전이라고 주장하기 때문에, 장애학의 관점에서 패싱을 재고할 수 있는 기회를 제공한다. 조안 리비에르의 1929년 에세이 '가장으로서의 여성성'은 성공적인 학술발표를 끝낸 후에 청중들 앞에서 강박적으로 남성들을 유혹하려는 재능 있는 여성 학자의 사례 연구를 제시한다. 이 여성학자는 자신의 젠더 불안 감정과 남성들로부터의 보복에서 자신을 보호하기 위하여 여성성이라는 가면을 쓴다. 리비에르는 "남성성을 바라는 여성들은 남성들로부터 우려되는 분노와 보복을 피하기 위해 여성성의 가면을 쓰게 될 것이라는 것을 보여주려고 나는 시도할 것이다"라고 설명했다(p. 91). 이 가면은 패싱의 한 형태로서 기능하지만, 그것은 퀴어 이론과 비평적 인종 연구에 의해 정의된 고전적인 형태와는 다르다. 가령, 자신을 벽장에 가둬놓는 게이 · 레즈비언 · 양성애자 · 트랜스젠더 또는 백인으로 가장하는 유색 인

---

4) (역자 주) 가장은 '사회적으로 기대되는 역할, 달리 말하는 페르소나를 채택하고 그에 합당한 외양 · 표현을 지속하게끔 하는 심리학적 현상을 가리키는 정신분석학의 용어'로서, 영국의 정신분석학자 조안 리비에르(Joan Riviere)가 '가장으로서의 여성성'(Womanliness as a masquerade)(1929)이라는 논문에서 처음 썼다. 이 개념은 주디스 버틀러가 발전시킨, 정교하고 세련된 수행성 개념의 전신으로 볼 수도 있다.(Buchanan, I.(2017). 교양인을 위한 인문학 사전(윤민정 외 역). 자음과 모음. (원출판년도 2010))

종은 일반적으로 사회적 낙인을 피하고 기득권의 사회적 역할에서 제공되는 안전과 이득을 얻고 싶어 한다. [반대로] 지배집단이 소수 자집단으로 패싱하는 것은 매우 드물다. 예를 들어, 애드리안 파이퍼(Adrian Piper)는 흑인이 되는 것은 "백인이 자발적으로 가정하지 않는" 사회적 조건이라고 지적한다(p. 58).[5] 패싱은 사회적 위계를 보호한다. 왜냐하면 패싱은 사람들이 그들의 현재의 사회적 지위를 넘어서 오르기를 원하며 그들이 갈망하고 있는 지위는 지배적인 사회 집단에 속하는 것이라고 가정하기 때문이다. 그것은 지배층의 사회적 지위를 규범적이고 바람직한 것이라고 확실하게 보여준다.

그러나 리비에르의 '여성'은, 그녀 자신의 위장으로서 사회적으

---

5) 나의 초점은 장애학과 퀴어 이론 사이의 연결에 있지만, 인종적 패싱에 관한 문헌들에도 많은 빚을 지고 있다. 인종적 패싱의 복잡성에 대한 좋은 입문은 '백인으로의 패싱, 흑인으로의 패싱'(Passing for White, Passing for Black)이다. 여기에서 파이퍼(Piper)는 장애의 맥락에서 강조할 가치가 있는, 인종에 대한 몇 가지 중요하고도 역설적인 주장을 한다. 첫째, 인종 정체성은, 장애 정체성과 마찬가지로, 공유된 신체적 특징에 의존하지 않는다(p. 30). 오히려 어떤 종류의 정체성이라도 그 사람이 세계에 대해 구별되는 특징을 제시하기 때문에 '패싱'으로 기능한다. 따라서 백인으로 패스하기로 한 결정은 "흑인 정체성에 대한 거부 이상의 것"이며, "흑인 정체성"의 고통·장애·소외에 대한 거부이다(p. 13). 둘째, 흑인 정체성에 대한 긍정이나 과장이 이 정체성의 소외에 대처하기 위한 대책일 수도 있다(p. 14). 여기에서 파이퍼의 '내 흑인 특징을 과장하는 자화상'(Self-Portrait Exaggerating My Negroid Features)은 인종과 장애 가장의 관계에 대한 논의의 출발점을 제공할 수 있다.

인종적 패싱에 대한 다른 중요한 논의자들로는, 문학 연구에서 패싱에 관한 질문을 제기한 맥도웰(McDowell), 젠더의 맥락에서 패싱을 고려하는 하퍼(Harper), 인종 동일시에서 해부학에 대한 관심을 보고하는 위그먼(Wiegma), 19세기와 20세기 미국에서 '패싱'의 어원과 용도를 추적하는 솔러스(Sollers), 백인성(whiteness)이 어떻게 '보편성'으로 패스하는지를 설명하는 다이어(Dyer), 영화·저널리즘·문학의 맥락에서 패싱의 이론에 대한 풍부한 읽을거리를 제공하는 왈드(Wald) 등이 있다.

마지막으로 '색깔의 선을 넘는 것'과 '피부색 불문주의'나 '인종 불문주의' 사회를 이루는 것 사이에 있는 인종적 패싱의 긴장은 맹목(blindness)이라고 하는 은유를 경계하는 장애학적 시각에서 언젠가 심문되어야 할 필요가 있음을 언급하는 것은 가치가 있다.

로 낙인찍힌 정체성을 취하는 것이다. 그녀는 규범적인 또는 지배
적인 사회적 지위를 모방하지 않는다. 그녀는 남자들로부터 야기
된 자신의 불안과 보복으로부터 스스로를 보호하기 위해 그러한
자신의 낙인을 드러내지만, 그녀는 패싱하지 않는다. 사실, 리비에
르는 벽장에 대한 특정 언급을 매우 빨리 남겨 놓는다. 그녀는 '진
정한 여성성'과 '가장' 사이에는 차이가 없다는 유명한 결론에 도달
했다. 리비에르(Riviere)는 "급진적이든 피상적이든, 그들은 똑같은
것"이라고 쓴다(p. 94). 다시 말해, 이성애자 여성들과 동성애자 여
성들(그리고 일부 남성들)은 여성성의 가면을 쓴다. 비록 그것이 고
프먼이 논의한 사회적 낙인으로서 '오염된 정체성', '원하지 않는 차
이'임에도 불구하고 말이다(p. 5). 리비에르가 예로 든 여대생의 행
동은 그녀가 '오염된 정체성'을 과장하기 때문에 매우 흥미롭다.[6]
그녀는 자신을 '여성'이라고 커밍아웃하며 자신을 바람직하지 못한
고정관념 안에 종속시킨다. 리비에르는, 불평등한 젠더 조건뿐만
아니라 약함, 수동성, 성적 수용성을 수행함으로써 그리고 그 수행
을 자극하는 억압의 느낌을 동반함으로써 남성에 스스로를 종속시

---

6) 비록 페미니스트와 퀴어 이론가들이 리비에르의 아이디어를 적용할 때 고프만의 이론을
인용하지는 않았지만, 가장은 낙인을 관리하는 전략으로서 이러한 적용에 사용되었다. 왜
냐하면 가장의 목적이 여성성에 대한 고정관념을 과장하여 남성의 권력에 역행하는 효과
를 창출하기 때문이다. 도안(Doane, 1982, pp. 1988-1989)은 리비에르의 논의를 활용하
여, 가장이 여성 자신과 고정관념 사이의 거리나 간격을 노출시켜 남성 권력의 구조에 의문
을 제기한다는 주장을 한다. 드 로레티스(De Lauretis)는 가장이 체제를 가장하는 자에게
체제전복적인 즐거움을 준다고 주장하는 반면에(p. 17), 캐슬(Castle)은 바크틴(Bakhtin)
의 카니발레스크(carnivalesque, (역자 주) 전복과 해방의 문학 양식)의 개념을 이용하여
가장이 자신에게 부여된 신분을 혼란에 빠뜨린다는 것을 제안한다. 최근에 가버(Garber)
는 가장이 "이분법이라는 안락한 개념에 도전하며 '여성'과 '남성'의 범주를 질문 속으로 던
져 넣는다"라고 주장한다(p. 10).

키는, 여성에 대한 이데올로기적 압박에 대하여 묘사하고 있다. 가
장은 위장을 통해 사회적 낙인을 관리하는 또 다른 방법, 즉 지배적
인 사회적 역할의 모방에 의존하는 것이 아니라 낙인찍히거나 주
변적이거나 열등한 것으로 표시된 정체성에 대한 가정에 의존하는
방법을 재현한다.

개념 예술가이자 시각 예술가인 조지프 그리즐리(Joseph Grigely)
는 때때로 자신의 청각장애를 가장하고 싶다는 욕망 속에서, 리비
에르가 제시한 젠더 가장과 매우 유사한 상황을 제공한다. 그는 메
트로폴리탄 미술관에서 있었던 최근의 경험을 떠올린다. 미술관의
경비원은 바닥에 앉지 말라고 이야기한 것을 따르지 않았다고 그의
어깨를 치며 질책을 했다. "나는 거울로 나 자신을 보면서 나 자신
의 청각장애를 찾았지만, 발견하지 못했다. 어떤 이유로 우리는 차
이라는 것이 시각적인 현상이라고, 몸은 인종이나 젠더가 나타나는
소재지라고 가정하도록 훈련받았다. 아마도 나는 내 피부색이 아닌
붉은 색(보청기 자체를 유난스럽게 드러내는 기표)으로 된 보청기를 필
요로 하는지도 모른다."(pp. 27-28). 그리즐리는 자신을 청각장애인
으로 드러내고자 하는 그의 욕망과 시각장애인들의 목에 '시각장애'
(BLIND)라고 표시된 표지판을 걸어 놓는 억압적인 관행을 예리하
게 비교한다. 그는 비장애인들이 혼란스럽지 않도록, 동시에 그가
보이지 않게 될 것이라는 것을 보장하는 동안, 자신이 장애인임을
드러내도록 강요당한다고 느낀다.

에이드리언 리치(Adrienne Rich)의 '강제적 이성애'[7] 개념과 유사

---

7) (역자 주) 에이드리언 리치(Adrienne Rich)는 여성의 동성애성에 초점을 맞추어 텍스트
를 분석하는 레즈비언 비평을 수행한 작가로서, 이성애는 생물학적 요구가 아니라 일종

하게, 우리는 그리즐리의 감정을 '강제적 비장애신체화'(compulsory able-bodiedness)에 대한 반응으로 해석할 수 있다. 강제적 비장애 신체화는 비장애 신체를 표준으로 제시하며, 그 표준을 확정짓기 위하여 필요한 예외로서 장애를 묘사하는 논리이다.[8] 능력 이데올로기는 인간의 의도·행동·조건에 대한 인식의 기본으로서 비장애 신체를 강제하며, 이에 대한 예외는 거의 인정을 하지 않는다. 능력은 드러나지 않고 보이지 않는 것처럼 표현된다. 반면, 능력에 대한 모욕으로서의 장애는, 능력에 대한 예외를 시야에서 지우는 이데올로기적 충동의 완전하고 지속적인 힘을 느낀다. 사실, 능력 이데올로기로 인해, 장애가 더 많이 보일수록 장애인들이 대중의 시선으로부터 억압 받고 잊힐 가능성이 더 커진다. 그 가장은 장애가 존재한다는 것을 보여주는 동시에, 장애가 가장처럼 실제로는 존재하지 않는다는 것을 보여준다.

리비에르는 종종 불의와 억압에 대한 반응으로 가장이 사용됨을 강조하지만, 동시에 더 엄밀한 정신분석적 설명을 위해 이 결론에 저항하기도 한다. 그녀는 20세기 초반의 학문 모임에서 남성과 경쟁하는 여성이 되어야 하는 것이 무엇인지에 대해 생생하게 묘

의 강요된 정치체제라고 가정한다. 그는 '강제적 이성애와 레즈비언 존재'(Compulsory Heterosexuality and Lesbian Existence)(1980)라는 에세이에서, 이성애가 실제로는 사회에 의해 만들어져 부과된 사회·문화적 제도로서 문학과 역사로부터의 레즈비언적 성(性)을 말소시키는 수단이 되고 있다고 했다(두산백과(n. d.). 레즈비언비평. http://www.doopedia.co.kr/doopedia/master/master.do?_method=view&MAS_IDX=101013000870956)

8) 로버트 맥루어(Robert McRuer)는 리치(Rich)의 이론을 조정하여, 우리 문화는 "비장애 신체의 관점이 더 바람직하고 우리 모두가 집단적으로 지향하는 것"이라고 가정하는 것을 강제화한다고 주장한다(2002, p. 93).

사하면서, 미해결된 개인적 갈등이 불안감에 있는 개인을 괴롭히는 오이디푸스 경쟁에 대한 고전적 정신분석을 이야기한다. 그녀는 직접적인 경험을 갖고 있었기 때문에, 감히 그곳에 들어가는 여성을 대하는 적대적인 의사들과 변호사들이 있는 이 모임들의 폐쇄적인 성격을 심각하게 인식하고 있다. 게다가 그녀의 환자는 그녀가 남자들과 "동등하지 않다"는 "모든 가정"에 격렬하게 분노하며 "그들의 판단이나 비판의 대상이 된다는 생각"을 거부한다고 말한다(p. 93). 그러나 리비에르는 불평등에 대한 감정과 그것에 대한 거부가 그녀의 환자의 사회적 현실의 일부로서 나타나야 한다는 것을 용납하지 않는다.[9] 여성성은 단지 유년기 가정생활에서 기인한 내적 정신갈등의 증상일 뿐이다.

더 중요한 점은, 리비에르가 가장을 여성성의 조건으로 일반화시킨 유명한 도약을 할 때, 그녀는 또한 사례 연구에서 여성의 상황을 일반화해야 한다는 것이다. 그 여성은 이 문제를 가진 많은 여성들 중 하나이며, 잠재적으로 모든 여성들 중 한 명이다. 왜냐하면 그녀는 "거세 콤플렉스의 잘 알려진 징후"를 보여주기 때문이다(p. 97). 거세에 대한 언급은 여성과 장애인 사이에서 가치 하락을 초래하기 때문에 중요하다. 모든 여성들은 정신분석학에서 의해 장애 입은(거세당한) 것으로 생각되기 때문에, 거세된 몸은 장애 입은 신체로 간주된다(또한 Freud, Vol. 14, p. 315 참조). 더욱이 "사디즘", "경쟁의식", "패권"을 향한 욕망으로서의 가장에 대한 그녀의 환자

---

9) 물론 리비에르는 자신을 가장하고 있는지도 모른다. 히스(Heath)는 성적 환상의 대상으로서 어니스트 존스(Ernest Jones)와 프로이트에 대한 그녀의 '역치적 관계'(liminal relation)가 가장 이론의 밑바탕이 된다고 주장한다.

의 근본적인 동기에 관한 리비에르의 설명은 그녀의 행동을 정치적 행동이나 사회적 항의보다는 나르시시즘의 심리적 장애의 결과라고 본다(pp. 98-99).

'경쟁의식'과 '패권'에 대한 열망은 불평등과 지배에 대항할 필요성을 고려해 보았을 때 부적절한 표현이다. 이러한 표현은 소수자 집단을 '분노의 학파'(schools of resentment) 또는 '상처받은 애착'으로 구분 짓기 위해 자주 사용되는 문구를 상기시킨다.[10] 이 문제는 장애인의 경우 더욱 심하다. 왜냐하면 정의(正義)에 대한 장애인의 요구는, 모든 규칙에 대한 예외임을 주장하고 다수에게 가장 좋은 것에 대해 관심이 없는, 나르시시즘적이거나 화가 나 있거나 분개한 개인들에 의한 특별한 항변으로 간주되어 너무 자주 기각되었기 때문이다. 불평등에 대한 가정을 공격하고 개인적인 심리나 능력 때문에 어떤 이가 다른 이에게 범주적으로 종속되어야 한다는 생각을 거부하는 정치적 어휘를 사용하는 것이 더 낫다고 나는 주장한다.

---

10) 이러한 문구들은 매우 다르고 반대되는 견해에 속하는데, 그럼에도 불구하고 소수자집단의 소위 심리적 결핍에 대해 동의하게 되는 견해이다. 학문적 우파와 좌파는 심리적 결함을 정치적 정체성 집단을 형성하려는 욕구의 근간으로 보는 경향을 자주 공유하는데, 그 결과 정체성 정치 비평가들은 종종 그들을 상처받거나 원망하거나 권력에 굶주리거나 나르시시즘적인 것으로 규정하면서, 그들의 압제자들이 사용하는 정치적 소수자집단들에 대한 묘사를 재생한다. 블룸(Bloom)과 브라운(Brown)을 참조하라. 장애인에 대한 나르시시즘의 비평에 대해서는 제2장을 참조하라.

여섯 가지 정치적 우화

성공적인 정치적 설명은 인간 행동의 복잡성을 존중하여, 단일하고 단순한 공리를 피한다. 우리가 얼마나 알고 있고 얼마나 많은 경험을 하고 있는지에 상관없이, 정치의 세계는 결코 지저분한 영역 이외의 것이 아닐 것이다. 장애 가장의 이유가 정치적이라면, 그 것은 단순한 법률로 축소될 수 없고 장애인의 일상적 존재에 대한 인식을 높이고 장애인에 대한 잘못된 인식의 역사를 공격하는 사례·설명·서술을 통해 추적되어야 한다. 하지만 이러한 과업은 쉽지 않다. 왜냐하면 장애 공동체의 관점에서 이용할 수 있는 이야기가 거의 없고 장애를 억압하려는 욕구가 우리 사회에서 강력하기 때문이다. 그러나 톰 셰익스피어(Tom Shakespeare)가 옳다면, 장애정체성을 정의하는 가능성의 범위를 탐구하는 것은 중요하다. 그는 장애를 주장하는 장애 정체성과 그렇지 않은 장애 정체성 간에는 질적인 차이가 있다고 주장한다. 패스를 시도하는 것은 일시적이고 타협적인 정체성을 창조하는 반면, 긍정적인 장애 정체성은 종종 "커밍아웃"과 관련이 있으며 억압을 거부하고 자기(the self)와 새로운 정치 형태에 대한 새로운 서사를 개발하려고 노력한다(Shakespeare, 1996, p. 100; 또한 Linton; McRuer, 2003 참조).[11]

---

11) 갈랜드 톰슨(Garland-Thomson)은 "보통이 아닌 몸"(Extraordinary Bodies)을 집필하는 과정을 언급하면서, 정치적 의식으로 진입하는 것으로서의 '커밍아웃'을 논의한다. "이 책은 커밍아웃 과정의 결과이다. … 장애에 관해 커밍아웃하는 것은 내가 인문학 내에서 장애학 분야를 발견·확립하고 이를 정의하는 학자 공동체의 통합을 돕는 것을 가능하게 했다."(1997, p. ix)

장애 정체성에 대한 인식을 높이려면, 자신의 경험을 바탕으로 일반적 규칙을 추출하고 자신의 경험이 다른 사람의 경험과 다르다는 것을 인식할 수 있는 능력이 필요하다. 과제는 이론적·현실적·정치적 요구를 충족시키는 수사적 형식을 찾는 것이다. 장애 정체성에 관한 서술은 이론적이다. 왜냐하면 그것은 어떻게 사회적 존재가 구성되고 기록되는지와 충돌하는 다른 경험을 제시하기 때문이다. 또한 종종 장애인과 비장애인 모두가 겪는 문제에 대한 해결책을 포함하고 있기 때문에 실용적이다. 그리고 정체성 정치의 기초를 제공하고 장애인과 비장애인이 공동의 목적에 대해 이야기하는 것을 허용하기 때문에 정치적이다. 그 공동의 목적에 관한 이야기는 또한 특정 사회가 무엇을 포함하고 있는지를 폭로하는 아웃사이더 입장의 이야기이기도 하다. 예를 들어, 장애인이 사회적 공간으로 들어올 때, 장애인의 적합성 결여는 그 공간이 원래 설계되었을 때 가정되었던 규범적 신체의 형태를 드러낸다. 장애 정체성은 차이를 생성한다. 그리고 이 차이를 생성하기 위해서는 이렇듯 장애인이 발견된 사회를 조명하는 이야기가 필요하다.

정체성은 사람을 세계에 끌어들이는 수단이 된다. 정체성은 사회 현실에 대한 서사적 반응이자 사회 현실의 창조인데, 사람들 간의 협력을 돕고, 현실적인 것들의 구성에 대한 중요한 이론을 재현하며, 그리고 어떻게 인간이 세상에 나타나야 하는지에 대한 유용한 정보를 담고 있다(Alcoff, 2006; Siebers, 1992, chaps. 2, 4). 장애 정체성은 이 규칙에 대한 예외인 것처럼 보일 것이다. 그것은 좋지 않은 적합성으로 인식되고, 사회에 대한 그것의 관계는 대개 부정적이며, 그래서 그것이 장애 정체성의 이론적 가치일 것 같고, 이론적 가치이다. 하지만 사실 그 반대일 수도 있다. 장애인은 사회 세계에서 거의 권력을 갖고 있지 않지만, 그들의 정체성은 사회적 현실을 구성하는 데 사용된 이데올로기적 청사진을 조명할 수 있는 관점을 반영하기 때문에 훌륭한 이론적 힘을 가지고 있다. 장애 정체성은, 적합성의 결여 때문에, 사회적 불평등과 억압이 의존하는 복잡한 이데올로기를 확인하고 의문시하는 중요한 토대가 된다.

물론 문제는 정치적 변혁을 일으키기 위한 비판적 지식의 활용을 찾기 위해 이론적인 권력에서 정치적인 권력으로 전환하는 것이다. 내가 제안한 가장은 사회적 차이의 낙인을 관리하는 방법으로서의 장애를 주장하고 있다. 하지만 이제 나는 이 전략을 보여주는 정치에 대해 이야기할 것이다. 후술될 6개의 이야기는, 여전히 불완전하기는 하지만, 가장에 대한 이론적이고 정치적인 함의를 묘사하기 위해 고안되었다. 각 이야기는 이야기의 끝보다는 초반부에 정치적 교훈이 추가된, 우화의 형태를 취한다. 첫째부터 넷째 이야기는 장애인을 위한 가장의 이점을 탐구한다. 다섯 번째와 여섯 번째 이야기는 가장의 단점을 보여준다.

1. 가장은 정치적 목적을 위한, 대중의 장애인관을 표현함으로써 사적·공적 공간을 변화시킬 수 있다. 1990년 봄 ADA에 대한 미 의회의 사당 항의시위에 대해 생각해보자. ADAPT(American Disabled for Accessible Public Transit, 장애인을 위한 대중교통 옹호 단체인 '접근 가능한 대중교통을 위한 미국 장애인')를 대표하는 3명의 휠체어 사용자가 휠체어를 버려두고 의회의사당의 대리석 계단을 기어올라갔다(Shapiro, 1993, pp. 131-141 참조). 나는 시위대 중 어느 누구도 공공건물의 계단을 기어올라가는 정기적인 연습을 하지 않았다고 생각

한다. 그들이 그렇게 했을 때, 그들은 정치적 목적을 위한 가장에 참여했다. 네트워크 뉴스 카메라는 의회의사당 계단을 기어오르는 하반신 장애인의 모습을 참을 수가 없었다. 일부 활동가들은 장애인들이 피하고 싶어 하는, 불쌍하고 약하며 어린이 같은 이미지를 담은 이 보도를 우려하면서, 이와 같은 정체성은 세상에 알릴 가치가 없다고 결론 내렸다. 예상할 수 있듯이, TV 카메라는 지쳐있는 제니퍼 킬런(Jennifer Keelan)이라는 여덟 살 아이에 특별한 주의를 기울였다. 카메라는 어른의 관심사로부터 아동의 관심사로 강조점을 돌리며, ADAPT가 단체의 명분을 위해 아동을 활용하고 있다고 했다. 그러나 결국, 주요 방송사들은 장애인들이 시민권을 요구하고 있다는 중요한 메시지를 강조했다.

2. 가장은 동일한 장애를 가지고 있는 사람들 사이에서 또는 장애인이 그들의 한가운데에 있는 비장애인들에게 보내는 메시지로서 일종의 의사소통 역할을 할 수 있다. "낙인의 기호는 지속적으로 인식이 되게 하는 특성을 가지고 있다"고 고프먼(Goffman)은 설명한다. "시각장애인이 자신의 낙인에 대해 알리는 방법으로서 새로 만난 사람이 있는 곳에서 일부러 어설픈 행동을 할 때처럼, 순식간의 증거 제공 — 말하자면 의도적인 실수 — 이 이루어질 수 있다"(p. 101). 자발적인 실수와 폭로는 항상 자기표현을 포함하며, 장애인 간의 사적인 소통행위가 아닌 경우 다양한 목적을 달성할 수 있다. 그들은 먼저 양해를 구하지 않고 폭력적으로 달려드는 습관을 가진 권위적인 사람들에게 그들의 관심 대상은 다른 방식의 응대를 필요로 한다는 신호를 보낼 수 있다. 그것은 주위 사람들의 무례함을 통제하기 위해 적색 보청기를 착용해야 하는지를 고민할 때 그리즐리가 시

도하는 전략이다. 메간 존스(Megan Jones)는 이 전략을 보다 상세히 설명한다. 법적인 시각·청각 장애인인 그녀는 레스토랑 주인과 또 다른 사람들에게 식당으로 개를 데리고 왔다고 여러 번 공격당한 후, 이제는 안내견 이외에 흰 지팡이도 사용한다. 대부분의 사람들은 그녀의 개를 그 품종 때문에 안내견으로 인식하지 못하지만, 흰 지팡이를 추가하면 그녀의 시각장애와 그녀의 개가 안내견임을 인식하게 된다. 물론, 그러한 전술들이 항상 원하는 효과를 갖는 것은 아니다. 대중은 장애인을 무시하는 데 능숙하기 때문에, 자발적 공개와 과장된 자기표현은 장애를 가시적으로 보이기에 충분하지 않을 수 있다. 권위적인 사람들은 장애를 '조작'한 것에 대해 사람들을 공격할 것인데, 만약 그들이 실제로 장애를 과장하고 있다면 그들은 어떤 태도를 취할 수 있을까? 이 전략은 이미 장애인들에게 짜증을 내는 대중의 분노를 자극할 위험이 있기 때문에 위험하다.

3. 가장은 기존의 억압 체계를 거스를 수 있다. 가장의 이유는 에너지를 보존하는 것처럼 간단할 수 있고, 비장애인을 희생시켜 농담이나 항의를 하는 것처럼 복잡할 수도 있다. 어빙 졸라(Irving Zola)는 "나 스스로 계속해서 불편을 겪어야 했다"면서 "공항을 이용하는 여행을 위해 정기적으로 휠체어를 사용하기 시작했다"고 이야기했다. "내가 만나게 될 유일한 놀라움은 다른 승객들의 모호한 눈초리가 될 것이라고 생각했다. 목적지에 도착하면 나는 주저하지 않고 일어나 힘차게 가버릴 것이라고 생각했다."(p. 205) 졸라는 여행의 시작부터 끝까지 공항을 걸어 다닐 수 있지만, 이렇게 에너지를 과도하게 사용하게 되면 그가 그날 혹은 다음날 사람들을 만

나기에 충분한 에너지를 가지지 못하게 된다. 그는, 여행이 과잉보상을 필요로 하기 때문에, 그리고 장애인들은 그들이 과잉보상을 받아야 할 때보다 더 장애를 겪는 때가 없기 때문에, 휠체어에 의지한다. 졸라(Zola)는 "한 개인이 신체적인 어떤 것을 '할 수 있다'는 것이 그가 그것을 꼭 '해야 한다'는 것을 의미하지는 않는다"고 주장한다(p. 232). 휠체어를 사용하면, 과잉보상 그리고 모든 사람들이 가능한 한 건강한 육체가 되어야 한다는 이데올로기적 요구를 거부하면서, 장애를 주장할 수 있게 된다.

관련 자료 번호 12

디 에이지(The Age)

2004년 8월 13일

팔다리가 없는 여성이 '토르소' 모욕으로 에어 프랑스를 고소하다

(로이터 통신) 팔다리가 없는, 휠체어를 탄 한 여성이 공항 게이트 직원이 자신에게 "토르소는 혼자 비행할 수 없다"며 비행금지 처분을 내렸다고 주장하며, 에어 프랑스를 차별 혐의로 고소했다.

영국 시민권자인 아델 프라이스(42세)는 맨해튼 연방법원에서, 명시하지 않은 손해 배상금을 청구하는 소송을 항공사를 대상으로 제기했다.

임신 중 어머니가 탈리도마이드(thalidomide) 약물을 복용해 팔다리가 없이 태어난 프라이스는, 소송문에서, 자신이 휠체어를 조작할 수 있고 여러 차례 비행기로 여행했다고 말했다.

소송문에서, 그녀는 맨체스터, 영국, 뉴욕을 오가는 여행을 위해 2000년에

티켓을 구입했는데 그녀가 공항에서 짐을 확인한 이후 에어 프랑스 직원이 그녀에게 "머리, 엉덩이 하나, 토르소는 혼자 비행할 수 없다"고 말했다고 주장했다.

프라이스는 소송문에서, 에어 프랑스는 그녀가 동반자와 함께 해야만 뉴욕으로 가는 다른 비행기를 타도록 허락했는데, 그녀는 동반자의 항공료와 수하물비를 추가로 부담해야 했다고 말했다.

그녀는 항공사가 또한 네 명의 미국 의사들로부터 그녀가 혼자 비행기를 탈 수 있다는 것을 증명하는 의견서를 받아오도록 요구함으로써 존 F 케네디 공항에서 영국으로 돌아오는 것을 어렵게 만들었다고 말했다.

에어 프랑스 대변인으로부터는 즉각적인 논평이 없었다.

장애인들에게 비우호적인 공항 및 기타 공공장소는 물리적인 장애물 외에 여러 가지 정서적 장애물을 보여준다. 졸라(Zola)는 그가 계단을 "너무 천천히" 오르거나 "버스에서 좌석으로 돌진하는 것"을 방해할 때에 동료 여행자들의 "성난 시선"을 언급한다(p. 209). 장애인으로서 그는 주변 사람들의 분노와 미움을 산다. 그는 사회의 경멸적인 흠이고 정상적인 삶의 방식에 지장을 주는 그들의 '불구자'가 된다. 그의 장애는 사회의 일부가 되지 못하게 하는 원인이자 그에 대한 증오의 원인이 된다. 휠체어를 사용함으로써 그는 일상적으로 그에게 굴욕감을 주는 데 사용되는 인과논리를 깬다. 그는 자신의 환경에 대한 필요를 조정하고 그 상황의 심리를 자신에게 유리하게 바꾸는 창의적인 해결책을 발견한다. 물론 그 가장은 사람들이 그에게 반응하는 방식을 반드시 바꾸는 것은 아니다 — 그는 이제 길에 들어선 휠체어 사용자이다 —. 그러나 졸라의 정체

성은 예방적 차원에서 가려져서 대중의 경멸을 받을 수 없기 때문에, 그것은 굴욕의 원인 논리에 혼란을 가져온다. 그는 그들이 생각하는 그런 사람이 아니다. 그는 그들이 생각하는 곳에 없다. 그는 휠체어 위에 앉아 있는 표적이다.

비장애인들의 기대에 부응하고 그들이 불편하지 않아도 되게 하기 위해, 장애인들이 공공연하게 과잉보상해야 한다는 요구의 이면은 가장이다. 그것은 과소보상으로 과잉보상에 대한 요구를 충족시킨다.[12] 졸라의 휠체어 사용은 대중교통이 접근하기 어렵고 대중이 그 문제에 대해 인정하기를 꺼린다는 그의 이전 경험을 즉석에서 나타낸 것이다. 그의 가장은 독립과 자기 보존을 소중히 여긴다.

4. 가장은 장애인 서비스에 장애에 대한 기대와 편견을 집어넣을 수 있다. 장애에 대한 사회적 편견은 경직되어 있으며, 종종 장애인들은 자신의 신체가 이러한 기대에 부응하도록 해야만 한다. 고프먼(Goffman)이 보고한 바와 같이, 비장애인은 "불구자가 다리를 절며 다닐 것을 기대하고, 자신보다 열등하며 무능력하고 무력할 것을

---

12) 즉석 연기의 또 다른 예는 데이비드 미첼(David Mitchell)과의 개인적인 의사소통에서 비롯된다. 미첼은 장애인주차 허가증이 대학 주차 서비스에 의해 배포되었던 1980년대 후반에 미시간 대학에서의 경험을 이야기한다. 그는 주차 서비스 사무실에 가야 했는데, 거기에서는 한 여성이 그가 주차 허가증을 필요로 한다는 것을 규명하기 위해서 그로 하여금 그 방을 가로질러 가게 하였다. 그는 그 테스트에 떨어지기 위하여 그리고 걷는 거리가 방을 가로질러 가는 능력만큼이나 이동에 있어 요인이라는 개념이 없는 것 같았던 그 여성이 보여준 이해 부족을 보상하기 위하여 자신의 어려움을 과장했다고 고백한다. 샌덜(Sandahl)이 장애 공연예술에 대한 아주 훌륭한 분석에서 미첼의 전술과 유사한 것 같은 어떤 행동을 "자선 사례" 행동이라 부르는 것에 주목하라(2003, p. 41). 의심의 여지없이 자선은 어떤 경우에 환심을 받고 있지만, 그것은 비장애 사회의 이해 부족에 부응하고 극복하기 위해 설계된 자선의 전략적이고 아이러니한 호소이다. 그 목표는 부당한 개인적 이익이나 동정이 아니고 사회 정의이다.

기대한다. 불구자가 이러한 기대를 채우지 못하면 의심하고 불안해하게 될 것이다."(p. 110). 칼 몽고메리(Cal Montgomery)는 실제 행동이 장애에 대한 기대와 모순되는 방식의 예를 제시한다. "버스에 탈 때 흰 지팡이를 사용하지만 승차 중에 읽을 책을 꺼내는 사람, 휠체어를 사용하여 도서관 서가에 들어가지만 높은 선반에 있는 책에 닿으려고 일어서는 사람 … 다른 사람들이 가지고 있는 장애에 대한 특별한 기대에 이의를 제기하는 사람 등은 의심스럽다. '나는 그에게 무엇이 잘못되었는지를 알 수 없다'고 사람들은 말하는데, '그가 해야 한다고 내가 생각하는 방식으로 그가 행동하지 않는다'는 것을 의미한다." 그 가장은 잘못된 기대를 드러내기 위해 사용될 수도 있고, 또 그것은 장애인들의 삶을 더 편하게 만들기 위해 기대를 사용할 수도 있다.

보철물은 장애 색인의 역할을 하기 때문에 이 과정에서 중요한 역할을 한다. 내포적이라기보다는 외연적인 색인 표시는 다른 의미를 가리킨다. 그렇게 함으로써, 어떤 주어진 사회적 실천 또는 지식의 대상을 의미하는 재현의 배열을 소환한다. 이러한 재현은 종종 이데올로기적 내용을 가지고 있고, 사회의 인식 바깥에 존재하며, 진부한 표현과 고정관념을 지지한다. 몽고메리(Montgomery)는 장애와 보철물의 색인적 성질 사이의 관계를 매우 간단하고 선명하게 잡아낸다. 그녀는 "비장애인이 장애인을 볼 때, 비장애인들은 휠체어와 그림판을 본다. 그들은 헬멧과 보청기와 흰 지팡이를 본다. 약간의 예외를 제외하고는, 그들은 각각의 개인이 어떻게 서로 다른지에 관해 알아보지 못한다. 그들은 우리가 사용하는 도구에 주목한다. 그리고 이러한 도구는 일반 대중에게 '장애'와 마찬가지이다. 잘 알려져 있는 도구 없이 나서면, 당신의 장애는 '보이지 않거나' '숨겨진다'."라고 설명한다.

몽고메리가 우려하기를, 장애인들은 그들의 보철물이 될 위험을 무릅쓰고 있고 이러한 상징주의는 의기소침하게 만드는 것이다. 그러나 그것은 또한 장애의 의미를 바꾸기 위한 자원을 제공한다. 한편으로, 보철물은 장애를 지닌 신체에서 그 대용물로 주의를 돌리는 대체의 법칙을 확립시키는 경향이 있다. 케니 프라이(Kenny Fries)는 그의 절뚝거리는 다리가, 목발을 사용하는 친구의 다리보다 더 많은 관심을 끌고 있다고 이야기한다. 그는 "나는 목발로 걷는 사람의 다리가 내 다리만큼 주목을 받지 않는다는 것을 깨달았다. 그것은 마치 목발이 그가 다른 방식으로 걷는 것을 잘 설명하는 것으로 기능하는 것 같았다"라고 쓰고 있다(p. 110). 거리 사람들은 프라이에게 무슨 문제가 있느냐고 물으면서 그의 동행자는 무시한다. 불편한 시선들은 보철물로 옮겨가고 흡수되며 만족하게 된다. 반면, 절뚝거리는 다리는 끝없는 호기심과 불안감을 유발한다. 다른 한편, 장애와 보철물 간의 강력한 상징적 연결은 보철물 사용을 즉흥적으로 하는 사람들로 하여금 장애의 사회적 의미를 손볼 수 있게 한다. 앤 핑거(Anne Finger)는 대부분의 사람들에게 생소한 새로운 종류의 전동 휠체어에 대한 그녀의 경험을 이야기한다. "사람들은 항상 거리에서 나를 멈추고 '무엇입니까?'라고 말했다. 내가 '휠체어'라고 말했을 때, 그들은 항상 크게 웃으면서 '미안해'라고 말하고 뒤로 물러나곤 했다."(1990, p. 26) 새로운 기계가 '휠체어'로 이름 지어지자마자, 그것은 장애의 표시로서의 색인적 성질을 추정하고, 잠깐 전에 호기심으로 사용자에게 접근하였던 사람들은 두려움으로 뒷걸음친다.

물론 핑거는 장애에 대한 편견에 저항하는 방식으로 휠체어를 표현할 수 있었다. 실제로, 사용자들은 그들의 보철물을 다른 용도로 사용함으로써 장애의 의미에 영향을 미칠 수 있다. 재클린 스튜어트(Jaclyn Stuart)는 그녀가 달성하기를 원하는 효과에 따라 의수 사이에서 전환한다. 그녀는 일부 친밀한 공공장소에서 혐오감의 시선을 피하기 위해 기능이 없는 고무 의수를 착용한다. "그렇게 하지 않으면[갈고리 의수를 끼면] 댄스 플로어 전체가 난장판이 되기 때문에 나는 춤추러 갈 때 그것을 착용해요!" 하지만 그녀는 자신의 갈고리 의수를 정상화에서 해방된 것의 상징으로 본다. "나는 그 갈고리를 볼 때, 나는, 이거, 정말 '나쁜' 계집이라고 말한다. 그리고 이것은 내가 가장 좋아하는 모양이다."(Phillips, 855에서 인용). 팔꿈치 목발보다 나무 목발은 그 사용자들이 '레이더 아래에서 날아다니게' 하고 장기간의 장애를 가진 사람에 대한 편견을 피하게 하며 환자들 사이에서 '방문자 지위'를 갖도록 할 수 있다. 보조 보행을 필요로 하는 사람들은 지팡이의 복잡한 기호학에 때때로 참여하고, 나이, 사회적 젠더, 생물학적 성, 성격 유형에 대하여 용인되는 생각에 따라 자신을 표시하기 위해 다른 종류를 사용한다. 보철물의 의도적인 오사용은 대중의 마음속에 일시적인 혼란을 가져오고 사용자가 독립성과 개성을 주장할 수 있는 짧은 자유의 순간을 허용한다.

5. 그러나 장애인에 대한 많은 재현들은 비장애인 대중에게 혜택을 주고 능력 이데올로기를 강화하기 위하여 장애를 가장하는 내러티브 구조를 사용한다. 인간적인 흥미를 끄는 이야기는 영웅들의 육체적 또는

정신적 장애를 관음증적으로 보여주고, 그 결함을 강조하여 나타
나게 하거나 종종 그것을 과장하며, 그들에 대한 강력한 불리함에
도 불구하고 어떻게 그것이 극복되었는지, 어떻게 영웅들이 '정상
적'인지를 보고함으로써 결함을 일소해 버린다. 어떤 때는 이야기
가 주인공을 '정상'으로 만들기 위해 너무 열심이어서, 그것은 건강
한 사람들이 단지 꿈꾸는 재능과 능력을 가진 것으로 장애인을 그
린다. 다른 말로 하면, 영웅은 모순적이게도 '불구자'이면서 동시에
'슈퍼불구자'(supercripple)이다. 비록 여기에서 그것이 장애가 있
는 영웅 자체가 아니라 비장애인 청중의 이익을 위한 것이기는 하
지만, 그것은 장애를 과장할 것을 요구하는 더 큰 이데올로기에 이
바지하기 때문에, 이 장애 이미지는 가장에 속하고, 이 사실은 모든
차이를 만들어낸다. 지금까지 살펴본 사례들과는 달리, 이러한 종
류의 가장은, 능력 이데올로기를 확증하기 때문에, 장애인보다 비
장애인 사회에 이점을 준다. 이 이데올로기는 건강한 몸을 인간의
정의에서 규범적인 것으로 재현함으로써 장애를 억압하고, 인간적
인 흥미를 끄는 이야기는 대개 영웅이 인간일 것을 요구하기 때문
에, 초점이 장애일 경우에 이야기는 주인공이 비인간에서 인간으
로 탈바꿈했다는 설명을 하도록 강요받는다.

　장애 입은 영웅에 관한 인간적인 흥미를 끄는 두 가지 전형적인
이야기는 이러한 유형의 가장을 알려주는 능력 이데올로기를 구
체화하는 데 도움이 된다. 첫 번째는 10살 때부터 시각장애인이었
던 허버트 그린버그(Herbert M. Greenberg)에 대한 이야기로, 그는
NBA(브루어(Brewer))를 포함한 많은 유명한 회사에 취업 지원자의
성격에 대해 조언을 하는 인력 컨설팅 회사인 캘리퍼 매니지먼트

(Caliper Management)를 설립하였다. 1940년에 결핵균 돌연변이가 그린버그의 시력을 빼앗았다. 공립학교들은 그를 외면했고, 다른 소년들은 여름 캠프에서 그를 때렸다. 하지만 그는 '역경에 의해 동기부여' 되었고, 결국 뉴욕 대학교(New York University)에서 사회복지 박사학위를 받았다. 그럼에도 불구하고 대부분의 대학은 시각장애인 교수 채용에 관심이 없었고, 1950년대와 1960년대에 일정 기간 강의를 하고 보험을 판매하면서 위험 감수성, 공감, 회복 탄력성과 같은 성격을 측정하는 심리 테스트를 개발했다. 그는 동료와 함께 캘리퍼(Caliper)를 시작했고, 오늘날 180만 번의 테스트를 실시했으며, 이 회사는 안정적이고 충실한 고객들을 가지고 있다.

이 이야기의 초반부는 그린버그의 실명과 구직자를 직접적으로 평가할 수 있는 그의 능력을 직접 연결시킨다. "시각장애인들은 구직자가 백인인지 흑인인지, 날씬한지 비만인지, 평범한지 예쁜지 쉽게 알 수 없다. 따라서 구직자의 특별한 자질을 평가해야 한다면, 그들은, '그녀는 실제로 그 일에 잘 맞는가?'라는, 도리어 평범한 문제에 집중한다." 눈을 가린 판사의 모습처럼, 그는 자신의 장애를 통해, 정안인(正眼人)이 할 수 없는 능력을 보여준다. 그러나 눈을 가린 판사의 모습은, 시각장애에 대한 사실뿐만 아니라 그린버그의 실질적인 능력에 대해 고의적으로 감추기 때문에, 단지 비유에 불과하다. 한편으로, 이 이야기는 시각장애가 모든 감각 지각을 차단하는 것처럼 잘못 표현하고 있다. 그러나 시력 상실의 범위는 다양하며, 시각장애인은 주변 사람들에 대한 많은 정보를 수집할 수 있다. 시력 이외의 감각은 또한 사람들의 신체적·젠더·인종적 특성에 대한 정보를 제공한다. 이 이야기는 그린버그를 공정한 판단의 전형으로 삼기 위해 그가 안 보이는 것보다 더 잘 안 보이는 것으로 그를 가장한다. 다른 한편으로, 그린버그의 다른 재능들, 즉 비장애인들이 소유하지는 못하는 것들이 그의 실명을 만회한다. 인간다움의 이념적 기준으로 장애를 넘어 능력에 특권을 주려면 장애를 보완하는 능력을 그가 가지고 있는지 그 이야기는 확인해야 한다. 그의 실명에도 불구하고, 그린버그는 다른 사람들보다 더 잘 인식한다. 올랜도 매직(Orlando Magic)의 단장인 존 가브리엘(John Gabriel)은 '시각장애인 컨설턴트'의 스카우팅 조언을 칭찬할 때, 이 생각을 도입한다. "때때로 선수를 분석하는 것은 볼 수 없는 것, 무형의 자산을 포함한다. 그것은 아마도 마음, 추진력, 결단력, 지도력일 것이다. 그린버그는 여러분을 위해 이것들을 식별할 수 있다." 물론, 다른 사람들의 도덕적·심리적 특성에 대한 지각의 비범한 힘을 지니고 있는 전맹 판사의 비유를 확립하기 위해, 그린버그가 개인 면접이 아닌 심리 테스트에 의해서 지원자를 평가한다는 사실은 무시된다. 이 이야기는 장애가 무엇인지를 가장하는 주인공을 위해 페르소나를 창조한다.

두 번째 예는 "서번트의 방식으로" 10살에 그림을 그리기 시작한 "53의 IQ로 지체된" 14살 목탄 화가인 조나단 레만(Jonathan Lerman)의, '자폐증에도 불구하고' 주목할 만한 예술적 성공을 한 인간적인 흥미를 끄는 이야기이다(Blumenthal). '대부분의 자폐인 예술가들은 얼굴을 보여주지 않는다"지만, 그의 전문 분야는 초상화다. 게다가 한 권위자는 "공포와 수치가 없다"며 그 작품을 죠지 그로즈(George Grosz)와 프랜 베이컨(Fran Bacon)의 초상화와 호의적으로 비교하였다. 그의 어머니는 그의 통제 불가능하고 당혹스러운 행동 때문에 "그를 키우는 것이 가슴 아팠다"고 전했다. 호숫가에서 그는 그들이 마치 해변의 일부인 것처럼 일광욕을 하는 사람들의 몸을 밟았다. 그는 레스토랑에서 묻지도 않고 다른 사람들의 음식을 먹었고, 오레가노와 치즈 버블이 있는 피자는 먹지를 않았다. 그의 예술적 재능은 똑같이 수수께끼이다. 왜냐하면 "과학은 하버드의 두 신경과 의사가 '우월의 병리'라고 불렀던 것, 즉 의사소통하거나 간단한 업무를 수행하지 못하는 사람이 동시에 어떻게 천문학적 합계를 계산하거나 놀라운 음악이나 예술을 만들어 낼 수 있는지를 설명하는, 재능과 장애의 연결을 이해하기 위해 여전히 고심하고 있기 때문이다." 간단히 말해서, 그 이야기가 독자들로 하여금 믿도록 요구하는, 레만의 장애와 능력은 평범한 경험의 범위를 훨씬 넘어서 있다.

'우월의 병리'라는 일반적인 설명 문구는 장애에 대한 이야기의 역설을 잘 요약하고 있다. 이야기를 특징짓는, 장애로부터 슈퍼능력으로의 의무적인 이동은, 비범한 재능에 대한 주장과 병리현상을 융합시키는 역할을 한다. 레만에 대한 이야기의 각 문장은 이 역설의 부담을 진다. 예를 들어, 여기에 장애를 가진 젊은 남자로서의 화가의, 겉보기에는 단순하고 솔직한 초상화가 있다. "조나단의 움켜쥔 목탄으로부터 흘러나오는, 앉은 자리에서의 다섯 장, 열 장은, 비참하면서도 희극적인, 약동하는 신속성의 얼굴이 되어 간다". 레만은 목탄을 들고 있지 않고 꽉 쥐고 있다. 그의 예술 작품들은 그의 재능이 아니라 그의 장애로부터 나오는 것 같다. '움켜쥔'과 '약동하는' 같은 단어들은 그의 행동에 병리를 부여하며, 예술적 영감과 재능에 대한 좀 더 익숙한 언어를 오염시킨다. 그의 능력은 결과

적으로 의심을 받지만, 그의 장애보다는 덜 의심받는다. 왜냐하면
둘 다 가장에 의지하기 때문이다.

놀랄 것도 없이, 레만의 그림을 다른 예술 작품들과 구별하는 것
은 예술 애호가들을 가장 유혹하고 혼란시키는 것이다. 원생미술
(Art Brut)[13]의 많은 예술 작품들과 마찬가지로, 그의 초상화도 '문
화적 영향을 받지 않는다'. 그것들은 진부한 표현에서 벗어나 독창
성 테스트를 통과하지만, 그것들의 기원을 알 수 없기 때문에 그것
들은 또한 불안해 보인다. 빙햄튼 대학교 예술과 학과장인 존 톰슨
(John Thomson)은 이 이야기가 레만에게 부여하는 모순된 충동을
— 그를 정상이면서도 동시에 비정상으로 나타내는 충동을 — 간
결하게 포착한다. 톰슨은 그의 작품이 "내 교실에서 어울리지 않는
그림은 아닐 것이지만" 그것은 또한 "모든 연령대의 그림에서 흔히
나타나는 고정관념의 놀라운 결여로 특징지어지는, 정말 이례적인
것이다"라고 설명한다. 비슷하게, 이 이야기는 레만이 사회로부터
얼마나 떨어져 있는지, 레만의 우상 중 하나가 록스타 커트 코베인
(Kurt Cobain)이며 그의 그림은 반복적으로 섹스와 MTV를 강조하
며 포함하고 있다는 것을 독자들에게 설명해야 하는 어려움을 갖
고 있다. 요점은 그의 예술적 능력에 의해 만들어진 돌파구가 나타
난 작품을 사람들이 사랑한다는 사실과 함께, 행복하게 될 수 있는
능력이 줄어든 것 같아 보여도, 이 젊은 예술가의 행복이 묘사되고

---

13) (역자 주) '원생미술'이란 세련되지 않고 다듬어지지 않은 거친 형태를 지닌 미술로, 아르
  브뤼(Art Brut)를 번역한 용어이다. 프랑스의 화가 뒤뷔페(Jean Dubuffet, 1901~1985)가
  1945년에 만들어낸 용어로서, 아마추어들의 작품에 나타나는 일종의 순수한 미술을 지칭
  하기 위해 사용한 개념이다.(월간미술(1999). 세계미술용어사전. 월간미술.)

있다는 것이다. "그가 만들었던 히트를 조나단이 어느 정도까지 알고 있는지는 분명하지 않다. '조나단의 이해력은 그렇게 대단하지 않아요. 내가 "사람들이 네 그림을 정말 좋아해"라고 말하면 그는 행복했어요.'라고 레만 부인은 말하였다."

　인간적인 흥미를 끄는 이야기는 어떤 특별한 능력을 보여주지 못하는 장애인에게는 초점을 맞추지 않는다. 올림픽 참가 선수의 속도로 달리는 시각장애 여성, 뚜렛 증후군이 있는 유능한 재즈 음악가, 청각장애 심장외과 의사, 말을 더듬는 유명한 배우들이 이런 이야기의 흔한 소재이다. 각각의 경우, 능력은 장애를 능가하고, 질병에서 치료로, 비인간성에서 인간성으로 옮겨가는 한 인간의 여정에 대한 도덕적 이야기를 창출한다. 이들 이야기는 영웅의 장애를 과장하기 때문에 가장에 적합하며, 장애는 밑에 있는 진짜 인간을 드러내기 위해 쉽게 제거될 수 있는 가면임을 시사한다. 하지만 이들 이야기는 인간성과 능력의 연관성을 과장해서, 자신이 건강하다고 생각하는 사람들에게 행복한 안도감과 확신을 주기도 한다.

　건강이 진정 인간성의 특징이라고, 한 번이라도 아프지 않고 삶을 살아가는 것이 사실상 가능하다고 상상해 보라. 그 결과는 믿을 수 없고 바람직하지도 않을 것이다. 그러나 그것은 정확히 장애에 관한 많은 이야기들이 우리에게 믿고 욕망하도록 요구하는 것이다. 앤 핑거(Anne Finger)는 "인간이 결코 아프지 않는 삶을 살아가는 것은 어떤 것일까?"라고 묻는다. "일종의 허물벗기인 늙은 신체적 자기(self)의 죽음을 결코 마주하지 않는, 강철의 남자나 여자, 병에 걸지 않는 몸"(1990, p. 43).

　6. 장애인에 대한 인간적인 흥미를 끄는 이야기를 알려주는 유형과 관

련된 가장의 마지막 종류를, 나는 '장애 가장'(disability drag)[14]이라고 부른다. 그것 또한 장애를 억누르고, 능력 이데올로기를 확언한다. 물론 여장은 패싱과 이상하게 일직선상에 있지만, 가장 또한 그러해서, 여장의 관점에서 가장을 고려하는 것이 생산적일 수 있다. 장애 가장의 가장 좋은 예는 비장애인 배우가 장애를 연기한 영화에서 발견된다. 나는 여장을 언급한다. 왜냐하면 비장애인 배우의 연기는 보통 여장남자 공연만큼이나 과장되어 있기 때문이다. 에스더 뉴톤(Esther Newton)은 여장 남자(drag queens)가 "게이 세계의 낙인"을 나타낸다고 주장했다. 왜냐하면 그것이 그 낙인을 가장 시각적으로 보여주기 때문이다(p. 3). 장애라는 낙인을 그 누구보다 더 잘 드러내는 특정 장애인이 있지만 — 그리고 가장은 장애인에 의한 장애의 과장을 허용한다 —, '손상된 정체성'으로서의 장애를 가장 명백하게 드러내는 것은 비장애인 배우들의 연기다. 내부자들에 의해 내부자들에게가 아니라, 가장에 있어 통상의 사례가 그러하듯이, 그것이 가장 연기에 참여하고 있다는 것을 깨닫지 못하는 대중들에게 영화가 낙인을 드러내는 것을 제외하고, 현대 영화는 종종 장애의 낙인을 상영한다. 간단히 말해, 신체 건강한 연기자가 장애인 역할을 하는 것을 볼 때, 우리는 남자가 여자 역할을 하는 것을 볼 때와 같은 과장과 연기를 경험한다.[15] 그러나 관객은 이러한 대

---

14) (역자 주) drag는 보통 '여장'(女裝)으로 번역되지만, 본 장에서 도입된 disability drag라는 용어는 '남자-여자' 관계의 문제이기보다는 '비장애인-장애인' 관계에 의한 장애인의 연기를 의미하는 것에 보다 가깝기 때문에, '장애 가장'으로 번역하였다. 그럼에도 불구하고, drag라는 단어가 쓰인 맥락에 따라 '여장'으로 달리 번역하기도 하였다.

15) 장애 가장은 또한 남장(drag kinging)으로의 연결에 초대한다. 핼버스탬(Halberstam)은 남장은 여장과 비슷한 효과가 있지만, 진영에서 적절하게 받아들여지지 않는다고 주장한

칭을 거의 인식하지 못한다. 더스틴 호프먼(Dustin Hoffman)은 투씨(Tootsie, 1982)에서 여성으로 패스하지 않고, 레인맨(Rain man, 1988)에서도 장애인으로 패스하지 않는다. 그럼에도 불구하고 관객은 두 공연에 대해 완전히 다른 반응을 보이지만 ― 그들은 투씨의 연기가 가짜라는 것을 알지만 레인맨의 연기는 오스카상을 받을 만하다고 생각한다 ―, 레인맨에서의 호프만의 연기는 투씨에서의 그의 행위만큼이나 가장 연기이다. 사실, 두 영화의 내러티브 구조는 같다. 레인맨에서 호프만의 캐릭터인 레이몬드(Raymond)는 서번트 신드롬을 갖고 있는 자폐인이지만, 정작 다른 사람과 관계를 맺지 못하는 사람은 그의 동생 찰리(Charlie)이다. 레이몬드의 많은 재능 중에는 찰리를 '자폐'에서 끌어내어 다른 사람들을 사랑하고 신뢰하는 법을 그에게 가르치는 능력이 있다. 비슷하게, 투씨에서 호프만의 캐릭터는 여장을 함으로써 그의 여성적인 면과 접촉하지만, 그의 진정한 성취는 미국 여성들에게 분연히 일어나고 그들의 여성성을 장애가 아닌 능력으로 생각하도록 가르치는 것이다.

'아이 앰 샘'(I am Sam, 2002)은 장애 가장의 또 다른 최근 활용을 보여준다. 일부 비평가들은 이 영화가 지적장애를 정확히 재현했다고 찬사를 보냈다. 이 영화에는 다운증후군 배우를 포함한 조연 배우들이 출연한다. 숀 펜(Sean Penn)은 일곱 살 된 비장애 딸 루시(Lucy)의 양육권을 유지하려고 하는 일곱 살의 지능을 가진 샘

다. 장애 가장은 진영에서 훨씬 덜 받아들여진다. 진영은 그 자체로 주의를 끌며 모방을 유발한다. 그것은 그것의 힘이 반문화적 장소에서 주류 대중으로 전달되는 교차 효과를 요구한다. 그러나 장애 가장은 주류 대중에게 모방 감정을 불러일으키지 않는다. 그것은 장애인의 낙인을 유지시키며, 모방보다는 객관화의 구조를 통한 주목에 초점을 둔다. 남장과 여장에 대해서는 핼버스탬(Halberstam, 1998, pp. 231-266; 2001, p. 427)을 참조하라.

(Sam)을 연기한다. 오스카상 후보에 오른 성과와는 상관없이, 정확
도가 연기자의 연기에만 있지 않고 전반적인 내러티브 구조와 플
롯에 의존하기 때문에, 이 영화가 장애를 정확하게 묘사한다는 데
동의하기가 어려우며, 여기에서 이 영화는 비참하게 실패한다. 이
영화는 음악을 장애에 대한 주석으로 사용함으로써 샘을 미화하
고, 그를 괴짜로 구별하도록 고안된 장면들을 계속해서 만들어 낸
다. 마지막 장면은 이 영화가 그를 어떻게 대하는지를 보여주는 패
러다임이다. 샘이 마침내 루시의 양육권을 획득했다는 사실을 축
하하는 마을의 축구경기가 펼쳐지는 행복하고 의기양양한 장면이
다. 이해하기 어렵지만, 샘이 축구 경기의 심판으로 나온다. 이러
한 뒤틀어진 플롯은 그를 축구경기에 배치하지만, 심판이 일반적
으로 수행하는 직무와 대조하여 장애를 확대한다. 경기를 진행하
고 중립적인 태도를 유지하기 위해 노력하는 대신, 샘은 루시에게
환호하고, 필드에서 그녀를 쫓아다니며, 그녀가 골을 넣으면 그는
그녀를 팔에 안고 들어올린다. 흥분한 아이들은 그를 쫓아다니고,
어른들은 곁에서 환호성을 지른다.

　장애 가장의 장점은 관객들이 장애를 받아들이도록 자극한다
는 것이다. 하지만 단점은 장애를 비장애 신체를 덮는 허울로 나타
낸다는 것이다. 비장애인 배우를 활용하여, 그들이 장애를 가장하
는 것만큼이나 그들의 신체 건강함을 표현하는 것은, 장애를 대중
의 관점에서 멀어지게 하고 장애의 현실과 기본 특성을 변형시킨
다.[16] 이것은 장애를 보이지 않게 하는데, 왜냐하면 중세의 연극에

---

16) 라르스 폰 트리에(Lars von Trier)의 '바보'(The Idiots, 1998)와 대조해 보라. 이 영화는 논
　란의 여지는 있지만, 정신장애인을 연기하는 비장애인 배우들의 문제에 대해 생각하게 한

서 백인이 흑인 가면을 쓰고 연기하는 것이나 정극 연기자가 코믹
한 효과를 위해 '심부름꾼' 연기를 하는 것처럼, 비장애인이 장애인
을 대체하기 때문이다. 그 결과, 관객들은 장애인의 몸을 배우의 연
기 능력의 표시로 인식한다 — 장애 정도가 심할수록, 배우의 능력
은 더욱 출중한 것이다. 장애 가장은 또한 장애의 현실과 재현에 능
력을 주입함으로써 장애를 변화시킨다. 배우들이 한 영화에서 장
애인 역할을 하고 다음 영화에서 비장애인 역할을 할 때, 이러한 역
할의 진화는 그들에게 이전의 질병이나 상태가 치료된 것으로 보
여 준다. 관객들은 또한 영화가 끝나자마자 배우가 건강한 상태로
돌아올 것이라는 것을 안다.[17] 장애 가장은 가장의 또 다른 형태로
서, 장애인에 대한 과장된 표출을 제공하지만, 장애의 실존성과 영
속성에 의문을 제기한다. 그것은 비장애인 관객들의 환상과 공포

다. 줄거리는 사회적 실험의 이유로 정신장애인 행세를 하는 덴마크 사람들의 모험 이야
기이다. 이들은 기술과 부르주아 문화에 대한 저항으로 '자신 안에 있는 내면의 바보'를 풀
어주려고 하며, 동시에 정신장애에 대한 사람들의 반응을 조롱하기를 즐긴다. 그들은 또
한 고조되거나 미묘한 감정을 표현하는 수단으로서 종종 자기들 간에 경련을 일으키기도
한다. 장애를 가장하는 것이 줄거리이기 때문에. 비록 이 영화가 자신의 성격을 변화시키
는 도구로 정신장애를 포용하는 것은 비슷하지만, 레인맨이나 아이 앰 샘과는 다른 효과
를 가지고 있다. 이 영화는 장애가 주인공들의 인격 성장에 어떻게 영향을 미치는지보다
는 사회가 장애에 어떻게 반응하고 등장인물들이 자신의 감정적 · 대인관계적 문제들을
관리하기 위해 가장을 어떻게 사용하는지에 대해 집중한다. 결과적으로, 장애를 연기하
는 행위는 비장애인 자신의 성격에 의해 수행되는 다른 행동과 통합되어 하나의 성격으로
서 비장애와 장애의 기능을 병합하는 것처럼 보인다. 마지막 장면에서, 예를 들어, 카렌은
가족 앞에서 '경련'하지만, 그녀가 방금 딸을 잃어 버렸고 장례식 전날 집을 나서서 장애인
행세 그룹에 가입하는 것을 영화를 보는 사람들은 처음 알게 된다. 즉, 그녀의 장애 가장
은 그녀의 끔찍한 슬픔을 표현한 것 같다. 그러나 감독은 장애인 행세자들이 가장에서 도
덕적 교훈을 얻었다고 제시하지는 않는다. 그들이 지적장애를 가진 배우와 상호작용하는
한 장면에서, 그들은 장애인으로 가장한 자신들에게 비장애인들이 행동하는 것처럼 똑같
이 거들먹거렸다.

17) 마크스(Marks)는 장애인을 연기하는 데 비장애인 배우를 사용하는 진짜 이유는 관객들에
게 장애가 진짜가 아니라는 것을 확신시키기 위한 것이라고 암시한다(p. 160).

에 대한 유혹으로 작용하며, 장애라는 것은 실제가 아니며 모든 것
은 가장된 것이라고 사람들을 안심시킨다. 이것은 가면이 일단 벗
겨지면, 가면 아래 존재하는 장애의 현실과 깊이가 드러나게 되는,
장애인이 사용하는 가장과는 다른 것이다.

결론

장애 운동가들은, 장애인이 될 수 있는 수천 가지의 방법이 있지
만 비장애인은 모두 비슷하다고 지적하는 것을 좋아한다. 물론, 인
간 존재의 모든 면에서 다양성이 확산되기 때문에 이것은 비유적
으로만 사실이지만, 능력 이데올로기가 사회의 모든 사람들에게
동일성을 포용하도록 강력하게 요구하기 때문에 그것은 강조할 만
한 가치가 있다. 패스하려는 욕망은 이러한 요구에 따른 증상이다.
패스하려는 사람들이 원하는 것은 아무도 그들에 대해 말할 다른
어떤 것도 가지고 있지 않을 것이라는 것이다. 패싱은 어떤 사람이
섞이고 같아지고 평범해지도록 강요한다. 배리 아담(Barry Adam)
은, 패싱이 기회의 약속으로 사회의 '일반적인 불평등'을 지지하지
만 최종적 결과를 보면 극소수의 사람들만 이익을 본다고 주장한
다. 또한 패스하는 사람들은 자신의 삶을 향상시키지만 사회적 특
권과 경제적 분배라는 기존의 시스템을 바꾸지 못한다고 그는 주
장한다. 그들은 어떤 이를 존재하지 않는 것처럼 만들고 그들이 계
속해서 속해 있어야만 하는 집단이 행하는 억압을 지지함으로써
만, 더 큰 인정과 부를 얻을 수 있다.

그러나 패싱에 대해 보다 복잡하게 고려해야 할 사항은 패스한 사람들이 지불한 심리적·신체적 대가에 그리고 인간 사회의 조직에 관해 그들이 얻은 지식에 초점을 둔다. 한편으로는 호기심, 편견, 경제적 불이익, 폭력으로부터 벗어나기 위해 장애인은 사회와 융화되기 위한 정교한 전술을 개발하지만, 이러한 전술은 정신적으로나 육체적으로 개인에게 큰 타격을 줄 수 있고, 심리적인 위기와 2차적 건강 문제를 초래할 수 있다. 다른 한편으로, 패싱은 일상생활과 관습에 대한 생생한 이해를 나타낸다. 패스를 하는 사람들은, 다른 사람들이 자연적이고 정상적이라고 간주하는 사회적 상황을, 계산되어 있고 인공적이며 조작할 수 있는 것으로 다룬다. 그렇게 함으로써, 사회 조직에 대한 그들의 지식을 보여 준다. 장애 패싱은 역할 연기를 포함하는 것이지만, 그 본질적인 특성은 기만의 문제라기보다는 인간의 능력과 그것의 일상적 정의(定意)에 대한 친숙한 지식의 문제이다. 패스를 하는 사람들은 어떠한 상황에서도 장애와 능력 사이의 관계를 다른 사람들보다 잘 이해한다. 사회적 상호작용의 신중한 전략가로서, 그들은 비록 시각장애인일지라도 시각적인 것이 어떤 것인지 알고 있고, 비록 그들이 청각장애인일지라도 대화가 어떻게 들리는지 알고 있다. 패스하는 사람들은 인간 사회의 능숙한 해석자들이다. 그들은 대부분의 사회에서 그들의 정체성의 기반이 되는 장애에 대한 일반적인 경험이나 이해가 존재하지 않는다는 것을 알고 있다. 장애가 일반적으로 수용되는 곳에서는 패싱이 불필요하다.

일시적인 패싱은 장애를 둘러싸고 있는 편견과 병적인 호기심으로부터 잠시 동안 자유로운 순간을 만들어내는 힘을 부여한다. 비장애인인 척하는 것은 정상성을 수행하고 사회에 자신을 끼워 넣으며 장애인이 되는 소외의 경험을 피하는 한 가지 방법이다. 하지만 장기적으로 보면, 패스를 시도하는 장애인들은 허위적으로 사회에 수용되는 것에 대해 죄책감을 느끼거나 우울해질 수 있다. 그들은 또한 그들의 숨겨진 정체성을 잘못된 것, 부족한 것 또는 부끄러운 것으로 생각하면서 장애에 대한 편견을 내면화한다. 신체적·정신적 장애인 모두에게, 패싱은 종종 이미 존재하는 조건들을 악화시키는 과도한 것들을 요구하기도 한다. 만성피로 증후군이나 소아마비후증후군을 갖고 있는 여성은 비장애인으로 보이기 위해 인내력의 한계까지 자신을 밀어붙일 수 있겠지만, 그 결과는 현재 상태를 악화시키거나 때로는 돌이킬 수 없는 상황에 이르게도 한다. 학습장애가 있는 대학생은 패싱이 이미 어려움을 겪고 있는 교실이라는 상황에서 견디기 힘든 스트레스를 추가한다는 것을 발견할 수도 있다. 게다가, 패스하는 사람들은 그들의 비밀을 지키는 것이 종종 고독을 필요로 한다는 것을 발견한다. 그것은 대부분의 사람들에게 홀로됨의 경험이다. 장애인으로 커밍아웃하는 것에 동반하는 안도감은, 자신이 더 이상이 혼자가 아니라는 것과 수용·우정·사랑을 위하여 자신이 기댈 수 있는 다른 장애인이 있다는 것을 발견하는 것에서 종종 생긴다.

가장은 패싱에 대응하고 장애를 감추기보다는 드러낸다. 차이가 하나의 낙인이 될 때에, 그 차이를 과장하거나 연기하는 것은 그것을 목표로 성격 짓겠지만, 그것은 또한 사회의 편견을 폭로하고 저항한다. 가장은 능력 이데올로기에 순종하지 않음으로써, 사회가 듣고 싶어 하지 않는 이야기인, 장애에 깊이 물들어 있는 이야기를 하고 싶은 욕망을 충족시킨다. 그것은 아마도 과잉보상이 필요할 때에 과소보상을 강조하거나, 비가시성이 강요될 때에 장애의 커밍아웃을 보여줄 수 있다. 결과적으로, 그 가장은 사회가 감당하기에는 "지나치게 많은" 것 같은 소수자집단을 겨냥한 경멸의 용어인, 아담(Adam)이 '과잉가시성'이라고 부르는 것, 그러나 그럼에도 불구하고 정치적 행동의 잠재력을 지닌 한 현상을 생산한다(p. 49). 남성에게 요구하는 여성은 '지나치게 밀어붙인다'. 아프리카계 미국인들은 백인들 주변에서 '너무 떠들썩하고 너무 시끄럽다'. 게이는 '너무 호화스럽고 너무 여성스럽다'. 장애인은 눈에 띄지 않아야 한다. 왜냐하면 비장애인 사회가 그들을 '너무 보기 싫다'고 생각하기 때문이다. 과도한 차이와 가장된 장애는 억압과 불평등에 대한 작은 음모의 역할을 한다. 그것들은 기존의 사회적 관습을 전복하며, 고정관념에 대한 통제권을 틀어쥐고 행동과 외모의 규범을 받아들이라는 압력에 저항함으로써 주변화된 집단의 결속에 기여한다.

패싱은 장애인 관점과 비장애인 관점의 두 가지 관점으로 존재한다. 첫 번째 관점은 두 번째 관점에게 이야기를 하지만, 양 편은 한 욕망, 즉 다른 것으로 장애를 보려는 욕망을 표현한다. 문제는 그것이 양 편에 있는 같은 욕망인지, 패스하려는 욕망에 개입하기 위한 자원이 있는지, 다른 이야기가 존재하는지 등이다. 가장은 우리에게 대안적인 이야기를 탐색할 기회, 장애가 단순히 시야에서 숨겨져 있기보다는 그 자체의 어떤 버전으로 주장될 때 어떤 일이 일어날지를 물을 기회를 제시한다.

재판 중의 장애 경험

　'브라운 대 교육위원회'(Brown v. Board of Education) 재판[1] 50주
년인 2004년 5월 17일에 미국 대법원은 '테네시 대 레인'(Tennessee
v. Lane) 재판에서 시민권에 지대한 영향을 주는 또 하나의 판결을
내렸다. 뜻밖에도 대법원은 근소한 차이로 ADA 제2장에 의거하여

---

1) (역자 주) 미국 인종차별 유형 중 대표적인 것이 인종 분리이다. 1865년 노예 제도가 폐지
되면서 흑백 평등이 헌법으로 보장되었다. 그러나 이후에도 현실에서의 흑인 차별은 계
속되었으며, 인종 분리 정책도 강화되었다. 1896년 호머 플레시(Homer Plessy)라는 이름
의 혼혈인이 백인 전용 칸에서 흑인 전용 칸으로 옮기기를 거부하면서 '플레시 대 퍼거슨'
(Plessy v. Ferguson) 재판이 시작되었다. 이 재판에서 연방대법원은 인종의 피부 색깔로
기차 칸을 나누어 놓은 것은 잘못이지만 나눠 놓은 양쪽 시설이 같으면 괜찮다는 최종 판결
을 내렸다. 이 '분리되지만 동등한'이란 인종 차별적 기준이 폐지된 것이 바로 '브라운 대 토
피카 교육위원회' 재판의 최종 판결이다. 1951년 캔자스 주의 토피카 시에 살던 흑인 올리
버 브라운(Oliver Brown)은 여덟 살 난 딸이 가까이 있는 백인 전용 학교를 두고 다섯 블록
이나 떨어진 흑인 전용 학교에 다녀야 하는 사실이 부당하다고 느껴 재판을 청구했다. 이
에 법원은 이와 비슷한 내용의 여러 재판을 합하여 '브라운 대 토피카 교육위원회'라는 이
름으로 재판을 진행하였다. 결국 1954년에 연방대법원은 만장일치로 "분리한 교육 시설은
애초에 불평등하다"라는 판결을 내렸다. 이 역사적 판결로 인하여 1950년대 후반부터 서서
히 인종 통합 분위기가 형성되었다.

법정과 법률 서비스를 장애인이 접근할 수 있도록 만들지 않는 주를 상대로 손해배상 소송을 할 수 있다고 판결하였다. 이 사건의 원고 중의 한 사람이면서 휠체어 사용자인 조지 레인(George Lane)은 사소한 교통 법규 위반으로 법원에 소환되어 판사와 법원 직원들이 계단 꼭대기에 서서 놀려대는 가운데 계단을 두 층이나 기어올라가 법정에 출두해야만 했던 일을 진술하였다. "그것은 1에서 10까지의 통증 지수에서 10을 훨씬 넘는 것이었다"고 그가 후에 진술하였다(이 사건의 자세한 내용은 Cohen 참조). 레인은 그의 사건이 오전 공판에서 심리되지 못하자 점심시간 후에 있는 오후 공판에 다시 오라는 요청을 받았다. 이에 그는 다시 한번 두 층에 걸쳐 계단을 기어올라가는 것을 거부하였고, 결국 재판 불출석으로 체포 구금되었다. 두 번째 원고로서 법원 서기로 근무하는 베벌리 존스(Beverly Jones)는 테네시 주의 법원 청사들이 그녀가 사용하는 휠체어가 들어갈 수 없게 되어 있어서 23개 법원 청사에서의 일자리를 거절할 수밖에 없었다고 주장하면서 이 소송에 참여하였다. 한번은 휠체어가 들어갈 수 있는 화장실이 없는 법원 청사에서 판사가 그녀를 들어 올려 변기에 앉혀 주어야만 했다. 또 다른 경우에는 법원 직원이 그녀를 안고 다음 층으로 가다가 계단에서 미끄러져 넘어지면서 그녀를 떨어뜨리기도 하였다.

일반적으로 대법원은 주의 권리를 지지해왔을 뿐만 아니라 불과 3년 전에 사건에 대한 증거에 상관없이 주는 차별에 근거한 고용 소송의 대상이 되지 않는다는 판결을 내렸기 때문에, 모든 상황은 대법원이 테네시 주에 유리한 판결을 내릴 것임을 가리키고 있었다.[21] 그런데 왜 판사들은 '테네시 대 레인' 사건에서 테네시 주에 불리한 판결을 내린 것일까? 이 판사들은 장애인 원고들의 경험으로 부터 그들이 이전에는 알지 못했던 그 무엇을 배운 것일까?

이 판결에 있어서 경험에 집중한 것은 임의적인 것이 아니라 ADA 자체에 의해 요구된 것이다. 모든 ADA 제2장의 적용은 "그것이 반영하고 있는 역사적 경험을 참고로 하여 그것을 심리하는 것"을 필요로 한다(Syllabus, Tennessee v. Lane, p. 2). 이 다수 의견의 첫머리에서 판사들은 "주정부 서비스와 프로그램의 운영에 만연되어 있는 조직적인 기본권 박탈을 포함한, 장애인에 대한 불공평한 대우를 배경으로 의회가 제2장을 제정한 것이다"라고 강조하였다 (Syllabus, Tennessee v. Lane, p. 3). 더 중요한 것은 이 판사들이 제2장이 "이 같은 불공평한 대우의 역사와 패턴에 대한 적절한 대응"임을 단언하고 나서 그러한 장애 차별 패턴이 오늘날까지 계속되고 있음을 입증하였다는 것이다(Syllabus, Tennessee v. Lane, p. 3). '테네시 대 레인' 사건에서의 판결 자체는 그 주요 과제 중의 하나로 제2장의 적용에 요구되는 장애 경험의 기록을 택하였다. 즉, 이 판결은 미국의 법체계가 장애인을 배제하고 있다는 것을 증명할 목적으로 장애 차별의 경험들을 계속해서 열거하였던 것이다.

그러나 이 판사들은 장애를 지닌 원고들의 증언에 집중함으로써 경험의 증거적 개념에 의존하는 잘못을 범했을 수도 있는 것이다. 현재의 역사와 문화에 대한 연구 분야를 지배하는 경험에 대한

---

2) 대법원은 '앨라배마 대학교 이사회 대 개릿'(Board of Trustees of Univ. of Ala. v. Garrett) 사건에서 미국 수정헌법 제11조에 의해 주가 장애인에 대한 고용 차별을 금지하는 ADA 제1장을 위반한 것에 대해 개인적인 금전적 손해배상을 하는 것이 금지된다는 판결을 내렸다.

이론적 입장을 규정하는 논문에서 존 스콧(Joan Scott)은 경험을 증거로 사용하는 것은 "정통적 역사의 틀" 안에 머무름으로써 "다름의 역사의 비판력을 약화시키고" 기록하고 있는 경험을 겪은 사람들의 "다름"과 "정체성"을 자연화하며 "기존의 이념 체계에 이의를 제기하기보다는 그것을 오히려 재생산해낸다"고 주장하였다(pp. 777-778).[3] 스콧에 의하면, 경험의 지위를 고려해보는 경우에, 대체 역사를 쓰기 위해 또는 큰 영향력을 행사하고 있는 잘못된 해석을 바로잡기 위해 사용되는 경우조차도 경험은 그저 역사의 토대주의적(foundationalist) 담론을 구성하고 있는 또 하나의 벽돌이 되는 것에 불과하다. 나아가 스콧(Scott)은 페미니스트적·문화적 역사학자들이 여성, 유색인, 사회계급 차별의 희생자들의 경험을 토대로 역사를 다시 써야 할 필요성을 주장할 때 토대주의로 되돌아가는 것이라고 비판한다. 그녀는 "경험을 갖는 것은 개인이 아니라 경험을 통해 구성되는 주체이다"라고 결론짓는다(p. 779). 개인적 경험은 사회적으로 구성되는 것이기 때문에 분명히 설명의 근원이 될 수도 없고 알려진 것에 대한 권위 있는 증거가 될 수도 없다는 것이다(p. 780).

스콧과 대법원 모두에게 있어서 경험의 가치가 재판을 받고 있는 것이지만, 이 둘은 그에 대해 완전히 다른 생각을 갖고 있다. 잠시 이 같은 다른 생각의 정치적 형태에 대해 알아보는 것도 의미 있을 것이다. '테네시 대 레인' 재판에서 보수적인 연방대법원이 ADA

---

3) 스콧은 경험의 증거를 수집하는 것보다 대체 역사 쓰기를 위한 담론 이론의 사용을 선호한다. 그러나 경험의 문제가 그 구성된 상태에 있는 것이라면, 담론에 기대는 것도 유리할 것이 없다. 왜냐하면 담론도 못지않게 사회적으로 구성된 것이기 때문이다.

에 대한 공격을 멈추고 장애 차별의 존재와 이전의 그런 차별에 대한 법적 승인을 인정하자 장애인 사회는 놀라는 동시에 기뻐했다. 누가 보아도 정통적인 대법원이 장애 경험의 힘에 의해 정통으로부터 끌려 나온 것이었다. 경험을 증거로 사용하는 것에 대한 스콧의 공격도 정통에 반하는 것이다. 스콧은 다름의 사학자들이 그들의 해방 목표를 성취하기 위해, 그녀의 경험에 대한 비판이 궁극적으로 그런 목표와 어울리는지는 확실하지 않지만, 정통적 인식론에 말려드는 것을 보고 싶어 하지 않았다.

후기 구조주의의 유산 중의 하나는 절대적 비판에 대한 바람, 즉 비판을 자신에게로 향하게 할 수 있는 능력이 다른 무엇보다 높게 평가되고 지식 주장들이 논거로 삼을 토대를 점점 더 적게 갖게 되는, 뺄셈의 과정으로 그런 비판이 규정되는 그 비판에 대한 바람이다. 비판이 더욱 급진적이고 절대적일수록 그것이 지니는 해방의 잠재력은 더욱 커진다고 항상 주장되는데, 이런 주장에 대한 증거는 점점 더 분명해지지 않는다. 절대적 비판에 대한 바람이 항상 정치적으로 진보적인 목표에 기여하는지에 대한 의문이 생기게 된다. 예를 들어, 경험이 사라지는 것이 급진적인 것인가 아니면 반동적인 것인가? 여기에서 나는 장애 경험이 사회적 비판을 강화하는 동시에 해방적인 정치적 목표 달성에 기여할 수 있는 잠재력을 갖고 있다고 주장한다. 더욱 중요한 것은, 소수자집단 정체성의 경험들은 비판적 가치가 없다는 스콧 그리고 다른 사람들의 주장에도 불구하고, 나는 장애 경험에 의해 제공된 지식이 그러한 다른 소수자집단 정체성의 경험들을 되찾고 다시 이론화하려는 의욕을 새로이 북돋을 수도 있을 것으로 희망한다는 것이다.[4]

우리는 역사상 흥미로운 시기에 있다. 이 시기가 다른 사람들로
하여금 우리가 정통주의에 기여한다고 생각하도록 하지 않으면서
비판이라는 명목 아래 해방적인 사고를 정통주의로 바꾸는 마지막
시기인가?[5] 이제부터 우리의 주장들이 지니는 정치적 함의들에 유
의하면서 그런 정치적 함의들이 비판과 해방 모두에 기여하도록
하는 것이 더 나을 것이다.

디자인에 의한 차별

장 프랑수아 리오타르(Jean-Fraçcois Lyotard)는 디퍼런드
(différend)를 피해자들에게 자신들이 부당한 대우를 받았다는 것을
보여 줄 수단이 부정된 상황으로 정의하였다. 부당한 대우를 받은
사람들은 불의로 고통 받는 동시에 그들의 입장을 변호할 수 있는
수단을 박탈당하였기 때문에 이중으로 피해를 입는다. 정통주의적
경향의 대법원 판사들조차도 받아들일 수 없는 디퍼런드를 스콧
의 경험에 대한 비판이 상정하고 있다는 것은 아이러니컬하다. 대
법원 판사들은 레인이 경험한 것을 그의 개별적인 삶에 대한 증거
로서가 아니라 다수의 사람에게 영향을 주는 불의의 한 패턴을 형
성하는 증거로서 해석하였고, 그럼으로써 이 사람들에게 그들에게

---

4) 소수자집단 경험에 대한 이론의 제2물결의 전형적인 예는 모야(Moya)의 "경험으로부터 배
   우기"(Learning from Experience, 2002)이다.
5) 예를 들면, 브뤼노 라투르(Bruno Latour)는 급진적인 구성주의적 비판이 반동적 목적을 위
   한 것으로 변한 과정을 추적한 다음, 진보적인 정치적 결과를 위하여 실존론적 대안을 수용
   하는 것이 중요하다고 강조한다.

가해진 부당한 대우들을 제시할 기회를 주고 그들에게 가해진 억압을 표현할 수 있는 기회를 주었다. 이보다 더 중요한 것은 어쩌면 수터(Souter) 판사가 장애인 차별의 역사에 있어서의 미국 법 제도를 비판하였다는 것일 것이다. 그는 '테네시 대 레인' 사건에서의 결정을 "과거 법적인 핸디캡을 부과하는 둔기에 대한 사법부의 지지로부터 한 걸음 멀어지는 환영할 만한 일"로 부르면서 사법부로 하여금 차별적 행위에 대한 이전의 지지를 비판하도록 요청하였다 (Souter concurring, p. 2).

그럼에도 불구하고 스콧과 대법원은 경험의 증거 가치에 대해서 견해가 다르면서도 경험이 무엇인지에 대해 일부 같은 생각을 갖고 있다. 스콧처럼 판사들도 경험이 사회적으로 구성된 것이라는 것을 진지하게 고려하였다. 스콧이 했을 법한 방식으로 판사들도 레인의 차별의 근거를 장애인의 생물학적 열등함 같은 자연적 요인 탓으로 돌리기보다는 '불공평한 대우의 역사와 패턴'으로 찾아 올라갔다. 스콧과는 달리 판사들은 지식 주장의 기반이 그 사회적 구성이라는 점에 의해 경험이 위협받는다고 믿지 않았다. 사실 그들은 구축된 환경이 사회적으로 구성된 것이라고 생각하면서, 그 환경이 장애를 지닌 몸·마음과 관련하여서는 잘못된 방법으로 구성되었다고 합리적으로 결론을 내렸다. 여기서 주목할 것은 대법원을 흔들리게 만든 것이 레인의 개인적 고통 그 자체가 아니었다는 것이다. 레인이 재판정으로 가기 위해 계단을 기어올라갈 때 판사가 웃었다는 사실은 비난 받을 만하지만 그의 차별 소송의 옳음을 보여주는 증거는 아니었던 것이다. 오히려, 레인이 경험한 것은 명백한 차별 행위의 대표적인 사례라는 사실이 그 증거이다. 레인은 장애인이라는 그의 정체성을 바탕으로 차별을 경험하였고, 이같은 한 사회적 계층의 구성원에 대한 차별이 포크 카운티 법정의 설계 그 자체에 의해 아주 분명하게 보인 것이다. 이 건물의 물리적 비접근성은 대법원 판사와 레인으로부터 그를 조롱의 대상으로 삼은 자들에 이르기까지 모두가 알아볼 수 있는 사실이었으며, 이 비접근성이, 당시 그랬던 것처럼, 다른 많은 건물들에 널리 퍼져있는 특성인 경우에 사회의 건축 양식 자체에 장애인에 대한 편견이 작동하고 있다고 정당하게 결론 내릴 수 있는 것이다. [대법원의] 다수 의견과 법률 소견서는 스티븐스(Stevens) 판사가 "장애 차별 패턴"이라고 말한 것을 보여주면서 사회의 건축 양식이 장애인들에 대해 지니고 있는 편견을 명백하게 하기 위해 애를 썼다(Tennessee v. Lane, p. 15). 이 차별적 행위의 패턴은 "보통 수화를 통해 자신의 의사를 표현하는데 … 재판에서 수갑이 채워져 그런 의사소통을 할 수 없었던, 청각장애를 지닌 죄수", "서류를 볼 수가 없어서 정보에 접근할 권리가 부정된 … 시각장애를 지닌 증인", "교도소 바닥을 기어 다닐 수밖에 없었던 두 다리 절단 장애인", "정신적 장애가 있는 사람들의 결혼을 불법화한 것", 그리고 "예외 없이 배심원 의무로부터 제외되는" 시·청각 장애인을 포함하였다(American Bar Association as Amicus Curaie, pp. 13 n.16, 13 n.11, 13 n.8, 14 n.1).

시각장애인의 나라에서는 건축 양식, 기술, 언어 사용, 사회 조직이 우리의 것과는 다를 것이다. 기동성이 손상된 사람들의 나라에서는 계단이 없을 것이고, 거리 개념이 우리와는 다를 것이다. 청각장애인의 나라에서는 수화를 할 수 있도록 손을 자유롭게 해주는 기술이 동원될 것이고, 소란한 방에서 소리 지를 필요가 없을 것이다. 경험이 사회적으로 구성된 것이라는 것을 선명하게 보여주는 예를 장애가 제공하지만, 그 못지않게 선명하게 장애는 경험에 의해 만들어진 정체성 역시 재현 체계에 기여한다는 것을 보여준다. 이 재현 체제의 분석은 우리 사회에 대한 검증 가능한 지식 주장을 낳을 것이다. 장애를 지닌 몸이 사회적 구성이든 물리적 구성이든 어느 구성에 들어설 때, 해체, 즉 건물의 물리적 렌더링만큼이나 분명하게 그것의 사회적 렌더링의 힘의 라인과 청사진을 보여주는 해체가 일어난다. 구성은 특정한 사회적 몸을 염두에 두고 만들어진다. 따라서 다른 몸이 등장하게 되는 경우 그 맞지 않음이 그 공간을 지배하고 있는 능력 이데올로기를 드러내 보이게 되는 것이다. 포크 카운티 법원에 등장한 휠체어는 이 건물에 대한 일련의 사회적 사실들을 드러내 보인다. 우리는 이 사실들을 하나의 이념으로 바꿀 수 있지만, 이것이, 우리가 장애 정체성의 상황을 검증 가능한 방식으로 목격하기 때문에 드러나는 것은 객관적인 사회적 위치를 갖는다는 것을, 우리가 이해하지 못하도록 해서는 안 된다. 일반적으로 금지된 몸과 마음이 공간에 들어설 때마다 정체성의 사회적 구성이 모습을 드러낸다. 예를 들어, 로사 팍스 (Rosa Parks)[6]가 버스의 앞자리에 앉았을 때 미국 사회에서의 미국

---

6) (역자 주) 로사 팍스는 1950년대 미국 흑인 인권 운동을 촉발한 미국 흑인 여성으로서 상징적인 존재이다. 그 당시 미국 남부에서는 인종차별의 한 형태인 인종 분리 정책에 따라 백인은 버스 앞자리부터 채우고 흑인은 버스 뒷자리부터 채우다 자리가 모자라면 무조건 흑인이 백인에게 양보하여야 했다. 팍스 여사는 1955년 12월 1일 앨라배마 주 몽고메리에서 백인 승객에게 자리 양보를 거부하였고, 결국 이것 때문에 경찰에 체포되었다. 이 사건은 1년 이상 계속된 몽고메리 버스 보이콧 운동으로 이어졌고, 이 운동을 마틴 루터 킹(Martin Luther King) 목사가 이끌어 성공적인 결과를 이끌어 냄으로써 이후에 보다 더 조직적이고 큰 규모의 미국 흑인 인권 운동으로 이어져 나갈 수 있었다.

혹인 정체성의 사회적 구성이 모습을 드러낸 것이다. 린다 알코프 (Linda Alcoff)에 따르면 "정체성은 '문맥 의존 지시적 실체'(indexical entities)[7]이고, 특정 위치 '안에서는' 실제이다"(2000, p. 337). 사회적 정체성이 구성된 것이기는 하지만 동시에 '실제'이기도 하며, 실제이기 때문에, '테네시 대 레인' 사건이 보여주고 있듯이, 정치적 비판을 받고 변화 가능한 것이다. 대법원의 다수 의견은 장애인들을 법에 의한 불평등한 대우로 고통 받는 소수자집단 정체성으로 인정해서 이들이 하나의 집단으로 모여서 접근이 어려운 환경에서의 변화를 요구하고 그들의 공적 생활에의 참여를 확대할 수 있는 권한을 부여하였다.

관련 자료 번호 13

뉴욕 타임스 온라인(New York Times Online)

2004년 8월 25일

휠체어 접근 가능한 택시의 수를 늘리려는 작은 움직임

마이클 루오(Micheal Luo) 지음

4년 전 택시 관련 공무원들이 뉴욕의 모든 영업용 택시를 휠체어 접근 가능하도록 할 가능성을 제기하였다. 하지만 이 생각은 진척을 전혀 보이지 않으면서, 공중 화장실이나 공항 직항 열차 서비스와 같이 뉴욕에서 좋은 의도

---

7) (역자 주) 문맥 의존 지시적 실체는, 영어로 예를 들자면, I, you, here, now 등과 같이 그 지시 대상이 문맥에 의해 결정되는 것을 가리킨다. 더 구체적으로 말하자면, 'I'는 말하는 사람과 그것을 듣고 있는 사람으로 구성된 문맥 속에서는 말하고 있는 사람을 지시하는 것이다.

로 계획되었으나 절대 현실화될 수 없는 듯해 보이는 다른 시설들의 대열 속으로 사라져 버렸다.

오늘날 뉴욕의 12,487대의 영업용 택시 중에서 겨우 3대만이 휠체어 접근이 가능하다. 이는 휠체어 사용자가 손을 흔들어 휠체어 수용이 가능한 소형 밴을 세울 확률이 4,162분의 1일이라는 것을 의미한다.

이와는 대조적으로 시카고, 보스턴, 샌프란시스코를 포함한 같은 미국의 다른 주요 도시들은 최근 휠체어 접근이 가능한 택시의 이용 가능성을 크게 높였다. 런던에서는 1989년 이후 모든 택시들이 휠체어 접근이 가능해졌다.

"뉴욕은 대단히 뒤쳐져 있죠"라고, 전 뉴욕시 택시 리무진 위원회 의장이었고 몇 년 전 공무원직을 그만둔 후 택시를 휠체어 접근 가능하게 만들기 지지자로 활동해 온 다이엔 맥그래스-맥케츠니가 말했다. "다른 도시들은 뉴욕보다 훨씬 더 앞서가고 있습니다. 이건 말도 안 된다고 생각합니다."

일부 뉴욕 시민에게는 큰 시련 없이 시내를 가로질러 갈 수 있는 것과 같이 기본적인 문제에 대하여, 비록 주춤거리기는 하지만, 현재 움직임이 일고 있다.

"영업용 택시와 관련하여 문제는 자연스러움입니다"라고, 장애 운동가이며 전동 휠체어를 사용하는 맨해튼 주민 에디스 프렌티스가 말하였다. "제가 유럽을 침공하는 것처럼 준비를 해야 할 필요가 없는 것인데, 종종 실제로 그렇게 느끼게 됩니다."

오늘 택시 리무진 위원회가 지난번 경매에서 시도하였으나 실패한 것, 즉 휠체어 접근이 가능한 택시로 특별히 명시된 택시 면허의 구매를 촉진하기 위해서 차기 면허 경매 규칙을 변경하기 위한 투표를 할 예정이다. …

한 집단이 소수자집단이 되는 데에는 두 가지 길이 있다. 하나는 집단에 대한 차별적인 대우 패턴에 의한 것이고, 다른 하나는 이 패턴에 대한 그 집단 사람들의 의식을 통해서이다. 드워킨과 드워킨(Dworkin and Dworkin)에 의하면, 소수자집단은 "식별성, 권력 차이, 권력 차이에 의해 발생하는 차등적·경멸적 대우, 그리고 그 같은 차등적 대우에 의하여 촉발된 집단의식"이 있어야 한다(p. viii; 또한 Albrecht, p. 79 참조). 주체는 경험에 의해 형성되는 동시에 그의 경험이 지니는 형성적 성격에 대한 인식을 지니고 있다 — 이 경험이 부정적인 동시에 차별적일 때 이 주체의 정체성이 소수자집단 모습을 띠게 되는 것이다. 정체성 형성의 이와 같은 측면들을 인정하려 하지 않는 것은 경험이 항상 사회적으로 구성된다는 것 그리고 우리가 가장 소중하게 여기는 지식이 어떤 사회적 구성의 특정한 특성들을 입증하는 것과 관련된다는 사실을 이해하지 못하는 것이다. 사람들은 소수자집단 정체성이 사라지는 순간 억압이 끝날 것이라고 믿는 것 같다. 그러나 어떤 방식으로 사회적 정체성이 산 경험 속에 복잡하게 구현되어 있는지를, 즉 어떤 방식으로 현실이 되는지를 밝힐 수 있는 이론 없이 우리가 억압이 실제로 무엇인지 그리고 그것이 어떻게 작동하는지에 대해 이해할 수 있는지는 확실하지 않다.[8]

여기에 소수자집단 정체성에 대한 후기구조주의자적 설명과 현실주의자적 설명의 핵심적 차이가 있다. 후기구조주의자들은 정

---

8) 사회적 변화의 출발점으로서의 생생하고 복잡한 체현에 관한 현실주의에 대하여는 제3장과 제4장을 참조하라.

체성이란 사회적으로 구성된 허구에 지나지 않는 것이라고 주장하기 때문에 보통 소수자집단 정체성의 지식 주장을 무시한다. 철학적 현실주의자들은 정체성이 사회적으로 구성된다는 것 그리고 정체성이 우리가 살고 있는 세상에 대한 이론 — 때로는 옳은, 때로는 잘못된, 때로는 무관심한 — 을 구성한다는 것 둘 다를 인정한다. 현실주의는 지식의 대상을 자연적 실체로서가 아니라 인간 사회 속에서 인과관계의 일부로 존재하는 사회적 사실로 정의한다.[9] 달리 말하자면, 현실주의자들은 사회적 구성을 앞으로 해야 할 지식 주장의 지위에 대한 연구의 출발점으로 보면서 사회적 구성의 인지적 가치를 진지하게 받아들인다. 그들은 사회적 지식이 사회적 사실들의 밀집된 연결망을 구성한다고 이해한다. 이 연결망 속에서는 개별적인 사실이 다른 사실들에 의해 매개된다 — 그리고 항상 예측할 수 있는 방식으로는 아니게 — 는 단순한 이유 때문에 한 가지 사실을 파악하기 위해서는 다른 사실들을 불러들여야만 한다. 현실주의자들에게 있어서 지식은, 의미에서의 한 사회적 구성의 검증 가능성을 다른 의미들에 의해 참조된 것으로 정확히 정의한다. 이 같은 인식론의 전형적인 예를 장애 경험보다 더 잘 제시해주는 경우가 드물다. 장애 경험은 경험의 사회적 구성 그리고 경험이 구성된 것이라는 지식으로부터 생기는 정치적 가능성 둘 다를 보여준다. 장애인들의 경험은, 정체성에는 지식에 대한 정당한 주

---

9) 경험에 대한 현실주의적 논의에 대해서는 Moya(2002); Moya and Hames-Garcia, 그리고 이 문맥에서 특히 딜레이니(Delany)에 대한 스콧의 비판에 대해 윌리엄 윌커슨(William S. Wilkerson)이 보인 반응을 참조하라. 페미니즘이 지니고 있는 현실주의와의 연루에 대해서는 알코프(Alcoff, 2000, 2006)를 참조하라.

장이 내포되어 있을 수 있고 일단 검증되는 경우에 이 지식은 소수
자집단 사람들에 대한 억압에 저항할 수 있는 소중한 무기가 된다
는 사실을 확실하게 보여주는 데 도움을 준다.

건축 양식의 성(性)

후기구조주의자 이론은 고통 및 성과 관련하여 어려움을 겪는
다.[10] 이 이론은 종종 고통을 정체성 정치의 약점으로 보고 회피하
면서, 성적 행위를 받침대로 이용하여 젠더와 성적 지향에 대한 분
석을 강화한다. 스콧의 경험에 대한 논의가 이에 대한 적절한 사례
인 듯하다. 첫째, 스콧은 자신들이 고통스러운 차별의 역사에 직면
해 있는 소수자집단 정체성을 가진 자들이라는 동성애자들의 생각
을 참지 못하였다. 둘째, 분명히 성적 경험에 대한 저서인 새뮤얼
딜레이니(Samuel Delany)의 "물에서의 빛의 움직임"(The Motion of
Light in Water)이 스콧의 논의의 핵심에 있는 예를 제공하였음에도
불구하고, 스콧의 논의 속에 성적 행위는 설 자리가 없었다. 성적
행위는 이 세상에서 우리의 정체성과 경험이 구성되는 방식에 있
어 중요한 요소이지만, 종종 더 쉽사리 공공 영역과 연결되는 행동
을 선호하기 때문에 무시되어 버린다. 사람들이 경험의 사회적 구
성 그리고 이 구성이 다양한 사람들을 차별하는 방식에 대해 생각

---

10) 마리오 페르니올라(Mario Perniola)가 내 주장을 뒷받침하는 주장을 제시한다. 그에 따르
면 섹슈얼리티와 고통은 "이미 주어진 것으로 이해되는 몸에 관련"되기 때문에 "포스트모
더니즘에게는 큰 도전이 된다"고 주장한다(p. 32).

해 볼 때 침실은 법정만큼 범례적이지 못한 것처럼 보이는 것 같다. 예를 들어, 장애 법률은 공공건물의 접근성 보장에 있어서 조그만 성과만을 이루었을 뿐이다. 공공의 주정부 건물에의 접근성 보장에 관한 법 제정에 결정적이고 예상하지 못한 개입을 하였다는 이유만으로 '테네시 대 레인' 사건이 중요한 것이다. 그러나 이 조그만 성과를 사적 주거지라는 상황 속에서 고려해보면 주요 성과일 수 있다. 왜냐하면 단독 주택을 장애인들이 접근할 수 있도록 만들라고 요구하는 법은 존재하지 않기 때문이다.[11] 사적인 성적 행위에의 접근성을 촉진하는 법이 만들어질 가능성은 더욱 희박하다.

그렇지만 건축 양식의 성이라는 것이 있는데, 이것은 다양한 공간과 그 안에 있는 인공물들에 의해 허용되는 성적 행위에 영향을 준다. 성이 사적인 행동인 것처럼 보이지만, 그것이 사회적 편견과 이념의 지배를 받고 인간의 몸에 대한 공적인 그리고 이상적인 관념에 따라 디자인된 건축 환경 안에서 일어나고 있다는 면에서 전적으로 공적인 행동인 것이다. 중요한 것은 '테네시 대 레인' 사건이 장애인들의 성적 행위와 재생산권을 차별하는 여러 가지 공적ㆍ법적 관행들을 기록하였다는 것이다. 다수 의견에서 스티븐스 판사는 장애인들의 결혼을 막는 법들을 강조하였고, 수터 판사는 정신적 장애가 있는 사람들에게 행해진 비자발적 불임 수술을 공

---

11) 아직은 널리 적용되지 않고 있는 '방문성'(visitability)이란 개념이 개인 주택에의 접근성을 임차인이나 소유자가 필요로 하는 것 이상으로 확장시켰다. 물론 1988년의 '공정 주택법 개정'(Fair Housing Amendment)이 새로 짓는 다가구 주택은 반드시 기본적인 건축적 접근이 가능하도록 요구하고 있지만, 이 개정법은 그리 강력히 시행되어 오고 있지 않다. 현재 그 어떤 법도 단독 주택에의 접근성을 강제하고 있지 않다. 이에 대한 개관으로는 '장애인 주거 접근성에 관한 법'(Laws on Disability Access to Housing)을 참조하라.

격하고 올리버 웬델 홈즈(Oliver Wendell Holmes)의 다음과 같은 견해를 포함하여 법에서의 몇 가지 가장 지독한 사례를 인용하면서, 동의 의견에서의 강조점에 기반을 두었다. "퇴보한 후손들이 범죄를 저지르면 처벌하려고 기다리는 대신에 또는 그들이 우둔해서 굶도록 내버려 두는 것보다는 사회가 분명하게 부적합한 자들이 대를 이어 가지 못하도록 막는 것이 이 세상을 위하여 더 낫다. … 3대에 걸친 바보는 충분하고도 넘친다."(Souter concurring, pp. 1-2) 요약하자면, 대법원은 장애 차별에 대한 심리에서 성을 무시하지 않고 오히려 법 아래서의 불평등한 대우에 대한 증거로서 성적 경험의 관련성을 주장하였던 것이다.

관련 자료 번호 14

뉴욕 타임스 온라인(New York Times Online)

2004년 1월 22일

삶으로부터 불과 몇 발짝 떨어진 곳. 엘리베이터가 없어 걸어 올라가야 하는 건물에 갇혀

데이비드 첸(David W. Chen) 지음

때때로 그들과 햇빛 사이에 있는 것은 네다섯 대의 항공기이다. 때때로 그것은 겨우 12개의 계단 — 나이가 많거나 병든 많은 뉴욕인들을 그들이 포기할 형편도 안 되는 아파트에 사실상 고립시켜, 그들이 한때 즐기면서 당연한 것으로 여겼던 북적거리는 거리의 삶 위에 높은 곳에 가두는, 벅찬 물리적 장애물 — 이다.

이 계단만 아니라면 다발성 경화증 환자로서 휠체어를 사용하고 있는 로버트 파인 같은 사람들이 신선한 바깥 공기를 쐬기 위해서 친구들과 자신을 웨스트 빌리지 아파트 2층에서 내려가도록 도와달라는 약속을 할 필요가 없을 것이다. 그리고 힘이 세 보이는 낯선 사람들에게 그를 다시 2층으로 올려달라고 부탁할 필요도 없을 것이다.

이런 계단만 아니라면 서배스천 퍼니스 같은 사람들이 웨스트 빌리지에 있는 널찍한 5층 아파트에서, 땅에서 67개 계단 떨어진 곳에서 거의 30년 동안 세상이 그를 보러 와주기를 기다릴 필요도 없을 것이다.

"때로는 완전히 갇혀버렸다는 느낌을 갖게 된다"고 에이즈 판정을 받은 퍼니스 씨가 말한다. "내가 종종 우울해지기 때문에 모두가 나에게 더 자주 밖에 나가야 한다고 말한다. 그런데 문제는 저 계단이다."

뉴욕시에는 수많은 사람들이 엘리베이터가 없어서 걸어 올라가야 하는 아파트에서, 완전히 집에 갇힌 것은 아니지만, 여전히 일정 수의 가파른 계단에 의해 세상과 분리되어 그들이 생각하기에 운명의 장난에 의해 고통 받으며 지낸다. 이 고립된 사람들 중 다수가 1층에 살거나 엘리베이터가 있는 건물에서 살고 있다면 열심히 바깥세상을 만나러 나갈 것인데. …

섹슈얼리티가 사회적으로 구성되었다는 생각은 보통 성적 행위보다는 젠더나 성적 지향의 개념을 가리키는 것이다. 동성애 혐오와 성차별은 안이하게 정체성을 성적 행위와 혼동하는 경향을 보이기 때문에, 이런 편견들에 저항하는 한 가지 방법은 정체성과 성적 행위를 분리하는 것이었다. 따라서 사회적 구성에 대한 논의에서 성적 행위가 주변적인 것처럼 보이고, 당연히 종종 장애인은 경험 ─ 성적인 또는 다른 ─ 이 상상되는 방식에 있어서 주변적이다.

낸시 메어즈(Nancy Mairs)는 이 점을 분명히 하는 동시에, 주변이라
는 비평적 개념을 그 능력중심주의적 경향으로부터 벗어나 새로운
방향으로 나아가도록 하면서 장애인들이 그들 정체성의 성적인 요
소를 주장할 권리를 강조하였다. 메어즈는 현대 이론이 항상 주변
성을 한 집단의 사람들과 기타 집단의 사람들 사이의 권력 관계라
는 면에서만 파악하려 든다고 불평하였다. 그녀는 "그것이 글자 그
대로 중심에 있는 사람들의 시야 밖에 존재하는 물리적 공간을 주
변인들이 차지하고 있다는 것을 의미한 적이 없다"고 주장하였다
(1996, p. 59).

사회적 구성에 대한 논의에 있어서의 경험의 중심적 역할은 개
인이 사회적·공적 실존의 중심에 접근할 수 있다는 전제를 내포
하고 있다. 경험은 대부분 공간적 은유를 통해 묘사되면서, 그것은
주체를 위치시키고 에워싸는 방식 또는 주체가 경험의 수용체로
행동하면서 경험을 마음이나 무의식 속에 저장하는 방식을 나타낸
다. 드문 일이긴 하지만, 간혹 이 같은 공간적 은유가 접근성에 대
한 고려를 포함하기도 한다. 마찬가지로 젠더와 성적 지향에 대한
다수의 논의들은 사람들이 성적 정체성과 감정을 탐구할 기회와
능력을 갖고 있다고 상정하고 있지만, 장애인들에게는 그렇지가
않다. 예를 들자면, 새뮤얼 딜레이니가 동성애자의 정치적 정체성
을 의식하게 된 일은 미로와 같은 곳, 여러 층으로 된 그리고 어둠
침침한 건물 속에서 일어난 것이다. 그의 성적 교육과 관련된 다른
두드러진 일화는 지하철 화장실과 고속도로 트럭 휴게소 — 접근
하기 쉬운 장소는 아닌 — 에서 일어났다.[12] 메어즈는 그녀와 또 다
른 장애인들이 그 외 다른 곳, "이쪽, 가장자리, 경계선 밖에, 사람

들의 시선 아래"에서 살고 있다고 강조하였다(1996, p. 59). 문화 이
론가들이 근대성의 결정적인 사회적 경험과 관련지어 생각하는 공
간에 들어가 보지 못한 장애인들이 있다. 이들이 그 공간을 어찌어
찌해 차지하게 되는 순간, 많은 사람들의 의식 밖에 위치하게 된다.
　장애 이론가와 행동가들이 점차 성적 접근 문제를 다루기 시작
하였다. 이들의 관심은 성 건강이나 재생산 건강을 다루는 병원이
나 의원 같은 공적 공간으로부터 장애인들에게 더 적합한 새로운
성적 환경을 마련하기 위하여 성 안내서, 상품, 도구, 또는 보조 기
구 등이 사용되는 사적인 장소에까지 퍼져 있다. 메어즈(Mairs)는
'성과 절름발이 소녀'(Sex and Gimpy Girl)**13)**에서 장애를 가진 여성
들이 받을 것 같은 재생산 건강관리에 대해 잊지 못할 사례를 제공
하였다.

　애리조나 보건학 센터의 8층에 있는 처음 가보는 진료소에서 자궁경
　부암 검사를 받기로 예약되어 있었다. 이 건물의 엘리베이터에서 나는 층
　계를 누르는 단추 중 3층 단추까지만 닿을 수가 있었다. 따라서 나는 누

---

12) 내 말은, 그의 회고록 도처에서 칭찬할 만큼 장애인에게 열려 있는 태도를 유지한 딜레이
　니(Delany)를 비판하려는 것이 아니다. 특히 두 가지 일화가 언급할 만한 가치가 있어 보
　인다. 한 일화에서 그는 말을 못하는 정신장애인으로 취급되어 뒷방으로 끌려가 불편한
　자세로 성폭행 당하고 나서 "이런 일이 뉴욕을 떠도는 언어장애인이나 지적장애인에게 일
　어나고 있단 말인가?"라는 생각을 하였다(p. 140). 두 번째 일화에서는 음경 끝이 잘려 나
　갔지만 성적 접촉을 마다하지 않는 남자를 그가 지하철 화장실에서 만났다. "그 사람의 사
　정은 빨랐다. 그 후 그와 말을 나누고 싶었는데, 그는 성관계가 끝나자마자 지퍼를 올리더
　니 서둘러 가버렸다. 나는 그를 찾아 다녔지만 다시 보지 못했다."(p. 188)
13) (역자 주) 메어즈는 요즘 장애인을 비하하는 용어, 예를 들어 '병신', '봉사', '절름발이' 등
　과 같은 용어를 피하고 그 대신 정치적으로 적절한 용어를 사용하려는 노력에 정면으로
　도전하면서 오히려 그런 용어들을 당당히 사용할 것을 주장한 작가로 널리 알려져 있다.

군가가 나와 함께 엘리베이터에 탈 때까지 기다려야 했다. 진료소에 도착하면 자동문이 아니어서 또 누군가가 와 열어 주길 기다려야만 했다. 진료소 카운터는 나에게 너무 높아 방문확인서에 서명하기조차 어려웠다. 사실 이 카운터는 도움을 청하기 위해 접수 담당자를 부를 수도 없을 만큼 높았다. 35분을 기다린 다음에 간호사가 나를, 내가 높이를 낮출 수 있고 기울일 수 있는 테이블이 필요하다고 확실하게 밝혀두었는데도 불구하고, 일반적인 검사 테이블이 있는 창문 없는 좁은 방으로 안내하였다.

"저는 저것 사용할 수가 없는데요"라고 내가 말했다.

"못해요?" 간호사는 의심하는 듯했고 기분이 약간 상한 듯했다.

"못해요. 제 다리 힘이 너무 없어서 올라갈 수가 없어요. 그래서 휠체어를 사용하고 있는 겁니다."(1999, p. 44)

계속해서 메어즈는 그녀의 성적인 감정의 묵살과 그녀의 재생산 건강에 대한 모순되는 조언으로 가득 찬, 성의 역사에 대해 이야기하였다. 의사들은 그녀가 성관계를 갖거나 아이를 갖는 것을 원하지 않았다. 메어즈는 이런 그녀의 경험을 의사들이 성적 매력과 임신 가능성을 높이기 위해 "관찰용 기구, 염색제, 호르몬, 카테터 등의 무기"를 동원하는 비장애 여성들의 경험과 비교하였다(1999, p. 48). 장애 여성으로서 메어즈(Mairs)는 진료소의 진찰실 테이블에 맞지 않아 어려웠던 것만큼이나 여성에 대한 의학적 관념에 맞지 않아 어려움을 겪었던 것이다. 장애 여성들은 아이를 낳고 성관계를 가질 이유가 없다고 사람들이 생각하는 것이다.

장애인의 섹슈얼리티에 관한 한 묵살이 쉽게 전격적인 억압으로 변한다. 불구의 몸이 (또는 마음이) 성적 상상이나 행위를 하는 것에 대한 생각에 불편해져서, 심지어 극심한 고통을 느낄 정도가 되어, 많은 사람들이 불구의 몸이나 마음에 아주 어린 아이의 "순진함"을 부여함으로써 그 가능성 자체를 부정해 버린다. … 이 같은 혐오와 부정은 어쩌면, 사회생물학자들이 생각하는 것처럼, 그렇게 불구가 된 몸은 종족 번식을 위해서는 분명히 이상적이지 못한 도구라는 사실로부터 나오는 것일 수도 있다. 그 출처가 무엇이든 간에 이 혐오가 의식 속에 아주 깊이 묻혀 있어서 그것이 구성된 것이라기보다 '자연스러운' 것인 것처럼 보이는 것이다. 그 결과 이 세상에서 최선의 의도를 가진 사람들조차도 장애 여성을 하나의 온전체로 보지 못하는 것이다. 선천적인 장애를 가진 딸의 부모는 그 딸이 자신들이 즐겼던 그런 성적으로 친밀한 관계를 절대 갖지 못할 것이라고 믿도록 키우면서, 생리처럼 피할 수 없는 재생산 관련 현상들에 대한 정보를 제공하지 않으며, 어쩌면 청소년들이 보이는 성적 행동화를 처벌할 수도 있다. 그녀의 건강에 책임이 있는 사람들은 그녀도 재생산 건강관리를 받을 필요가 있다는 것을 "망각하거나" 또는 그녀가 당황하거나 창피스러워 할 수 있을 정도로 무심한 태도로 그런 관리를 제공한다.(1999, p. 50)

　현대적 경험의 중앙에서 장애인들을 받아들이는 것과 대조되는 것이 그들이 성적 행동과 표현을 위한 안전한 공간을 마련하려고 애쓰는 주변에서의 그들의 경험이다. 메어즈(Mairs)는 그녀의 회고록 "허리 높이에서 세상 살기"(Waist-High in the World)에서 농담조로 그녀에게 기회가 주어진다면 한두 번 정도 [음경에] 코를 부비는 것을 마다하지 않기 때문에 그 회고록 제목을 "음경 높이에서 세상

살기"(Cock-High in the World)로 할까 했었다고 썼다(1996, p. 54). 일부 활동지원사들이 그들을 고용한 장애인들이 사랑하고 성관계를 가질 수 있도록 도와주는 것도 그들의 일의 일부라고 받아들이고 있어서 활동 지원의 윤리가 좀 더 큰 성적 접근성 방향으로 작은 변화를 보이고 있다. 장애의 몸이 무엇을 할 수 있고 무엇을 할 수 없는지 그리고 성적인 몸과 관련된 혐오감을 어떻게 극복하는지에 대한 이해에 있어서 교육이 대단히 중요하다. 예를 들어, 활동지원사들은 배설물을 처리할 때 역겨움을 극복하도록 훈련받지만, 이들은 종종 정액이나 질 분비물을 치워야 한다는 생각에는 역겨워한다. 손의 사용이 제한된 사람들을 위해 성적 도구에 움직이는 혀를 새로 장착한 코리 실버버그(Cory Silverberg)는 특별히 장애를 가진 몸을 위한 성적 도구를 고안할 수도 있다고 하였다. "사람이 무엇을 할 수 있는지를 살펴보아야만 한다. 그가 제대로 된 운동 제어력이 없는 경우라면 그의 몸 자체를 진동기에 갖다 댈 수 있을 것이다. 손에 올려놓을 수 있는 진동기가 있는데, 그가 손을 몸에 갖다 댈 수 있는 경우에 그것을 이용해 자위행위를 할 수 있을 것이다. 손을 전혀 사용할 수 없는 경우라면 진동기 옆에 누울 수도 있을 것이다."(Stoner가 인용) 의미심장하게도, 비장애인을 위한 건축 양식과 상품 디자인의 혁신이 가끔 장애와 관련된 상황으로부터 진화해 이루어지는 보편적 설계에서처럼, 성 상품에서의 가장 최신의 그리고 가장 중요한 발명 중의 일부가 장애인들에 의해 이루어진 것이다. 예를 들자면, 전국척추손상재단(National Spinal Cord Injury Foundation)의 지부 회장인 고스웰 던칸(Goswell Duncan)이 실리콘으로 만든 인공 음경을 발명해 최초로 생산하였다(Kaufman et al.,

p. 271). 다른 모델에 비해 이 도구는 상당히 개선된 것으로 부드럽
고 유연하며 세척하기 쉽고 체열을 유지한다.

대개 장애인들은 무성애(asexual)라고 상정되는데, 그럼에도 불
구하고 이루어지는 이들의 성적 행위는 처음 듣는 경우 기이하거
나 또는 변태적인 것처럼 보이면서, 한 몸과 또 다른 몸 사이의 관
계에 대한 제한된 기대가 성생활과 그것이 이루어지는 공간의 모
습을 결정한다는 것을 드러내 보여준다. 예를 들어, 모두가 답을 바
랐던 (지금도 그러한) '원조 샴 쌍둥이' 창(Chang)과 엥(Eng)에 대한
의문은 그들이 그들 각자의 아내와 어떻게 성관계를 가졌는가이
다. 모두가 동시에 관계를 가졌을까, 아니면 순서를 정해 한 번에
한 명씩 각자의 아내와 관계를 가졌을까? 챙과 엥은 그들의 몸에
맞도록 제작된 의자를 응접실에 두었지만, 침실과 관련하여서는
특별히 마련된 것이 없었고, 오늘날 침실은 다른 몸을 가진 사람들
또는 활동지원사의 도움을 필요로 하는 사람들에게 불편한 공간으
로 남아 있다.[14] 최근 발행된, 척추 손상 후의 섹슈얼리티에 관한
비디오의 학습 안내서는 성적 실현을 방해하는 물리적 장벽뿐만
아니라 장애인의 성이란 생각에 도전하는 사회적 장벽에 대해서도
설명하고 있다. 다음은 이 비디오의 한 장면에 대한 설명이다. "마
크가 그녀의 옷을 벗기고 있는 동안 린이 마크 위에 걸터앉는다. 마
크는 입과 이를 사용하여 그녀의 팬티를 벗긴다."(Tepper, 1997, p.
198). 린과 마크는 성관계를 갖고 있으므로 그들의 행동은 에로틱

---

14) 나는 이 부분에서 창과 엥의 섹슈얼리티에 대한, 신시아 우(Cunthia Wu)의 논의의 도움
을 받았음을 밝혀둔다.

한 것을 의미하지만, 몸이 마비되어 팔을 사용할 수가 없기 때문에 이를 사용하여 상대방의 팬티를 벗기는 것은 에로틱한 것과는 다르다는 것을 의미한다. 학습 안내서에 의하면 이 비디오를 보는 사람들은 그들이 보게 될 행동들의 의미에 대해 대비할 필요가 있다. 장애인들의 마음과 몸에 대한 무지는 그들의 성적 행위를 일탈과 변태로 만들어 버린다. 그러나 나의 생각은 일탈의 추정을 특별한 에로티시즘의 자원으로 찬양하려는 것이 아니다. 현재 우리가 가지고 있는 것보다 장애에 대한 더 심한 무지만이 장애인의 성적 행위의 주변성 그 자체가 쾌락을 위한 실용적인 자원이라는 것을 사실로 생각할 것이다.

　최근의 문화 이론으로부터 나온 한 가지 널리 알려진 생각은 배제된 사람들과 생각들이 구성적 외부를 — 현대 실존의 성격을 결정하거나 전도해버리는 힘을 지닌, 따라서 관습을 거스르는 행복의 자원 역할을 할 수 있는, 주변에 자리 잡고 있는 설명하기 힘든 기이한 공간을 — 재현한다고 기술한다. 예를 들자면, 미셸 푸코(Michel Foucault)는 이 같은 외부 장소를 "헤테로토피아"(heterotopia) — 현실에 자리 잡고 있을 수 있다고 하더라도 모든 장소의 외부에 있는 장소 — 라고 불렀다(1984). 병원, 교도소, 묘지, 장터, 기형인간 쇼(freak show), 휴가촌, 홍등가, 제국의 식민지, 싸구려 모텔 등이 다름과 욕망이 자유롭게 떠도는 헤테로토피아적 공간을 보여준다. 푸코에게 탁월한 헤테로토피아는 보물과 성적 쾌락을 찾아 이 항구 저 항구 다니는 배 — 떠다니는 공간, 장소 없는 장소, 홀로 존재하고, 그 자체로 에워싸인, 그러면서도 바다의 무한함과 구속받지 않는 이동의 자유를 위해 바쳐진 — 이다. 헤테

로토피아는 다름에 의한 성적 욕망의 공간으로서, 권력을 가진 자
들이 금지된 욕망을 표출하거나 또는 권력이 없는 자들이 일탈적
인 존재로 낙인찍히는 장소를 나타낸다. 그러나 이런 공간에 대한
개념은 중앙과 주변 사이에 자유로운 이동이 존재한다는 생각, 이
런 의미에서 주변이 진정한 중앙이라는 생각에 기대고 있다. 주변
에서 살고 있는 장애인들은 다른 경험을 한다. 그들의 경험은 사회
가, 마음속에 그들의 접근을 고려하지 않은 채 그리고 그들에게 남
겨진 장소들을 방문하는 것에 대한 생각이 거의 없이, 구성된다는
것을 보여준다. 그들의 공간은 범죄, 공상 또는 혁명의 변칙적이고
유동적인 공간이 아니라 인간이 기쁨·창조성·지식·인정을 경
험하고 싶어 하는 ― 장애인의 경험에 관해서라면 기본적인 욕구
가 종종 무시되고 지지받지 못하는 ― 현실 세계적인 성질을 가진
장소이다.[15]

　장애에 대한 편견은 환경에 들어가 자리 잡고 있기 때문에 극복
하기가 대단히 어렵다. 누군가 마술 지팡이를 흔들어 장애에 대한
모든 사람들의 태도를 개선할 수 있다고 하더라도, 건축 환경은 여
전히 차별이 살아 있는 곳으로 남아 있게 되고, 장애인들의 참여를
방해하는 넘기 어려운 장벽으로 남아 있게 된다. 장애 차별의 존재
를 의심하는 자들에게 건축 환경이 장애인들의 사회적 배제를 보
여주는 산 증거가 되어야 하지만, 태도는 종종 콘크리트 벽, 나무로
만든 계단, 자갈을 깔아 놓은 산책로만큼이나 변화에 완강하다. 조
지 레인이 포크 카운티 법원의 계단을 처음 기어올라간 다음 두 번

---

15) 주변에 위치하고 있는 장애에 대한, 공상과 동떨어진 묘사는 존슨을 참조하라.

째로 기어올라가기를 거부했을 때, 그는 미국의 최고 법정에 — 장애인은 항상 도달할 수 있었던 것은 아닌 법정에 — 장애 경험의 증거로서의 가치에 대한 메시지를 보낸 것이었고, 그 최고 법정은 그 경험을 이용하여 역사를 다시 쓰면서 비판과 해방을 지지했던 것이다.

장애인들의
성문화

섹슈얼리티는 획득해야 할 권리이거나 구입해야 할 소유물이 아니다.
그것은 모든 개인이 접근할 수 있는 존재 그 자체이다. 때로 그것에 접근
하기 위해 투쟁할 수밖에 없는 사람들에게조차도 말이다.

— 루시 그레일리(Lucy Grealy)

　최근 몇 십 년 동안 스스로의 정체성을 성적 선호와 실천에 기초
하여 정의하려는 사람들이 등장하면서 소수자집단 정치의 지형이
변화하고 있다. 성적 소수자집단들은 법적·정치적 전선에서 다
수를 차지한 사람들만큼의 권리와 혜택을 얻기 위한 투쟁을 하고
있다. 게이 결혼을 위한 투쟁은 성적 소수자집단이 완전하고 평등
한 권리를 얻기 위해 현재 진행하고 있는 가장 대중적이고 지속적
인 투쟁이다. 소수자집단의 성적 정체성을 지지하는 사람들은 사
적 공간과 공적 공간의 선명한 구분에 대해서 공격한다. 즉, 전통적

인 가족, 결혼제도와 자녀 양육방식, 그리고 섹슈얼리티는 자유롭게 두기보다는 통제되고 억압되는 게 더 낫다는 도덕적 확신은 서로 연결되어 있다고 보는 것이다. 섹슈얼리티는 개인 정체성의 주요 부분이고 성적 해방은 그 자체로 선이며 성적 표현은 인간 행복을 위해 중요한 시민적 권리라고 보는 주장은 시민적 삶이 섹스와 연관되어 있다는 새로운 개념을 이끌어냈다. 제프리 위크스(Jeffrey Weeks)는 성적 정체성에 주목하는 것은 '성적 시민'의 탄생을 가져왔다고 설명한다. 그는 성적 시민권은 "과거의 시민권 개념이 갖는 한계"를 교정하고(p. 39), "성화된 정체성"(sexualized identities)에 주목할 것을 강조하며(p. 38), "완전하고 평등한 시민권을 지키고자 하는 민주적인 국가에서 자유와 합의에 기초한 인간관계의 발전을 방해해 왔던 힘"을 둔화시킨다고 설명한다(p. 38). 케네스 플러머(Kenneth Plummer)도 새로운 성적 정체성을 시민권의 한 형태로 묘사한다. 그는 "친밀성의 시민권"(intimate citizenship)을 "개인의 몸, 감정, 관계를 통제하는 것(또는 하지 못하는 것), 재현, 관계성, 공적 공간 등에 대해 접근하는 것(또는 하지 못하는 것), 또한 정체성, 젠더 경험에 대해 사회적으로 뿌리를 두고 선택하는 것(또는 하지 못하는 것)"으로 개념 정의한다(p. 14). 결국 에비 윌커슨(Abby Wilkerson)은 억압받는 집단은 성적 억압의 경험을 공유하는 경향이 있다고 설명한다. 성적 작용(sexual agency)은 정치적 작용(political agency)의 핵심이고 "성적 민주주의가 정치적 투쟁의 열쇠로 인식되어야 한다"고 보는 것이다(p. 35).[1]

---

[1] 성적 시민권에 대해 다루는 다른 많은 논의들도 살펴볼 가치가 있다. 소냐 케챠(Sonia K. Katya)는 문화, 정체성, 섹슈얼리티 간의 단층면에서 발생하는 다양한 투쟁을 보여주기 위

개인의 몸에 대한 통제, 공적 영역과 정치적 작용에 대한 접근을
강조하는 것은 장애 인권 운동가들에게는 익숙한 것이다. 장애인
은 오랫동안 그들의 몸에 대한 통제를 의료 전문가로부터 되찾기
위해 투쟁하였고, 그들을 명백히 배제하면서 설계되고 구축된 환
경과 공적 제도에 대한 접근권을 얻기 위해 투쟁해왔다. 위크스, 플
러머, 월커슨 등이 말한 성적 소수자집단들과 마찬가지로 장애인
은 성적 억압을 경험하고, 성적 자율성을 거의 또는 전혀 갖지 못하
며, 그들의 친밀성 행동에 대해서 가해지는 제도적·법적 제한을
견디고 있다. 더구나 법적·제도적 힘은 그들이 자신의 섹슈얼리
티를 자유롭게 표현할 수 있는 능력과 성적 파트너와 합의적으로
관계를 발전시킬 능력을 방해하고 있다.

장애인에게 가해지는 억압을 성적 맥락에서만 개념화하는 것
은 좀 과장된 것일 수 있다. 많은 장애인들은 스스로를 성적 소수
자집단이라고 생각하지 않을 것이다. 그럼에도 불구하고, 장애인
은 분명히 성적 소수자집단의 일부를 구성하고 있고, 성적 시민으
로서의 자신의 지위를 깨닫는 것은 성적으로 억압받는 다른 집단

해 '성적 주권' 개념을 제안한다. 그녀는 '로렌스 대 텍사스'(Lawrence v. Texas) 사건의 대
법원 결정이 "인권 담론, 비판적 인종 이론, 퀴어 이론 등이 제기하는 많은 반근본주의적
비판을 포괄하면서 전 지구적인 성적 자율성을 지향하는 이론적 모델을 구축하는 출발점
이 되었다"고 주장하고 있다(p. 1435). 그럼에도 불구하고 성적 주권에 대한 그녀의 이론
은 "독립성·개별성·자율성·불투과성"이라는 토대 위에 구축된 것이고(p. 1461), 성적
소수자집단인 장애인과 어떤 관련성을 갖는지에 대한 고려는 없는 것이다. 리사 더간(Lisa
Duggan)은 게이 결혼과 재생산 권리를 미국 시민권의 재구성을 제안하기 위해 활용하는
것에 대한 예리한 분석을 제시한다. 그녀는 권리 담론이 이런 문화적 이슈를 이용한다고
보는데, 이는 경제적 자원과 권한에 대한 하향식 재분배보다는 상향식 재분배를 촉진하는
권리 담론의 결정을 감추기 위한 것이다. 마지막으로, 에이슨 뤼베드(Eithne Luibhéid)는
이민자인 성적 소수자집단들에게 초점을 맞추어 섹슈얼리티가 특히 시민권 있음과 시민권
없음에 배태된 권력 관계와 긴밀한 교차점을 형성하고 있다고 본다.

에게도 기여하는 일이다. 앤 핑거(Anne Finger)는 장애인에 대해 말하면서, "섹슈얼리티는 종종 우리에게 가장 깊숙한 억압의 원천이고, 우리에게 가장 깊숙한 고통의 원천이기도 하다. 우리가 고용·교육·주택에서의 차별과 이를 변화시킬 수 있는 전략을 이야기하는 것은 섹슈얼리티와 재생산에서의 배제에 대해서 이야기하는 것보다 더 쉽다."고 설명한다(1992, p. 9). 내 주장은 여러 차원들로 이루어지지만, 그것들의 대부분은 비판적 개념으로서의 장애가 가진 힘에 의존해 있고, 이는 일반적으로 섹스에 대해서 우리가 생각하는 방식과는 매우 다른 것이다. 첫째, 장애를 가진 섹슈얼리티에 대해 생각하는 것은 성적 행위의 개념을 확장한다. 둘째, 장애인의 성적 경험은 사적 영역과 공적 영역 사이의 취약한 분리, 그리고 역사적으로 섹스를 규제하는 데 있어 이 분리가 어떤 역할을 수행해 왔는지를 매우 분명하게 드러내는 것이다. 셋째, 섹스와 장애를 연결하여 사고하는 것은 섹스할 수 있는 능력에 대한 검증되지 않은 가설들을 드러내며, 능력 이데올로기가 어떻게 특정한 성적 실천이나 생각이 이와 다른 성적 실천이나 생각보다 더 가치 있다고 함부로 판단하고 있는지를 잘 보여준다. 끝으로, 장애인의 성 역사는 다른 성적 소수자집단이 직면하고 있는 성적 학대와 희생의 방식을 이론화할 수 있도록 해준다.

관련 자료 번호 15

뉴욕 타임스 온라인(New York Times Online)

2004년 8월 30일

장애인을 배제하는 학교 성취 기록

다이아나 진 쉐모(Diana Jean Schemo) 지음

자폐증과 경미한 발달지연을 가지고 있는 10세 소년 타일러 브렌니스(Tyler Brenneise)는 처음으로 캘리포니아의 비장애 아동들과 함께 주정부 성취도 검사를 받았다. 그의 어머니 알리슨은 불안한 마음으로 검사 결과를 기다렸다. 주정부의 결과는 아들이 다니는 샌디에이고의 특수교육기관 델 솔 학교(Del Sol Academy)로 보내질 것이었다. 그러나 몇 달 후 캘리포니아 교육부가 학교 수행에 대한 연간보고서를 발간하였을 때, 델 솔 학교는 어디에도 없는 학교였다. 브렌니스 부인은 주정부 담당자에게 이유를 물었다. "담당자들은 그런 학교는 없다는 답장을 보내 왔어요"라고 그녀는 말했다.

이것은 샌디에이고가 델 솔을 학교가 아닌 하나의 프로그램으로 분류하였기 때문이라는 것이 샌디에이고 교육부 대변인 카렌 바쇼퍼(Karen Bachoffer)의 말이다. 또한 다른 대부분의 주와 마찬가지로 캘리포니아도 장애아동을 교육하는 프로그램에 대해서는 보고서를 발간하지 않는다고 하였다.

"우리 아이는 고려대상이 되지도 않고, 뒤에 남겨져 있는 것이지요." 브렌니스 부인의 말이다.

이는 캘리포니아에 국한된 문제가 아니다. 전국적으로 주정부와 교육청은 장애아동을 가르치면서 그들의 성취와 실패를 기록하려 할 때 연방정부의 '어떤 어린이도 교육의 뒤편에 남기지 않기 위한 법'(No Child Left Behind Education Act)을 제대로 지키고 있지 않은 것이다. …

내 주장은 내가 장애인의 '성문화'라고 부르는 것을 핵심으로 한다. 이 말은 너무 내밀해서 언급되지 않는, 너무 익숙하지만 뭔가

불가사의해서 사람들이 쉽게 논의하지 않는 경험을 겨냥한 '낯설게 하기'(defamiliarization) 과정을 작동하게 하려는 것이다. 이런 경험들은 일상적인 말로는 '성생활'이라는 말로 묶이는 것들이다. 나는 직관적으로 이 말을 '성문화'라는 말과 대비시킨다. 성문화는 그것이 분명히 성적인 존재의 구성요소이긴 하지만, 젠더에 따라 구분되거나 성적 선호와 관련된 것이 아니다. 성문화는 섹스 그 자체의 경험을 가리키는 것으로, 순수하거나 불순하다는 식으로 단순한 것이 아니다. 성문화라는 말을 통해 나는 장애를 가진 섹슈얼리티가 어떻게 성생활에 대한 인식을 방해하는지에 대해 두 가지를 말하려고 한다. 하나는 섹슈얼리티가 장애인의 매일매일의 삶에서 '성생활'이라는 일상적인 말이 의미하는 것보다 더 큰 역할을 차지하고 있다는 것이다. 다른 하나는 성생활에 대한 생각이 능력중심주의자적(ableist)이라는 것이다. 즉, 장애보다 비장애를 차별적으로 선호하는 의미를 담고 있다. 비장애의 몸을 가지고 있다는 것은 마치 섹슈얼리티가 사적 생활의 일부분인 것처럼 칸막이를 쳐버릴 수 있는 능력을 말하는 것 같다. 개인이 섹스를 하는 것 또는 성생활을 누리는 것은 성행동이 삶의 특정한 일부분을 점유한다는 가정에 기초하여 일종의 사적인 소유를 하게 됨을 암시하며, 이것은 그가 행사하는 능력·통제력·주장성의 크기에 따라 결정되는 것 같다. 장애인이 이런 종류의 성생활을 항상 할 수 있는 것은 아니다. 한편으로는 장애라는 낙인이 섹스하기를 방해할 수도 있다. 다른 한편으로는 장애인의 성적인 행동이 성생활이 어떠해야 하는지에 대한 규범적인 가정을 반드시 따르는 것은 아니다. 장애인이 성적 존재로서 살아가지 않는다는 것도 사실이 아니다. 장애인을 억압하는 주요한 고정관점 중의 하나는 그들이 성적인 감정을 경험하지 않을 것이라거나 그들이 섹스를 하거나 원하지도 않을 것이라는 잘못된 믿음이다 — 간단히 말해, 그들이 성문화를 갖지 않을 것이라는 신화이다.

장애인의 성문화에 대해서 더 말하기 전에 두 가지 주의할 점이 먼저 논의되어야 한다. 첫째, 성생활과 성문화의 분리가 배타적으로 프라이버시 문제만을 유발시키는 것은 아니라는 것이다. 장애인이 때로 섹스에 대한 프라이버시를 결여하는 것은 사실이지만, 그들의 상황이 전적으로 독특하기만 한 것은 아니다. 게이, 레즈비언, 양성애자, 퀴어, 트랜스젠더들 역시 성적인 프라이버시의 결여로 인해 고통을 당한다. 또한 경제적 자원이 사람들이 사적으로 또는 공적으로 섹스를 할 수 있는지 여부를 결정하기도 한다. 예컨대, 사람들이 들어찬 시설 상황은 사적인 성적 표현이라는 개념에 대해서 병원만큼이나 방어적이다. 성생활과 성문화의 분리는 단지 프라이버시의 문제뿐 아니라 장애의 맥락에서 논의되는 접근성의 문제에도 연결되어 있다. 즉, 성문화를 통해 장애인의 접근성이 증가할 수 있다면, 이 과정은 장애인이 성적인 공간에 접근하지 못하도록 막고 있는 장애물을 타파함으로서만이 아니라 그들이 살고 있는 곳으로 성적 권리를 가져옴으로써 이루어지는 것이다. 둘째, 성문화라는 아이디어는 사람들이 성생활의 실존적인 함의라고 부르는 것을 드러낸다. 실존주의는 정체성이 우리 자신에 의해서만 구성된다고 주장한다. 즉, 모든 가치는 주관적인 것이고, 우리는 우리의 선택에 대해 책임이 있으며, 우리는 자유롭도록 운명 지어졌다는 것이다. 성문화라는 개념은 정체성에 대한 상이한 가정에 의지하고 있다. 나는 성적 정체성이 객관주의적 가치와 주관주의적 가치를 융합한 이론 의존적 구성체라고 본다. 개인들은 선택을 하고 그들의 행동의 결과를 시험하며 그들의 섹슈얼리티가 가진 가능성과 책임성을 탐색하는 데 성적 정체성을 사용한다. 성문화는 섹스와 정체성이 어떻게 상호 연관되어 있는지에 대해 더 깊고 안정적인 생각을 할 수 있도록 하기 위해 고안된 개념이다. 이러한 생각은 성생활에 칸막이를 치고 사유화하는 것에 대해 저항함으로써 가능해진다. 이는 섹스에 자유를 부여하는 것을 의미한다. 즉, 그것은 비밀의 공간의 경계를 넘어 장애인의 성적 접근성을 확장하도록 하는 것이다.

해변을 걷지는 않습니다

> 저는 저와 함께 할, 아마도 성적 유희까지도 함께 할 지적이고 자유분방한 여인을 찾고 있습니다. 보시는 바와 같이 저는 전신 마비라서 절대 해변을 걷지는 않습니다.
>
> — 개인 광고

섹스는 늘 어떤 장소에서 일어난다. 우리는 사랑에 빠지거나 섹스를 나누기 위해 어딘가를 간다. 실망스럽겠지만, 성생활은 늘 같은 장소에서 일어나는 경향이 있다. 침실, 호텔, 자동차 안, 헬스클럽, 욕실 같은 곳 말이다. 우리가 그런 장소에 접근하지 못한다면, 또는 그런 장소에서 성행위를 할 수 있다는 것을 알고 난 후에도 거기에 다시 찾아갈 수 없다면 섹스는 일어나지 않을 것이다. 만약 섹스가 그저 해변을 함께 걷는 것이라면, 또는 꽃밭을 뛰어다니다가 만나서 포옹하는 것 정도라면, 섹스의 본질이 걷거나 뛰는 능력과 무엇이 다르겠는가? 만약 어떤 사람의 휠체어가 모래에 걸리거나 낮은 시야 때문에 들판을 달리기 어렵다면, 이것이 그 사람이 섹스할 기회도 갖지 말아야 한다는 뜻일까? 분명히 이런 행동을 하지 않는 사람들이나 이런 장소에 가지 않는 사람들도 섹스를 하기 위한 방법을 모색하겠지만, 이것이 중요한 것은 아니다. 중요한 것은 능력 이데올로기가 어떻게 섹스에 대해 우리가 생각하는 방식을 결정하는지를 물어야 한다는 것이다.

능력 이데올로기는 건강한 몸을 인간성의 기초선으로 표상한다. 이러한 이데올로기에 따르면, 능력의 부재 또는 능력이 빈약함은 그 사람이 인간 이하임을 의미한다. 능력에 대한 선호는 인류 문화의 거의 모든 가치에 스며들어 있다. 섹스할 수 있는 능력도 여기에 포함된다. 사실, 섹스는 능력의 영역에 속하는 것인지도 모른다. 섹스는 행위이다. 대부분의 사람들은 이 행위에 의해서 능력이 재생산된다고 믿는다. 이 행위에 의해 인간은 미래를 기약할 수 있다고 믿는다. 능력은 성적 재생산성을 평가하는 범주로 남아 있다. 결국 섹스와 인간 능력은 모두 이데올로기적으로 밀접하게 연결되어 있는 것이다. 마크 오브라이언(Mark O'Brien)은 섹스할 수 없는 무능력이 장애인에게서 인간으로서의 지위를 박탈한다는 신념과 관련하여 하나의 이야기를 들려준다.

우리는 장애와 섹슈얼리티에 대한 영화를 보았다. 그 영화는 네댓 명의 건장한 남자들이 농담과 웃음으로 이야기하는 모습을 담고 있다. 그들은 불구인 친구를 자기들이 겨우 질질 끌고 올라가 매춘업소에 집어넣었다고 했다. … 영화가 끝나고, 의사는 장애와 섹슈얼리티에 대해서 말한다. … 나는 그가 마지막에 했던 말을 앞으로도 기억하게 될 것이다. "당신은 다시는 섹스를 하지 않을 거라고 마음먹을 수도 있습니다. 그러나 기억하세요. … 어떤 사람들에게 섹스는 비로소 다시 사람이 되는 것입니다."(O'Brien and Kendall, 2003, p. 80)

그 의사는 섹스와 인간 공동체의 성원권의 관계에 대해 대략적으로 이야기하고 있지만, 그는 섹스할 수 있는 능력을 잃으면서 이와 함께 인간으로서의 지위까지도 상실했던 사람들에 대해서 널리 퍼져 있는 편견을 차용하고 있다. 섹스의 무엇이 인간 지위를 부여하는 것일까? 바바라 왁스맨 피두차(Barbara Waxman Fiduccia)는 장애는 일종의 '성적 도착'(sexual perversion)을 의미한다고 설명한다. 왜냐하면 장애인은 "양질의 아이"를 생산할 수 없다고 생각되기 때문이다(pp. 168-169). 즉, 섹슈얼리티가 인간 능력을 설명하는 지표가 되는 것은 바로 재생산의 문제인 것이다. 사실, 능력 이데올로기는 다양한 수준에서의 재생산 의무를 강조하는 것이고, 이는 개인이 양질의 인간을 얼마나 대표하는지를 의미한다. 첫째, 섹스어필은 섹스할 수 있는 기회를 결정한다. 그 사람이 파트너에게 매력을 느끼게 할 수 있는 능력이 클수록 섹스할 수 있는 기회는 더 많아진다. 둘째, 섹스하기 위해서는 신체적으로 · 정신적으로 건강해야 한다. 셋째, 인간은 임신을 하게 하든 또는 스스로 임신을 하든 재생산할 수 있어야 한다. 재생산할 수 없다는 것은 어쨌든 인

간으로서 실패하는 것이다. 결국, 성공적인 재생산은 우리의 근본
적인 능력과 인간 종의 질을 우리의 아이들에게 물려주는 것이라
고 생각된다. 지배적인 가정은 우리가 어떤 사람인지가 우리 아이
들에게 고스란히 전달된다는 것이다. 만약 어떤 사람이 능력에 대
한 사회의 이상을 충족시키지 못한다면, 그가 섹스할 수 있는 기회
는 제한될 것이다. 장애인은 게이나 레즈비언과 함께 주류 사람들
에게서 의심을 받는다. 즉, 그들은 인류의 미래에 기여할 수 없고
기여하려고 하지 않는다는 의심이다. 그들은 재생산하려고 하지
않겠지만, 만약 한다고 해도 그 결과는 오점을 남기는 것이 될 것이
다. 만약 능력이 인간의 선택, 행위, 사고, 가치를 측정하는 최상의
측정도구로 자리 잡지 않았다면, 사회적 낙인은 성적 행동에 대해
서 별다를 영향력을 미치지 않았을 것이다.

관련 자료 번호 16

뉴욕 타임스 온라인(New York Times Online)
2004년 9월 19일

젠더가 타고나는 것이 아니라면

미류 나바로(Mireya Navarro) 지음

　출산을 마치고 태어난 아이가 아들인지 딸인지 듣게 되는 순간. 리사 그린
(Lisa Greene)은 아들을 낳았다는 말을 들었다. 그녀는 아기 이름을 라이언으
로 지었고 집으로 돌아왔다. 아기가 태어나고 닷새 후 그린 부인은 아기가 사
실은 여자아이라는 것을 알게 되었다.

검사를 맡았던 의사는 '선천성 부신 증식'(congenital adrenal hyperplasia)
이라는 진단을 내렸고, 이는 간단히 말하면, 여자 아기의 생식기를 남자처럼
보이게 만들 수 있다는 것이다. 어린 어머니는 충격에서 벗어나기 위해 애썼
고, 친척들에게 설명을 해야 했으며, 파란색 아기 옷을 치워야 했다. 그녀는
또 자신의 딸을 수술대에 올려, 남자아이처럼 보이게 만들었던 확장된 음핵
을 잘라내야 할지 말지를 결정해야 했다.

로드아일랜드 주 이스트 프로비던스에서 계산원으로 일하고 있는 26세의
그린 부인은, 드물지만 점차 논란이 되고 있는 이 성형수술의 열띤 논쟁 속에
내던져진 것이다.

수십 년 동안, 부모와 소아과 의사들은 해부학적으로 분명하게 표준적인
남성 또는 여성의 생식기를 가지고 태어나지 못한 아기들에게 수술을 통한
교정을 권유했었다. 그러나 '정상'에 대한 개인적인 요청은 이제 매우 공적인
방식으로 도전을 받고 있다. 이 도전은 생식기 수술을 하고 엄청난 신체적 ·
정서적 대가를 치러야 했던 어른들에 의해 제기되었다.

그들은 샌프란시스코 인권위원회에 앞서 지난 5월에 진행된 청문회에서
눈물의 증언을 했고, 이는 수술을 인권 이슈로 부각시키면서 연내에 권고안
을 만들도록 촉구했다. 그들은 은둔과 수치, 의학적인 합병증을 짊어져야 하
는 삶에 대해 이야기했다. 어떤 사람들은 수술로 인해 성적 감각을 상실했다
고 했고, 수술을 불구로 만드는 것에 비유하기도 했다. 또 다른 사람들은 자신
들이 사실은 아무런 잘못이 없는데도 뭔가 오점이 된 것같이 느끼도록 만들
어졌다고 했다. …

성생활이라는 개념은 능력 이데올로기가 섹슈얼리티에 대한 현
재의 태도를 왜곡시키는 여러 가지 방식을 포함하고 있다. 가장 표

면적인 수준에서, 성생활은 거의 항상 건강의 맥락에서 논의된다. 성생활은 무엇보다도 우선적으로 건강한 성생활이어야만 하고 더 건강한 사람일수록 더 나은 성생활을 한다는 가정이 존재한다. 오늘날의 문화에서 개인의 성생활이 '작동한다는 것', '더 나아지거나 발전한다는 것', 특별한 운동을 하거나 특별한 식단을 짜는 것, '그 것을 더 매력적이게 만드는 것' 등은 모두 '지극한 희열'을 찾고자 하는 노력인 것이다. 이런저런 광고문구들이 성을 건강함과 만족으로 상업화하고 있고, 성생활과 능력 사이의 연관은 진부한 표현 이상으로 공고해지고 있다. 장애가 섹스와 연결될 때, 그것은 임상적인 문제가 된다. 장애는 성적 기회, 성장, 감각에서의 한계를 드러내는 것이기 때문이다. 섹스와 장애에 대한 문학 작품은 각 손상 유형이 갖는 한계들을 지루하게 반복한다. 시각장애는 섹스에 어려움을 준다. 왜냐하면 몸을 전체적으로 시각화하는 것이 중요한데, 시각이 결여된 사람은 몸이 어떻게 생겼는지 시각화할 수 없기 때문이다(Hamilton, p. 239). 이동성의 손상이나 마비는 친구들로부터 성에 대한 정보를 얻지 못하게 하고, 성적 발육이 부진하게 된다(Shuttleworth, pp. 265-266). 언어 지체로 인해 농인들은 정서적으로 그리고 성적으로 미성숙한 사람으로 보인다. 섹스에 필요한 높은 수준의 의사소통을 할 수 있을 만한 언어적 도구가 없이 살아왔기 때문이다(Job, pp. 264, 266). 장애를 가진 여성은 정상이고 싶은 욕망으로 성차별과 대상화를 견디어낸다는 말을 듣는다(Fine and Asch, pp. 29-30). 일반적으로 장애인들은 왜곡된 신체 이미지 때문에 고통을 당하고 스스로를 추하다고 생각해서 전형적인 젠더 역할에 대해 편안하게 느끼지 못한다고 여겨진다.

이런 문제들이 많은 경우 사실이라고 하더라도, 그들은 능력 이
데올로기를 재생하지 않는 방식으로 섹슈얼리티를 인식하는 데
에서의 어려움까지 겪는다. 성생활은 능력에 달려있기 때문에 성
적인 규범에서 벗어나 있는 것은 모두 장애·질병·결핍으로 읽
힌다. 더구나 또 다른 방향에서의 등식이 성립한다. 즉, 가지고 있
는 손상의 신체적 또는 정신적 양상이 섹스할 수 있는 능력에 영향
을 미치는지 안 미치는지에 상관없이, 장애는 성적인 한계를 표방
하는 것이다. 능력과 섹슈얼리티 사이의 혼용은 인간 본성의 토대
로 인식된다. 따라서 이들을 분리하려는 모든 시도는 인간 종족 그
자체에 대한 위협으로 간주된다. 유전학과 인간 게놈 프로젝트는
장애와 관련된 유전적 특질을 제거하려는 욕망에 기초를 두고 인
간의 미래를 설계한다. 그러나 장애의 공포는 친밀한 낭만적 관계
까지 방해한다. 심지어 재생산을 기대하지 않는 관계에서조차도
그러하다. 장애 공동체 내에 있는 많은 사람들은, 코벳 조안 오툴
(Corbett Joan O'Toole)이 들려준 것처럼, 장애를 가진 남성과 장애
를 가진 여성이 서로를 사랑하여 가족과 친지에게서 좋은 선택을
했다는 축복을 듣게 되는 이야기를 여전히 기대한다(2000, p. 217).
현재의 과학적·의료적·정치적·낭만인 태도에서 어떤 격변이
장애인의 섹슈얼리티를 미래에 대한 긍정적인 기여로 표상하도록
만들 수 있을까? 능력과 무관하게 섹슈얼리티를 재인식하기 위해
서는 주어진 손상이 가진 성적 이득을 인식하고 성적 이득이 있음
을 주장하고 축복하는 것이 필요하다. 이는 역설적이지만 반드시
필요한 아이디어인 것이다.

공적 영역에서의 사적 부분

> 그 일이 있기 전, 나는 매우 부끄럼을 많이 타는 사람이었어요. 당신에
> 게 — 때로는 다른 사람들 앞에서 — 극도의 사적인 일을 수행하는 수많
> 은 간호사들을 대하다보면 그 수줍음은 사라져버리죠.
>
> — 사지마비 장애인

 장애인들이 성문화를 발달시키려고 한다면, 그들은 새로운 사
랑 이론과 존재 방식을 개발할 수 있는 안전한 공간을 필요로 할 것
이다. 이 프로젝트가 실현되기 어려운 것은 사적 영역과 공적 영역
의 분리, 그리고 이 분리가 일반적으로 섹슈얼리티를, 더 특수하게
는 장애인의 섹슈얼리티를 규제해 왔던 역사 때문일 것이다. 페미
니스트들은 사적/공적 영역의 분리를 젠더와 성적 억압의 원천으
로 규정한다. 왜냐하면 이 분리가 젠더의 차이를 구체화하고 여성
을 무력화하기 때문이다. 첫째, 남성은 여성보다 사적인 삶과 공적
인 삶 사이에 경계를 짓는 데 더 많은 권한을 가지고 있다. 둘째, 남
성은 이 권한을 가지고 여성에 대한 그들의 우월성을 유지하고 증
가시킨다. 여성을 의존적으로 만들고 성폭력을 숨기기 위해 프라
이버시를 이용하며, 여성들이 시도하는 정치적 의사표현을 억누른
다. 국가는 사적 영역에 관여하기를 거리끼기 때문에, 여성은 사적
영역 안에 갇히게 되고, 집 안의 파트너에게 당하는 학대에 더 취약
해지며, 이등시민의 지위에 머물게 된다. 초기 페미니스트들은 가
부장제를 해결하기 위해서는 사적인 삶과 공적인 삶 사이의 분리

를 해소해야 한다고 생각하였다 ― 그 기치를 '개인적인 것이 정치적인 것이다'로 내걸었다. 최근 들어, 페미니스트들은 사적/공적 구분이 양날의 칼이라고 본다. 사적/공적 영역의 분리는 남성에게 정치적 권력을 주지만, 전통적으로 여성들이 가치를 부여해왔던 친밀성의 영역을 지키는 것이기도 하다.

장애학은 사적/공적 영역의 분리가 정치적 억압을 가져온다는 페미니스트 주장을 지지한다. 그러나 프라이버시를 포기하는 것은 엄청난 대가를 치르는 것임을 깊이 인식하고 있다. 의료적 모델에서 장애인들의 경험은 이러한 인식에 열쇠가 되어왔다. 언뜻 보면, 의사의 진료실은 가부장제가 작동하는 또 하나의 사례를 제공하는 것처럼 보인다. 의심할 바 없이 그러하다. 그러나 의료적 성과는, 장애와 비장애 사이의 구분과 비교할 때 남성과 여성 사이의 구분은 다름의 문제가 아니라 정도의 문제로 보이게 만든다. 의료적 모델은 비장애인과 장애인 사이의 근본적인 차이를 강조함으로써 장애를 생물학적인 다양성이 극대화된 형태가 아니라 능력 이데올로기가 요구하는 우월한 건강상태에 도달하도록 하기 위해 의사들이 치료하거나 근절시켜야 할 개인적 결함으로 규정하는 것이다. 21세기의 의학에서, 집도의사가 당신의 몸을 다루고 내부 장기를 만질 때, 당신이 남성인지 여성인지는 별문제가 아니다. 의사가 여성인지 남성인지 또한 별문제가 되지 않는다. 절차에 대한 논의가 있었든 없었든, 의사가 그래야 한다고 생각한다면, 신체 조직은 제거될 것이다. 남자의사이든 여자의사이든 비슷하게 우리의 몸을 가지고 실험을 해 왔고, 우리는 시간이 지난 뒤에도, 심지어 수년이 지난 뒤에도 이를 알지 못했다. 절차를 설명해 주는 의사는 드물다. 환자가 질문하도록 둘 뿐이다. 보호받을 수 있는 곳은 어디에 도 없다. 의료적인 성과가 영향을 미칠 수 없는 사적인 공간은 없는 것이다.

시급한 과제가 프라이버시를 보호하는 것이라면, 그것이 여성 · 소수자집단 · 장애인의 억압을 위해 활용되고 있음을 공격하더라 도, 사적 영역에 대한 의료화를 쟁점화하는 것만큼 더 좋은 출발점 은 없다. 물론 나의 초점은 섹슈얼리티의 문제이지만, 권력의 문제 역시 동떨어진 것이 아니라는 것은 짚고 넘어가야만 한다. 왜냐하 면 장애가 있는 섹슈얼리티를 의료적으로 금기시하는 것은 사적/ 공적 구분이 섹슈얼리티를 권력에 대한 부속물로 쓰고 있다는 것 을 보여주는 것이기 때문이다. 사적 영역의 의료화는 특히 섹스와 연결될 때에는 다른 것과 비교할 수 없는 배제의 실천 도구가 된다. 즉, 그것은 사적인 삶과 공적인 삶 사이의 전통적인 구분을 놀라운 방식으로 변형하는 것이고, 다른 거의 모든 경우에 가치가 부여되 고 보호받는 행위를 폐기하는 것이다. 이런 까닭으로, 장애학에서 의료적 모델을 비판하는 것은 사적 삶과 공적 삶 사이의 분리에 대 해 재고할 만한 의미 있는 자료가 된다. 장애학은 또한 성적 소수자 집단들과 그들의 친밀성 행동이 어떻게 이 시대의 많은 사람들을 위협하는지에 대해서도 설명할 수 있을 것이다.

사적/공적 영역의 분리를 재이론화하는 하나의 방식은 경제적 계급에 대한 의료화의 영향을 살펴보는 것이다. 돈이 프라이버시 를 구매하고, 많은 법적 · 비법적 실천이 돈을 따라간다. 사적인 돈 을 쓰는 클럽들은 반차별법을 따를 필요가 없다. 더 많은 돈을 지불 하는 고객들이 그들 자신의 사적인 공간을 소유할 권리를 갖는다.

이 사적인 공간은 공적 영역을 침식해 들어온다. 예컨대 비행기의 일등석이나 비즈니스석의 고객들은 오직 그들만은 위한 화장실을 관례적으로 사용하고 여기에 일반석 승객들은 들어갈 수도 없다. 경제적 우월성에 기초한 소유권은 또한 프라이버시 법률을 결정한다. 사실, 무단침입을 금지하는 법은 프라이버시 권리를 일차적으로 지지하는 것이다. 개인이 소유하거나 빌린 공간은 사적인 활동이 허락되는 공간으로 규정된다. 만약 개인이 공공이 함께 사용하는 공적인 공간에서 사적인 행동을 하려고 한다면 경찰이 개입하여 체포하는 일이 발생할 가능성이 높다. 사유화된 거주지는 영장 없는 무단침입과 검문으로부터 보호받는다. 거리에서 살아가는 사람들이 거의 항상 검문이나 체포를 당할 수 있는 것과 대조적인 것이다. 공공 화장실, 공공 쉼터, 공공 공원에 대해서는 탈선과 품위 유지에 대한 법을 제정함으로써 경제적 취약계층이나 주변적인 인구집단을 통제한다. 프라이버시를 구매할 수 있는 돈이 없으면, 공공에 노출당하거나 간섭당하는 것으로부터 거의 보호를 받을 수가 없다. 추측하건대, 프라이버시의 경제적 토대는 없어지지 않을 것이다. 만약 돈이 사적인 삶과 공적인 삶의 분리를 유지하고 있다면, 경제적 수단을 가지고 있는 사람들은 프라이버시에 대한 돈의 영향력을 유지하는 것에 대해 강력한 관심을 가질 것이다.

여기에서 장애가 있다는 것은 공적 영역과 사적 영역 사이의 전통적인 분리가 갖는 취약성을 드러낼 것이다. 왜냐하면 장애인에게는 경제적 요인이 일반적인 기대처럼 작동하지 않기 때문이다. 의료화는 프라이버시에 공격을 위한 포문을 열고, 경제적 우위조차 이 공격을 약화할 수는 있지만 없앨 수는 없을 것이다. 똑같이 일정기간 대여된다고 하더라도, 병원의 1인실은 그것이 얼마나 비싸든지 간에 호텔방과 같을 수는 없다. 환자가 내걸 수 있는 '방해하지 마시오'라는 표지판이 없는 것이다. 의사, 간호사, 보조원, 청소 인력들이 마음대로 드나든다. 의사, 간호사, 간호보조원이 성적인 서비스를 제공한다는 환상이 지속됨에도 불구하고, 병원에서의 밀회나 에로틱한 스펀지 목욕(환자의 몸을 스펀지로 닦아주는 것)은 그들의 업무가 아니다. 사실상 그들의 전문성은 프라이버시를 성적인 연상이 없이 침해할 수 있는지에 달려 있다. 도미닉 데이비스(Dominic Davies)가 설명하듯이, 남성 환자의 음경을 씻길 때 발기가 되는 것은 수용될 수 있지만, "합의를 구하고 격렬하게 씻기는 것은 금지된다"(pp. 183-184). 의료 인력이 전문성을 가지고 '활동'하는 한, 그들은 에로틱한 부작용에 대한 책임을 자신이 져야 한다고 생각하지는 않을 것이다. 그러나 그들은 자기 행동의 결과에 대한 실질적인 고려를 별로 하지 않는 채로 지속적으로 성애적인 경계를 넘나든다. 의료기관의 환자들은 능력을 갖춘 몸으로 여겨지지도 않고, 비장애인 직원들과 같은 권리를 가지고 있지도 않다. 돌봄 제공자들은 장애인을 위해 일하고 있지만, 환자나 장애인은 프라이버시에 대한 권리를 포기하여 의료적 돌봄과 맞바꾸는 셈이다. "우리들 중 보조인이 필요한 사람과 그렇지 않은 사람 사이의 차이는 프라이버시를 아는 사람과 그렇지 않은 사람 사이의 차이이다"라고 셰럴 웨이드(Cheryl Wade)는 말한다(p. 88).

공동생활가정이나 장기 거주시설은 장애인이 성적인 파트너를 찾거나 그들의 섹슈얼리티를 표현할 수 있는 기회를 의도적으로 갖지 못하도록 한다. 공동생활가정의 거주자가 자기 방을 돈 주고

빌리는 것일지라도 그 돈은 기능적인 프라이버시나 개인적 공간을
사용할 권리까지 구매하지는 못한다(Stoner). 직원들은 방을 빌린
사람이 자기 방에서 성적인 관심을 가질 만한 그 누구와도 단둘이
있도록 허락하지 않는다. 방을 빌린 사람은 강력한 규제에 복종해
야 하고 그들의 행동은 일지에 기록된다. 많은 거주시설에서 직원
들은 한 방에 두 사람만이 들어가 있도록 허락하지도 않는다. 또 어
떤 시설은 남성과 여성을 분리시킨다. 이러한 제한에 더해서, 많은
장애인들이 비자발적으로 시설에 가두어지고 도망칠 수 있는 희망
이 없으며 심각한 억압을 당하고 있다는 사실이 명백해지고 있다.
장애 남성과 장애 여성들의 친밀한 삶은, 오툴(O'Toole)이 말한 것
처럼, "다른 사람들에 의해서 감시되고 기록되며 논의된다"(2000,
p. 220). 의료적 권위자들이 연애 소설, 자위행위, 성적 파트너 등에
대해 장애인들이 접근할 수 있는지에 대해서 결정한다.

직원과 환자 간의 불균등한 권력 관계는 성적 학대를 증가시킨
다. 장애인에 대한 성적 학대의 데이터를 이제 모으기 시작하였
지만, 통계를 통해 알 수 있는 것은 학대 발생률이 높다는 것이다
(Ward, p. 1349). 아마도 비장애인에 대한 학대보다 2~10배 더 많
을 것이다(Kaufman et al., p. 8; Shakespeare, 1999, p. 63). 장애 여성
이 주로 사회에서 성적으로 매력적이라고 여겨지지 않는다는 사실
과 마비 여성이 특히 더 취약하다는 사실이 모순되는 것처럼 보인
다. 그러나 학대의 조건을 눈여겨볼 필요가 있다. 침대를 떠날 수
없는 여성은 항상 침대에 있고, 일반적으로 침대는 성적 행위의 공
간이다. 마비는 손쉽게 성적인 수동성 또는 수용성으로 읽히며, 이
는 늘 성적인 상상을 촉진하는 고정관념화된 자세와 제스처로서

성행동의 전조로 이어진다. 침대를 벗어날 수 없는 마비 여성들이 심지어 합의에 기초한 성관계를 할 때조차도 스스로를 강간의 희생자로 상상하는 것은 놀라운 일이 아니다(Westgren and Levi, pp. 311, 314).[2]

의료화에 따르는 비인간화는 장애인의 마음에 상처를 입힌다. 이것은 무가치한 느낌이나 성적인 수치심도 포함하는 것이다. 오브라이언(O'Brien)은 간호사들이 불수의적으로 발기된 환자 앞에서 "기분이 좋은가 보네" 같은 농담을 던지며 웃곤 한다고 설명한다(O'Brien and Kendall, 2003, p. 45). 치료사가 성희롱을 하거나 환자 몸의 은밀한 부분을 건드리는 경우는 수도 없이 발생한다(pp. 70-73). 의료 인력은 사람들이 지나다니는 곳에 환자를 환자용 변기에 앉혀 놓기도 하며, 때로는 긴 시간 동안 이를 잊어버리기도 한다(O'Brien and Kendall, 2003, p. 23; Johnson, p. 60). 종종 학대는 징계의 일환이나 보복이나 성희롱 정도로 인식되어 미리 계획되기도 한다. 오툴(O'Toole)은 많은 장애 여성이 의료적인 처치를 받는 동안 남성 의사에게서 받아들일 수 없는 접촉을 경험한다고 보고한다. 그들은 때로 대중 앞에서 옷을 벗게 되거나 의대 학생들 앞에 전시된다. 이런 여성들은 두려움, 당황스러움, 취약함, 수치심 등을 느끼게 된다. 이들은 때로 자기 자신을 자신의 몸과 분리시켜서 자신에게 아무 일도 일어나지 않은 것처럼 생각하려고 애쓴다(2000, pp. 218-219). 후회스럽게도, 대부분의 여성과 남성은 이들의 경험을 표현

---

2) 그러나 대부분의 경우에, 여성의 걱정은 사실이 아님이 밝혀진다. "언제, 어디에서 첫 성교가 이루어졌든지, 모든 여성들은 그것을 긍정적인 경험으로 회상하였다. '나의 강간 판타지가 틀린 것이어서 긴장을 풀게 되었다.'"(Westgren and Levi, p. 312)

하거나 논의할 언어를 갖지 못하였고, 대중 앞에서 옷이 벗겨지거
나 받아들일 수 없는 접촉을 당하는 일이 그들의 성적인 감정에 어
떤 영향을 미치는지 거의 알지 못했다.

개인적 선택과 자율성은 사적 영역에서는 근본적인 것이지만,
일단 의료화에 복종하고 나면, 개인적 선호나 자기결정은 물거품
이 되어 버린다. 프라이버시에 대한 권리와 의료적 모델이 서로 충
돌하면서, 의료 인력과 의료적 권위를 지지하는 사람들에 의해 지
배되는 새로운 공적 영역이 수면 위로 떠오른다. 공식적인 의료 공
간이 장애인들이 사적인 영역이라고 생각해 왔던 모든 것들을 대
체하는 것이다. 이 공간은 장애인들을 침해적이고 차별적인 영역
에 휩쓸리게 만든다. 거기에서 장애인들은 의료적 대상으로 보일
뿐이고, 제일 낯선 이들이, 장애인을 만지고 장애에 대해서 조언하
며 의료적 충고나 자선을 베풀 수 있는 힘을 가진 것으로 느낀다.
의료적 모델은 또한 아주 손쉽게 병원을, 장애인은 영원한 환자로
서 복종하고 비장애인은 의사 역할을 할 권리를 가진 공간으로 만
들어버린다.

장애인의 성애(性愛)

> 나는 접촉에 매우 민감해서, 내 목을 스치는 바람, 내 손가락의 반지,
> 복사뼈를 누르는 양말의 울퉁불퉁함을 민감히 알아차린다. 성적인 접촉
> 을 하려고 할 때, 좀 더 고조된 욕망이 나를 즐겁게 한다.
>
> — 에이미 윌렌스키(Amy Wilensky)

사람이 억압당할 때, 일반적인 경향은 저항을 위한 창의력을 발휘하려고 하기보다는 그 억압의 정도를 탐색하는 것이다. 성적인 소수자집단으로서 장애인들은 그들이 행하는 친밀함의 행동이나 에로틱한 감정에 대해 많은 제한이 가해지는 상황에 직면한다. 그러나 억압을 자각하고 그 정의롭지 못함에 대해 저항하면서, 그들은 장애의 예술성에 기초하여 대안적인 성문화를 탐색하기 시작했다. 그 진보는 매우 느렸다. 왜냐하면 접근성을 향한 투쟁이 일반적으로 섹슈얼리티가 의제로서 포함되지 않는 공적인 영역을 표적으로 이루어졌기 때문이다. 장애인들에게 "교육, 고용, 다른 삶의 영역에서의 차별을 종식하기 위한 투쟁이 개인적인 어려움을 공적인 이슈로 드러내는 전부였다. 그러나 장애 여성과 장애 남성의 사적인 삶은 동등하게 고려할 만한 가치가 있는 것으로 여겨지지 않았다."고 셰익스피어(Shakespeare)는 설명한다(2000, pp. 159-160). 더구나 구축된 환경에 대한 비판에 의해 힘을 얻는 사회적 구성주의 모델은 섹슈얼리티와 관련된 장애의 신체적 측면을 무시하는 경향이 있다(Shakespeare, 2000, p. 162). 결국 우리는 장애의 사적인 차원보다는 공적인 차원에 대해 더 많은 것을 알게 되었다. 장애인의 성에 대한 연구는 이제 시작되었고, 이에 대한 정보는 부족하며, 민속지학과 실천의 공유가 필요한 시점인 것이다.

그럼에도 불구하고, 장애인이 성애적인 몸, 새로운 '성적 시간성'(sexual temporalities), 다양한 젠더·성적 정체성이라는, 지금까지와는 상이한 개념들에 기초한 성문화를 요구하고 있다는 증거들이 나타나고 있다. 새롭게 등장하는 성적 정체성은 적어도 두 가지의 중요한 특성을 가지고 있다. 첫째, 그들은 장애를 섹스를 하기 위해 극복될 필요가 있는 결함으로 보지 않고, 성적 행동과 기쁨을 증진시키는 '복합적 체화'(complex embodiment)로 재현한다. 둘째, 그들은 섹슈얼리티에 정치적 차원을 부여하고, 이는 장애인을 성적 시민으로 재규정한다. 성적 시민권은 단지 섹슈얼리티를 공적으로 표현할 수 있는 능력을 가지고 있음 — 성적 소수자집단들에게 항상 부과되었던 책임 — 을 인정하는 것만이 아니라, 소수자집단 섹슈얼리티에게 가해지는 불평등한 처우를 파괴할 수 있는 권리와 섹스에 접근할 수 있는 새로운 방식을 창조할 권리를 의미하는 것이다. 장애인의 경우, 성적 시민권은 특별한 의미를 가진다. 몇몇 특별한 의제는 섹슈얼리티에 대한 정보 접근성, 시설이나 돌봄 기관에서 교제할 수 있는 자유, 장애를 가진 섹슈얼리티의 탈의료화, 보건과 분리하여 성적 욕구와 욕망을 위치 짓는 것, 돌봄 제공자들이 섹슈얼리티를 부정하지 않고 인정하도록 재전문화하는 것, 프라이버시의 요구 등을 포함한다. 성적 시민권은 성적 표현을 가능하게 하는 조건을 변화시킨다. 그것은 의료화를 거부하고, 의존적이고 상호의존적인 사람들의 성적 욕구와 욕망에 따라서 프라이버시를 재정의하는 것이다.

스티븐 시드만(Steven Seidman)에 따르면, 섹슈얼리티는 우리 인간됨의 마지막 차원을 "사회적으로 생성되었거나 역사적으로 변화할 수 있는" 것으로 인식되지 않도록 재현한다(p. 2). 몸의 어떤 측면은 변형되지 않지만, 성적 욕망과 성애적 감각은 매우 가변적인 것이다. 동물의 성적 반응은 직관적인 단서에 의해 불붙는 것으로 별로 달라지지 않지만, 인간의 욕망은 직관이 아니라 상징에 의존하는 것이므로 항상 새로운 성적 단서를 고안해낸다. 예컨대, 마비가 있는 사람은 전통적인 성감대의 느낌을 상실하였더라도 자신의 몸의 다른 부분에서 성애적 감정을 발견하게 된다. 그들은 또한 자신의 파트너를 기쁘게 할 수 있는 새로운 방법을 개발하기도 한다. 상이한 능력을 가진 몸에 적응할 수 있는 성애적인 환경을 만들어내는 것이다. 페미니스트들이 분명히 밝힌 것처럼, 규범적인 섹슈얼리티는 인간의 몸을 성감대를 따라 명확하게 구획하려고 한다(Irigaray). 섹스를 표상하는 몸의 부분과 섹스를 하는 몸의 부분 간의 병렬적인 지도가 존재한다. 이것은 마치 우리가 섹스를 할 수 있는 곳인지 아닌 곳인지에 따라 공적인 장소와 사적인 장소를 분리시키는 것처럼, 우리 몸을 성적인 감각을 느끼는 곳과 그렇지 않는 곳에 따라서 구분하여 지도화하는 것과 같다. 이 지도를 벗어나 섹스를 하는 것은 변태적인 것으로 여겨지기도 하지만, 기존에 경계 지워진 곳이 아닌 몸의 부분에서 성적인 감정을 불러일으키려는 마음은 보통은 생기지 않는다. 앤드류 발딕(Andrew Vahldieck)은 척수손상 후에 장애를 가진 몸의 성애에 대한 글에서 매우 분명하고 생각해볼 만한 장면을 추가하고 있다.

'허벅지 근육이 사랑꾼을 만든다'라는 범퍼 스티커가 있었는데, 이는 사실일 것이다. 장애에 적응하는 것의 한 가지 긍정적인 부산물은 정신적·신체적으로 모두 경험의 흐름과 함께 가는 것을 배우고 있다는 것이다. 심각한 척수손상 이후 다시 시작하는 것은 대안적인 감각 능력을 개발하는 것을 포함한다. 나의 성애적 자아는 단지 나의 음경 끄트머리에만 위치 지워질 필요가 없다. 거기의 감각은 이미 대부분 사라졌다. 나는 내 몸의 다른 부분이 성적으로 민감하고 반응적일 수 있다는 것을 알게 되었다. 감각은 이동한다. 나의 열정·욕망·정력은 창의적으로 재훈련되고 귀, 입술, 목, 어깨 등 좀 더 민감한 부분으로 초점을 이동한다. 이렇게 함으로써 나는 관능적인 느낌을 감각이 둔한 신체 부위로 이동시킬 수 있다.

제일 중요한 것은 나 자신의 즐거움에 몰입하는 것으로부터 나 자신을 자유롭게 하는 것을 배우는 것이다. 파트너에게 나 자신을 맡기는 것이다. 내가 장애인이라서 그래야 하기 때문이 아니라 내가 그것을 원하기 때문에 나를 낮추는 것이다. 역설적이게도, 나 자신의 본능적인 힘을 확대하기 위해서도 이것이 중요하다는 것을 알게 되었다. 조용하고 아늑한 공간에서 긴장을 풀고 내가 사랑하는 사람을 어루만짐으로써, 나는 강렬하게 그녀의 기쁨과 자극에 상상으로 관여하여 그녀가 느낀 쾌감을 공유하고 내가 느낀 쾌감을 확장할 수 있다. 입을 통해 여성을 즐겁게 하는 것이 얼마나 기묘한 것인지 남성적인 성경험 안에서는 알지 못했던 것이다. '중증 장애'라는 꼬리표를 단 남자로서 말하자면, 이것은 정말 고도의, 가장 섬세한 성적 예술이라고 할 만하다.

장애를 입은 섹슈얼리티는 몸의 성감대를 변화시킬 뿐 아니라 사랑의 시간성을 변화시켜, 규범적인 섹슈얼리티에서 만들어지는 많은 기대와 신화를 뛰어넘는다. 예컨대, 내러티브가 시작·중간·끝맺음의 시간성을 갖는 것과 마찬가지로 규범적인 섹슈얼리티도 시작·중간·끝맺음의 시간성을 요구한다. 이는 특히 삽입을 통한 섹스에서 그러하다. 삽입은 준비 단계, 유지의 시간, 그리고 절정기를 가진다. 이 모든 것은 음경의 외형을 따라 진행된다. 발기하고, 삽입하며, 가능한 한 그 단계를 유지하고, 마침내 사그라진다. 삽입 중심의 섹스는 피곤을 부르는 경주와 유사하다. 시작·

중간·끝맺음으로 이루어지는 수행인 것이다. 그것은 또 회합이나 생산 라인같이 보이기도 한다. 거기에서는 생산이 끝날 때까지 부분 다음의 부분이 추가된다. 삽입을 통한 섹스에 대한 의존성은 사람들이 자신의 성생활을 일상적인 존재로부터 격리시키는 이유를 간접적으로 보여준다. 삽입 섹스의 시간적 단계를 무시할 수 없기 때문에, 그것의 내러티브는 상대적으로 자율적인 것처럼 보이고, 그것이 삶의 다른 모든 국면으로부터 유리된 활동처럼 생각하기 쉬운 것이다.

  장애인은 때로 섹스를 하기 위해 고도의 계획을 필요로 하기 때문에, 그들의 성적인 활동은 일상과 유리된 사건으로 경계 지워지는 것이 아니라 하루 일과 안에 포함되게 된다. 장애인들 사이에서 이른바 성행동은 항상 시작·중간·끝맺음처럼 분명히 구분되는 단계들을 갖는 활동이나 수행으로 이해되는 것은 아니다. 더구나 섹스가 자연스럽게 절정에 이르는 것이어야 한다는 신화는 프라이버시가 별로 유지되지 않는 공간에서 살고 있거나 성적 기회가 거기에 참여하는 사람들 사이의 의도적인 약속에 따라 이루어지는 사람들에게는 늘 맞는 것이 아니다. 그보다는 장애를 가진 섹슈얼리티는 밀물기와 썰물기를 가지고 다른 활동들 사이에 스며들어 있고, 외형적으로도 고조, 삽입 또는 오르가즘 같은 틀에 박힌 반응을 반드시 흉내 내는 것도 아니다. 한 여성은 말한다. "나는 오르가즘을 느껴야 하고 삽입을 해야 하고 등등 틀에 박혀 있었다. 이제 나의 섹슈얼리티는 성숙해 있다. … 예컨대, 내가 느낄 수 있는 최고조 중의 하나(전신 오르가즘? 또는 영적 오르가즘?)는 목을 껴안아 주는 것에서 나온다."(Kaufman et al., p. 126) 신체적인 감각을 갖지 않은 사람들은 키스하거나 대화를 나누거나 또는 성적인 환상에 빠짐으로써 정신적인 오르가즘을 경험한다고 말한다. 또 다른 사람들은 성적인 쾌감이 장애의 발생과 함께 좀 더 강렬해졌다고도 한다. 신체적인 변화가 있거나 자기 몸에 대해 더 많이 자각하게 되었기 때문이다. "양쪽 다리가 마비된 후로 나는 상황에 따라서 다양한 종류의 오르가즘을 느낀다는 것을 알게 되었습니다. 예컨대, 혼자서 자위하거나 클리토리스를 특정 방식으로 자극할 때 오르가즘은 훨씬 더 강렬해집니다. 때로 다리에서 쥐가 나고 사타구니가 아프기도 하죠."(Kaufman et al., p. 52)

장애인에게서 중요하게 고려해야 할 것은 그들의 섹슈얼리티를 규범적인 그것과 비교하여 평가하는 것이 아니라 무엇이 그들의 성적 경험을 규정하는지에 대해서 광범위하게 경험적으로 생각하는 것이다. 섹스는 고조기를 나타내는 분명한 신체적 표시가 없을 수도 있고, 오르가즘으로 마무리되지 않을 수도 있다. 접촉을 하게 될 때 접촉이 이루어지는 부위가 또 다른 사람에게는 성감대로 인식되지 않을 수도 있다. 섹스는 삽입을 통한 섹스의 한계 지속시간을 넘어서 확장될 수도 있다. 비유하건대, 트위스트가 아니라 슬로우 댄스일 수도 있는 것이다. 다른 사람들이 하는 방법에 비교를 하면 이상해 보일 수도 있다. 오툴에 따르면 장애인의 섹스는 그 정도의 차이가 있겠지만, 자주 일반 사람들을 놀라게 한다. 예컨대, 1990년대 중반 보스톤에서 코니 팬자리노(Connie Panzarino)는 게이 프라이드 퍼레이드에서 "삽관된(trached) [남성 역할의] 레즈비언이 밤새 쉬지 않고 당신의 음부를 빨아줄 수 있어요"라고 쓴 플래카드를 읽었다. 목 아래로는 거의 쓰지 못하는 여성이 섹스에 적극적일 수 있고 자신의 장애를 이용해서 파트너의 즐거움을 더 확대할 수도 있다는 것은 사람들을 놀라게 했다. 오툴(O'Toole)은 "이 장애 여성은 파트너를 위해서 자신의 장애를 광고에 이용했다. 그녀는 구강성교를 좋아하는 파트너에게 호소하고 있다. 그녀는 자신의 심각한 장애를 섹스에서의 분명한 이점으로 바꾸고 있다."고 설명한다(2000, pp. 220-221). 오툴은 또한 다리를 절단한 레즈비언이 어떻게 상대방에게 더 큰 기쁨을 줄 수 있는지에 대한 이야기도 하고 있다. "내 다리의 절단면이 얼마나 진귀한 섹스 토이가 되는지 말해줄 수 있어요. 나는 정말로 절단된 내 몸이 레즈비언 섹스에는 꼭 맞는 것이라고 생각해요. 내 파트너의 몸 위에 기어올라가서 절단된 내 다리를 그녀의 성기에 대고 강하게 문지르는 거지요. 내 다리가 '제대로 된' 다리였다면 이렇게 할 수는 없겠죠. 내 다리가 짧막하게 남아있기 때문에 나는 더 자유롭게 움직일 수 있고, 더 가까이, 더 깊게 그녀에게 다가갈 수 있어요. 게다가 내 엉덩이와 다리를 그녀의 몸 위에서 움직여서 그녀에게 내 몸을 밀어 넣고 빼기를 반복하면서 나는 가장 가까이에서 그녀를 느낄 수 있죠. 난 이게 정말 좋아요."(2000, p. 215)

장애인은 몸에서도, 그들이 섹슈얼리티를 표출하는 장소에서도 좀 다른 성적 지도를 가지고 있을 수 있다. 장애인들은, 보통은 성적 감각과 연관되어 있지 않다고 여겨지는 몸의 부위를 성감대로 변화시킬 수 있는 것처럼, 몸이 머물고 있는 공간을 성문화를 위한 장소로 재조직한다. 시민권은 일정한 장소를 통해 실현되는 경향이 있다. 예컨대, 투표소, 마을 회관, 법정 등이 그것이다. 이런 장소들은 장애인에게는 늘 접근 가능한 곳이 아니다. 성적인 시민권도 마찬가지의 제한을 당하고 있다. 그러나 여기에서 중요한 것은 반드시 좀 더 접근 가능한 환경을 만들어야 한다는 것만은 아니다. 이것은 물론 중요하지만, 이 권리를 장애인이 섹스하고 싶은 장소로 옮겨오는 것도 중요하다. 예컨대, 요청 시 프라이버시는 병실을 성행동을 위한 안전한 공간으로 바꿀 수 있고, 장애인이 기술한 다음과 같은 어려움을 피할 수 있다. "나 혼자 있을 때조차도, 누가 언제 내 병실에 들어올지 알 수가 없어요. '나는 혼자 단지 30분의 시간만 있다면, 자위할 수 있는 시간이 있을 텐데.'라고 혼자 생각해 볼 수 있지만, 그 시간도 보장받은 것은 아니죠. 온전히 내 시간이 아닌 거지요."(Kaufman et al., p. 114). 불행히도, 우리는 여전히 성적 시민권이 제대로 작동하는 긍정적인 사례보다는 무시당하는 부정적인 묘사가 더 많은 상황에 살고 있다. 그럼에도 불구하고 섹스에 열중하는 사람들은 섹스를 할 피난처를 찾는다. "장애인 화장실은 멋진 곳이다. … 어떤 사람을 그 애인이 화장실에 데리고 들어갈 수 있다. 모두들 '다른 사람이 엉덩이를 닦아 주어야 하다니 얼마나 슬픈 일인가'라고 생각할 것이다. 하지만 그곳에서 밀회를 가진 다음 밖으로 나오면, 아무도 무슨 일이 있었는지 알지 못한다! 그곳은 해방구이고, 휠체어 사용자로 가질 수 있는 특권 중의 하나임에 틀림없다!"(Kaufman et al., pp. 130-131) 엄청난 성적 다양성을 넓게 인정하는 것이 장애인의 권리를 이해하는 열쇠이다. 이 다양성은 섹스에 대한 일반적 생각을 넘어서는, 기대하지 않았던 이득을 가져다 줄 수 있다. 한 여성은 다음과 같이 설명한다. "만약 당신이 성적으로 적극적인 장애인이라면, 그리고 당신의 삶에서 섹스라는 차원을 편안히 여길 수 있다면, 비장애인의 성생활이 얼마나 단조롭고 상상력이 부족한 것으로 보이는지 분명해질 것이다."
(Shakespeare, 2000, p. 163)

　새로운 젠더와 '성화된 정체성'의 형성은 장애인들에게 성적 시
민권의 마지막 미개척지라고 할 수 있다. 현재 좌우 모두에서 정체
성 전반을 없애려는 경향이 있지만, 특히 아픔, 인지된 취약함, 젠
더, 성화된 정체성 등에 연관되어 있는 정체성은 섹슈얼리티를 쉽
게 감추어 버리거나 시간적 · 공간적으로 유폐된 영역으로 남겨둘
수 없게 만든다. 성문화에 토대를 둔 정체성을 요구하는 것은 그 사
람의 소수자집단 지위를 가장 눈에 띄는 앞마당으로 끌어내는 것
이고 정치화하는 것이고, 성적 욕구와 욕망을 분명히 드러낼 기회
를 만들어내는 것이다. 이는 또한 섹스에 대한 서구의 태도에서 젠
더와 섹슈얼리티를 유폐시키는 경향에 대해서 저항하는 것이다.
이는 특히 장애인들이 성화된 정체성을 주장하기 위해 가치 있는
것이다. 왜냐하면 서구적 태도는 '섹스는 질병'이라는 관념과 긴밀
히 연결되어 있고 '아프다'고 인식되는 사람들이 이에 반대되는 관
념을 형성하는 것은 매우 어려운 일이기 때문이다.

　정치적 저항의 긴급성은 차치하더라도, 상이한 정체성의 형성
은 장애인들을 더 편안하게 만들 것이다. 그들은 관습적인 여성 ·
남성의 관념이나 이성애 · 동성애 관념이 그들에게 적용되지 않는
다는 것을 자주 언급해왔다(Shakespeare, 2000, p. 163). 또한 그들의
성적인 행위가 규범적인 섹슈얼리티가 기반을 둔 신화에서 동떨어
져 있다는 것은 분명하다. 장애인은 '자연스러운' 방식으로 젠더를
체화하지 않는다. 왜냐하면 전형적인 젠더가 그것을 허용하지 않
기 때문이다. 한 장애 남성은 "나는 남성성을 전혀 가지고 있지 않

은 것 같다"고 말한다(Shuttleworth, p. 272). 어떤 장애는 특별한 젠더의 한계를 가져오는 것처럼 보인다. 뇌성마비를 가진 남성은 자신의 여성 파트너를 그들이 익숙해 있는 방식으로 만지거나 안지 못한다(Shuttleworth, p. 269). 시각장애는 남자들 사이의 성적인 유희를 바꾸어버린다. 그러나 또 다른 사람은 융통성 있는 젠더 정체성에 대해 긍정적인 의견을 제시한다. "왜 남자는 주도적이어야 하나요? 왜 섹스는 삽입만 반복해야 하나요? 왜 섹스는 오직 두 사람끼리만 해야 하나요? 왜 장애인은 제3자에게서 섹스할 수 있도록 도움을 받으면 안 되나요?"(Shakespeare, 2000, p. 163) 오툴(O'Toole)은 정상 체위를 고수하는 레즈비언은 없고 파트너가 동시에 같은 자세에서 오르가즘을 느껴야 할 의무도 없다고 말한다(2000, p. 213). 장애를 가진 섹슈얼리티는 이와 유사한 융통성을 포용한다. 장애인의 성화된 정체성은 모든 성적으로 적극적인 사람들에게 가치가 있는 것이라고 셰익스피어(Shakespeare)는 주장한다. 왜냐하면 그들은 성적 실천을 하나의 연속체 개념으로 이해할 수 있게 하고 다양성, 실험정신, 대안적인 성적 테크닉을 기꺼이 포용할 수 있도록 하기 때문이다(1999, p. 58).

결론

장애를 가진 섹슈얼리티를 해방시키고 장애인에게 그들 자신의 성문화를 갖도록 하기 위해서, 성적 소수자집단으로서의 장애인은 다른 성적 소수자집단들이 요구했던 것과 유사한 시민적 권리를 보장해 줄 것을 요구한다. 장애인에게 가해지는, 성적 시민권에 대한 도전은 엄청나다. 그들은 여전히 가장 거대한 알려지지 않은 소수자집단으로 남아 있고, 그들이 억압받는 방식에 대해서는 알려진 것이 거의 없다. 일반적으로 모든 사람에게, 그리고 장애인에게는 특별히 더, 섹스는 터부로 여겨진다. 대부분의 능력 중심 사회에서 의문 없이 받아들여지는 이데올로기는 인간으로서의 가치를 갖지 못한 것처럼 보이는 사람들이 공적인 영역에 참여하는 것을 부정하는 것이다. 장애인에게 성적 시민권을 부여하는 것은 장애를 가진 섹슈얼리티에 대해 다른 종류의 의사소통을 할 수 있는 안전한 공간을 만드는 것이다. 그들은 사실, 정치적인 저항, 공적인 토론, 성적인 연상, 친밀한 행동과 터부에 대한 생각의 공유, 성적인 기술과 제한, 성적인 혁신과 신화 등이 수용될 수 있는 새로운 공적 영역을 만들 필요가 있다.

안전한 의사소통 공간으로서의 모범적인 공간의 예는 장애를 가진 부모가 장애아동을 입양하여 기르는 경우에서 발견된다. 이 경우는 능력 이데올로기의 틀에서 벗어나기 어려운 재생산의 정치학에 의존하지 않는다는 점에서, 그리고 부모 자식 간에 있을 수 있는 성적으로 억압적인 규율에 복종하지 않는 세대 간의 소통 채널을 만든다는 점에서 모범적이다. 마치 자녀가 결코 태어난 적이 없었고 앞으로 후세를 낳지도 않을 것을 부모가 몰래 바라기라도 하는 것처럼, 자녀들을 낳았던 바로 그 성행동을 부모가 자녀에게 제한하는 규칙이란 얼마나 이상한 것인가? 부모와 자녀 간에, 그리고 형제들 간에 성적인 표현을 하고 행복할 수 있도록 의사소통의 통로를 만드는 것이 더 낫다. 장애인들의 한 가지 목표가 새로운 성문

화를 발전시키는 것이라면, 젠더와 '성화된 정체성'에 대한 정보를
다음 세대로 전수하는 것은 중요하다. 장애를 가진 아동들은 장애
를 가진 섹슈얼리티의 미래를 열어가는 열쇠가 될 것이다.

　장애아동들은 비장애아동들과 달리 섹스에 대한 정보를 동료들
에게서 꼭 얻을 수 있는 것은 아니다. 동료집단은 차별과 비관용의
원천이 되기 더 쉽다. 장애를 가진 부모들은 장애 자녀의 성적인 관
심에 대해서 주도적으로 대처해야 한다. 왜냐하면 장애를 가진 섹
슈얼리티에 대한 편견이 그만큼 강하기 때문이다. 오툴(O'Toole)과
도(Doe)는 장애를 가진 어머니들이 장애 아동들이 사랑하고 스스
로의 몸을 돌볼 수 있도록 가르치는 새로운 성문화를 형성하는 데
함께 해왔다고 보고한다. 중심 전략은 적극적인 성적 가치관을 아
이들에게 전수하고 장애를 가진 섹슈얼리티에 대한 부정적인 고정
관념에 어떻게 저항할 것인지를 가르치는 것이다. 80여 개국에서
모인 614명의 여성들에 의해 발표된 합의문은 그들의 철학의 핵심
을 다음과 같이 포착하고 있다. "우리는 다수 여성의 문화에 비교
하여 상이한 몸과 기능을 가졌다는 것이 주는 이득을 이해하면서,
우리는 즐거움과 사랑을 나눌 수 있는 권리를 강조하는 장애 성문
화를 원한다"(O'Toole and Doe, p. 99). 결과는 부모 자녀 관계에서
의 급진적인 변화이다. 즉, 그것은 성적인 표현에 대해 긍정적인 분
위기를 만들고, 젠더 정체성과 재생산 케어에 대한 유용한 조언을
제공하며, 아이들에게 성적인 자존감을 증진시키는 것이다.

　그러나 섹슈얼리티에 대해서 장애 아동을 교육하는 작업이 위험
하지 않은 것은 아니다. 우선 그것이 교육의 일환일지라도 부모 자
녀 관계를 성적인 관점에서 보는 것에 대한 저항이 있다. 예컨대,

한 어머니는 자신의 딸이 자위하기 위해 생식기에 손을 뻗으려고 하지만 그렇게 하지 못하는 것에 대해서 걱정한다. 그녀는 딸의 성적인 표현을 막지 않고 딸의 "성적인 독립성을 촉진"하고 싶어 했다(O'Toole and Doe, p. 98). 그러나 그녀는 이 주제에 대해 어떻게 조언해야 할지 알 수 없었고, 다른 부모들은 성 학대를 당하고 싶지 않다면 이런 주제를 의료 전문가들에게 언급하지 말라고 주의를 주었다. 장애를 가진 섹슈얼리티는 오랫동안 유폐되어 왔고, 그것을 빛의 세계로 꺼내 오는 것은 폭력의 위험을 포함하여 심각한 위협을 동반하는 것이다. 근본적인 변화가 있지 않으면, 장애인의 성 문화를 발달시키고자 하는 사람들은, 명시적으로 드러난 폭력이든 좀 더 은밀한 형태의 공격이든지 간에 위험에 직면하게 될 것이다.

문화 전쟁의 틈새에서, 어떤 사람들은 민족성을 제외한 모든 정체성을 버리고 단일 문화를 추구한다. 또 다른 사람들은 많은 정체성 ― 인종, 민족, 젠더, 국가, 성 ― 을 포괄하는 다문화를 주장하기도 한다. 일반적으로 장애 문화를, 특별하게는 성적인 장애 문화를 요구하는 것은 틀림없이 1등 집단의 분노를 불러일으키면서 다행히도 2등 집단의 지지를 받게 될 것이다. 그러나 장애인 성문화의 등장이 가져올 이익은 이 두 정치적 집단 간의 분열보다 더 크다. 그 이득은 민주사회에서 모든 시민들이 기대하는 근본적인 권리에 대한 질문들이다. 즉, 친밀함을 나눌 동반자와 관계에서의 자유, 그들 자신의 몸에 대한 권한, 폭력·학대·억압으로부터의 보호, 그리고 스스로의 선택에 의해 성적인 미래를 추구할 권리 등이 그것이다. 모든 시민은 곧 장애를 가진 시민이 될 것이기 때문에 장애인의 성적 권리를 향한 투쟁은 우리 모두에게 귀속된 것이다.

성, 수치심, 장애 정체성:
마크 오브라이언(Mark O'Brien)의
작품에 부쳐

> 나는 내 자신이 간호사들에게 소유된 나쁘고 더러운 존재라는 것을 느
> 끼기 시작했다.
>
> — 마크 오브라이언, "나는 어떻게 인간이 되었는가"
>
> (How I Became a Human Being)

이 장에서 나의 목적은 동성애에 대한 수치심 담론을 이용하여, 장애인의 성문화 그리고 이론적 패러다임을 재구성하는 데 있어 비판적 개념으로서 장애가 가지는 힘을 깊게 들여다보는 것이다. 이를 위해 즐거움이기도 한 하나의 전략으로 마크 오브라이언의 작품을 지속적으로 참고할 것이다. 마크 오브라이언은 이미 작고한 버클리 태생의 시인으로, 소아마비로 인하여 여섯 살 이후로 철제 인공호흡기(iron lung)를 한 채 생을 보냈다. 그의 시와 저널들은 이 장을 구성하는 주요 세 가지 개념인, 성, 수치심, 장애 정체성이

어떻게 서로 융합되었는지 생생하게 보여준다.

이브 코소프스키 세즈윅(Eve Kosofsky Sedgwick)은 수치심은 정체성의 구성과 소멸 사이의 경계를 관리하기 때문에 윤리적 영향력을 발휘한다고 주장한다(2003, pp. 35-65). 다름이 피해자들에 대한 윤리적 공감과 공유된 존엄성으로 변환되는 정체성이라는 점에서 수치심은 일종의 퀴어 정체성을 촉진시킨다. 그럼에도 불구하고 세즈윅은 동성애자 커뮤니티의 예를 가지고 새로운 윤리적 가치를 만들어 낼 수 있는 수치심의 가능성에 대해서 설명하지는 않는다. 오히려 쉐즈익은, '이빨 빠진 얼굴'과 같은 9·11 테러 이후 뉴욕 전경 앞에서 느꼈던 공유된 굴욕감을 나타내든, "터칭 필링" (Touching Feeling)이라는 책의 표지에 등장하는 다운증후군 섬유예술가인 쥬디스 스콧(Judith Scott)과 자신을 동일시하든, 수치심의 전형적인 예로 장애를 사용한다.[1] 사실상, 수치심이 가지는 윤리적 힘을 보여주기 위한 세즈윅(Sedgwick)의 주요 기법은, 그녀가 상정하는 비장애인 청중들에게 "더럽고 제정신이 아닌 어떤 사람", 예를 들어 "강의실 안에서 시끄럽게 중얼거리며 돌아다니고 화풀이성의 말과 앞뒤가 맞지 않는 말이 점점 많아지며 공공연히 소변을 보고 강의실 밖으로 나가는 그런 사람"을 떠올려 보라고 요청하는 것이다(p. 37). 예로 든 이 남자로 인하여 청중들은 "비행을 저

---

[1] 동성애 수치심에 관한 마이클 워너(Michael Warner)의 도덕윤리 역시 장애와 관련된다. 그는 질병 전염과 동성애 수치심을 직접적으로 연관 지으면서, 수치심이 죽음에 대한 전율을 성행위에 가미한다고 주장한다(p. 198). 마이클 워너는 그들의 욕망이 수치심으로 인해 가려지기 때문에 동성애자들이 후천성면역결핍증(HIV/AIDS)의 위험을 성찰해 보는 데 많은 어려움을 겪는다고 결론짓는다(p. 215). 그에게 있어 유일한 해결책은 섹스가 아닌 수치심과 대적하기 위한 대대적인 HIV 예방 캠페인을 벌이는 것을 받아들이는 것이다(p. 218).

지르는 그와 동일시되는 고통"을 막지 못하면서도 "자신의 얼굴"이 화끈 달아오르는 것을 느끼게 될 것이라고 쉐즈윅(Sedgwick)은 말한다(p. 37). 청중들은 수치심과 더불어 혼자라는 느낌을 가지게 되며, 이제 자신의 것이 되어버린 낙인에 대하여 수치심을 느끼게 될 것 같은 오묘한 기분을 가지게 된다.[2] 세즈윅에게 있어, 수치심은 다른 사람들의 입장에 우리 자신을 대입해 보는 퀴어 감정이다. 수치심은 정체성에 어떤 본질적인 상태를 부여하지 않으면서도 정체성의 문제를 정당화하기 때문에 윤리적인 측면에서 유용한 것이다. 하지만 세즈윅은 예로 든 그 장애인의 수치심에 대해서도, 그의 정체성에 대해서도 알아보려 하지는 않는다.[3]

이와는 달리 장애인권 변호사 겸 운동가인 해리엇 맥브라이드 존슨(Harriet McBryde Johnson)은 공공장소에서 소변을 본 그 이야기를 장애인의 관점에서 다시 서술하면서 쉐즈윅의 이야기에서 놓치고 있는 경험을 들려준다. 존슨 역시 수치심을 공유된 감정으로 탐구하지만, 그녀의 이야기에서 가장 주목해야 할 것은 수치심이 가장 많이 일어날 것이라고 상정되는 곳에서 수치심이 거부된다는 것이다. 한 시설에서 몇몇 장애인 친구들과 점심을 먹고 난 후, 존슨은 집으로 돌아갈 준비를 하다 화장실에 먼저 가고자 했다.

---

2) 쉐즈윅의 수치심 이론에 대한 더글라스 크림(Douglas Crimp)의 해석을 참조하라(pp. 65, 67). 그는 특히 수치심을 억압받는 집단에 대하여 우리가 연민을 가지게 되는 긍정적인 감정으로 정의하고 있다.
3) 쉐즈윅은 "중병을 앓고 있는 사람"으로 고군분투한 그녀의 자서전적 설명이 담긴 "터칭 필링"에 활용되었던 에세이의 개정판에서 그 장애인에 대하여 추가적인 설명을 더한다(2003, p. 34). 쉐즈윅이 장애 정체성이라는 맥락에서 '반쯤 정신이 나간 사람'을 암 생존자로 수사적으로 표현한 것, 그리고 이것이 그녀의 교육과 학문에 미친 변형적 효과가 무엇인지를 이해하기란 어렵다.

집에 갈 시간이야. 하지만 먼저 화장실에 가야 할 것 같아. 내가 왜 회의실에서 커피를 홀짝홀짝 마셨지? 어쩔 수 없지 뭐. 적어도 이곳에는 침대와 환자용 변기 그리고 그것들을 다루는 보조인들이 있으니까. 나는 도움을 청하였다.

보조인들은 가림막을 임시로 설치하려고 허둥지둥 거렸다. "죄송하지만 사적 공간이 없네요. 우리는 방문객이 변기통을 이용하도록 준비해 놓지는 않아서요."

그렇다면 여기 거주자들은? 프라이버시는 방문자만을 위한 것인가 … ?

간절히 바랄 뿐 어떻게 해달라고 요구할 수는 없었다. 친구들 앞에서 나에게만 특별한 대우를 요구할 수는 없었다. 만약 벌거벗은 모습과 변기통에 무엇이 떨어지는지를 내 친구들이 늘 보여주고 있다면, 나 역시 그러할 것이다. 내가 가진 학위, 직장, 긴 머리에도 불구하고, 나는 여전히 그들 중의 하나이기 때문이다. 나는 불구자, 변기통을 필요로 하는 불구자이다. 그런 불구자들에게 있어 프라이버시를 지키면서 용변을 본다는 것은 이곳에서 기대할 수 있는 것이 아니었다.(p. 60)[4]

이 날은 해리엇 맥브라이드 존슨(Harriet McBryde Johnson)의 생

---

[4] 공공장소의 사적인 행위에 대해 우리가 논하고 있는 동안, "나는 어떻게 인간이 되었는가"에서 오브라이언이 여섯 살 때 처음 입원한 병원 생활에 대해 다음과 같이 설명하고 있는 것을 고려해 보라. "간호사들이 'BM'이라고 칭하는 것을 필요로 할 때마다, 나는 간호사를 불러 철제로 된 커다란 변기 위에 눕혀달라고 부탁해야만 했다. 그것은 늘 당황스러운 절차였다. 내 변을 비우는 데 필요한 평온한 상태에 도달하기 위해 등 아래 부분을 파고드는 그 차갑고 딱딱한 변기뿐만 아니라 병실의 소란을 무시해야만 했다. 이후 변기를 떼어내는 것은 고통스럽고 창피스러웠다. … 변을 제대로 보지 못한 벌칙에는 좌약, 관장 튜브, 장갑 낀 손가락 등의 삽입이 포함되었다. 내가 여섯 살 때까지 키워왔던 그 어떤 프라이버시 의식과 존엄성도 파괴되었다."(O'Brien and Kendall, 2003, p. 23)

애에 있어 단 하루에 불과하지만, 170만 명이 넘는 사람들이 그녀
가 칭하는 "미국의 '장애인 강제수용소'(disability gulag)"에 갇혀 있
기 때문에 이 날은 매일이라고 할 수 있다(p. 60). 이 장애인 강제수
용소는 통제를 케어와 보호라는 명목으로 설명하고 강제적인 감금
을 자발적인 배치로 표현한다.

비록 윤리성에 대한 관심사를 세즈윅과 공유한다 할지라도, 그
녀가 '더럽고 정신이 반쯤 나간 사람'을 활용하는 것은 나로 하여금
수치심에 대해 기본적인 정치적 질문을 던지도록 하게 만든다. 누
가 수치심을 느끼는 걸까? 이 질문은 이상하게 들릴지도 모른다. 모
든 인간은 무엇인가를 부끄러워하지 않는가? 다른 이들의 시선 속
에서 살고 타인의 결정과 판단에 종속되는 사회적 존재로서, 그 인
간 조건은 부끄러움을 느낄 가능성이 있다고 예측되지 않는가? 부
끄러움을 느낄 수 있다는 것을 부정당하는 것은 인간에게 어떤 의
미일까? 결과적으로 인간 이하의 존재가 되는 것일까? 지난 30년간
비판 이론과 문화 이론에 있어 핵심적이었던 세 가지 개념, 즉 행위
주체성(agency), 사적 공간과 공적 공간의 분리, 성/젠더 시스템을
통하여 수치심에 대한 질문과 장애인의 성경험에 대하여 알아보고
자 한다. 이를 행하는 데 있어 나는 전체적으로 이러한 개념들이 능
력 이데올로기, 즉 건강한 몸이 인간성(humanness)의 기준선을 규
정한다는 믿음에 얼마나 의존하고 있는지를 강조할 것이다.

관련 자료 번호 17

뉴욕 타임스 온라인(New York Times Online)
2006년 3월 8일

뉴욕, 불법적으로 정신질환자를 요양원에 수용

리처드 페레-페냐(Richard Pérez-Peña) 지음

장애인을 대표하기 위해 주 정부에 의해 임명된 법조인 단체에 의하면, 뉴욕 주는 정신병원에서 요양원으로 환자들을 정기적으로 보내고 수백 명의 환자들을 그들이 필요로 하는 보살핌 없이, 때로는 감옥과 유사한 상황에서 불법적으로 수용하였다고 한다. …

이러한 관행을 없애기 위해 법조인 단체는 수년 동안 파타키 행정부와 대화를 해 왔고 주지사를 면담하였지만 문제는 오히려 더욱 심각해졌다고 한다. 현재 1,000명 이상의 정신질환자들이 뉴욕과 뉴저지의 요양원에 있다고 보고되었다. 그들은 500∼600여 명이 뉴저지의 단지 두 시설에 있다고 주장하는데, 이는 이런 관행이 처음 밝혀졌을 때인 2002년의 두 배에 달하는 것이다.

법조인 단체는 이들 요양원들이 정신질환을 앓고 있는 입주자들에게 약처방 이외에는 특별하게 하는 것이 없으며, 정신과 의사와 사회복지사에 의한 치료, 쇼핑 및 요리와 같은 일상적인 기술 훈련 등과 같이 의무적으로 제공해야 하는 서비스를 제공하지 않고 있다고 주장한다. 자신 또는 타인에게 위협이 되지 않는다고 판정된 정신질환자들조차 대부분 요양원을 떠나는 것이 허용되지 않으며, 심지어는 많은 경우에 있어 거주하는 건물의 한 층에서만 하루 중 대부분의 시간을 보내도록 제한되었다고 한다. …

조지 E. 파타키 주지사 산하에서, 주 정부는 돈을 절약하기 위해 전체 정신병원 수용 인원의 절반 이상에 해당되는 4,000여 명을 줄이기도 하였다. … 예를 들어, 주 정부는 정신질환자들을 위한 지역사회 주택인 경우에 전체 비용을 부담하지만, 그 사람들이 요양원에 수용되는 경우에는 의료보호

(Medicaid)에 의해 지불됨에 따라 연방정부, 주·지방 정부로 그 비용이 분담되게 되는 것이다. …

행위주체성

> 씻어내야 할 것이 참 많다.
> '그것'은 나, 이전의 나.
>
> — 마크 오브라이언, '아침의 일과'(The Morning Routine)

세즈윅에 따르면 수치심은 행위주체성을 부여한다. 수치심은 우리 자아를 뒤덮고, 그 열기는 우리의 신체적·정신적 존재를 뒤덮으며, 얼굴이 활짝 달아오를 만큼 인식을 가지게 한다. 하지만 수치심이 불러일으키는 존재감 혹은 정체성은 항상 우리가 원하는 것은 아니다. 수치스러운 정체성에 대한 세즈윅(Sedgwick)의 언명 중의 하나는 이 문제를 간결하게 짚어내고 있다. 즉, "수치심을 경험하는 속에서 사람은 '어떤 것'에 불과하다"(2003, p. 37). 수치심은 한 개인이 아니라 단순한 객체로 여겨지게 되는, 정체성의 한 형태를 만들어 낸다. 이 이유로 수치심은 고통스럽고 고립적이다. 그럼에도 불구하고, 수치심은 꽤나 매력적이다. 왜냐하면 무엇인가가 된다는 것은 아무것도 아닌 것보다는 낫기 때문이다. 그렇다면 아무것도 아닌 것은 어떨까? 우리가 주체성이 없다고 명명하는 인간은 수치심을 느끼지 않는 걸까? 주체성이 없이도 사람들은 수치심을 느낄 수 있을까?

장애인들은 성적이든 어떤 것이든 하나의 행위주체로 허용되지 않는다. 그들은 거의 아무것도 아닌, 거의 빈껍데기에 가까운 비참한 존재로 그려진다. 문화적 상상에서 장애인이 되는 것은 기능을 중단하는 것이다. 우리의 고속도로에는 '장애를 가진' 차량들이 산재해 있다. 즉, 쓸모없거나 중요하지 않은 정지된 차량들이 산재해 있다. 움직임과 자율성의 결여는 행동과 의지 능력의 결여와 같다. 사람들로 북적거리는 복도에서 전동휠체어를 타고 있는 한 소녀는 사람들을 갈라놓지 못하고 멈춰서 있으며, 그녀 앞의 사람들에게 무한한 인내심을 보이고 있다. 그러나 주변 사람들이 그녀를 하나의 인간적인 존재로 인식할 가능성은 거의 없다. 낸시 메어즈(Nancy Mairs)는 "얼마나 많은 사람들이 눈 내리는 것만 보여주는 텔레비전 세트나 선반에서 떨어져서 쇼핑 카트의 바퀴 밑에 깔린 빵 한 덩어리를 집어서 집에 가지고 오겠는가?"라고 묻는다(1999, p. 47). 파손되거나 폐기된 물건은 소지품으로 간주되지 않는다. 장애인은 어디에도 소속되지 않으며, 좀처럼 자신이 매력적이라고 할 수 없는 존재이다. 장애인은 애도의 대상으로 간주될 뿐이다. 그들이 죽지 않았다고 아무리 외친다고 해도, 그들을 향한 슬픔은 그들이 어떻게든 사라졌다는, 즉 아무것도 아닌 존재가 되었거나 이미 죽었다는 생각을 드러낸다.

마크 오브라이언(Mark O'Brien)은 1955년 여섯 살 때 소아마비에 걸렸다. 그는 오른발, 목, 턱의 경우에 있어 각각 하나만의 근육을 사용할 수 있었다. 그는 풍차처럼 공기순환 외부장치에 의해 추진되는 공기 분출로 인해 사람의 호흡소리가 들리지 않는, 철제로 된 인공호흡장치를 한 채 여생을 보냈다. 그는 다른 사람들이 자신을

아무것도 아닌 존재로, 그가 자신을 칭하듯이 "존재 아래에 붙어 있
는 한 조각의 말라비틀어진 풍선껌"처럼 생각한다는 것을 알고 있
었다(1997, p. 5). 과연 그는 사람들이 자신을 다르게 생각할 수 있
도록 무엇을 제공할 수 있을까? 오브라이언의 삶의 일부분에 대한
수치심의 부재를 노래하고 있는 하나의 시는 수치심의 부재가 장
애인들에게는 행위주체성이 허락되지 않는다는 사실과 관계가 있
음을 시사하고 있다. 이 시의 제목은 '기자들이 물어볼지도 모를 두
려운 질문들'(Questions I Feared the Journalist Would Ask)이다.

> 당신의 가장 최근 오르가즘은 언제였나요?
>
> 당신 혼자였나요?
>
> 당신은 어떤 상상을 하셨나요?
>
> 그 상상 속에서,
>
> 가발을 쓰거나 브라를 하거나 화장을 하고 있을 때,
>
> 누가 엉덩이에 바이브레이터를 넣고 있다고 상상하고 있었나요?
>
> 당신은 왜 이것을 흑인이 하도록 했나요?
>
> 하지만 이것 자체가 인종차별주의 아닌가요?
>
> 그리고 당신은 왜 커튼을 열어 두셨나요?
>
>
> 하지만 기자들은 나에게 이런 질문을 한 적이 없다.
>
> 그들 모두 지옥에나 떨어지라고 하지.[5]

---

5) '기자들이 물어볼지도 모를 두려운 질문들', 마크 오브라이언 저작물, 서지 번호 BANC MSS
   99/247 c, 캘리포니아 대학교 버클리 캠퍼스 밴크로프트 도서관 소장. 저작권 1999년, 캘리
   포니아 주, 버클리, 레모네이드 팩토리(Lemonade Factoty). 승인하에 사용. 기록보존소에

호기심 어린 기자들의 질문들은, 아무리 뻔뻔해도, 연예인이나
정치인과 같이 권력 있고 매력적이며 주체적인 사람이라고 생각되
는 사람들을 향하는 문화에 의존하고 있다. 만약 오브라이언의 시
에 나타난 화자에게 호기심 어린 질문을 할 가치가 없다면, 그것은
그가 가치가 없는 존재로 생각되기 때문이다. 부끄러워할 것이 없
다는 것은 도덕적으로 완전무결하거나 아예 파렴치한 존재라는 것
을 의미하는 것이 아니다. 그것은 사회적 가치가 없다는 것을 의미
한다. 사람은 호기심 어린 질문을 받을 만큼 자신의 사회적 가치가
충분할 경우에만 수치심을 나타낼 수 있다.

사회적 가치는 장애인과 그들의 성문화에 있어 절박한 문제이
다. 장애인은 사회적 가치가 없다고 생각되기 때문에 수치심을 느
끼도록 허락되지도 않고 느끼지도 못하게 되어 있다. 그 결과 그들
은 비장애인과는 완전히 다른 방식으로 취급된다. 하나의 전형적
인 예는 시설에 수용된 장애인들에게 사용되는 자위훈련과 관련
이 있다. 그것은 다양한 목표를 가지고 있고 육체적인 자극과 흥분
을 얻는 방법을 가르치기 위해 고안된 구체적인 훈련을 포함한다
(Kaeser, p. 298).[6] 시설 환경에서 자위훈련이 사용되는 용도는 여러
가지이며, 일부는 시설의 보다 용이한 통제를 위해서, 일부는 개인
환자들의 이익을 위해 사용된다. 예를 들어, (1) 정신적 장애를 가
진 환자들에게 성행위는 사적인 행위여야 한다는 것을 이해하도록

서 자료를 구해준 수잔 슈바이크(Susan Schweik)와 이 자료들을 사용할 수 있도록 허락해
준 수잔 펀백(Susan Fernback)에게 감사의 말을 전한다.
6) 환자가 동성애자임을 선언하는 예외적인 상황(이 경우에는 이성에 해당하는 훈련가가 배
치됨)을 제외하고는 자위훈련이 보통 동성 간에 이루어지는 활동이라는 점을 언급할 필요
가 있다(Kaeser, pp. 302, 305).

돕기 위해서, 그럼으로써 공공장소에서의 공격적 행동을 제거하기 위해서, (2) 환자의 긴장을 완화하고 불만감을 제어하는 하나의 수단을 제공하여 그들을 보다 수동적이고 관리가 수월한 집단으로 바꾸기 위해서, (3) 부상을 입은 환자에게 성적 쾌락을 추구하는 데 있어 보다 안전한 자위방법을 가르치기 위해서, 그리고 (4) 성적 쾌락을 전혀 알지 못하는 환자들에게 성적 쾌락을 인간이 가지는 전형적인 한 부분으로 알려주기 위해서이다. 자위훈련은 대부분 정신적 장애인에게 사용되기 때문에 주체성의 문제는 매우 중요하다. 일반적으로 이들의 동의를 얻는 것은 불가능하다. 그리고 말로서 가르치는 것이 언제나 실현 가능한 것은 아니며, 오히려 직접 하나하나 실행해 보는 것이 자위를 제대로 가르치는 방법일 수 있다(Kaeser, p. 302). 성적 학대의 가능성은 높으며, 시설들은 환자가 자위훈련을 할 필요가 있는지 여부를 위원회가 결정하도록 함으로써 이를 억제하려고 한다(Kaeser, p. 304; Thompson, p. 256).

토머스 라큐르(Thomas Laqueur)는 자위를 자유로운 자율성(liberal autonomy)의 알려지기를 바라지 않는 비밀로 정의하면서 이는 개인의 주체성에 의존한다고 강조한다. 만약 그의 주장이 옳다면, 자위훈련이란 단순히 중립적인 행위가 아니다. 자위훈련은 환자로 하여금 성적인 주체성을 이루도록 돕는 것 외에 정치적 주체성에 대한 지도를 제공하며, 환자가 정기적으로 누구의 도움을 받지 않고 오르가즘을 성취할 수 있을 때 승리를 선언한다. 예를 들어, 성공적인 자위 훈련을 위해 요구되는 주요 편익들 가운데는 일상생활에서 느끼는 더 많은 행위주체성 및 원인-결과 논리에 대한 이해가 있다. 캐서(Kaeser)가 말했듯이, "사람은 자신의 성적 반응

을 조절하는 법을 배우기 시작하고 결과적으로 자신의 삶의 변화
를 일으킬 수 있다는 것을 이해하게 될 것이다. 그는 단순히 자신의
생식기를 만지고 조작함으로써 자신의 감정을 의도적으로 바꿀 수
있다는 것을 배우는 것이 가능할지도 모른다. 이것은 만약 어떤 행
동을 새롭게 만들어내면 관련된 상호반응이 일어날 것이라는 논리
를 배우는 데 도움을 줄 것이다."(p. 302) 자위훈련을 제대로 수행
하지 못하는 것은 곧 자율적인 행위주체가 되지 못한다는 것을 의
미한다. 그러나 이러한 실패는 장애에 대한 편견과 깊게 관련되어
있다. 왜냐하면, 정치적·성적 주체성의 달성은 몸과 마음이 장애
를 가지고 있지 않고 훈련 받으면 적절하게 기능할 것이라는 가정
에 근거하고 있기 때문이다.

사적 영역과 공적 영역

> 시내 군중들 속에서 이들은 전혀 어색함 없이 자신의 몸을 입고 있다.
> — 마크 오브라이언, '소네트 3번'(Sonnet #3)

수치심에 관한 문학작품에서 반복적으로 나타나는 모티브는 여
러 사람 앞에서 부끄러운 감정을 고백하는 것을 다룬다. 대중에게
노출된다는 점에서 수치심이란 무섭게 느껴진다. '수치심'의 어원
은 부끄러움의 자연스러운 표현인 '자신을 숨기다'라는 의미의 한
게르만 언어에서 유래하였다. 그러나 수치심은 이 이유 때문에 사
치스러운 감정이기도 하다. 사람들 앞에서 두드러지는 것은 그 나

름의 기쁨이 있다. 그러므로 수치심은 사적 영역과 공적 영역 사이를 넘나들 수 있는 가능성에 달려 있으며, 이 사실은 장애인에게 많은 함의를 내포하고 있다. 이는 공적 영역에 대한 접근성을 암시하고 있으며, 또한 프라이버시의 가능성을 의미하고 있다. 벽장은 동성애 문화에서 수치심의 장소이지만, '커밍아웃'이 한 장소에서 다른 장소로 이동하는 것을 의미하는 것인지는 항상 명료한 것이 아니다. 이동이란 항상 은유적인 표현만은 아니다. 그것은 또한 접근성과 기동성에 달려 있기도 하다.

만약 사람들의 눈에 항상 띈다고 하면 어떻게 될까? 만약 프라이버시가 전혀 보장되지 않는다고 한다면 어떻게 될까? 만약 사적 영역과 공적 영역 간의 접근이 방해되거나 차단되어 있는 경우라면 어떻게 될까?

오브라이언의 글은 이러한 질문들에 대하여 다양한 방식으로 공격하면서 사적 영역과 공적 영역 사이의 경계가 무너지는 것이 어떻게 수치심과 장애인의 성행위에 영향을 미치는지 여러 예를 통해 보여준다. 오브라이언의 두 작품은 사적 영역과 공적 영역의 분리에 의해 부과되는, 성적인 감정을 표현하고자 하는 장애인이 경험하는, 극단적인 현상을 상징적으로 보여준다. 대단히 관대하고 솔직한 그의 에세이 '섹스 대행인과의 만남'(On Seeing a Sex Surrogate)에서 오브라이언은, 접근 가능하면서 사적인 장소를 찾아야 하고 거절당할 것이라는 두려움을 극복하며 다른 사람을 성적으로 접촉하고 또 다른 사람에 의해 접촉되도록 할 자신감을 얻고 성교를 위해 필요한 어려운 신체 자세를 유지해야 하는 것들을 포함하여, 한 여자와의 성교에 대한 그의 첫 경험을 독자들이 하나

하나씩 익히도록 한다.[7] 마침내 오브라이언에게 처음으로 자기 자신, 정확히 말하면 거울 속에 비친, 자기 자신을 성적인 존재로 바라보게 된 커다란 전환의 시기가 도래하였다.

　　그녀는 나와 함께 침대에 들어가서 내 허벅지와 음경을 쓰다듬기 시작하였다. 나는 즉시 절정에 달했다. 나는 속물적인 황홀감으로 그렇게 빨리 오르가즘을 느끼게 된 나 자신이 싫었다. 하지만 별 걱정하는 기색 없이 셰릴(Cheryl)은 나를 쓰다듬었고 할퀴기도 하며 천천히 키스를 하였다. 그녀는 우리가 이전에 나누었던 행위를 상기시켜주며 내가 다시 오르가즘을 느낄 수 있다고 확신시켜 주었다. 그녀는 내 음경의 끝을 그녀의 질에 문지르겠다고 말했다. 그리고는 나의 그것을 그녀의 몸에 넣었다. 나는 그 아래에서 무슨 일이 일어나고 있는지 볼 수 없었고, 너무나도 흥분되어서 어떤 촉감인지조차 분간할 수 없었다. 갑작스럽게 나는 또 한 번의 오르가즘을 느꼈다.

　　"내 것이 당신 안에 있나요?"라고 나는 물었다.

　　"잠깐만요"라고 그녀는 말하였다.

　　"당신도 오르가즘을 느꼈나요?"

　　그녀는 몸을 일으켜 내 옆에 누웠다.

　　"아니요, 마크, 난 그렇지는 않았어요. 하지만 당신이 원한다면 다음에 다시 한번 시도해 볼 수 있어요."

　　"예, 저는 그러고 싶어요."

---

7) 오브라이언의의 '섹스 대행인과의 만남'(1990)은 그의 작품 "나는 어떻게 인간이 되었는가"의 제13장에도 나오는 개정판이다.

그녀는 매트리스에서 내려가 그녀의 토트백에서 큰 거울을 꺼냈다. 그것은 약 2피트 길이였고, 테두리는 나무로 되어 있었다. 내가 나를 볼 수 있도록 거울을 비추고 있던 셰롤이 거울에 비친 남자에 대해 어떻게 생각하느냐고 물었다. 나는 내가 너무나 정상적으로 보여서 놀랐다고, 내 모습이라고 늘 상상했던 끔찍하게 뒤틀어지고 잔혹한 모습이 아니라는 것에 놀랐다고 말했다. 나는 여섯 살 이후로 내 생식기를 본 적이 없다. 그때 소아마비가 나를 찾아왔고, 횡격막 아래 오그라든 가슴으로 인해 하체를 볼 수 없었다. 그 이후로 내 몸의 일부분은 비현실적인 것으로 여겨졌다. 하지만 생식기를 직접 봄으로써 나의 남성다움의 실체를 좀 더 쉽게 받아들일 수 있었다.

오브라이언이 처음으로 다른 사람과 자발적으로 성관계를 갖게 된 것은 그가 독립적인 삶을 살 수 있는 방법을 찾게 되었을 때 가능한 것이었으며, 이는 그가 집과 시설에 감금되어 있었던 37세까지 지연되었다. 운이 좋게도 오브라이언은 자신을 숨김없이 드러내는 것이 중요하다는 것을 이해할 수 있는 셰롤과 같이 친절한 사람을 만날 수 있었다. 남성성에 대한 다양한 고정관념들을 받아들였기 때문에 그의 이야기를 비판하기는 쉬울 것이다. 그러나 우리가 잠시 후에 살펴보게 될 것처럼 오브라이언의 섹슈얼리티는 이보다 훨씬 복잡하다. 그리고 이러한 비판들이 놓치고 있는 것은, 그의 이야기가 지닌 가치가 장애인의 성적 표현에 있어 시설화로 인한 신체적·심리적 장벽들에 대한 충실한 묘사에 있는 것이 아니라 이에 대한 비판에 있다는 점이다. 감금의 상황에서 벗어날 수 있었던 것은 그가 비로소 자기 자신을 성적으로 표현할 수 있게 만들었던 하나의 기적이었다.

　오브라이언은 시설 내 공공연한 상황에서의 간호사와의 섹스를
다룬 시 '말린'(Marlene)에서 장애인의 섹슈얼리티에 관한 고정관념
의 또 다른 극단적인 요소를 포착해 낸다. 시설화 자체로는 도저히
납득하기 힘든 수수께끼인 한 사건에 대하여 그 시가 성적 학대를
묘사하고 있는지, 아니면 성적인 관대함을 묘사하고 있는 것인지
는 확실하지 않다.

> 내 딱딱해진 음경을 수건이 건드릴 때
> 내 고환은 무엇이 찾아오는지를 알고 있었다.
> 부끄러움과 성욕에 온 몸이 화끈거리고,
> 그녀가 나를 뒤집기 전까지는 나는 참고 있었다. …
> 한 늙은 흑인 잡부가 커튼을 젖히고 들어와서는,
> 아무 말도 하지 않은 채 바닥을 닦아냈다.
> 그녀는 나를 반듯하게 눕히고는,
> 내 사타구니를 찰싹 때렸다.
> 지루함으로 굳은 얼굴을 한 채.
>
> 나의 위대했던 섹스.
> 생각건대 처음이었지.
> 하지만 틀렸어.
> 영원히 마지막이 되어야 해.

(1997, p. 14)

성적 모험으로서 스펀지 목욕은 병원 체류와 관련된 문화적 환상을 환기시킨다. 그러나 '말린'에서의 화자는 병원에 있지 않으며, 그의 체류는 짧지도 않고 자발적이지도 않다. 오브라이언은 병원 포르노라고 부를 수 있는 것과 관련된 환상과 시설화에 의해 만들어진 성적 상상의 차이를 분명히 한다. 첫 번째 것이 성적 프라이버시와 성적 쾌락이 보장된다는 점에서 유토피아 세계라면, 두 번째 모습은 프라이버시가 존재하지 않고 아무도 돌봐주지 않는 디스토피아 세계라 할 수 있다. 왜냐하면 프라이버시의 결여가 섹스의 쾌락을 증가시키기 때문이 아니라 시설 환경에서의 섹스는 무료함의 원인이자 결과이기 때문이다. 젖은 걸레로 닦아 낼 수 있지만, 섹스는 바닥을 더럽게 만들 뿐인 것이다.

관련 자료 번호 18

뉴욕 타임스 온라인(New York Times Online)

2006년 12월 17일

'윤리학자'(The Ethicist)

불편했던 발레

랜디 코헨(Randy Cohen) 지음

지난 크리스마스에 내가 좋아하는 발레인 '호두까기 인형'에 손자들을 데려갔습니다. 하지만 새까만 눈송이를 보고, 심지어 눈의 왕으로 흑인이 나오는 것을 보고, 즐거웠던 제 기분은 아주 망가졌어요. 그런 미적 부조화는 상상도 할 수 없었죠. 발레가 전부 엉망이 되었어요. 이것은 마치 타잔의 역을 외

다리 난장이가 맡는 것과도 같았어요. 이렇게 말하면 제가 인종차별주의자인

가요? ― 뉴저지 주 세월(Sewell)에 사는 익명의 독자가

　　인종차별주의자라고 할 수 있죠 ― 왜냐하면 흑인에 대한 극심한 반감을

　　행사한다는 의미에서가 아니라 우리 대부분처럼 인종에 대한 감정에 의해 영

　　향을 받는다는 의미에서. …

───────────────

　장애인의 섹스 경험은 사적 영역과 공적 영역 간의 경계에 다른 면을 조망하게 한다. 시설화가 성적 행위와 가치에 미치는 영향들의 몇 가지 예들을 살펴보자. 개화된 시설의 입장에서는 자위행위가 '정상'이지만 사적인 공간에서 이루어져야 한다고 주장한다. 그러나 시설 내 거주자들에게, 특히 인지적 장애를 가지고 있는 이들에게 그런 프라이버시 보장의 기회가 주어지고 있는지에 대해서는 의문이다. 동성애에 관해서 개화된 시설의 입장은 확고한데, 동성 간의 성행위가 유일한 선택이어서는 안 된다는 것이다.[8] 상당수의 실험들이 '정상적'이라고 할지라도 시설은 성적 취향이나 행동에 대해서 결정하지 말아야 한다. 그럼에도 불구하고, 남성 또는 여성만을 수용하는 시설에서 대부분의 여생을 보내는 사람들의 경우에 성적 파트너의 선택 기회가 미리 정해져 있다는 점에서 성적 선택권에 대한 논의는 무의미하다. 개화된 시설에서 포르노그래피에 대한 관심은 전형적인 성장 발달의 한 부분으로 여겨진다. 하지만 포르노그래피를 시설과 같이 공공장소에서 사용하는 것은 불법이

───────────────

8) 예를 들어, "동성애만이 유일한 선택이 되는 상황이 만들어지지 않았다는 것에 만족할 필요가 있다"(Thompson, p. 257).

며, 그것 자체가 직원과 기타 환자들을 성희롱하는 것이 될 수도 있다(Thompson, p. 257).

활동지원사에 대한 장애인의 의존성은 성행위와 공적 영역 간의 관계를 더욱 복잡하게 한다.[9] 활동지원사를 활용하는 데 있어 영향을 미치는 성적인 제약은 무엇인가? 활동지원사는 내가 섹시한 란제리 옷을 입도록 도와주고, 성교가 가능하도록 나와 내 파트너의 자세를 잡아주고 있는가? 활동지원사는 바이브레이터를 가져다주고, 섹스 후에 우리를 화장실로 데려다주고 있는가? 식사하는 것, 화장실에 가는 것, 장소를 이동하는 것, 쿠키를 굽는 것을 돕는 데 그들의 삶을 기꺼이 보내려는 훈련된 전문가들을 우리는 가지고 있다. 하지만 이들 전문가들은 자위행위나 섹스를 하는 데 있어 도움을 줄 수 있도록 훈련이 되어 있지는 않다. 어빙 졸라(Irving Zola)는 장애인들의 성적 좌절감이 얼마나 압도적인지, 성적 만족의 기회는 얼마나 적은지를 지적한다. 그는 사지마비가 된 요한(Johan)이라는 사람의 말을 이렇게 전하고 있다. "나는 아무것도 할 수 없어요. 나는 자위조차도 못해요. 내가 무엇을 할 수 있을까요? 당신은 다른 누군가에게 어떻게 부탁하나요? 한번 부탁했다면 당신은 어떻게 또 부탁을 하나요? 그들은 어떠한가요? 그들은 당신을 어떻게 생각할까요? 그들은 다른 사람들에게 뭐라고 말할까요? 그리고 만약 그들이 떠난다면, 어떻게 될까요? 당신은 다른 사람과 처음부터 다시 시작해야 하겠지요."(p. 150)

요한의 좌절감은 여러 장애인들이 성적 존재로서 겪는 익숙한

---

9) 이 이슈와 관련한 훌륭한 안내서로는 스토너(Stoner)의 글을 참조하라.

단면이어서 가슴이 아프다. 이는, 사적 영역과 공적 영역 간의 구별
이 비장애인만이 행할 수 있는 기능이라는 것을, 장애인은 성적 표
현을 추구하고자 할 경우에 일상생활에서 프라이버시가 침탈됨에
따른 수치심을 종종 억누를 수밖에 없는 경우가 많다는 것을 드러
낸다.

성/젠더

> 트레쉬는 자신을 '호모를 좋아하는 여자'(fag hag)라고 부른다.
>
> 그녀는 게이들의 성행위 사진을 좋아한다고 말한다.
>
> "나의 여자가 되어 줄 수 있겠습니까?"라고 나는 필사적으로 그녀에
> 게 간청한다.
>
> — 마크 오브라이언, '트레쉬는 예쁜 소녀였을 것이다'
>
> (Tracy would've been a pretty girl)

　　젠더 속성에 관한 자크 라캉(Jacques Lacan)의 유명한 비유담은
젠더를 하나의 기차 종착지로 그려내고 있다. 집을 떠나 생리적 욕
구를 충족시켜야 할 필요성 때문에 공공장소는 화장실을 제공한
다. 라캉은 젠더가 어떻게 부여되는가를 생각해 보는 한 방법으로
이러한 편의시설을 상정해본다. 기차가 역에 도착하고, 어린 소녀
와 소년, 여동생, 남동생이 기차 창문 밖을 내다보며 '숙녀용'과 '신
사용'이라는 서로 다른 두 개의 표지판을 바라본다. 아이들은 저마
다 표지판이 열차의 목적지를 가리킨다고 믿지만, 그 표식은 젠더

의 목적지를 반영하기도 한다. 라캉은 "이 아이들에게 있어 숙녀용과 신사용은 각자의 영혼들이 서로 다른 날갯짓으로 힘껏 향해 가는 두 나라인 셈이다"라고 말한다(p. 152). 비록 숙녀와 신사라는 이항 대립에 일치하지 않는 어떤 행동이 이 두 문 뒤에서 진행될 수 있다는 것을 깨닫기 위해 너무 많은 생각을 요구하지는 않지만, 라캉의 비유담은 젠더의 의미작용(signifying) 실천에 대한 풍부한 개념들을 제공한다(Edelman 참조).

만약 라캉이 그 기차역에 편의시설이 갖추어진 화장실을 상상해 보았다면, 그는 아주 다른 이야기를 해야 했을 것이다. 대부분의 편의시설 화장실은 남녀 구별이 없다. 능력 이데올로기는 장애인들을 무성적인(asexual), 비젠더화된(ungendered) 존재로 간주하기 때문에, 장애인의 경우 남성용, 여성용 화장실은 따로 존재하지 않는다. 장애가 있는 신사·숙녀들도 화장실 앞의 표지판을 볼 수 있지만 들어갈 수는 없다. 남녀 구별이 없는 편의시설 화장실을 사용하는 관행들은 몸의 정상성이 젠더 의미 부여보다 더 결정적이라는 사실을 드러낸다. 또한 이것은 소위 이성(異性)에게 노출되었을 때 느끼는 부끄러움이나 수치심이 장애인의 경우에는 해당되지 않는다는 사회 일반의 믿음을 반영하고 있다.[10] 무엇이 더 유의한 것이냐를 놓고 싸우는 게임 속에서 장애/비장애 간의 차이는 여성/남성 간의 차이를 언제나 능가한다.[11]

---

10) 그러나 일부 장애인들은 남녀 공용 화장실을 비장애 중심 사회가 요구하는 엄격함과 요건들로부터 안전한 공간으로 경험하는 경우도 있다.
11) 능력 이데올로기는 전형적인 신사/숙녀라는 이성애적 세계를 넘어서서 젠더 정체성에 대해서도 그 위력을 발휘한다. 역사적으로 레즈비언 커뮤니티는 장애를 가진 레즈비언들을 일찍부터 수용하였다. 하지만 AIDS 위기가 장애에 대한 게이 커뮤니티의 윤리적 연관성

라캉의 예는 장애가 있음으로 인해 젠더 부여가 철회되는 것을 시사하고 있다. 그러나 건강한 몸 그 자체가 성/젠더를 구별하는 하나의 표식이라는 점을 이해하는 것도 중요하다. 정신분석에 근거한 전형적인 거세 개념은 장애를 가진 몸의 젠더 구별에 독특한 역할을 수행한다. 정신분석학은 한 개인이 심리적인 성숙과 사회적 통합을 이루기 위해서 극복해야 할 사회적 상처로 거세를 정의한다. 하지만 이 사회적 상처는 신체적인 상처에 대한 상상력을 반드시 불러오기 때문에 거세는 성 정체성의 변화를 요구하는 문제로 나타난다. 어떠한 변화가 올바른 선택인지 아닌지는 젠더 고정관념에 의해 주도되는 가치 판단에 달려 있으며, 성 정체성에 대한 딜레마의 일부는 이러한 고정관념을 따를 것인가 아니면 거스를 것인가와 관련된다. 신체 건강한 몸이란 보통 남성성을 의미한다. 그것은 테리 갤러웨이(Terry Galloway)가 말한 '허구적인 신체 건강함'에 속한 것일지도 모르지만, 여전히 신체 건강함의 의미는 남는다. 여성성은 일반적으로 결핍·결함·장애를 나타낸다. 이러한 젠더 고정관념은 동성애나 이성애 성향을 가진 모두를 포섭하지만, 개인에게 구현되는 양상은 자랑스러움에서 수치심, 성난 반항까지 매우 다양할 수 있다. 동성애자든 이성애자든, 여성의 경우에는 자신의 남성성에 대하여 수치심을 느끼지 않는 반면에, 남성의 경우에는 자신의 여성성에 대하여 굴욕감을 느끼게 되는데, 이는

에 막대한 영향을 끼쳤음에도 불구하고, 장애를 가진 게이 남성들은 게이 커뮤니티와 함께 하는 데 있어 지금까지도 어려움을 겪고 있다. 장애를 가진 레즈비언들에 관한 풍부한 역사를 알고 싶다면 브라운워스(Brownworth)와 라포(Raffo)의 글을 참조하라. 케니 프라이스(Kenny Fries)는 장애를 가진 게이들이 직면하는 여러 어려움의 예를 보여주고 있다 (pp. 101, 110-15, 123).

아마도 여성성과 장애를 동일시함으로써 만들어지는 불평등한 사회적·문화적 위계로부터 연유한다고 할 수 있다.[12]

12년간 독립생활을 한 후, 오브라이언은 1990년대 초부터 여성의 옷을 입으면서 성/젠더 시스템에 대한 실험을 시작하였다.[13] 그는 립스틱, 아이라이너, 파우더, 볼연지, 아이섀도, 스커트, 블라우스, 긴 검은 머리의 가발 등을 감히 시도할 수 있을 만큼 자주 입기 시작했고, 자신의 활동지원사와 함께 그것들을 마련할 수 있었다. 그는 아름다운 여성이 된다는 꿈을 꾸는 것에서 새로운 행복감과 자유를 발견하게 된 것에 대하여 시를 썼다. 같은 시기에 그는 성/젠더와 장애 간 고정관념적 연관에 맞서 여성성에 관한 연작시를 완성하기도 하였다. 예를 들어, '그녀가 되다'(becoming her)라는 시는 언뜻 보기에 크로스드레싱(cross-dressing)을 직설적으로 묘사한 것처럼 보인다.

> 느린 과정
>
> 칙칙하고 어려운
>
> 긴장하여 숨이 막힐 것 같은
>
> 검정 브라가 존재하지 않는 내 가슴을 감싸 안는다
>
> 검정 레이스는 상상 속의 나의 음문을 압박한다

---

12) 성소수자의 남장(drag kinging)에 관해서는 핼버스탬(Halberstam, 1998), 여장(drag queering)에 관해서는 뉴턴(Newton)의 글을 참조하라.

13) 마크 오브라이언의 웹페이지는 크로스드레싱에 관한 그의 설명과 사진을 덧붙여 이러한 발전 과정을 조명하고 있다(www.pacificnews.org/marko/shriek.html, 2005. 4. 29 접속).

그래도 나는 아직 그녀가 아니다

지치고, 흥분하고, 두려움에 숨이 막히지만

그래도 나는 기다려야 한다

용기를 내어 눈썹을 그리고

마스카라와 파우더와 볼연지를 바른다

립스틱이 좋다

하지만 난 아직 그녀가 아니야

검은 빛나는 사나운 가발이

머리핀 사이로 뚫고 나와 그녀의 손가락을 할퀸다

여기를 밀자

저기를 둘둘 말자

그녀가 내가 되는 것을

내가 그녀가 되는 것을 느낀다

가발은 단단히 놓여 있고

나는 그녀에게 마법 같은 미소를 짓는다

내 붉고 붉은 입술이

그녀가 여기 있다는 것을 보여주고 있다

(1997, p. 38)

'그녀가 되다'는 오브라이언의 작품 중 대문자를 전혀 사용하지
않은 유일한 시이다. 어떤 존재가 되는 순간에 있어, 이 시에 나타
난 화자는 전형적인 '나'보다 덜한 존재이다. 그의 몸은 수동적이
고, 때로는 위험하며, 폭력적인 행위들이 가해지는 대상에 불과하
다. 그의 신체에 어떤 행동을 취하지 않으면서도 옷, 화장, 가발 조

각들이 모여 그를 변화시킨다. 그는 이러한 변형의 결과로서 얻게 되는 행복감을 "나는 그녀에게 마법 같은 미소를 짓는다"라고 표현하고 있다. 만약 오브라이언의 생애를 간과한다면, 우리는 자신을 기쁘게 하기 위해 크로스드레싱을 하는 신체 건강한 남자를 상상하게 될 것이고, 자신을 나약한 존재로 재현하는 것은 여성을 위약하거나 장애를 가진 것으로 간주하는 고정관념을 더 부추기는 것처럼 보인다. 이 시는 남자가 여자로 변환되는 것을 지켜보고 있지만, 그가 느끼는 행복의 대가를 신체 능력, 정력, 힘 등의 상실로 규정한다. 여성은 남성의 폭력과 억압의 대상이며, 신체 건강한 남자라고 할지라도 일단 여성이 되면 그 역시 이러한 대상이 된다.

그러나 우리가 오브라이언의 삶에 대한 세부사항을 포함시킨다면, 이 시는 또 다른 해석을 필요로 하는데, 이것은 성/젠더에 대한 고정관념에 맞서 장애를 무대에 올리는 것이다. 오브라이언은 거의 아무것도 할 수 없기 때문에, 그의 마비된 몸은 궁극적으로 객체에 불과하다. 다른 사람들이 그를 다루고, 그를 이곳저곳으로 옮기며, 음식을 먹이고, 옷을 입힌다. 옷의 포옹을 받는 것으로서의 옷입기 경험은 어떤 교모한 손재주를 통해 한 성을 다른 성으로 마법적으로 바꾸는 것을 나타내는 은유가 아니라 전신마비의 결과이다. 씻고 옷을 갈아입히기 위해서는 그를 철제 인공호흡기에서 떼어내야 하기 때문에 이 시의 화자는 숨이 차서 기진맥진해 있고, 철제 인공호흡기가 없이는 오랫동안 숨을 쉴 수가 없다. 그래서 이 시에서 피동적·형식적 특징 및 연약함에 대한 묘사는 여성이 되는 남성이 반드시 치러야 할 대가에 대하여 언급하는 것이 아니다. 오히려 그것들은 젠더 게임의 맥락에서 장애를 가진 남성의 삶의 모든 특징을 나타내는 것이다. 더 중요한 것은, 이 시는 여성을 무능한 또는 약한 존재로 묘사하지 않는다. '사자머리의 검은 가발'은 일단 쓰게 되면 권력을 나타내는 머리장식처럼 ― 마비의 양극성을 반전시키는 메두사 효과처럼 ― 비쳐진다. 메두사는 자신을 바라보는 사람을 돌로 바꾼다. 메두사는 마비된 것이 아니다. 성 전환의 고통과 위험을 감수하는 화자에게 주어지는 보상은 거세가 아니라 권력과 육체적인 통합이다.

아마도 1990년대 초에 쓴, 여성성에 대한 연작시 중 대표작이라 할 수 있는 '여성스러움'(Femininity)이라는 시는 장애와 성/젠더에 대한 고정관념의 급진적인 전도를 꾀한다. 내가 주장하건대, 이 시는 능력 이데올로기와 이것이 젠더와 성화된 정체성에 미치는 영향으로 인해 논리에 어려움이 많은 여러 해석들을 끌어낸다.

> 병원 복도에서
> 발가벗겨진 채 이동침대에 누워 있는 나를,
> 키 크고, 젊으며, 자신의 아름다움을 자랑스러워하는,
> 간호사들이 둘러싸고는,
> 나의 가느다란 불구의 몸을 부러워한다.
> "당신은 정말 날씬해,
> 여자였어야 했는데."
> "내 속눈썹이 당신만큼 길었으면
> 정말 좋겠어."
> "정말 예쁜 눈이야"
> 나는 생각했다

그게 아니라면 생각했다고 생각한다

그것도 아니라면 내가 말했기를 바란다

"그런데 당신의 거기는 아직도 살아있네요,

가위를 가져와요,

나의 음경과 고환들을 잘라버리세요.

나를 여자로 만들어 주세요,

마취도 하지 말고,

나를 여자로 만들어 주세요,

나를 여자로 만들어 주세요."

(1997, p. 39)

'여성스러움'이라는 시가 제기하는 문제 중의 일부는 성/젠더 고정관념이 장애에 연결되는 방식 때문에 어쩔 수 없이 안게 되는 모순을 드러내는 것이다. 같은 이유로 이 시에 대한 다양한 해석은 서로들 간의 모순뿐 아니라 내적인 모순을 드러내기도 한다. 그의 시를 해석하는 데 있어 내가 취하는 전략은, 다소 인위적이긴 하지만, 어디에서 오브라이언의 장애 재현이 건강한 몸에 기초한 젠더 고정관념을 무너뜨리는지를 보여주기 위한 시도의 단계로서 일련의 글들을 제공하는 것이다. 여기에서 나의 결론은 장애인의 성문화에 대한 연구가 성/젠더 시스템에 대하여 더 많은 연구가 수행되어야 함을 요구한다는 것이다.

처음 읽게 되면, 이 시는 결핍을 수용하는 것을 장애 정체성으로 재현하는 것처럼 보인다. 장애인이기 때문에 이미 상징적으로 거세된 남성 화자는 신체적으로 건강하고 이성애적인 남성들 대부분이 주저하는 진짜 거세를 불러들인다. 그 화자에게 있어, 거세란 두 가지 폐해 중 덜한 것인데, 왜냐하면 "그런데 당신의 거기는 아직도 살아있네요. 가위를 가져와요."의 시구에서 보이듯이 장애가 있는 남성은 장애가 없는 여성보다 더 나쁘기 때문이다. 이 시에서 여성스러움이란 장애를 가진 남성의 몸을 장애가 없는 몸으로 바꾸는 장치가 되지만, 이 장치는 장애를 가진 남성이 상징적인 이득을 얻기 위해 신체적인 대가를 기꺼이 지불할 의지가 있기 때문에 가능한 것이다. 그가 결핍을 수용하는 것은 사지마비라는 신체적 장애를 여성성이라는 상징적 장애로 맞바꾸는 것에 — 순이익에 — 도움을 준다. 이제 이 시를 두 번째 읽게 되면, 장애는 여성스러움의 상징으로 그려지고 있음을 알 수 있다. 장애를 가진 화자를 둘러싼 간호사들이 장애를 여성스러움으로 오해하고 있는데, 그 이유는 "당신은 정말 날씬해, 여자였어야 했는데"라는 표현에서처럼 사지마비로 인한 영향과 여성미의 특징을 혼동하기 때문이다. 장애를 가진 남성은 이미 상징적인 의미에서 여성이기 때문에, "나를 여자로 만들어주세요. 나를 여자로 만들어주세요."라는 상징성을 구현하는 것은 어렵지 않다. 젠더에 대한 우리의 고정관념은 장애인의 남성성을 결코 인정하지 않는다. 이 시가 묘사하는 사회 속에서 모든 장애인은 여성으로만 비쳐질 뿐이다.

이러한 두 번의 읽음을 통해서도 한 가지 문제점이 남는다. 아무리 성 고정관념이 강하게 고집을 부려도, 거세당한 남자는 여자가 아니라는 것이다. 그의 시를 세 번째로 다시 읽어 보면, 여성에 대한 '여성스러움'이란 것은 사실상 거의 없다는 것을 주장할 것이다. 그들은 단지 방관자일 뿐이고, 그 남성 장애인이 열심히 설득하고

있는 청중의 일부일 뿐이다. 그가 힘을 쏟고자 하는 것이 젠더 고
정관념에 대하여 조롱하는 것이라 할지라도, 그것의 최종 결과가
여성다움을 가지는 것은 아니다. 여성스러움의 부재가 오브라이
언이 취한 남성 우월주의의 결과가 아니라는 것에 나는 주목하고
자 한다. 능력 이데올로기가 영향을 미치고 있다. 사실상, 남성에
게 '여성스러움'이 있을 여지가 거의 없기 때문에, 그것은 남성성에
대해서도 동일한 효과를 만들어낸다. 장애를 가진 남자에게 있어
일반 남성들은 열심히 설득하고 있는 청중들의 일부분인 방관자
들, 혹은 더 나아봤자 '행인들'에 불과하다. 오브라이언은 '행인들'
(Walkers)이란 시에서 이들 행인들을 향한 간절한 설득을 "그들이
필요로 하는 거짓말을 해주며 / 장애는 대수롭지 않은 것처럼" 그
리고 "모든 종류의 좋은 것들 … / 체스 세트, 책, 텔레비전 / 심지어
우리 자신의 삶까지도" 얻기 위해 "온갖 아양을 떠는 것"으로 묘사
하고 있다(1997, p. 36). 만약 건강한 몸이 젠더를 구별하는 표식 중
의 하나라면, 장애를 기꺼이 수용한다는 것은 이러한 구별을 지우
게 하고 우리가 알고 있는 여성성과 남성성은 모두 사라진다는 것
을 의미한다. 이처럼 오브라이언은 전통적으로 이해되는 방식으로
젠더를 더 이상 재현하려고 하지 않는다.

이 세 번째 읽음에서 '여성스러움'은 단순한 여성성도 남성성도
아님을 알 수 있다. 이 시는 여성의 신체 건강함이란 개념과 장애를
가진 남성을 교차시켜 화자의 정체성을 거세된 마초나 남성적인
여성으로 재현한다. 이러한 정체성들에 가까운 성/젠더 범주는 '여
성다움'(effeminacy)이라는 고전적 개념으로 나타난다. 데이비드 할
페린(David Halperin)은 이를 "범주 그 자체"로 칭하며, "우리가 이

제 동성애적 뿐만 아니라 이성애적 욕망이라고 부르는 것들의 과잉 증상"이 오래도록 지속되었다고 설명한다(p. 111). 오브라이언은 남자다움을 나타내기 위해 남성의 성적 과잉과 여성다움의 연관성을 이용함으로써, 이 시의 화자가 자신의 마초적 남성성을 주장할 수 있게 한다. "가위를 가져와요. 나의 음경과 고환들을 잘라버리세요. 나를 여자로 만들어주세요. 마취도 하지 말고." 다른 한편, 오브라이언은 여성성을 표현하기 위해 여성다움을 사용함으로써 매력적인 성적 대상이 되고자 하는 화자의 욕망을 지지한다. "나를 여자로 만들어주세요. 나를 여자로 만들어주세요." 그러므로 이 시에 대한 나의 처음 두 번의 읽음은 수정을 필요로 한다. 첫째, 이 시는 장애 정체성을 결핍의 수용으로 표현하고 있지만, 이는 성적 권력의 표식으로 나타나는 결핍에 한해서이다. 간호사들로 하여금 '마취 없이' 그를 거세하도록 하는 화자의 지시는 남성의 성적 욕망으로 읽혀져야 하는 과잉을 표현하고 있다. 둘째, 이 시는 여성스러움을 결핍의 상징으로 이해하지만, 이는 성적 매력을 구현하는 데 있어서 결핍이 구체적으로 나타나는 한에서이다. 간호사의 성적 아름다움을 흉내 내어 보려는 화자의 의도는 여성의 욕망으로 읽힌다. 두 경우 모두에 있어 오브라이언은 젠더/성 범주를 교란시키기 위해 장애를 이용하는데, 이는 장애인을 무성적인 존재로 바라보는 고정관념을 거부하기 위해서, 그리고 장애인들 역시 성적으로 활동적이고 매력적이기를 원한다고 주장하기 위해서이다.

초기 페미니스트들이 주장한 성/젠더 시스템은 성을 젠더가 사회적으로 구성되는 데 있어 바탕이 되는 생물학적 실체로 규정하였다. 비록 성/젠더의 구별이 여성의 억압에 대하여 강력하고도 중요한 비판에 기여해 왔지만, 젠더/섹슈얼리티 연구 분야의 새로운 발전과 더불어 이러한 구별을 유지하기 어려워졌다. 급진적 페미니스트들은 여성의 생물학적인 고유 능력인 출산에 대하여 스스로 통제하기 전까지는 결코 여성의 억압은 끝나지 않을 것이라고 주장한다. 반면, LGBT 이론가들은 성을 성적 행위와 지향성이 매우 복잡하게 문화적으로 배열된 것으로 바라본다. 예를 들어, 주디스 버틀러(Judith Butler)는 "젠더 트러블"(Gender Trouble)이라는 책에서 이성애에 바탕을 둔 매트릭스는 이미 항상 '젠더화된 성'(gendered sex)을 가지고 있다고 주장한다. 제안하건대, 여기에 장애를 포함시킨다면, 성/젠더 시스템은 더욱 복잡해질 것이며 보다 가변적인 양상을 띨 것이다. 장애학은 성/젠더 시스템이라는 개념 모두 비장애와 장애라는 근본적인 구별에 의존하고 있음을 분명히 한다. 우리가 "벽장의 인식론"(Epistemology of the Closet)에서 펼친 세즈윅(Sedgwick)의 주장을 따른다면, 성/젠더 이론의 비판적 과업 중 하나는 성과 젠더를 분리할 수 없음에도 불구하고 분석 차원에서 분리해 내는 것을 핵심적인 문제로 계속 간주해야 한다는 것이다(1990, p. 29).[14] 나는 이 주장에 동의하지만, 장애를 포함시키려면 약간의 조정이 필요하다. 성과 젠더를 분리할 수 없음에도 불구하고 그것을 시도해야 하는 분석적 필요성은 성/젠더 시스템에서 단 하나의 핵심적 문제로 여겨지는 것만은 아니다. 오히려, 성/젠더 시스템에서 드러나는 모순은 다양한 핵심적 문제점들에 의존하

---

14) 이 부분은 성/젠더 시스템의 역사에 관한 쉐즈익(Sedgwick)의 설명에 기초하여 작성되었다(1990, pp. 27-30).

고 있는데, 가장 중요한 것 중의 하나는 성/젠더 모두가 건강한 몸을 상정하고 있다는 것이다.

　장애는 성과 젠더의 차이가 문제가 되는 핵심을 드러내준다. 장애를 가진 몸의 경우에 젠더는 성에 전형적인 방식으로 중첩되지 않는다. 왜냐하면 장애/비장애 간의 차이는 신사/숙녀 간의 차이를 압도하고, 젠더에 대한 의미 부여를 억누르며, 섹슈얼리티의 존재를 부정하기 때문이다. 장애가 없는 몸의 경우에 성/젠더 시스템은 좋든 나쁘든 성적 행위가 젠더 정체성의 구성을 강제하도록 하지만, 장애가 있는 몸의 경우에는 성적 행위가 반드시 젠더 인식으로 이어지는 것은 아니다. 예를 들어, 자신의 섹슈얼리티를 주장하고자 하는 오브라이언의 계속된 노력에도 불구하고 다른 사람들은 그를 남성으로도 여성으로도 생각하지 않는다. 대신, 그는 "간호사들의 소유였던 나쁘고 불결한 것"으로만 남을 뿐이다(O'Brien and Kendall, 2003, p. 23). 그러나 크로스드레싱을 시도하기 시작하면서, 그는 시 속의 장애인 화자들뿐만 아니라 자신의 섹슈얼리티에 대해서 주장할 수 있게 되었다.

　장애는 성과 젠더라는 분석적 구분에 변화를 야기한다. 왜냐하면, 장애는 성/젠더 시스템의 양 기둥이라 할 수 있는 성과 젠더의 인과관계를 전복시킬 뿐 아니라, 두 기둥 모두 능력 이데올로기에 깊게 뿌리박혀 있다는 것을 보여주기 때문이다. 만약 신체 건강한 남성이 크로스드레싱을 하고자 한다면, 이는 그가 성적 욕망의 과잉을 보이는 '정신적 질환'을 가지는 것으로 지칭될 것이다. 그가 취하고자 하는 여성다움은 그가 가져야 할 남성성에 대하여 문제를 야기하기 때문에 젠더에 대한 위반이 된다.[15] 하지만 장애를 가

진 남성이 크로스드레싱을 시도할 경우 그 결과는 달라진다. 그것
은 이전에 전혀 존재하지 않았던 성적 욕망이 나타났다는 것을 지
칭하게 된다. 장애를 가진 남성의 경우에는 성적 욕망의 과잉으로
비쳐짐으로써만 조금이나마 섹스를 할 수 있는 존재로 드러날 뿐이
다. 그는 위반할 성 정체성도 없기 때문에 그가 취하는 여성다움은
젠더에 대한 위반이 되지도 않는다. 오히려 취하고자 하는 여성다
움은 능력 이데올로기에, 장애인은 무성적인 존재라는 명언에 대한
위반이 되는 것이다. 오브라이언의 젠더 역할극은 성·젠더·섹슈
얼리티의 구분을 공격하고, 건강한 몸이라는 고정관념에 대한 이들
의 상호의존성을 드러냄으로써 탈성욕적인(desexualized) 모습으로
그려지는 장애인의 몸에 성적 욕망이 존재함을 보여준다.

결론

> 낮이고 밤이고 하루 종일 쉭쉭거리며
>
> 반복적으로 작동되는 기계 리듬은,
>
> 무례하게도 내 몸의 지도 속에 자신을 끼워 넣는다. …
>
> ― 마크 오브라이언, "철제 인공호흡기를 찬 사나이"
>
> (The Man in the Iron Lung)

---

15) 나는 이 논의와 관련해서 데이비드 할페린(David Halperin)이 자신의 책 "동성애 역사를
    어떻게 할 것인가"(How to Do the History of Homosexuality)에서 분석한 '여자 같은 남
    성'(effeminate male)으로부터 영감과 용어를 취하였다(pp. 34, 36-37).

능력 이데올로기는 인간으로서의 존재, 수치심에 대한 민감성을 조장할 뿐 아니라 한 인간을 진정한 사람으로 여길 것인지 말 것인지를 결정하게 한다. 그것은 장애인과 비장애인의 독립적인 생활과 활동 가능성을 통제하고, 성적이든 무엇이든 자신의 삶에서 가지는 주체성 여부를 통제한다. 그것은 장애인의 삶의 영역을 규정하며, 어떻게 섹스를 가져야 하는지, 그리고 언제 사적 공간에서 공적 공간으로 이동할 수 있는지를 결정한다. 그것은 젠더 지정에 대하여, 그리고 장애인의 몸이 성적인 자질을 가지고 있는지의 판단 여부에 대하여 엄청난 압력을 행사한다. '건강한 신체성'(able-bodiedness)은 하나의 이데올로기적 지평을 구현하며, 그것을 넘어 생각하거나 벗어나기란 어렵다. 아마도 이 이유 때문에, 장애가 수치심과 연관 짓게 되는 것을 피하기 어렵고, 우리가 수치심의 효과를 묘사하기 위해 장애를 쉽사리 이용하려 하며, 장애인들이 언제, 어디에서 수치심을 느끼지 않아도 되는지를 전혀 알 수 없게 되는 것이다. 우리 모두는 철제 인공호흡기를 찬 마크 오브라이언(Mark O'Brien)의 침대를 함께 쓰고 있는지도 모른다. 머리를 밖으로 내밀고, 그 "숨을 내쉬는 실린더"를 벗어나 생각하려고 애쓰며(1992, p. 2), 우리의 몸은 "금속처럼 단단한 거부감" 속에 갇혀(p. 2), 몸의 실체에 대한 매우 협소한 지도에 순종하고 있다.

Disability Theory | **제9장**

장애, 그리고
권리를 가질 권리

한나 아렌트(Hannah Arendt)의 가치 있는 언명에 따르면, 권리를 가질 권리란 개인이 정치적 공동체에 속할 권리를 인권으로 가지고 있다는 것에 기초한다. 이 정치적 공동체 안에서 개인은 자신의 행동과 견해에 의해서 평가받는다.[1] 정치적 소속을 통해서만 개인은 인류의 구성원으로서 인정받는 것이다. 인권을 빼앗긴다는 것은 결국 인간의 지위를 박탈당하는 것을 의미한다. 아렌트는 일차적으로 권리를 가질 권리가 필요하다는 것을 전체주의의 암울한 결과를 연구하면서 깨닫게 되었다. 아렌트(Arendt)는 20세기 전반기에 전체주의가 부상한 것은 유럽의 국민국가가 인권을 보증하는 데 "헌법적으로 무능함"을 보여준 것이라고 주장한다(p. 269). 이는

---

1) 시민권과 인권에 대한 나의 기본적인 생각은 마가렛 소머스(Margaret Somers)와의 대화로부터 많은 빚을 지고 있다.

세계질서 안에서 국민국가가 갖는 일반적인 약점을 드러내는 것이다. 전체주의적 정부는 그들의 가치를 인근 국가들에게도 부과하는 것이 유용함을 알게 되었다. 예컨대, 나치 독일이 그들의 희생자를 부랑자로 추려내 국적을 박탈했을 때, 그 희생자들은 어디에서든 부랑자로 인식되었다. 그들의 권리가 국가에 의해 보증 받지 못하고 사라져버렸기 때문이다. 전체주의의 희생자들은 고향에서 쫓겨나게 되면 새로운 정착지를 찾는 것이 불가능함을 곧 깨닫게 되었다. 잃어버린 고향을 대체할 수 있는 것은 오직 포로수용소뿐이었다. 전체주의는 "지구화된 새로운 정치 상황"에서 비롯되는 인권의 위기를 잘 보여준다(p. 297). 그러나 아렌트(Arendt)는 이러한 위기에 대한 해결책이 있을지 명확하지 않다고 말한다.

> 이 새로운 상황에서 "인간성"(humanity)이 이전에는 자연 또는 역사에 맡겨졌던 역할을 사실상 떠맡게 되었다. 이런 맥락에서 이 상황은 권리를 가질 권리 또는 모든 개인의 권리가 인간성에 달려 있음을 의미하는 것이고, 인간성 그 자체에 의해서 보증되어야 한다는 것이다. 이것이 가능한지 아닌지는 결코 확실하지 않다.(p. 298)

세일라 벤하비브(Seyla Benhabib)에 따르면, 아렌트가 인간성이 인권을 보증할 수 있는지 없는지에 대해서 확신하지 못하는 것은 두 가지 이유가 있다. 벤하비브는 무엇보다도 아렌트가 지구화의 영향에 대해서 충분히 알지 못했기 때문이라고 본다. 즉, 국가를 넘나드는 이민과 다문화 국가의 출현은 인권이 국가가 보증하는 시민권에 기초하기 어렵게 만든다. 아렌트는 분명히 보편적인 인권에 대해 의심하였고 시민으로서의 권리에 집착하였다. 그녀는 지구화로 인해 국민국가가 보증하는 시민권이 구시대적인 것이 되어 버렸다는 것을 이해하지 못하였다. 둘째, 벤하비브는 아렌트가 보편적인 인권에 대해 주저한 것은 '일종의 우울증' 때문이라고 본다. 벤하비브(Benhabib)가 이런 우울을 심리적인 장애로 본 것은 아니다. 그녀는 이 우울을 "철학적 반성의 태도, 인간의 유대감과 제도의 취약성에 대한 묵상, 역사적인 재난이나 참사에 대한 새로운 민감성, 자유를 가능하게 하는 인간의 제도와 실천의 심오한 우연성에 대한 감성"이라고 보았다(2000, p. 14).

인간적 유대감과 제도의 취약함에 대해 아렌트식 우울함을 강조하는 것은 장애에 연관되어 있는 인간적 취약성에 대한 이론적 관점을 비판적 견지에서 되돌아보게 한다. 그러나 벤하비브는 장애를 인권 담론의 일부분으로 언급하지는 않았다. 지구화된 정치 맥락에서 인간의 유대감과 그 실현의 취약함을 깨달았음에도 불구하고, 그녀는 시민권의 요구를 보편적인 권리 담론과 통합할 것을 주장한다. 보편적 권리 담론 안에서 개인의 인간으로서의 지위는 그 개인을 권리를 가진 사람으로 서게 한다. 벤하비브는 탈 민족적 정치 공동체의 가능성을 그녀의 목표로 설정한다. 이 공동체 안에서 NATO에 의한 인본주의적 개입과 국제적인 인권 체제는 인권을 강화한다. 그럼에도 불구하고 벤하비브(Benhabib)는 주저함의 순간이 있음을 인정할 수밖에 없는데, 이는 장애의 존재가 인간으로서의 지위에 기초한 보편적 권리의 체계에 대해 장벽으로 작용하는 순간이다. 그녀는 유럽적 맥락에서 시민사회 제도가 시민권을 규정하는 것은 위로부터의 위계적인 결정에 의해서가 아니라 "개인이 자신의 '능력'의 실행을 통해서 그들 자신이 시민 사회의 존중받아야 할 일원임을 보여줄 수 있는지 없는지에 의해서"라는 것을 강조한다(2000, p. 60; 강조가 추가됨). 이 "능력"이란 자신이 속해 있는 나라의 언어를 최소한도로 구사할 수 있는 것, 법과 정부 형태에 대한 시민적 지식을 가지고 있는 것, 독립적인 부나 취업할 수 있는 능력과 기술을 가지고 경제적으로 스스로를 유지할 수 있는 것 등을 포함한다(2000, p. 60). 벤하비브는 이러한 능력을 갖지 못한 사람들이 정치적 성원권에서 배제되어서는 안 된다는 것을 기회 있을 때마다 주의 깊게 설명하지만, 이들이 포함되어야 한다는 것을 특별하게 주장하지도 않는다. 장애인이 능력 이데올로기에 기초한 시민권과 인권 모델 안에 어떻게 녹아들어갈 수 있는지는 여전히 어려운 문제로 남아 있는 것이다.[2] 사실, 아렌트의 철학적 우울증에 대해 주의 깊게 살펴보면 벤하비브의 인권에 대한 주저함이 동일한 어려운 질문에서 나오는 것임을 알 수 있다. 일단 국제법에서 벗어나서 인간성이라는 이념 위에만 서 있게 된다면, 인권은 점점 더 취약해져서, 아렌트가 불만스러워하는 것처럼, 무엇이 인간성을 위해 가장 좋은 상태인지, 누가 가장 좋은 인간인지 결론을 내릴 수 없게 되는 것이다. 아렌트(Arendt)는 "어느 화창한 날, 고도로 조직화하고 잘 짜 맞추어진 인간성은 매우 민주적으로 이렇게 결론을 내릴 것이다. … 인간 전체를 위해서는 그 안의 일부분을 청산하는 편이 더 낫다."고 쓰고 있다(p. 299). 아렌트의 우울은 인간으로

---

2) 벤하비브(Benhabib, 2004, pp. 13-14)는 "다른 능력을 가진"(differently abled) 사람들과 "정신적으로 아픈" 사람들을 포함하는 인권을 위한 도덕적 옹호 체계를 언급하고 있다.

서의 지위가 미래에는 포함보다는 배제의 원칙으로서 소환될 것이라는 근심에서 비롯되는 것이다.

나는 아렌트의 우울이 권리를 가질 권리를 위한 긍정적인 토대로서 재고되기를 바란다. 이렇게 되기 위해서는 장애가 인권의 보증인으로서의 보편적인 역할을 수행할 필요가 있다. 이러한 보증은 반드시 필요한 것이다. 인권에 대한 알려진 모든 이론들은, 그것이 인간성에 기초하든, 사회계약론에 기초하든, 공리주의에 기초하든, 또는 시민권에 기초하든 할 것 없이, 개인이 공동체 성원으로서의 특정한 능력을 가지고 있지 않다면 그를 권리의 담지자인 공동체로부터 배제시키기 때문이다. 인간적 유대감과 제도의 취약성에 대한 철학적 직관으로서의 우울증을 인정하는 것은, 인간의 신체·정신의 취약성이 인간이 만든 제도의 취약성의 일차적인 원인이 될 것이기 때문에, 곧 인간의 취약성을 인정하는 것이다. 인간의 취약성은 그동안 장애학자들에게는 이미 오랫동안 인식되어왔던 것이다. 인간을 규정하는 특성으로서 장애를 포함하지 않는 한, 인권 담론은 결코 능력 이데올로기로부터 자유로울 수 없다는 것도 깨달아야 한다. 역사적 재난과 참화는 인간 자체를 무너뜨리지 않고는 인간의 제도를 붕괴시키지 못한다. 정말로 취약한 것은 사람이다. 정치 공동체의 보호막을 빼앗겨버리면 인간은 "단순한 존재"에 불과하다. 아렌트(Arendt)는 "그것은 태어날 때부터 우리에게 불가사의하게 주어진 모든 것들, 그리고 우리 몸의 모양과 우리 마음의 재능을 포함한 모든 것들"이라고 주장한다(p. 301). 더구나 인간으로서의 정체성은, 알래스데어 매킨타이어(Alasdair MacIntyre)가 설명하는 것처럼, 일차적으로 "신체적인 정체성"이고, "우리가 타인과 맺는 관계의 지속성"은 이 신체적 정체성에 근거한 것이다. "여러 가지 질병들 가운데 우리에게 정말 영향을 미칠 수 있는 것은 다른 방식으로 우리를 무능력하게 만드는 것들뿐 아니라 이러한 관계의 연속성을 깨뜨릴 수 있는 것들이다 ― 예컨대, 기억의 상실 이나 손실 또는 타인이 우리를 알아보지 못하도록 하는 변형이다" (p. 8) ―. 몸과 마음의 취약성은 우리를 인간으로 규정하고, 우리 가 만든 제도의 수명을 결정하며, 우리가 맺는 유대감의 질을 향상 시키고, 자연 환경에서의 우리 자리와 자연 환경에 대한 책임을 확 립시킨다.

관련 자료 번호 19

CNN.com

2006년 7월 18일

허리케인 카타리나의 여파로 보훈병원에 시신이 안치되어 있다

"그들은 자신들이 마치 신인 것처럼 행동했다"

의사와 두 명의 간호사가 치명적인 약물로 환자들을 죽였다고 알려지고 있다

드류 그리핀(Drew Griffin)과 캐슬린 존스턴(Kathleen Johnston) 지음

루이지애나 주 뉴올리언스(CNN) ― 허리케인 카타리나가 강타한 후 절망 에 빠져있던 날. 한 명의 의사와 두 명의 간호사가 홍수가 휩쓴 뉴올리언스 병원에서 치명적인 혼합 약물을 투여하여 네 명의 환자들을 사망에 이르게 했다고 루이지애나 최고 법원 담당자가 화요일에 밝혔다.

"마치 자신들이 신인 듯이 행동했던 사람들에 대해서 이야기하고 있는 것입니다". 2급 살인 용의자인 의사 안나 포두. 로리 부도. 체리 란드리에 대해 주 최고 법무관인 찰스 포티 주니어가 한 말이었다.

"이것은 안락사가 아니라 살인입니다"라고 포티는 말했다. …

오늘날 인권의 기초로서 인간성을 드는 것이 갖는 문제는 합리적 인식, 신체적 건강, 기술적인 능력이라는 18세기 이상형에 따라서 인간을 규정하는, 구시대적인 인식을 이면에 가지고 있기 때문이다. 정치적 성원권이 능력 이데올로기에 의지하고 있다면, 신체적으로 건강하게 태어나고 유명하며 똑똑하다고 여겨지는 사람들은 심지어 엄청난 재앙의 시기에조차도 그들의 시민권 지위를 유지하고 활용하는 데 어려움이 없을 것이다.[3] 그러나 그가 합리적인 사고, 건강함 또는 기술적인 재주를 보여주지 않는다면, 그는 인간 이하로 보이고 인간 공동체의 성원으로서 부여받았던 권리를 상실할 위기에 처하게 될 것이다. 최근 미국에서 장애인은 감금당하고, 법정에서 소송하거나 소송당할 권리를 빼앗기며, 공무원 채용에서의 차별로 인해 금전적인 손해를 입게 되었음을 인정받지 못하고, 접근할 수 없는 건물과 퇴행적인 투표 규칙 때문에 투표장에 나가지 못하며, 여행할 수 있는 능력에서도 심각한 제한을 당하고 있다.[4] 뿐만 아니라, 더글라스 베인튼(Douglas Baynton)은 근대

---

3) 아렌트(Arendt)에 따르면, 시민권적 권리의 상실을 피할 수 있는, 어렵지만 확실한 방법은 천재로 인정받는 것이다. "인정받지 못하는 기형에서 인정받는 예외로 상승하기 위한 훨씬 덜 확실하고 훨씬 더 어려운 방법은 아마도 천재가 되는 것일지 모른다"(p. 287).
4) 장애인에 대한 강제적 유폐에 대해서는 존슨(Johnson)을 참조하라. 장애인에 대한 법적 제한에 대해서는 블루멘털(S. Blumenthal, 2002)을 참조하라. '앨라배마 대학교 이사회 대 개

이후 여성, 유색인, 이민자 등의 시민적 권리 아젠다 가운데 최대의
장애물 중 하나는 장애가 갖는 낙인이었다고 설명한다. 여성 투표
권은 여성이 고도의 합리성을 결여하고 있다는 것 때문에 보류되
었다. 유색 인종은 그들이 미치거나 병들었다고 생각되는 한 시민
권을 획득할 기회를 갖지 못했다. 난민, 보호소 거주자, 이민자를
범법자화하는 것은 오늘날 그들을 계속해서 인간 이하로 표상하게
하고, 그들이 병들거나 장애가 있거나 혹은 정직하지 않은 사람들
로 생각하게 만든다. 물론 앞의 두 가지(병들거나 장애가 있는 것)가
더 우선적으로 표상된다. 장애의 존재는 여성 타자를 더 여성화하
고, 유색인종 타자를 더 인종화(racialize)하며, 타지 출신 타자를 더
소외화한다. 각각의 경우에 특정 집단에 장애가 병존하는 것은 권
리를 가진 사람들의 공동체로부터 그들을 배제시키는 것을 정당화
한다. 장애는 권리를 가질 권리를 상상하는 데 있어 중요한 요소이
지만, 보통은 부정적인 변수로 작동한다. 만약 우리가 연약함·취
약함·장애를 인간의 핵심적인 조건으로 이해한다면, 만약 장애를
인권을 보장하기 위해 사람들 사이에 공유하는 욕구를 규정하는
데 있어 유용한 긍정적·핵심적 개념으로 본다면, 인권에서 그 어
떤 변화가 만들어질 수 있을까?

　　인간과 비인간 사이의 구분이 역사적·문화적으로 달랐었기 때
문에 '인간'은 문화를 초월하여 적용될 수 있는 범주가 아니라는 사
실이 종종 부정당하였다. 이렇게 부정하는 사람들은 인권이 인간

릿' 사건에서 대법원은 11차 미국 수정헌법이 장애인에 대한 주정부의 고용 차별로 인해 개
인이 입게 된 금전적 손해를 배상하는 것을 막고 있다고 판결하였다.

으로서의 지위에 기초하여 전 세계적으로 보증되어야 하는 것인지에 대해서 답변해야만 할 것이다. 더구나 인간됨이 정치적인 성원권을 위한 보편적인 기준으로 작용하는 것이라면, 일정 수준의 신체적·정신적 능력을 보여줄 수 있는 사람들에게만 권리를 부여하는 현실은 일소되어야 할 것이다. 그러나 장애에 기초한 인권 논의는 보편성에 대한 더 낮은 표준을 제시한다. 브라이언 터너(Bryan Turner)는 "인권에 대한 최소한의 얇은 이론"의 틀을 제시했는데, 이것은 인간의 약점에 기초하여 공통성의 "최저 기준"을 사용함으로써 "인간 문화, 상징적 의사소통이나 합리성에 대한 두터운 이론들"을 피해 나간다(p. 505). 그는 인간은 "삶이 유한하기" 때문에, "전형적으로 결핍·질병·분노의 상태에 처해 있기" 때문에, 그리고 "신체적으로 늙고 사라져가는 과정에 강요되고 있기" 때문에 취약하다고 주장한다(p. 501). 터너(Turner)는 몇몇 인권 사상가들이 이런 약점의 상태 또한 역사적·문화적으로 변동해 왔고 그것이 권리를 보장받아야 할 인간으로서의 지위를 대체할 수는 없다고 주장할 수 있다고 인정한다. 그럼에도 불구하고 그는 인간의 삶이 "유한"하고 이 세상을 살아가는 사람들 중 대부분이 결핍의 상태에 처해 있다는 입장을 유지한다 — 또한 이러한 문제를 줄이기 위해서 고안된 제도와 기술이 있음에도 불구하고, 이러한 제도와 기술 역시 지금은 문제의 해결이 아니라 문제의 일부분인 것 같다는 것이다(p. 501). 세상에서 벌어지는 일들은 그의 주장을 증명하는 것 같다. 세계적으로 확산되는 조류독감의 위험은 지구화된 시민 사회의 취약함뿐 아니라 지구가 참 작다는 것을 보여준다. 허리케인 카타리나는 국가 내부의 무정부 상태의 위험성을 드러냈다. 그곳

에서는 재난을 피할 수 있는 경제적 능력도, 신체적 능력도 가지지
못한 사람들을 돌보고자 하는 어떠한 정치적 의지도 보이지 않았
다. 한편, 인간이 처한 상태를 개선하기 위해 고안되었다고 생각되
었던 과학기술의 등장, 예컨대 산업화된 농경, 대규모로 건설된 주
택, 정유 산업 등은 그것을 통해 수많은 사람들의 먹거리와 거주지
를 조달했음에도 불구하고, 공해 및 인간의 상해 같은 좋지 않은 상
황을 만들어내기도 하였다.[5] 자연재해, 기근, 산업공해, 질병 창궐
에 의해 난민이 되고 위험에 처한 사람들보다 매우 긴급하고 명쾌
하게 세계적 이동과 국가 간 책임의 순환을 드러내는 것은 없다. 터
너(Turner)는 상호 보호 기제로서의 권리는 인간의 취약함에 대한
집단적인 자각을 통해 추동력을 얻는다고 주장한다. 이 권리가 인
간 지위에 기초한 보편적인 권리 담론을 이끌어내는 중요한 단초
를 제공한다(p. 507).

관련 자료 번호 20

뉴욕 타임스 온라인(New York Times Online)

2006년 4월 20일

충만한 삶, 사랑하는 삶을 음미하도록 배우기

제인 그로스(Jane Gross) 지음

---

5) 예컨대, 각종 화학물질과 석유 산업이 건강에 미치는 영향에 대해서는 앨런(Allen)을 참조
하라.

메리 케이트 그라함의 남자친구인 게리 루볼로는 매년 기념일 저녁 식탁의 촛불 앞에서 13년 전 그들의 첫 번째 데이트에서 있었던 모든 일들을 회상하기를 즐긴다. 그라함은 다정한 눈빛을 나누며 "하느님이 나를 도왔다"고 말한다.

32세의 그라함과 루볼로는 기꺼이 상대방의 약점을 수용하였다. 그들의 사랑이 깨질 위기가 한번 있었다 ― 그라함은 "어떤 여자가 게리의 집에서 너무 많은 시간을 보내고 있었고, 나는 그게 싫었어요."라고 말하였다 ―. 두 사람은 커플 상담을 받았고 위기를 넘겼다.

그들의 다음 번 장애물은 브룩클린에 있는 가족 집으로부터 떠나 집단 주거로 이사하는 것일 것이다. 지적장애를 가진 그라함과 다운증후군을 가진 루볼로는 그곳에서 처음으로 둘만의 시간을 가질 수 있을 것이다.

두 사람은 데이트를 하고 사랑을 느끼며 육체적인 사랑을 나누는 모든 과정에서 사회서비스 기관의 지도를 받았다. 이 기관은 지적장애와 관련 장애를 가진 7백만 명의 미국인들이 건강한 섹슈얼리티를 경험하도록 최첨단의 지원을 한다.

전문가들은 장애 인권에서 개척되어야 할 마지막 영역은 바로 이것이라고 말한다. 아직은 적지만 더 많은 심리학자, 교육자, 연구자들이 사회적 기회를 촉진하고 그들이 스스로 즐길 수 있도록 하는 기술을 가르치고 있다. …

___

자유주의 전통에 따르면 시민들은 자율적이고 합리적인 존재로서 자유롭게 사회계약을 맺는다. 그 계약에 따라서 그들은 권리·보호의 대가를 지불하는 데 동의한다(Carey). 그러나 여기에는 계약이 인간 존재에 필수적인 것은 아니라는 가정이 있다. 근본적인 자유와 독립성을 가진 존재로 규정되는 시민은 그들이 원하기만

하면 홀로 땅을 밟고 걸을 수 있도록 최적화된 자율적인 존재로 여겨졌다. 사회 계약은 개인이 예상치 않게 의존적인 상황으로 빠져들지 않도록 보호하기 위한 보험 정책 같은 것으로 작동한다. 한편, 장애에 초점을 맞추면, 구성원 중 몇몇이 독립성을 상실할 수도 있지만 그래도 자율적인 존재들의 집합소로 인간 사회를 재현하는 것이 아니라, 생존을 위해서는 다른 사람에게 의지해야만 하는 의존적이고 약한 신체들의 공동체로서 인간 사회를 재현하는, 또 다른 관점을 갖게 된다. 여기에서 의존성은 사회 계약 모델에서처럼 개인이 가진 특성으로 나타나는 것이 아니라 인간 사회의 구조적인 요소로서 나타난다. 다시 말해, 장애인이 그들의 개인적인 특성이나 특질로 인해 의존적이라는 것이 아니다. 장애를 약점으로 이해하는 것이 아니라 모든 인간 사회의 속성인 의존성의 구조를 드러내는 중요한 개념으로 해석하는 것이다. 결핍 상태에서 살아가고 있는 유한한 존재로서 우리는 다른 사람에게 의존하고 있다. 이는 우리의 능력이 감소했을 때뿐 아니라 매일매일, 매 순간마다, 심지어 우리가 최고조의 신체적·정신적 힘을 가지고 있을 때조차도 그러하다. 인간의 인생주기는, 경제적인 자원으로 인해 문화마다 차이가 있을지라도, 모든 민족 성원들에게 익숙한 보편적인 경험을 보여주는 것이고, 이를 통해서 인간은 보편적인 정치 사회에 다다르게 될 것이다.

보편적인 인권의 기초로서 몸과 마음의 허약함을 드는 것은 중요한 이점이 있다. 가장 중요한 것은 이전에 사람을 인간 지위에서 배제시키기 위해 사용되었던 원칙이 그들을 포함하기 위한 원칙이 될 것이라는 점이다. 인간의 허약함·취약함·장애가 권리를 배태한 지위에 포함시키기 위한 표준이 되면, 최소한의 얇은 표준을 설정하게 될 것이고, 이렇게 되면 이 표준을 인간을 배제하기 위한 목적에 사용하기는 어려울 것이다. 둘째, 취약성에 기초한 표준은 신체적·정신적 장애를 가진 사람, 가난한 사람과 난민, 어린이, 노인, 박해당하는 민족 등을 포함할 정도로 충분히 탄력적으로 일련의 경험들에 적응하고 이들 경험을 수용할 수 있다. 셋째, 체화된 허약성을 강조함으로써, 인권 담론은 국민국가의 성원권이나 NATO, 국제연합 또는 국제 적십자 등과 같은 다양한 기구의 철학에 기초한 추상적인 권리 결정으로부터 떨어져 나올 수 있게 될 것이다. 넷째, 그것은 인간과 국가가 서로에게 폭넓게 의존하고 있음을 드러낸다. 이는, 개인이나 국가가 자연적으로 자율적인 상태로 존재한다는 위험한 신화, 의존적인 상태로 떨어지는 개인이나 국가는 다른 개인이나 국가보다 다소 열등하다는 위험한 신화를 불식시킨다. 마지막으로 가장 중요한 것은 이를 통해 인권이 가장 필요한 지점에서 인권이 현실화될 수 있다는 것이다. 이는 세상에서 자기가 있을 곳을 잃어버릴 위험에 처해 있는 사람들에서 인간성을 자각하도록 요구하는 것이다. 위험에 처한 사람들을 향한 국제적인 이타적 몸짓들, 예컨대 멕시코가 허리케인 카트리나로 살 곳을 잃은 희생자들을 수용하도록 제안한 것 같은 노력이, 예외적인 것이 아니라 당연한 규준이 될 것이다. HIV/AIDS 감염은 남아프리카나 다른 감염 국가뿐 아니라 전 세계적으로 해결해야 할 인권 문제가 될 것이다. 인종 혐오나 민족 혐오에 의해 희생된 공동체들은 국제적인 관심과 지원을 받게 될 것이다. 자연재해·폭력·질병으로 삶이 뒤바뀐 사람들, 가난으로부터 구제되길 바라는 사람들은 좀 더 안전한 곳으로 이주하여 새로운 공동체에 통합될 권리를 갖게 될 것이다. 경제적으로 착취당하는 사람들을 유지하여 값싼 노동력으로 이용함으로써 세계 시장에서의 경제적 이득을 취하는 것은 더 이상은 허용되지 않을 것이다. 값싼 노동력과 튼튼한 소비자주의 사이의 착취적인 순환이 깨지고, 더 큰 경제적 기회와 좀 더 안전한 삶의 조건에 기초한 이민 행렬이 이를 대체할 것이다.

핵심적인 질문은 왜 우리가 그들을 도와야 하는가, 왜 우리가 허약하고 취약하며 장애를 입은 사람들을 우리 공동체 안에 포함해야 하는가이다. 우리가 곧 그들인가라는 무시할 수 없는 질문은 차치하고라도 말이다. 물론, 상호성이라는 규준은 사회 계약 모델이 고안된 이래 인권 담론의 뿌리에 자리해 왔지만, 장애의 가치는 다른 이유에서 그 자체로 추구할 만한 가치가 있다.[6] 이데올로기로

---

6) 사회 계약설에 대한 진심 어린, 그리고 야망에 찬 비판으로서는 누스바움(Nussbaum)을 참고하라. 그녀의 비판은 장애인, 가난한 국가, 동물의 권리를 역량 접근에 기초하여 보려고 한다. 그녀의 이론은 아직 만들어지고 있는 중에 있지만, 나는 여기에서 몇 가지 비판을 추가하려고 한다. 누스바움(Nussbaum)은 인권 이론을 자연법, 호혜성, 공리성, 또는 계약 맺을 능력 위에서보다는 독자적인 윤리 원칙 위에 구축하려 한다. 그럼에도 불구하고, 그녀의 원칙은 분명 두 가지 점에서 한계가 있다. 첫째, 그녀는 사회 계약설과 마찬가지로 역량의 기준치를 설정하고 있고, 이 기준치 이하의 개인들에게는 오직 자선 받을 사례들로서의 인권이 주어질 뿐이다(p. 71). 예컨대 질병이나 사고로 인해서 이 기준치 이하로 떨어진 사람은 "우선적인" 사람이 되고, 심각한 인지적 장애를 가지고 태어난 사람들 같은 경우는 결코 기준선 위로 부상할 수 없다(p. 181). 둘째, 누스바움은, 공리주의자들이 그러했듯이, 고통을 피할 수 있는 것으로 본다. 고통을 피하는 것은 주어진 정책이나 해당 사회의 성공을 판단하는 표준이 된다. 그녀는 피터 싱어(Peter Singer)를 즐겨 인용하는데, 그는 장애인 활동가들이 심히 경멸하는 철학자이다. 그가 어떤 장애인들은 스스로 고통을 없애기 위해 차라리 죽게 두어야 한다고 주장하기 때문이다. 이는 한편으로는 고통을 피하고자 하는 것이고, 또 다른 한편으로는 다른 사람이 인간으로서 계속 살아야 할 것인지 여부를 결정하려는 것이다. 마지막으로, 이 두 가지 한계가 근본적으로는 역량 그 자체의 애매모호함에서 비롯되는 것임을 기억해야만 한다. 누스바움은 역량을 일차 상품으로, 자격 기준으로, 혹은 독자적인 원칙으로 다양하게 사용하고 있다. 그러나 역량은 결국 별다른 것이 아니라 '능력'과 유사한 것 같다. 개인이 권리를 배태한 사람일 수 있는지를 결정하기 위한 기준으로 능력을 그대로 놔두는 것은 불가피하게 능력 이데올로기 위에 서게 되는 것이다.

서의 능력은 사람의 잠재력을 시험하고, 그것을 드러내며, 드러난 것에 대해서 자격이나 수용됨을 부여하는 것이다. 이러한 이데올로기의 존재는 시민으로서의 지식, 의학적 건강함, 그리고 지능검사가 왜 근대 이후에 정치적 성원권의 핵심 기준이 되었는지를 설명해준다. 장애에서 시작하는 관점은, 장애는 다양하고 그래서 놀랍다는 단순한 이유로, 인간의 잠재력이 양화될 수 있다는 이데올로기적인 기대를 전복시킨다. 이 놀라움은 인간의 잠재력에 대해 재고하게 만들고, 인권 담론에 대해서 부가적인 이득을 제공한다. 마이클 베루베(Michael Berube)는 다운증후군을 가진 그의 18세 된 아들 제이미(Jamie)의 이야기를 통해 장애의 놀라운 본질에 초점을 맞춘다. 베루베는 아들과 함께 하는 삶의 과정에서 제이미가 비일비재하게 그의 기대 이상을 보여준다는 것을 알게 되었다. 이는 다운증후군에 대한 의학적인 연구와는 다른 것이었다. 이에 대해 베루베는 제이미에 대해서 예견할 수 있는 유일한 것은 그가 주변사람들을 놀라게 할 것이라는 것뿐이며 이것은 인간 존엄성에 대하여 중요한 가설을 우리에게 던져주고 있다고 주장한다.

> 우리 모두는 다른 사람들을 대할 때 마치 우리가 그들의 잠재력을 알지 못하는 것처럼, 그들이 우리를 놀라게 할 것임을 알고 있는 것처럼, 그들이 우리의 기대를 무너뜨리고 그 이상을 해낼 것처럼 대하는 것이 좋을 것이다. 우리가 '정상적인' 사람의 행동·성취의 표준이 어느 정도일지를 알고 있다고 생각할 때면 언제든지, 지난 2세기 동안의 역사를 우리가 재점검해 보는 것은 좋은 생각일 수 있다. 또한 우리가 민주주의의 가능성을 확장할 수 있다면, 그것은 가장 좋은 일일 것이다. 왜냐하면 민주주의

는 우리에게 무한하고 끝없이 수정될 수 있는 정치적 조직의 형태를 제안하기 때문이다. 민주주의는 장기적으로 예측 불가능한 창조물로서의 우리 인간이 갖는 권리에 대해 적절하게 응답할 수 있는 최상의 기회를 제공한다. 그것은 당신이 우리 인간의 존엄함이라고 부르고 싶어 하는 것에 대해 자각하고 존중할 수 있는 하나의 방법이 될 것이다.(p. 53)

장애인의 인권은 "시민권 법률의 끝자락에 붙어있는 첨가물"이 아니라 그 완성을 위한 핵심으로 이해되어야 한다고 베루베(Berube)는 결론짓는다(p. 55). 우리는 이 주장을 더 확장해야 한다. 나는 장애 권리를 인권의 완성을 위한 핵심으로 이해해야 한다고 믿고 있다. 나의 두 가지 결론은 이러하다. 첫째, 장애에 대한 이론적 · 실천적 인식이 없이는 인권이 심사숙고되어야 할 가치를 가진다고 생각할 수 없다. 둘째, 장애인의 권리는 보편적인 인권에 대한 열쇠를 쥐고 있다.

연약함 · 취약함 · 장애에 대해 개방적인 새로운 인권 담론에 대한 내 요구의 마무리로서, 벨기에의 겔 시의 예를 제시하려고 한다. 겔 시는 장애를 가진 시민들을 환영하는 희망찬 법적 청사진을 제시하였다(Airing; Goldstein and Godemont). 대략 AD 600년 이래, 확실하게는 13세기 이래, 겔 시는 정신장애를 가진 사람들에게는 천국과 같은 곳이었다. 이곳의 최초의 인구 기록은 1693년까지 거슬러 올라간다. 전설이 전해오고 있다. 지금은 아일랜드의 티론 카운티에 속한 섬인 오리얼(Oriel)의 왕은 자신의 아내가 죽자 자신의 딸 디엠프나(Dymphna)와 결혼하기로 결정하였다. 그녀는 아일랜드에서 탈출하여 지금의 겔 지역으로 왔고, 그곳에서 아버지는 그녀를 찾아내서는 죽여 버렸다. 왕의 행동은 미친 짓으로 여겨졌고, 디엠프나는 아버지의 구애에 대해 저항하였기 때문에 그녀는 정신질환을 가진 사람들을 능가하는 특별한 힘을 가지고 있는 존재로 믿어졌다. 그녀는 정신질환자들의 구원자가 되었다. 성 디엠프나의 전설이 널리 퍼지면서, 겔 시는 점차 정신장애 치료의 성지로 알려졌다. 교회는 1430년에 진료소를 열어서 겔을 찾아온 사람들이 거주할 수 있게 하였다. 그러나 진료소는 곧 새로운 살 곳을 찾아 몰려든 사람들로 넘쳐났고, 이렇게 몰려든 사람들이 그 도시에 살던 사람들과 함께 살기 시작하였다. 이렇게 되어, 겔의 인구 구성은 정신질환을 가진 사람들로 채워졌고, 이들의 존재는 그들 사이에서 자랑거리로 받아들여졌다. 교회는 1852년까지 진료소를 지원하였고, 그 후로는 국가가 관리를 맡게 되었다. 1938년까지 시 경계 안의 인구는 최대로 늘어나, 3,800명의 정신질환자들이 20,000명의 원주민 집에 거주했다. 정신장애인의 존재는 너무 일반적이어서 정신적 손상에 대한 낙인은 사라졌고, 마을 사람들은 함께 사는 이주민들을 겔의 시민으로 포용하였다. 이주민들은 그들 마음대로 오고 갔다. 그들은 원하면 집이나 들에서 일했고, 마음이 내키지 않으면 아무것도 하지 않았다. 그들이 일을 하면, 그들이 함께 살고 있는 사람들을 위해 일을 하였더라도, 그들의 임금은 완전히 그들 몫이 되었다. 아마도 가장 놀라운 것은 장애인들이 벨기에 국민이기만 한 것은 아니었다는 점이다. 그들 중에는 네덜란드, 프랑스, 잉글랜드, 스페인, 러시아에서 온 이주민도 있었다. 뿐만 아니라 칠레, 중국, 미국에서 겔로 오기도 하였다. 인구가 가장 많이 증가했을 때에는 약 45개의 언어 또는 사투리가 이주민들 사이에 사

용되었다. 겔은 그곳에 살러 온 사람들 중 80%를 계속 살게 할 수
있었다. 겔은 이주민들에게 어떠한 민족주의적 태도도 드러내지
않았다. 새로운 시민으로 받아들여지기 위해서는 오직 정신장애인
이기만 하면 되었다.

2차 세계대전 동안과 그 이후에 이주한 인구는 이제 절반 이상
줄었고, 곧이어 그 수는 지속적으로 감소해왔다. 2003년에는 423
가구와 함께 사는 516명의 이주민이 있었다. 연구자들은 이러한 감
소가 정신질환자들의 돌봄이 점차 의료화되고 경험에서 얻어진 훈
련보다는 공식적인 훈련을 받아야 한다고 가족들이 믿게 되었기
때문이라고 본다. 겔의 주민들은 이주민과 관계를 맺을 때 의료적
모델을 피하고 지지적인 부모나 교사 같은 역할을 하려고 한다. 예
컨대, 이주민들은 2002년까지는 심지어 "정신질환 진단 및 통계 편
람"(Diagnostic and Statistical Manual of Mental Disorders)에 따른 진
단조차 받지 않았다. 그러나 심리학 문헌에서 겔은 지역사회 기반
정신건강의 모델이 되었다. 이주민의 수는 이제 이전에 비해서는
감소하였지만, 겔은 연약하고 취약하며 장애가 있는 사람들을 받
아들이기에 이상적으로 최적화된 공동체를 만들기 위한 실천과 태
도를 계속해서 보여주고 있다. 이 도시의 원주민들은 이주민들의
인간적인 욕구를 인지하고 받아들였다. 근거 없는 두려움으로 행
동하기보다는 이들의 욕구에 반응하였고, 새로운 이주민들을 그들
공동체의 성원으로 인정하였다. 마을 사람들은 이주민의 이름을
알고 있고, 어디에 살고 있는지도 안다. 전체 주민들이, 분명히 자
신의 이해관계에 상관없이, 다른 곳에서는 받아들여지기도 어려웠
을 공동체 구성원들을 보호하고 있는 것이다.

결론

아이들은 좋든 싫든 인류의 미래를 상징하기 때문에 이 세상에서 그들의 모습은 앞으로 다가올 것의 집단적 상상과 결부되어 있다. 어떤 아이의 탄생은 삶을 통해 나아가는 아이의 능력에 대해서뿐 아니라 미래의 인간의 모습·능력에 대한 불안으로 가득한 이념적 순간이다. 따라서 질문들이 발생하는데, 이러한 질문들은 이념으로서의 능력에 대한 흥미로운 암시를 제공한다. 아기가 태어날 때 그 어머니는 "남자 아이입니까 아니면 여자 아이입니까?"라고 묻는다. 어머니의 두 번째 질문은 "아기가 손가락과 발가락을 모두 가지고 있습니까?"이다. 그 질문들은 각기 다른 호기심을 다루는 듯하다. 첫 번째 질문은 성별에 대하여 묻는 것이고, 두 번째는 장애에 대하여 묻는 것이다. 사실, 표현방식의 또 다른 아주 오래된 전환에 의해 드러나듯이, 그 질문들은 똑같은 질문을 각기 다른 수사적 방식으로 나타낸 것이다. 임신부에게 남자 아이를 원하는지 여자 아이를 원하는지를 물어보라, 그러면 그녀는 시계처럼 정확하게 "아기가 건강하기만 하면 남자 아이든 여자 아이든 상관없습니다"라고 답할 것이다. "남자 아이입니까 아니면 여자 아이입니까?"라는 질문은 성별에 대한 것일 뿐 아니라 건강, 생식 능력, 생식기의 온전함에 대한 것이다. 왜냐하면 일반적인 성정체성은 하나의 표시물로서의 능력이 없을 때에 인정될 수 없다. 아이가 "모호한 생식기"를 가졌다면 그 아이는 성별이 없는 것으로 — 어쩌면 미래가 없는 것으로 — 추정되고, 그 아이의 부모가 그대로 내버려 둘 만한 양식이 있지 않는 한 그러한 아이는 의사들이 "성 지정 수술"이라 부르는 것에 곧 직면할 것이다(Colligan; Valentine and Wilchins 참조). 그 아이는 하나의 성정체성을 가지고 있지 않은 것으로 추정되기 때문에 성 지정 수술은 그 아이의 성정체성에 근거하고 있지 않다. 성 지정 수술은 외과적 요소에 의존한다. 아이의 생식기가 음경으로 지정하는 것이 더 쉬우면 외과의사는 그 선택을 할 것이고 질로 지정하는 것이 더 쉬우면 그것이 선택지가 될 것이다. 목표는 항상 건강한 신체의 외관을 주는 것이며, 그 기관들이 변화된 상태에서 여전히 기능할 것이라는 희망으로 부풀려진다.

능력의 부재 시에 성정체성은 미래가 없고 완전히 사라질 위험을 무릅써야 한다. 장애는 인종적·성적·계층적 정체성에 유사한 변화를 가져오는데, 왜냐하면 그것들 역시 표식자로서의 능력에 의존하기 때문만이 아니라 장애는 언뜻 보기에 너무 개별적이어서 어떤 집단 정체감도 압도하기 때문이며, 정체성 없이 미래를 예상하는 것은 거의 불가능하다. 장애의 극단적인 개별성은 사람들 간의 정치적 미래를 공유할 바로 그 가능성을 위태롭게 하고 유아론

(唯我論)과 정치적 고립에 이르는 완만한 길을 내는 것 같다. 장애인들의 정체성 정치의 주요 장애물은, 우리가 보기에, 손상 자체의 개별성이다. 장애인들은 그들의 경험의 진정성에 대하여 다른 소수자집단과 같은 우려에 직면하긴 하지만, 장애의 개별성 때문에 추가적인 문제가 발생한다. 여성만이 여성의 경험을 이해하거나 아프리카계 미국인만이 흑인의 경험을 이해하며 오직 그들만이 그들 각각의 집단의 정치적 관심사를 대변하는 것이 허용되어야 한다고 주장할 수 있으나, 장애 활동가들은 전반적인 장애의 경험뿐만 아니라 특별히 각각 다른 장애의 경험도 대변하기 위해 투쟁한다. 장애 공동체가 직면하는 질문은 각각 다른 손상을 가진 사람들 간의 통일된 정치적 연합을 어떻게 만드느냐뿐 아니라 예를 들어 시각장애인이 정치적 논쟁에서 청각장애인을 대변해야 할 때를 어떻게 결정하느냐 하는 것이다.

그러한 질문은, 장애가 정체성의 구축에서 차이점의 역할을 하지 않는다면, 장애가 개인을 사회적 · 정치적 행위자로는 결함이 있도록 만드는 기이한 심리기제를 불러일으키는 고통의 맹공격을 발생시키는 것으로 생각되지 않는다면, 덜 자주 생길 것이다. 이러한 결과는, 급히 한마디 추가하자면, 장애와 고통이 같기 때문에 발생하는 것이 아니다. 오히려 우리 사회에서 거의 항상 장애는 개인적 비극으로, 본질적으로 개인적인 것으로, 고통과 유사한 방식으로 해석된다. 그러나 장애도 고통도 개인을 구분 짓지는 않는다. 그것들은 대개 한 사람에게만 속하는 것은 아니다. 그것들은 그것들을 개인적인 것으로 성격 짓는, 사람의 외부에 있는, 사회적 개입이다. 서양에서 장애에 대한 지배적인 사회적 재현은 고통을 겪고 있는 개인 혼자이며, 대안적인 재현, 특히 고통의 사회적 기원을 드러내는 재현은 찾기 어렵다. 개인적이거나 사적인 느낌으로가 — 한 사람이 가지고 있는 느낌으로가 — 아니라 사회적으로 매개된 정체성으로, 개인의 외부에서 작동하는 사회적 힘의 산물로 고통을 생각하는 것은 무엇을 의미하는 것일까?

통증의 느낌은, 아무리 생물학적 원인에 의존한다 하더라도, 사회적 매개로 인해 유의미해지며, 그러므로 사람들이 이들 매개에 기초하여 구현하는 정체성은 객관적인 사회적 위치에 존재한다. 그러한 정체성은 오로지 자연 세계에서의 기원이나 사회 세계에서의 그 기능으로 축소시킬 수 없다. 정체성은 둘 다를 이론화한다. 정체성은 유기체적 원인이나 심리적 원인에서 비롯된 것이 아닌 재현과 행위로 구성된다. 그 존재는 개인의 해부학적 구조나 의식에 특정한 기원을 두고 있지 않다. 오히려 그 존재는 다양한 요인들을 참조한다. 정체성은 집단적 조직과 관련하여 발전하며, 거시적 수준에서 전체의 일부로서 그 특정한 속성을 얻게 된다. 정체성은, 긍정적인 것과 부정적인 것 모두에서, 그것이 사회의 분명하고 종종 입증 가능한 상황에 대한 직접적인 반응을 대표하기 때문에 실재하지만, 정체성은 특별히 개인주의적이거나 유기체적이거나 기능주의적이지 않기 때문에 그것은 그것이 유용한 시기를 넘어 존속하거나 명명하기 어려운 다른 용도를 획득할 수도 있다. 공동체 특유의 폭력·배제 행위를 통하여 조직화되는 정체성도 존재하고 이들 정체성의 가치는 사회적 응집성을 촉발·유지시키는 그 능력에도 불구하고 불확실하긴 하지만, 정체성의 가치는 특정 집단에게 더 높은 체계성을 부여하고 개인이 그러한 조직의 방향을 읽도

록 돕는 그 능력에 의하여 결정되는 것처럼 보인다. 가장 중요한 것
으로, 정체성은 현재의 이론의 장에서 상호 배타적인 것으로 대개
여겨지는 두 가지 특성을 가지고 있다. 즉, 정체성은 사회적으로 구
성되며 사회 현실을 참조한다.

　장애학의 몇몇 선두적인 이론가들은 이미 장애 정체성을, 구성
되지만 여전히 객관적인 사회적 위치로 생각한다. 캐리 샌덜(Carrie
Sandahl)의 최근 저작물은 "공동체를 구축하는 단독 행위자의 능
력"이라는 발상에서 이 외견상 모순을 조화시키면서, 린 매닝(Lynn
Manning)의 장애 글들은 "실재할 뿐만 아니라 구성되는" — "한편
으로는 인식론적으로 유의미하고 다른 한편으로는 가변적이고 비
본질적이며 극단적으로 역사적인" 정체성을 드러낸다고 주장한다
(2006, p. 582). 스나이더(Snyder)와 미첼(Mitchell)은 "장애의 문화적
위치"를 "장애인들이 종종 그들의 의지에 반하여 놓여진 자신을 발
견하는" 자리이자 "인간의 다름의 한 측면으로의 장애에 대한 어떤
믿음을 공유하는 사람들에 의해 생산되어 온, 장애에 대한 내용의
포화점"을 표현하는 자리로 정의한다(2006, p. 3). 가장 중요한 것으
로, 그들은 "손상은 환경적 장애물에 맞선 인간의 변화일 뿐 아니라
집단 정체성과 현상학적 관점을 부여하는 사회적으로 매개된 차
이"라고 설명한다(2006, p. 10). 차별적 관행은 비장애인이 향유하
는 재화ㆍ자원ㆍ서비스ㆍ혜택에 대한 접근이 덜 가능한 사회적 위
치에 장애인을 놓으며, 이들 관행은 장애인의 정체성의 현실에 영
향을 미친다. 미국에서 장애인들은 투표소에 접근하기 어렵기 때
문에 종종 투표할 수 없다. 그들은 법정이 그들의 신체에 맞게 설계
되어 있지 않기 때문에 법원에 진정을 항상 제기할 수 있는 것은 아

니다. 장애인들은 직장에서의 차별 때문에 최대 실업자이자 최저 소득자 중에 있다. 그들은 홈 케어에 경제적 규제가 있기 때문에 시설에 비자발적으로 구금될 가능성에 직면한다(예를 들어, Johnson, pp. 62-63 참조). 보편적으로 접근 가능한 건축 환경을 가진 사회 그리고 모든 사람에게 평등한 보호를 제공하도록 설계된 법률은 미래에 훨씬 적은 수의 장애 시민을 배출할 것이다.

　장애 정체성은 모든 소수자집단 정체성에 중대한 두 가지 특징을 드러낸다. 첫째, 정체성의 고통은 불공평한 사회적 위치에서 파생된다. 둘째, 이 고통은 불공평과 억압에 근거한 사회를 비판하는 새로운 정치적 의식을 생산할 수도 있다. 정치적 행위자로서의 사람을 변질시키거나 무능하게 만드는 느낌이 아니라, 오히려 고통은 사회적 불평등, 편견, 잔인성에 대한 정치적 지표의 역할을 하고 향후의 연합 형성과 정치적 행동을 위한 동기를 불러일으킬 수도 있다. 그럼에도 불구하고, 고통은 독특하게 개인에 속한다는 믿음에서처럼 고통에 대한 전통적인 태도·견해들은 극히 편협하고 뿌리 깊으며, 그것들은 어떻게 고통이 개인적 느낌으로부터 강하고 긍정적인 정치적 가치를 지지하는 경험으로 탈바꿈할 수 있는지를 보는 것을 어렵게 만든다. 만약에 개인적인 것들이 고통의 경우에 정치적이지 않다면 ― 그리고 모든 지표들은 고통이 통상적인 규칙을 확인해 주는 예외의 경우라는 것을 시사하는 것 같다면 ― 어떻게 고통이 개인의 신체에 영향을 주는 원동력으로부터 새로운 정치적 통일체를 지탱하는 것으로 바뀌는가?

　"예기치 못한 것에 대한, 속도, 높이, 장애, 인내, 낯선 사람, 통증, 인간의 조건에 대한" 실험으로서 어느 날 휠체어를 놓아둔 채

모든 대학 수업까지 기어가기로 결심하였던, 하반신 마비 환자이
자 행위 예술가인 그레첸 앤 샤퍼(Gretchen Anne Schaper)의 예를
생각해보라(Corbet). 그녀의 실험은 그녀의 사회 환경에 즉각적인
충격을 낳는데, 왜냐하면 그녀가 보행자와 거의 같은 속도로 이동
하고 지면의 금기 높이 — 서구 사회에서 동물, 먼지, 유아, 노숙자
를 위해 구별된 구역 — 위에 머무르는, 그녀의 평상의 사회적 위치
인 휠체어에서 벗어나서 기어가기 때문이다([그림 3] 참조). 우리는
진열 중인 것처럼 휠체어를 탄 사람을 생각할 수도 있지만, 샤퍼에
따르면 땅바닥에서 기어가는 것은 그녀의 장애 상태를 전부 드러
내는 것이다. 마비된 다리가 뒤에 벌려진 채 캠퍼스에서 그녀의 팔
로 몸을 질질 끌며 간 아주 잠시 후 그녀는 사회적으로 버림받은 사
람이 된다. 스케이트보드를 타는 사람은 그녀를 알아차리지 못한
채 달가닥거리며 지나간다. 관리인은 마치 그녀가 전염병에 걸린
것처럼 그녀를 멀리한다. 목격자들은 그녀를 빤히 쳐다보지만 못
본 체한다. 그녀의 기계 의자의 도움 없이 이동하는 것은 그녀를 사
회적 일탈자 자리에 앉히면서, 그녀를 그녀 주위 사람들의 적대감
의 대상으로 성격 짓는다. 그녀는 그 행위 후의 인터뷰에서 "나는
적대감을 느꼈다", "나는 정말로 느꼈다. 많은 비웃음을. 네 사람이
하루 종일 나에게 직접 설교하였던 것처럼. 얼마나 많은 사람들이
나를 보지 못한 척하였는지 놀라웠다. 그리고 많이, '오, 그녀는 단
지 주목받기를 원해.'"라고 언급한다.

[그림 3] 그레첸 샤퍼 라이언(Gretchen Schaper Ryan),
기어가기 행위 작품, 2000. (케이트 드렌델(Kate Drendel)의 사진)

관련 자료 번호 21

신 공화국(New Republic)

2006년 4월 3일

잃음의 예술

에드거 앨런 포(Edgar Allan Poe)와 주크박스: 모으지 않은 시 · 초고 · 미

완고

엘리자베스 비숍(Elizabeth Bishop) 지음, 앨리스 퀸(Alice Quinn) 편집

헬렌 벤들러(Helen Vendler) 서평

이 책은 '모으지 않은 시 · 초고 · 미완고'라는 현재의 부제로 발행되지 않았어야 했다. 그것은 '거부된 시'라고 불렸어야 했다. 엘리자베스 비숍이 여기에 포함된 시들을 출판하기를 원했다면 그녀에게는 그것들을 출판할 날이 몇 년 남아있었으니까. 시들은 ('모으지 않은 것'이 아니라) 출판되지 않은 채 남아 있었는데, 왜냐하면 그것들은 대개 그녀의 까다로운 기준을 충족시키지 못했기 때문이다(완성된 사랑 시 '함께 잠이 깨는 것은 멋진 일이다'와 같은 몇 개는 신중함에서 보류되었을 수도 있긴 하지만). '엘리자베스 비숍이 지은 새 책'을 사기를 간절히 바라는 학생들은 돌아가서, 그녀가 알려지기를 원해서 시가 그녀 자신을 표현하고 있는 오래된 책을 사라는 말을 들어야 한다 ….

결국에 이들 새롭게 출판된 자료들은 로버트 로웰(Robert Lowell)이 '뒤쪽 서가'라고 불렀던 것으로 격하될 것이고, 이 불완전한 책은 학자 외에는 잊힐 것이다. 진짜 시는 이들, '불구'이고 성장이 멈춘 그들의 형제자매보다는 더 오래 갈 것이다.

거리에서 사람들의 반응은 샤퍼의 마음을 아프게 하지만, 고통 또한 그녀의 손상의 통증을 완전히 바꿔 놓을 기회를 제공한다. 기어가는 것의 느낌은 처음에 신체적이다. 그녀는 콘크리트 포장도로를 가로질러 아프고 어렵게 몸을 질질 끌며 가끔 멈추어서 다리를 앉은 자세로 가지런히 하고 한숨 돌린다. 그러나 곧 그녀의 생각은 신체적 통증에서 사회적 분리 · 고통의 느낌으로 바뀐다. 그녀는 "너무 무서웠던 것은 신체 노출 그리고 몸을 위장시키는 의자로부터 분리될 때 그 사람들이 나의 '불구'의 몸에 대하여 떠올릴 것들이었다. 처음으로 나는 왜 내가 그렇게 많은 수치심으로 가득 찼

는지, 왜 내가 그들이 생각하는 것에 신경 쓰는지, 왜 그들은 나의
존재로 인해 당황하였는지 묻기 시작하였다."고 설명한다. 샤퍼는
그녀의 정체성의 정치적 차원을 이해하기 시작한다. 그것은 다른
종류의 통증의 원천, 즉 개인의 심리적 발달과 무관한 것이고 사회
에 의해 결정되는 것이며, 따라서 개인의 심리 수준에서의 어떤 개
입이나 어떤 정신분석 세션도 그것을 진정시킬 수 없다. 이 통증은
사회적 행동, 정치적 변화, 그리고 그녀의 고통에서 그녀가 혼자가
아니라는 인식을 필요로 한다.

　통증을 정치화된 정체성과 결부시키는 정체성 정치를 비판하는
사람들은 사회적 수준에서의 설명이 필요할 때 개인적 · 심리적 수
준에서 통증을 다루는 경향이 있다. 정체성 정치에 있어서 아주 중
요한 통각(痛覺)은 개인의 해부학적 구조나 콤플렉스에 의해 작동
된 개인적인 신체적 또는 심리적 고통이 아니라 새로운 정체성으
로 가장 잘 묘사되는, 사회의식의 증가의 산물이다. 손상의 통증이
실재하긴 하지만, 그럼에도 불구하고 그것이 정체성 주장에 의하
여 정치화될 때 그것은 그 의미를 변화시키는 재기술(再記述)을 겪
는다. 개인이 독특하게 가지고 있는 것으로 고통이 재현될 것을 요
구하는 메타심리학 단독으로는 고통의 인식론에서의 이러한 변화
를 추적하기 어렵게 만든다. 대부분의 사람들은 신체적 통증은 자
동적으로 정신적 통증으로 이어지고 그 반대도 마찬가지 — 개인
의 경계 안에 항상 그리고 단지 남아 있는 통증 — 라고 가정하려는
경향이 있다. 따라서 신체적 또는 정신적 고통으로부터 다른 종류
의 통증을 — 1차적 신체 상태를 변화시키는 정치적 통증을 — 발
전시키는 것은 일관성이 없어 보이지만, 이것은 정확히 정치화된

정체성의 출현이 성취해내고자 하는 것이다. 정체성 정치에서 분명한, 상처받은 느낌은 신체의 상처에서 비롯된 것이 아니며, 정체성 정치를 "상처받은 애착"이라고 부르는 것은 좋지 않은 은유이다(Brown, pp. 52-76). 오히려 정체성 정치의 중심이 되는 상처받은 느낌은 새롭고 대립적인 사회 정체성의 출현을 반영한다. 정체성 정치의 압력 아래에서 통증은 사적 고통의 느낌에서 정치적 정체성이라는 이론적 위치로 변화하는데, 정치적 정체성으로부터, 통증을 겪고 있는 사람이 세상을 재검토하고 소수자집단 사람들에 대한 억압과 더 잘 싸우며 그들을 위한 미래를 더 잘 만들어내기 위해 다른 사람과 연합할 수 있다.

정치적 정체성으로의 이동은, 그 이동이 언뜻 보기에는 개인의 제스처·생각·느낌에 별 영향을 주지 못할 수도 있더라도, 사회 변화를 위한 중대한 자원에 해당한다. 그것은 정치적 공동체에 개인을 연결시키는 많은 것들을 통한, 연합의 증가이다. 예를 들어, 물리적 부동 상태인 '아래 지역'을 이용한 샤퍼의 실험은 휠체어가 없는 '세상의 많은 사람들'과의 연대를 주장함으로써 사회적 불평등에 대한 암묵적인 정치적 진술을 한다. 그들의 유일한 선택은 자신을 숨기거나 공중 앞에서 기어가며 그들의 문화에 특유한 굴욕에 자신을 내놓는 것이다. 그러나 소수자의 경험이 다수에 의하여 증폭되었던 장애 역사에서 가장 효과적인 정치적 시위 중 하나에 의하여 방출된 에너지가 얼마나 강력하였는가? 1990년 봄에 ADAPT(American Disabled for Accessible Public Transit. 접근 가능한 대중교통을 위한 미국 장애인)를 대표하는 36명의 휠체어 이용자가 그들의 휠체어를 버리고 미국 의회의사당 건물의 83개 대리석 계

[그림 4] 의사당 기어오르기 시위, 1990. (톰 올린(Tom Olin) 사진)

단을 기어올라가며 ADA의 통과를 위하여 시위를 하였다([그림 4] 참조). 접근이 어려운 의사당 건물에 들어가기 위한 그들의 투쟁은 샤퍼의 고통스러운 실험만큼이나 기진맥진하게 하였지만, 그 결과는 개인적 통증의 발견이 아니라 새로운 정치적 의식이었다. 미국 언론은 시위자들의 개인적인 고통에 초점을 두려고 하였지만, 결국에 의사당 계단 위쪽으로 몸을 질질 끌고 가는 그렇게 많은 장애인들의 영상은 자신의 국가 · 법률 · 정부에 대한 접근을 거부당한 장애인들이 느끼는 집단적인 정치적 고통을 표현하였다. 그 결과는 의회가 수용해야 했던, 접근성에 대한 정치적 비전이었다. 정체성 정치는 단지 '자기 괴롭힘'(self-victimization)과 정치적 마비만을 제공한다고 주장하는 사람들에게 ADAPT의 예는 그 반대되는, 반박할 수 없는 증거를 제공한다.

불행하게도, 장애인들은 그들이 그들의 후손들을 위한 다른 미래를 만들어 내려면 해야 할 많은 정치적 일거리들을 여전히 가지고 있다. 최근에 뉴욕 타임스(New York Times)에, 장애인들을 겨냥하여 역사적으로 사용된 거의 모든 낙인 · 고정관념과 더불어 폭력 · 차별 · 억압의 염려가 없는 평상의 삶을 살고자 하는 그들의 갈망을 한 자리에 모은 에세이가 발간되었다. 그 에세이는 청각 장애인과 저신장 장애인에 의한 '착상 전 유전 진단'(preimplantation genetic diagnosis, PGD)의 사용에 관해 보도한다. 그들 중 몇몇은 그들의 유전형질을 차단하는 것이 아니라 선택해서, 그 에세이의 작가가 "유전적 괴물"(genetic freaks)이라 부르는 그들의 자녀들에게 그들의 풍부한 장애 문화를 넘기도록 요청할 것을 원하고 있다(Sanghavi). PGD는 시험관아기를 만든 다음에 여성의 자궁에 옮기기 전에 DNA를 분석한다. 병원에 대한 조사에서는, 그 과정이 장애인을 제거할 작정으로 원래 설계되었다는 사실에도 불구하고, 3% 또는 네 개의 병원이 PGD 테스트가 장애의 존재를 위해 배아를 선택하는 것을 허용하였다는 것을 발견하였다. 몇몇 제공 기관들은 "청각장애나 왜소증을 선택하기 위하여" 그 테스트를 이용하고자 하는 요청(Sanghavi), 즉 슬레이트(Slate) 잡지가 "자녀들의 의도적인 불구화"라고 부른 과정을 이제 금하고 있다(Saletan). 한 의료 전문가는 "우리가 진단 도구를 만든다면 그 목적은 질병을 피하는 것이다"라는 견해를 밝히는데, 그 함의는 장애인은 가장 잘 예방되는 질병이라는 것이다(Senghavi).

이 글을 쓰고 있는 현재, 그 에세이는 장애 부모들을 겨냥한 혐오·욕설·증오의 폭발을 터뜨리는 183개의 독자 논평을 끌어내었다. 그 논평들은 우리의 '관련 자료'에 한 자리를 차지할 자격이 있지만, 나는 그만두면서, 현재까지 나의 독자들이 너무 고통스러워서 그것들을 받아들이지 못할 것이라 생각하기 때문에, 대신에 그것들을 다른 말로 바꾸어 표현할 것이다. 논평을 쓴 사람들은 통증·고통의 일생 이외의 다른 것으로 장애를 생각하지 못하며, 그들은 장애인을 경멸하기 위하여 전통적으로 사용된 모든 욕설로 부모들을 공격한다. 부모들은 '자기도취적이고' '사악하며' '뒤틀려 있고' '정서적으로 불안하며' '정신과적 도움이 필요하고' '어리석으며' '모욕적이고' '역겨우며' '화 나 있고' '잔인하다 싶을 정도로 불공평하며' '끔찍하고' '미쳤으며' '비도덕적이고' '잔인하며' '인류의 수치거리이고' '괴물들'이다. 논평에 따르면 그들의 '주목해 달라는 역겨운 간청'과 '이기심'은 그들의 자녀들에게 '영원한 해악'을 야기하며, '부당한 부담'이라고 반복적으로 불리는 그 아이들 자신도 아마 자라서 '사회에 과도한 요구'를 하고 '이미 과중한 부담을 갖고 있는 우리 시스템에 비용'을 증가시킬 것이다. 논평자들도 언젠가 그 대열에 합류할 것이라는 사실에도 불구하고, 그들은 장애인 수의 증가는 '고통의 문화'로 단지 이어질 것이라고 믿고 있다. 그러나 이들 애정 어린 장애 부모들은 그들의 문화를 그들의 자녀들에게 고통스럽거나 유해한 것이 아니라 그들의 자녀가 미래를 재현하는, 삶의 한 방식 — 긍정적 정체성, 공통의 이해·경험, 공유된 지식, 공동체 의식과 행복의 느낌이 갖추어진 — 으로 여긴다. 이들 자녀들이 미래를 가지고 있다는 것을 모든 사람들이 동의할 때까지, 장애인들은 부당하고 인식되지 않는 억압을 당하는 가장 큰 소수자 집단군으로 남아 있을 것이다.

/

인용 문헌

/

Adam, Barry D. 1978. *The Survival of Domination: Inferiorization and Everyday Life*. New York: Elsevier.

Airing, C. D. 1974. "The Gheel Experience: Eternal Spirit of the Chainless Mind!" *JAMA* 230:998–1001.

Albrecht, Gary. 1992. *The Disability Business: Rehabilitation in America*. Newbury Park, Calif.: Sage.

Alcoff, Linda Martín. 1996. *Real Knowing: New Versions of Coherence Theory*. Ithaca, N.Y.: Cornell University Press.

Alcoff, Linda Martín. 2000. "Who's Afraid of Identity Politics?" *Reclaiming Identity: Realist Theory and the Predicament of Postmodernism*. Ed. Paula M. L. Moya and Michael R. Hames–García. Berkeley and Los Angeles: University of California Press. Pp. 312–44.

Alcoff, Linda Martín. 2006. *Visible Identities: Race, Gender and the Self*. New York: Oxford University Press.

Alcoff, Linda Martín, Michael Hames-García, Satya P. Mohanty, and Paula M. L. Moya, eds. 2006. *Identity Politics Reconsidered.* New York: Palgrave Macmillan.

Allen, Barbara L. 2003. *Uneasy Alchemy: Citizens and Experts in Louisiana's Chemical Corridor Disputes.* Cambridge: MIT Press.

Arendt, Hannah. 1976. *The Origins of Totalitarianism.* New York: Harcourt.

Asch, Adrienne. 2001. "Critical Race Theory, Feminism, and Disability: Reflections on Social Justice and Personal Identity." *Ohio State Law Journal* 62.1:391–423.

Asch, Adrienne, and Michelle Fine. 1988. *Women with Disabilities: Essays in Psychology, Culture, and Politics.* Philadelphia: Temple University Press.

Asch, Adrienne, and Harilyn Rousso. 1985. "Therapists with Disabilities: Theoretical and Clinical Issues." *Psychiatry* 48:1–12.

Aydede, Murat, ed. 2005. *Pain: New Essays on Its Nature and the Methodology of Its Study.* Cambridge: MIT Press.

Barbee, L. Evelyn, and Marilyn Little. 1993. "Health, Social Class and African-American Women." *Theorizing Black Feminisms: The Visionary Pragmatism of Black Women.* Ed. Stanlie M. James and Abena P. A. Busia. London: Routlege. Pp. 182–99.

Baynton, Douglas C. 2001. "Disability and the Justification of Inequality in American History." *The New Disability History: American Perspectives.* Ed. P. Longmore and L. Umansky. New York: NYU Press. Pp. 33–57.

Beale, Frances. 1995. "Double Jeopardy: To Be Black and Female."

Words of Fire: An Anthology of African-American Feminist Thought. Ed. Beverley Guy-Sheftall. New York: New Press. Pp. 146-55.

Benhabib, Seyla. 2000. *Transformation of Citizenship*. Amsterdam: Kohinklijke Van Gorcum.

Benhabib, Seyla. 2004. *The Rights of Others: Aliens, Residents, and Citizens*. Cambridge: Cambridge University Press.

Bennet, William J. 1984. *To Reclaim a Legacy: A Report on the Humanities in Higher Education*. Washington, D.C.: National Endowment for the Humanities.

Bersani, Leo. 1988. "Is the Rectum a Grave?" *AIDS: Cultural Analysis, Cultural Activism*. Ed. Douglas Crimp. Cambridge: MIT Press.

Bérubé, Michael. 2003. "Citizenship and Disability" *Dissent* (Spring): 52-57.

Bickford, Susan. 1997. "Anti-anti-identity Politics: Feminism, Democracy, and the Complexities of Citizenship." *Hypatia* 12.4:111-31.

Bloom, Allan. 1987. *The Closing of the American Mind: How Higher Education Has Failed Democracy and Impoverished the Souls of Today's Students*. New York: Simon and Schuster.

Bloom, Harold. 1994. *The Western Canon: The Books and School of the Ages*. New York: Riverhead Books.

Blumenthal, Ralph. 2002. "An Artist's Success at 14, Despite Autism." *New York Times Online*, January 16 (accessed September 13, 2006).

Blumenthal, S. L. 2002. "Law and the Modern Mind: The Problem of

Consciousness in American Legal Culture, 1800–1930." Ph.D. diss.,
Yale University.

2001. *Board of Trustees of Univ. of Ala. v. Garrett.* 531 U.S. 356. Pp.
1–17.

Bordo, Susan. 1993. *Unbearable Weight: Feminism, Western Culture,
and the Body.* Berkeley and Los Angeles: University of California
Press.

Bornstein, Melvin. 1977. "Analysis of a Congenitally Blind Musician."
Psychoanalytic Quarterly 46:23–77.

Boyd, Richard. 1988. "How to Be a Moral Realist." *Essays on Moral
Realism.* Ed. Geoffrey Sayre–McCord. Ithaca, N.Y.: Cornell
University Press. Pp. 181–228.

Brewer, Geoffrey. 2000. "Oh, the Psyches and Personalities He Has
Seen." *New York Times Online,* April 19 (accessed September 13,
2006).

Brewer, Geoffrey. 2003. *Brief for the American Bar Association as
Amicus Curaie Supporting Respondents.* No. 02–1667. Pp. 1–25.

Brown, Wendy. 1995. *States of Injury: Power and Freedom in Late
Modernity.* Princeton, N.J.: Princeton University Press.

Brownworth, Victoria A., and Susan Raffo. 1999. *Restricted Access:
Lesbians on Disability.* Seattle: Seal Press.

Brueggemann, Brenda Jo. 1999. *Lend Me Your Ear: Rhetorical
Constructions of Deafness.* Washington, D.C.: Gallaudet University
Press.

Brueggemann, Brenda Jo., and Georgina Kleege. 2003. "Gently Down
the Stream: Reflections on Mainstreaming." *Rhetoric Review* 22.2:

174-84.

Burlingham, Dorothy. 1961. "Some Notes on the Development of the Blind." *Psychoanalytic Study of the Child* 16:121-45.

Butler, Judith. 1993. *Bodies That Matter: On the Discursive Limits of "Sex."* New York: Routledge.

Butler, Judith. 1997. *The Psychic Life of Power: Theories in Subjection.* Stanford: Stanford University Press.

Butler, Judith. 1999. *Gender Trouble: Feminism and the Subversion of Identity.* New York: Routledge.

Butler, Ruth, and Hester Parr, eds. 1999. *Mind and Body Spaces: Geographies of Illness, Impairment and Disability.* London: Routledge.

Carey, Allison. 2003. "Beyond the Medical Model: A Reconsideration of 'Feeble-mindedness', Citizenship, and Eugenic Restrictions." *Disability and Society* 18.4: 411-30.

Castells, Manuel. 2004. *The Power of Identity.* 2nd ed. Oxford: Blackwell, 1997.

Castle, Terry. 1986. *Masquerade and Civilization: The Carnivalesque in Eighteenth-Century English Culture and Fiction.* Stanford, Calif.: Stanford University Press.

Cheney, Lynne V. 1988. "Scholars and Society." *ACLS Newsletter* 1.3: 5-7.

Christian, Barbara. 1987. "The Race for Theory." *Cultural Critique* 6:51-63.

Cohen, Adam. 2004. "Editorial: Can Disabled People Be Forced to Crawl Up the Courthouse Steps?" *New York Times*, January 11, sec. 4, p. 14.

Coleman, Richard L., and James W. Croake. 1987. "Organ Inferiority and

Measured Overcompensation." *Individual Psychology* 43.3: 364-69.

Colligan, Sumi. 2004. "Why the Intersexed Shouldn't Be Fixed: Insights from Queer Theory and Disability Studies." *Gendering Disability.* Ed. Bonnie G. Smith and Beth Hutchison. New Brunswick, N.J.: Rutgers University Press. Pp. 45-60.

Collins, Patricia Hill. 1998. "Learning from the Outsider within Revisited." *Fighting Words: Black Women and the Search for Justice.* Minneapolis: University of Minnesota Press. Pp. 3-10.

Collins, Patricia Hill. 2003. "Some Group Matters: Intersectionality, Situated Standpoints, and Black Feminist Thought." *A Companion to African-American Philosophy.* Ed. Tommy L. Lott and John P. Pittman. Malden: Blackwell. Pp. 205-29.

Corbet, Barry. 1999. "A Disability in Full." *New Mobility,* October, http:// newmobility.com/review_article3.cfm?id=196&action=browse&typ e=REG&order_id=new (accessed July 15, 2005).

Corbett Sara. 2004. "The Permanent Scars of Iraq." *New York Times Magazine,* February 15, 34-41, 58, 60, 66.

Crimp, Douglas. 2002. "Marlo Montez, for Shame." *Regarding Sedgwick: Essays on Queer Culture and Critical Theory.* Ed. Stephen M. Barber and David L. Clark. New York: Routledge. Pp. 57-70.

Cubbage, Maxwell E., and Kenneth R. Thomas. 1989. "Freud and Disability." *Rehabilitation Psychology* 34.3: 161-73.

Davies, Dominic. 2000. "Sharing Our Stories, Empowering Our Lives: Don't Dis Me!" *Sexuality and Disability* 18.3: 179-86.

Davis, Lennard J. 1995. *Enforcing Normalcy: Disability, Deafness, and the Body.* London: Verso.

Davis, Lennard J. 2001. "Identity Politics, Disability, and Culture."
    Handbook of Disability Studies. Ed. Gary L. Albrecht, Katherine D.
    Seelman, and Michael Bury. Thousand Oaks, Calif.: Sage. Pp. 535-45.

Davis, Lennard J. 2002. *Bending over Backwards: Disability,
    Dismodernism, and Other Difficult Positions*. New York: New York
    University Press.

Delany, Samuel R. 2004. *The Motion of Light in Water: Sex and Science
    Fiction in the East Village*. Minneapolis: University of Minnesota
    Press.

De Lauretis, Teresa. 1986. "Issues, Terms, and Contexts." *Feminist
    Studies, Critical Studies*. Ed. Teresa de Lauretis. Bloomington:
    Indiana University Press. Pp. 1-19.

Doane, Mary Ann. 1982. "Film and the Masquerade: Theorising the
    Female Spectator." *Screen* 23.3-4: 74-87.

Doane, Mary Ann. 1988-89. "Masquerade Reconsidered: Further
    Thoughts on the Female Spectator." *Discourse* 11:42-54.

Duggan, Lisa. 2003. *The Twilight of Equality: Neoliberalism, Cultural
    Politics, and the Attack on Democracy*. Boston: Beacon Press.

Dworkin, Anthony Gary, and Rosalind J. Dworkin, eds. 1976. *The
    Minority Report: An Introduction to Racial, Ethnic, and Gender
    Relations*. New York: Praeger.

Dyer, Richard. 1998. "White." *Screen* 29.4: 44-64.

Edelman, Lee. 1994. "Tearooms and Sympathy; or, The Epistemology
    of the Water Closet." *Homographesis: Essays in Gay Literary and
    Cultural Theory*. New York: Routledge. Pp. 148-70.

Edwards, Martha. 1996. "The Cultural Context of Deformity in the

Ancient Greek World." *Ancient History Bulletin* 10.3–4: 79–92.

Fawcett, Barbara. 2000. *Feminist Perspectives on Disability*. Harlow: Prentice Hall.

Ferris, Jim. 1998. "Uncovery to Recovery: Reclaiming One Man's Body on a Nude Photo Shoot." *Michigan Quarterly Review* 37.3:503–18.

Fichten, Catherine S., and Rhonda Amsel. 1988. "Thoughts Concerning Interaction between College Students Who Have a Physical Disability and Their Nondisabled Peers." *Rehabilitation Counseling Bulletin* 32 (September): 22–40.

Fiduccia, Barbara Waxman. 2000. "Current Issues in Sexuality and the Disability Movement." *Sexuality and Disability* 18.3: 167–74.

Fine, Michelle, and Asch, Adrienne, eds. 1988. *Women with Disabilities: Essays in Psychology, Culture, and Politics*. Philadelphia: Temple University Press.

Finger, Anne. 1990. *Past Due: A Story of Disability, Pregnancy, and Birth*. Seattle: Seal Press.

Finger, Anne. 1992. "Forbidden Fruit." *New Internationalist* 233:8–10.

Flores, Juan. 2005. "Reclaiming Left Baggage: Some Early Sources for Minority Studies." *Cultural Critique* 59:187–206.

Foucault, Michel. 1980. *The History of Sexuality*. Vol. 1: *An Introduction*. Trans. Robert Hurley. New York: Vintage.

Foucault, Michel. 1984. "Des Espaces autres." *Architecture, Mouvement, Continuité* 5 (October): 46–49.

Foucault, Michel. 1995. *Discipline and Punish: The Birth of the Prison*. Trans. Alan Sheridan. New York: Vintage.

Fraser, Nancy. 2000. "Rethinking Recognition." *New Left Review* 3 (May–

June): 107-20.

Freud, Sigmund. 1953-74. *The Standard Edition*. Ed. James Strachey. 24 vols. London: Hogarth Press.

Fries, Kenny. 1998. *Body, Remember: A Memoir.* New York: Blume.

Fox, H., M. Daniels, and H. Wermer. 1964. "Applicants Rejected for Psychoanalytic Training." *Journal of the American Psychoanalytic Association* 12:692-716.

Funk, Robert. 1987. "Disability Rights: From Caste to Class in the Context of Civil Rights." *Images of the Disabled, Disabling Images.* Ed. Alan Gartner and Tom Joe. New York: Praeger. Pp. 7-30.

Garber, Marjorie. 1992. *Vested Interests: Cross-Dressing and Cultural Anxiety.* New York: Routledge.

Garland-Thomson, Rosemarie. 2002. "The Politics of Staring: Visual Representations of Disabled People in Popular Culture." *Disability Studies: Enabling the Humanities.* Ed. Brenda Jo Brueggemann, Sharon L. Snyder, and Rosemarie Garland-Thomson. New York: PMLA. Pp. 56-75.

Gill, Carol J. 2000. "Health Professionals, Disability, and Assisted Suicide: An Examination of Relevant Empirical Evidence and Reply to Batavia." *Psychology, Public Policy, and Law* 6.2: 526-45.

Glazer, Nathan. 1997. *We Are All Multiculturalists Now.* Cambridge: Harvard University Press.

Goffman, Erving. 1963. *Stigma: Notes on the Management of Spoiled Identity.* Englewood Cliffs, N.J.: Prentice-Hall.

Goldberg, Carey. 2000. "For These Trailblazers, Wheelchairs Matter." *New York Times Online,* August 17, http://query.nytimes.com/gst/

fullpage.html?res=9E0CE3DA173EF934A2575BC0A9669C8B63&sec
=health&spon=&pagewanted=all (accessed December 22, 2006).

Goldstein, J. L., and M. M. L. Godemont. 2003. "The Legend and Lessons of Geel, Belgium: A 1500-Year-Old Legend, a 21st-Century Model." *Community Mental Health Journal* 39.5:441-58.

Goodheart, Eugene. 1996. *The Reign of Ideology.* New York: Columbia University Press.

Grealy, Lucy. 2001. "In the Realm of the Senses." *Nerve,* October 25, nerve.com/dispatches/Grealy/RealmOfTheSenses/ (accessed April 7, 2004).

Greenacre, Phyllis. 1958. "Early Physical Determinants in the Development of the Sense of Identity." *Journal of American Psychoanalytic Association* 6:612-27.

Greenhouse, Linda. 1999a. "Justices Wrestle with the Definition of Disability: Is It Glasses? False Teeth?" *New York Times Online,* April 28 (accessed September 12, 2006).

Greenhouse, Linda. 1999b. "High Court Limits Who Is Protected by Disability Law."*New York Times,* June 23, A1, A16.

Grier, William. H. 1967. "When the Therapist Is Negro: Some Effects on the Treatment Process." *American Journal of Psychiatry* 123:1587-92.

Grigely, Joseph. 2000. "Postcards to Sophie Calle." *The Body Aesthetic: From Fine Art to Body Modification.* Ed. Tobin Siebers. Ann Arbor: University of Michigan Press. Pp. 17-40.

Hahn, Harlan. 1987. "Civil Rights for Disabled Americans: The Foundation of a Political Agenda." *Images of the Disabled, Disabling Images.* Ed. Alan Gartner and Tom Joe. New York:

Praeger. Pp. 181–203.

Halberstam, Judith. 1998. *Female Masculinity*. Durham, N.C.: Duke University Press.

Halberstam, Judith. 2001. "Oh Behave! Austin Powers and the Drag Kings." *GLQ* 7.3:425–52

Halley, Janet E. 1999. *Don't: A Reader's Guide to the Military's Anti-Gay Policy*. Durham, N.C.: Duke University Press.

Halperin, David. 2002. *How to Do the History of Homosexuality*. Chicago: University of Chicago Press.

Hamilton, Toby. 1979. "Sexuality in Deaf Blind Persons." *Sexuality and Disability* 2.3: 238–46.

Haraway, Donna J. 1991. *Simians, Cyborgs, and Women: The Reinvention of Nature*. New York: Routledge.

Harding, Sandra. 1986. *The Science Question in Feminism*. Ithaca, N.Y.: Cornell University Press.

Harper, Phillip Brian. 1996. *Are We Not Men? Masculine Anxiety and the Problem of African American Identity*. New York: Oxford University Press.

Harris, Adrienne, and Dana Wideman. 1988. "The Construction of Gender and Disability in Early Attachment." *Women with Disabilities: Essays in Psychology, Culture, and Politics*. Ed. Michelle Fine and Adrienne Asch. Philadelphia: Temple University Press. Pp. 115–38.

Hayles, N. Katherine. 1999. *How We Became Posthuman: Virtual Bodies in Cybernetics, Literature, and Informatics*. Chicago: University of Chicago Press.

Hayman, Robert L. Jr., and Nancy Levit. 2002. "Un-Natural Things: Constructions of Race, Gender, and Disability." *Crossroads, Directions, and a New Critical Race Theory.* Ed. Francisco Valdes, Jerome McCristal Culp, and Angela P. Harris. Philadelphia: Temple University Press. Pp. 157-86.

Heath, Stephen. 1986. "Joan Riviere and the Masquerade." *Formations of Fantasy.* Ed. Victor Burgin, James Donald, and Cora Kaplan. London: Methuen. Pp. 45-61

Hevey, David. 1992. *The Creatures Time Forgot: Photography and Disability Imagery.* London: Routledge.

Ikemoto, Lisa C. 1997. "Furthering the Inquiry: Race, Class, and Culture in the Forced Medical Treatment of Pregnant Women." *Critical Race Feminism: A Reader.* Ed. Katherine Adrien Wing. New York: New York University Press. Pp. 136-43.

Imrie, Rob. 1996. *Disability and the City: International Perspectives.* London: Paul Chapman.

Irigaray, Luce. 1985. *This Sex Which Is Not One.* Trans. Catherine Porter. Ithaca, N.Y.: Cornell University Press.

Jackson-Braboy, Pamela, and David R. Williams. 2006. "The Intersection of Race, Gender, and SES: Health Paradoxes." *Gender, Race, Class, and Health: Intersectional Approaches.* Ed. Amy J. Schulz and Leith Mullings. San Francisco: Jossey-Bass. Pp. 131-62.

Jacobson, Edith. 1965. "The 'Exceptions': An Elaboration of Freud's Character Study." *Psychoanalytic Study of the Child* 20:135-54.

Jameson, Fredric. 1981. *The Political Unconscious: Narrative as a Socially Symbolic Act.* Ithaca, N.Y.: Cornell University Press.

JanMohamed, Abdul, and David Lloyd. 1987a. "Introduction: Toward a Theory of Minority Discourse." *Cultural Critique* 6:5-12.

JanMohamed, Abdul, and David Lloyd. 1987b. "Introduction: Minority Discourse-What Is to Be Done?" *Cultural Critique* 7:5-17.

Jeffreys, Mark. 2002. "The Visible Cripple: Scars and Other Disfiguring Displays Included." *Disability Studies: Enabling the Humanities.* Ed. Brenda Jo Brueggemann, Sharon L. Snyder, and Rosemarie Garland-Thomson. New York: PMLA. Pp. 31-39.

Job, Jennifer. 2004. "Factors Involved in the Ineffective Dissemination of Sexuality Information to Individuals Who Are Deaf or Hard of Hearing." *American Annals of the Deaf* 149.3: 264-73.

Johnson, Harriet McBryde. 2003. "The Disability Gulag." *New York Times Magazine,* November 23, 58-64.

Jones, Megan. 1997. " 'Gee, You Don't Look Handicapped…' Why I Use a White Cane to Tell People I'm Deaf." *Electric Edge,* July-August, www.ragged-edgemag.com/archive/look.htm (accessed September 13, 2006).

Kaeser, Frederick. 1996. "Developing a Philosophy of Masturbation Training for Persons with Severe or Profound Mental Retardation." *Sexuality and Disability* 14.1: 295-308.

Kant, Immanuel. 1983. *Perpetual Peace and Other Essays.* Trans. Ted Humphrey. Indianapolis: Hackett.

Katya, Sonia K. 2006. "Sexuality and Sovereignty: The Global Limits and Possibilities of *Lawrence.*"*William and Mary Bill of Rights Journal* 14:1429-92.

Kaufman, Leslie. 1999. "From Eyeglasses to Wheelchairs: Adjusting the Legal Bar for Disability." *New York Times Online,* April 18 (accessed September 12, 2006).

Kaufman, Miriam, M. D., Cory Silverberg, and Fran Odette, eds. 2003. *The Ultimate Guide to Sex and Disability.* San Francisco: Cleis.

Kirkland, Anna. 2006. "What's at Stake in Fatness as a Disability?" *Disability Studies Quarterly* 26.1, www.dsq-sds.org/_articles_ html/2006/winter/kirkland.asp (accessed November 17, 2006).

Kittay, Eva Feder. 2001. "When Caring Is Just and Justice Is Caring: Justice and Mental Retardation." *Public Culture* 13.3:557-79.

Kleck, Robert, Hiroshi Ono, and Albert H. Hastorf. 1966. "The Effects of Physical Deviance upon Face-to-Face Interaction." *Human Relations* 19:425-36.

Kleege, Georgina. 2002. "Disabled Students Come Out: Questions without Answers." *Disability Studies: Enabling the Humanities.* Ed. Sharon L. Snyder, Brenda Jo Brueggemann, and Rosemarie Garland-Thomson. New York: PMLA. Pp. 308-16.

Lacan, Jacques. 1977. *Écrits: A Selection.* Trans. and ed. Alan Sheridan. New York: W. W. Norton.

Laqueur, Thomas W. 2003. *Solitary Sex: A Cultural History of Masturbation.* New York: Zone Books.

Lasch, Christopher. 1979. *The Culture of Narcissism: American Life in an Age of Diminishing Expectations.* New York:Warner Books.

Latour, Bruno. 2004. "Why Has Critique Run out of Steam? From Matters of Fact to Matters of Concern." *Critical Inquiry* 30.2:225-48.

2004. "Laws on Disability Access to Housing: A Summary." www. concretechange.org/laws_overview.htm (accessed November 11,

2006).

Lester, J. C. 2002. "The Disability Studies Industry." *Libertarian Alliance*, September 26, www.la-articles.org.uk/dsi.htm (accessed November 11, 2006).

Linton, Simi. 1998. *Claiming Disability: Knowledge and Identity*. New York: New York University Press.

Linton, Simi, Susan Mello, and John O'Neill. 1995. "Disability Studies: Expanding the Parameters of Diversity." *Radical Teacher* 47:4–10.

Longmore, Paul. 2003. *What I Burned My Book and Other Essays on Disability*. Philadelphia: Temple University Press.

Luibhéid, Eithne. 2002. *Entry Denied: Controlling Sexuality at the Border*. Minneapolis: University of Minnesota Press.

Lussier, André. 1980. "The Physical Handicap and the Body Ego." *International Journal of Psycho-Analysis* 61:179–85.

Lyotard, Jean-François. 1988. *The Differend: Phrases in Dispute*. Trans. Georges Van Den Abbeele. Minneapolis: University of Minnesota Press.

MacIntyre, Alaisdair 1999. *Dependent Rational Animals: Why Human Beings Need the Virtues*. Chicago: Open Court.

Mairs, Nancy. 1996. *Waist-High in the World: A Life among the Nondisabled*. Boston: Beacon.

Mairs, Nancy. 1999. "Sex and the Gimpy Girl." *River Teeth* 1.1: 44–51.

Marks, Deborah. 1999. *Disability: Controversial Debates and Psychosocial Perspectives*. London: Routledge.

Martin, Emily. 2006. "Moods and Representations of Social Inequality." *Gender, Race, Class, and Health: Intersectional Approaches*. Ed.

Amy J. Schulz and Leith Mullings. San Francisco: Jossey-Bass. Pp. 60-88.

McDowell, Deborah. 1986. "Introduction." In Nella Larson. *Quicksand and Passing.* New Brunswick, N.J.: Rutgers University Press. Pp. ix-xxxv.

McRuer, Robert. 2002. "Compulsory Able-Bodiedness and Queer/Disabled Existence." *Disability Studies: Enabling the Humanities.* Ed. Sharon L. Snyder, Brenda Jo Brueggemann, and Rosemarie Garland-Thomson. New York: PMLA. Pp. 88-99.

McRuer, Robert. 2003. "As Good as It Gets: Queer Theory and Critical Disability." *GLQ* 9.1-2:79-105.

Michalko, Rod. 1998. *The Mystery of the Eye and the Shadow of Blindness.* Toronto: University of Toronto Press.

Mitchell, David T. 1997. "Invisible Bodies and the Corporeality of Difference." *Minnesota Review* 48-49:199-206.

Mitchell, David T., and Sharon L. Snyder. 1997. "Introduction: Disability Studies and the Double Bind of Representation." *The Body and Physical Difference: Discourses of Disability.* Ed. David T. Mitchell and Sharon L. Snyder. Ann Arbor: University of Michigan Press. Pp. 1-31.

Mitchell, David T., and Sharon L. Snyder. 2000. *Narrative Prosthesis: Disability and the Dependencies of Discourse.* Ann Arbor: University of Michigan Press.

Mohanty, Satya P. 1997. *Literary Theory and the Claims of History: Postmodernism, Objectivity, Multicultural Politics.* Ithaca, N.Y.: Cornell University Press.

Montgomery, Cal. 2001. "A Hard Look at Invisible Disability." *Ragged Edge Magazine Online* 2, www.ragged-edge-mag. com/0301/0301ft1.htm (accessed September 13, 2006).

Moya, Paula M. L. 2002. *Learning from Experience: Minority Identities, Multicultural Struggles*. Berkeley and Los Angeles: University of California Press.

Moya, Paula M. L. N.d. "Response to Juan Flores's 'Reclaiming Left Baggage.'" Unpublished paper. Pp. 1–12.

Moya, Paula M. L., and Michael R. Hames-García, eds. 2000. *Reclaiming Identity: Realist Theory and the Predicament of Postmodernism*. Berkeley and Los Angeles: University of California Press.

Nancy, Jean-Luc. 1993. *The Birth to Presence*. Trans. Brian Holmes et al. Stanford: Stanford University Press.

Newton, Esther. 1972. *Mother Camp: Female Impersonators in America*. Englewood Cliffs, N.J.: Prentice-Hall.

Niederland, William G. 1965. "Narcissistic Ego Impairment in Patients with Early Physical Malformations." *Psychoanalytic Study of the Child* 20:518–34.

Nussbaum, Martha C. 2006. *Frontiers of Justice: Disability, Nationality, Species Membership*. Cambridge: Harvard University Press.

O'Brien, Mark. 1990. "On Seeing a Sex Surrogate." *The Sun* 174 (May), www.pacificnews.org/marko/sex-surrogate.html (accessed April 29, 2005).

O'Brien, Mark. 1997. *The Man in the Iron Lung*. Berkeley, Calif.: Lemonade Factory.

O'Brien, Mark. N.d. "Questions I Feared the Journalist Would Ask." Mark

O'Brien Papers, BANC MSS 99/247 c. Bancroft Library, University of California, Berkeley.

O'Brien, Mark, with Gillian Kendall. 2003. *How I Became a Human Being: A Disabled Man's Quest for Independence*. Madison: University of Wisconsin Press.

Ogden, Thomas Henry. 1974. "A Psychoanalytic Psychotherapy of a Patient with Cerebral Palsy: The Relation of Aggression to Self and Body Representation." *International Journal of Psychoanalytic Psychotherapy* 3:419-23.

Oliver, Michael. 1990. *The Politics of Disablement: A Sociological Approach*. New York: St. Martin's Press.

Oliver, Michael. 1996. *Understanding Disability: From Theory to Practice*. New York: St. Martin's Press.

Olson, Walter. 1997. *The Excuse Factory: How Employment Law Is Paralyzing the American Workplace*. New York: Martin Kessler.

O'Toole, Corbett Joan. 2000. "The View from Below: Developing a Knowledge Base about an Unknown Population." *Sexuality and Disability* 18.3: 207-24.

O'Toole, Corbett Joan. 2004. "The Sexist Inheritance of the Disability Movement." *Gendering Disability*. Ed. Bonnie G. Smith and Beth Hutchison. New Brunswick, N.J.: Rutgers University Press. Pp. 294-300.

O'Toole, Corbett Joan, and Tanis Doe. 2002. "Sexuality and Disabled Parents with Disabled Children." *Sexuality and Disability* 20.1: 89-101.

Paglia, Camille. 1992. *Sex, Art, and American Culture*. New York:

Vintage.

Paglia, Camille. 1994. *Vamps and Tramps*. New York: Vintage.

Perniola, Mario. 2004. *Art and Its Shadow*. Trans. Massimo Verdicchio. New York: Continuum.

Phillips, Marilynn J. 1990. "Damaged Goods: Oral Narratives of the Experience of Disability in American Culture." *Social Science and Medicine* 30:849–857.

Piper, Adrian. 1992. "Passing for White, Passing for Black." *Transition* 58:4–32.

Plummer, Kenneth. 2003. *Intimate Citizenship: Private Decisions and Public Dialogues*. Seattle: University of Washington Press.

Potok, Andrew W. 2002. *A Matter of Dignity: Changing the World of the Disabled*. New York: Bantam.

Putnam, Hilary. 1990. *Realism with a Human Face*. Cambridge: Harvard University Press.

2006. "Readers' Comments: Wanting Babies Like Themselves, Some Parents Choose Genetic Defects." *New York Times Online*, December 5, http://news.blogs.nytimes.com/?p=100 (accessed December 8, 2006).

Rich, Adrienne. 1980. "Compulsory Heterosexuality and Lesbian Existence." *Women: Sex and Sexuality*. Ed. Catharine R. Stimpson and Ethel Spector Person. Chicago: University of Chicago Press. Pp. 62–91.

Riviere, Joan. 1991. "Womanliness as a Masquerade." *The Inner World and Joan Riviere: Collected Papers 1920–1958*. Ed. Athol Hughes. London: Karnac Books. Pp. 90–101.

Saletan, William. 2006. "Deformer Babies: The Deliberate Crippling of Children." *Slate,* September 21, http://www.slate.com/id/2149772/ (accessed December 8, 2006).

Samuels, Ellen Jean. 2003. "My Body, My Closet: Invisible Disability and the Limits of Coming-Out Discourse." *GLQ* 9.1–2:233–55.

Sánchez, María Carla, and Linda Schlossberg, eds. 2001. *Passing: Identity and Interpretation in Sexuality, Race, and Religion.* New York: New York University Press.

Sandahl, Carrie. 2003. "Queering the Crip or Cripping the Queer? Intersections of Queer and Crip Identity in Solo Autobiographical Performance." *GLQ* 9.1–2:25–56.

Sandahl, Carrie. 2006. "Black Man, Blind Man: Disability Identity Politics and Performance." *Theatre Journal* 56:579–602.

Sanghavi, Darshak. 2006. "Wanting Babies Like Themselves, Some Parents Choose Genetic Defects." *New York Times Online,* December 5, http://www.nytimes.com/2006/12/05/health/05essa.html (accessed December 8, 2006).

Scarry, Elaine. 1985. *The Body in Pain: The Making and Unmaking of the World.* New York: Oxford University Press.

Scott, Joan W. 1991. "The Evidence of Experience." *Critical Inquiry* 17:773–97.

Scott, Robert A. 1969. *The Making of Blind Men: A Study of Adult Socialization.* New York: Russell Sage Foundation.

Sedgwick, Eve Kosofsky. 1990. *Epistemology of the Closet.* Berkeley and Los Angeles: University of California Press.

Sedgwick, Eve Kosofsky. 1993. "Queer Performativity: Henry James's

The Art of the Novel." *GLQ* 1.1:1-16.

Sedgwick, Eve Kosofsky. 2003. *Touching Feeling: Affect, Pedagogy, Performativity*. Durham, N.C.: Duke University Press.

Seidman, Steven, ed. 1996. *Queer Theory/Sociology*. Oxford: Blackwell.

Shakespeare, Tom. 1996. "Disability, Identity and Difference." *Exploring the Divide: Illness and Disability*. Ed. Colin Barnes and Geof Mercer. Leeds: Disability Press. Pp. 94-113.

Shakespeare, Tom. 1999. "The Sexual Politics of Disabled Masculinity." *Sexuality and Disability* 17.1: 53-64.

Shakespeare, Tom. 2000. "Disabled Sexuality: Toward Rights and Recognition." *Sexuality and Disability* 18.3: 159-66.

Shakespeare, Tom, Kath Gillespie-Sells, and Dominic Davies. 1996. *The Sexual Politics of Disability: Untold Desires*. London: Cassell.

Shapiro, Joseph. 1993. *No Pity: People with Disabilities Forging a New Civil Rights Movement*. New York: Three Rivers Press.

Shapiro, Joseph. 1994. "Disability Policy and the Media: A Stealth Civil Rights Movement Bypasses the Press and Defies Conventional Wisdom." *Policy Studies Journal* 22.1: 123-32.

Shuttleworth, Russell P. 2000. "The Search for Sexual Intimacy for Men with Cerebral Palsy." *Sexuality and Disability* 18.4: 263-82.

Siebers, Tobin. 1992. *Morals and Stories*. New York: Columbia University Press.

Siebers, Tobin. 1998a. "Kant and the Politics of Beauty." *Philosophy and Literature* 22.1: 31-50.

Siebers, Tobin. 1998b. "My Withered Limb." *Michigan Quarterly Review* 37.2:196-205.

Siebers, Tobin. 1998c. *The Subject and Other Subjects: On Ethical, Aesthetic, and Political Identity*. Ann Arbor: University of Michigan Press.

Siebers, Tobin. 1999. "*The Reign of Ideology* by Eugene Goodheart." *Modern Philology* 96.4:560–63.

Siebers, Tobin. 2000. *The Mirror of Medusa*. Rev. ed. Christchurch, New Zealand: Cybereditions.

Siebers, Tobin. 2003. "What Can Disability Studies Learn from the Culture Wars?" *Cultural Critique* 55:182–216.

Singer, Peter. 1979. *Practical Ethics*. Cambridge University Press.

Sollers, Werner. 1997. *Neither Black Nor White Yet Both: Thematic Explorations of Interracial Literature*. New York: Oxford University Press.

Somers, Margaret R. 2006. "Citizenship, Statelessness, and Market Fundamentalism: Arendtian Lessons on Losing the Right to Have Rights." *Migration, Citizenship, Ethnos: Incorporation Regimes in Germany, Western Europe, and North America*. Ed. Y. M. Bodemann and G. Yurdakul. New York: Palgrave Macmillan. Pp. 35–62.

Sontag, Susan. 2001. *Illness as Metaphor* and *AIDS and Its Metaphors*. New York: Picador.

Snyder, Sharon L., and David T. Mitchell. 1996. *Vital Signs: Crip Culture Talks Back*. Marquette, Mich.: Brace Yourselves Productions.

Snyder, Sharon L., and David T. Mitchell. 2002. "Out of the Ashes of Eugenics: Diagnostic Regimes in the United States and the Making of a Disability Minority." *Patterns of Prejudice* 26.1: 79–103.

Snyder, Sharon L., and David T. Mitchell. 2006. *Cultural Locations of Disability*. Chicago: University of Chicago Press.

2004. *State of Tennessee v. George V. Lane et al.* 541 U.S.

Stiller, Jerome. 1984. "The Role of Personality in Attitudes toward Those with Physical Disabilities." *Current Topics in Rehabilitation Psychology*. Orlando, Fla.: Grune and Stratton. Pp. 201-26.

Stoner, Kyle. 1999. "Sex and Disability: Whose Job Should It be to Help Disabled People Make Love?" *Eye*, August 12, www.eye.net/eye/issue/issue_08.112.99/news/sex.html (assessed June 8, 2004).

Taylor, Charles. 1987. *Sources of the Self: The Making of Modern Identity*. Cambridge: Harvard University Press.

Teuton, Sean. 2008. *Red Land, Red Power: Grounding Knowledge in the American Indian Novel*. Durham, N.C.: Duke University Press.

Tepper, Mitchell S. 1997. "Discussion Guide for the Sexually Explicit Educational Video *Sexuality Reborn: Sexuality Following Spinal Cord Injury*." *Sexuality and Disability* 15.3: 183-99.

Tepper, Mitchell S. 1999. "Coming Out as a Person with a Disability." *Disability Studies Quarterly* 19.2: 105-6.

Thomas, Kenneth R. 1997. "Countertransference and Disability: Some Observations." *Journal of Melanie Klein and Object Relations* 15.1: 145-61.

Thompson, Simon B. N. 1994. "Sexuality Training in Occupational Therapy for People with a Learning Disability, Four Years On: Policy Guidelines." *British Journal of Occupational Therapy* 57.7: 255-58.

Thomson, Rosemarie Garland. 1997. *Extraordinary Bodies: Figuring*

Physical Disability in American Culture and Literature. New York: Columbia University Press.

Tilley, Alvin R. *The Measure of Man and Woman.* New York: Wiley, 2002.

Trent, James W., Jr. 1984. *Inventing the Feeble Mind: A History of Mental Retardation in the United States.* Berkeley and Los Angeles: University of California Press.

Turner, Bryan S. 1993. "Outline of the Theory of Human Rights." *Sociology* 27.3:489–512.

Turner, R. Jay, and P. D. McLean. 1989. "Physical Disability and Psychological Distress." *Rehabilitation Psychology* 34.4: 225–42.

Tyjewski, Carolyn. 2003. "Hybrid Matters: The Mixing of Identity, the Law and Politics." *Politics and Culture* 3, aspen.conncoll.edu/ politicsandculture/page.cfm?key=240 (accessed August 3, 2004).

Vahldieck, Andrew. 1999. "Uninhibited." *Nerve,* November 19, www. nerve.com/PersonalEssays/Vahldieck/uninhibitied/ (accessed April 7, 2004).

Valentine, David, and Riki Anne Wilchins. 1997. "One Percent on the Burn Chart: Gender, Genitals, and Hermaphrodites with Attitude." *Social Text* 52–53.3–4:215–22.

Vincent, Norah. 1998. "Disability Chic: Yet Another Academic Fad." *New York Press,* February 11–17, 40–41.

Wade, Cheryl Marie. 1994. "It Ain't Exactly Sexy." *The Ragged Edge: The Disability Experience from the Pages of the First Fifteen Years of the Disability Rag.* Ed. Barrett Shaw. Louisville, Ky.: Advocado Press. Pp. 88–90.

Wald, Gayle. 2000. *Crossing the Line: Racial Passing in Twentieth-Century U. S. Literature and Culture.* Durham, N.C.: Duke University Press.

Ward, Amy Paul. 2006. "Rape." *Encyclopedia of Disability.* Ed. Gary L. Albrecht. 5 vols. Thousand Oaks, CA: Sage. Pp. 1348-51.

Warner, Michael. 1999. *The Trouble with Normal: Sex, Politics, and the Ethics of Queer Life.* New York: Free Press.

Weeks, Jeffrey. 1998. "The Sexual Citizen." *Theory, Culture, and Society* 15.3-4: 35-52.

Wendell, Susan. 1996. *The Rejected Body: Feminist Philosophical Reflections on Disability.* New York: Routledge.

Westgren, Ninni, and Richard Levi. 1999. "Sexuality after Injury: Interviews with Women after Traumatic Spinal Cord Injury." *Sexuality and Disability* 17.4:309-19.

Wiegman, Robyn. 1995. *American Anatomies: Theorizing Race and Gender.* Durham, N.C.: Duke University Press.

Wilensky, Amy. 2001. "The Skin I'm In." *Nerve,* October 24, www.nerve.com/personal/Essays/Wilensky/skin/ (accessed April 7, 2004).

Wilkerson, Abby. 2002. "Disability, Sex Radicalism, and Political Agency." *NWSA Journal* 14.3: 33-57.

Wilkerson, William S. 2000. "Is There Something You Need to Tell Me? Coming Out and the Ambiguity of Experience." *Reclaiming Identity: Realist Theory and the Predicament of Postmodernism.* Ed. Paula M. L. Moya and Michael R. Hames-García. Berkeley and Los Angeles: University of California Press. Pp. 251-78.

Williams, Johnny E. 2000. "Race and Class: Why All the Confusion?"

Race and Racism in Theory and Practice. Ed. Berel Lang. Lanham, Md.: Littlefield. Pp. 215-24.

Williams, Patricia J. 1991. *The Alchemy of Race and Rights: Diary of a Law Professor.* Cambridge: Harvard University Press.

Wu, Cynthia. 2004. "'The Mystery of Their Union': Cross-Cultural Legacies of the Original Siamese Twins." Ph.D. diss., University of Michigan.

Yorke, Clifford. 1980. "Some Comments on the Psychoanalytic Treatment of Patients with Physical Disabilities." *International Journal of Psycho-Analysis* 61:187-93.

Young, Iris. 2005. *On Female Body Experience: "Throwing Like a Girl" and Other Essays.* Cambridge: Oxford University Press.

Zola, Irving. 1982. *Missing Pieces: A Chronicle of Living with a Disability.* Philadelphia: Temple University Press.

찾아보기

Dreyfuss, Henry 154

Dworkin, Anthony Gary 35, 39, 43, 44, 224

Dworkin, Rosalind J. 35, 39, 43, 44, 224

F

Finger, Anne 142, 197, 204, 242

Flores, Juan 162

Foucault, Michel 30, 103, 106, 107, 140, 236

Freud, Sigmund 29, 74, 76, 111

Fries, Kenny 197

G

Galloway, Terry 296

Garland-Thomson, Rosemarie 104, 135

Goffman, Erving 175, 191, 195

Grigely, Joseph 184

H

Halperin, David 303

Hames-Garcia, Michael 59

Haraway, Donna 13, 116, 117

Hegel, Georg Wilhelm Friedrich 141

Holmes, Oliver Wendell 228

I

Imrie, Rob 156

J

Jameson, Fredric 154

Johnson, Harriet McBryde 277, 278

Jones, Megan 192

K

Kant, Immanuel 162, 163, 164

Kittay, Eva Feder 163

L

Lacan, Jacques 111, 140, 294, 295, 296

Lane, George 47

내용

저자 소개

토빈 시버스(Tobin Siebers)는 존스홉킨스대학교(Johns Hopkins University)에서 비교문학으로 철학박사 학위를 받았다. 그는 미시간대학교(University of Michigan)의 영어영문학과 교수이자 예술디자인대학 교수였고, 미시간대학교의 '장애학 이니셔티브'(Initiative on Disability Studies)의 공동의장이었다. 그는 10권의 책을 썼는데, 가장 최근의 두 책은 "장애 미학"(Disability Aesthetics, 2010)과 이 책, "장애 이론"(Disability Theory, 2008)이었다. 2015년 1월 29일에 작고하였다.

역자 소개

조한진
미국 일리노이대학교 시카고캠퍼스(University of Illinois at Chicago) 철학박사
현재 대구대학교 사회과학대학 사회복지학과, 일반대학원 장애학과 교수

〈주요 연구〉
고현정, 박태준, 김은경, 조한진, 최연희, 송근배 (2018). 우리나라 권역장애인 구강진료센터 현황과 전망. 대한치과의사협회지, 57(1), 8-17.
조한진 (2016). 안락사, 존엄사, 연명의료 중단, 그리고 장애인. 한국장애인복지학, 31, 221-242.
조한진 (2016). 척수장애인의 지역사회 이행 지원을 위한 국립재활원의 개편 방안. 특수교육재활과학연구, 55(2), 113-133.
조한진 편 (2013). 한국에서 장애학 하기. 서울: 학지사.

손홍일

미국 아이오와대학교(The University of Iowa) 철학 박사

현재 대구대학교 인문교양대학 영어영문학과, 일반대학원 장애학과 교수

〈주요 연구〉

손홍일 (2017). 장애, 흉내지빠귀, 그리고 미친 개: 『흉내지빠귀 죽이기』 다시
읽기. 영미어문학, 126, 65-81.

손홍일 (2018). 장애학적 시각으로 『유리동물원』과 『일곱 개의 기타』 다시 읽
기. 신영어영문학, 70, 157-176.

손홍일 역 (2015). 보통이 아닌 몸: 미국 문화에서 장애는 어떻게 재현되었는가
(Thomson, R. G., 1996). 서울: 그린비.

이지수

서울대학교 사회복지학 박사

현재 군산대학교 사회과학대학 사회복지학과 교수

〈주요 연구〉

이지수 (2012). 손상을 가진 태아의 산전 진단과 낙태에 대한 장애학적 논의:
표현주의 주장(expressivist argument)을 중심으로 한 하나의 고찰. 한국장애
인복지학, 18, 43-63.

이지수 (2014). 장애의 사회적 모델이 가진 의미와 한계: 장애 개념정의와 정체
성의 정치를 중심으로. 한국장애인복지학, 25, 33-54.

이지수 역 (2013). 장애학의 쟁점: 영국 사회모델의 의미와 한계 (Shakespeare, T.,
2006). 서울: 학지사.

이지수 역 (2014). 장애와 함께 살아간다는 것: 변화하는 사회 속 장애청소년들의
이야기 (Shah, S., & Priestley, M., 2011). 서울: 그린비.

이지수, 서정희 (2014). 장애차별금지법이 장애인 고용유지에 미치는 영향: 직
무만족도의 매개효과를 중심으로. 장애와 고용, 24(2), 67-95.

정지웅

강남대학교 사회복지학 박사

현재 배재대학교 하워드대학 복지신학과 부교수

〈주요 연구〉

이호선, 정지웅, 고아라 (2018). 장애인 주거권 지표개발 및 정책방안 연구. 한국장애인복지학, 41, 29-57.

정지웅 (2016). 성찰적 근대화론의 장애학적 함의: 개인화를 중심으로. 비판사회정책, 52, 147-178.

정지웅 (2018). 들뢰즈와 가타리의 철학에 근거한 북한 장애인 관련 법규 고찰. 비판사회정책, 60, 343-383.

Jeong, J., Yeon, M., & Kwon, H. (2019). Policy directions for the Work Assistance Service in South Korea: Based on the characteristics of service users. *Journal of Asian Public Policy, 12*(2), 174-185.

강민희

영국 리즈대학교(University of Leeds) 철학 박사

현재 호남대학교 인문사회대학 사회복지학과 조교수

〈주요 연구〉

강민희 (2016). 윤리적 돌봄 관점에서의 장애인활동보조서비스 당사자 경험에 대한 사례연구. 한국장애인복지학, 34, 35-64.

강민희 (2018). 돌봄을 통한 신장장애인 가족의 장애경험 사례연구. 지체 · 중복 · 건강장애연구, 61(1), 19-38.

최복천

영국 리즈대학교(University of Leeds) 철학 박사

현재 전주대학교 의과학대학 재활학과 조교수

〈주요 연구〉

백은령, 김기룡, 유영준, 이명희, 최복천 (2010). 장애인가족지원. 서울: 양
    서원.

최복천 (2011). 여성장애인이 겪는 임신·출산·양육 어려움에 대한 질적
    연구. 중복·지체부자유아교육, 54(4), 323-347.

최복천 외 (2018). 영국의 사회보장제도. 서울: 나남.

최복천, 김유리 (2014). 발달장애인의 이성교제 경험 및 의미에 관한 질적
    연구. 특수교육, 13(3), 147-172.

최복천, 김유리 (2016). 아동보호전문기관의 학대사례 분석을 통한 장애아
    동 학대 고찰. 법과인권교육연구, 9(1), 99-120.

장애 이론
-장애 정체성의 이론화-
Disability Theory

2019년   9월 30일 1판 1쇄 인쇄
2019년 10월   5일 1판 1쇄 발행

지은이 • Tobin Siebers
옮긴이 • 조한진 · 손홍일 · 이지수 · 정지웅 · 강민희 · 최복천
펴낸이 • 김진환
펴낸곳 • ㈜학지사

　　　　04031 서울특별시 마포구 양화로 15길 20 마인드월드빌딩
대표전화 • 02-330-5114　팩스 • 02-324-2345
등록번호 • 제313-2006-000265호

홈페이지 • http://www.hakjisa.co.kr
페이스북 • https://www.facebook.com/hakjisa

ISBN 978-89-997-1946-2 93330

정가 16,000원

이 도서의 국립중앙도서관 출판시도서목록(CIP)은 서지정보유통지
원시스템 홈페이지(http://seoji.nl.go.kr)와 국가자료공동목록시스템
(http://www.nl.go.kr/kolisnet)에서 이용하실 수 있습니다.
(CIP 제어번호: CIP2019035529)

출판 · 교육 · 미디어기업 학지사
간호보건의학출판 학지사메디컬 www.hakjisamd.co.kr
심리검사연구소 인싸이트 www.inpsyt.co.kr
학술논문서비스 뉴논문 www.newnonmun.com
원격교육연수원 카운피아 www.counpia.com